Reisen des Pythagoras

nach

Aegypten, Chaldäa, Indien, Kreta, Sparta, Sicilien, Rom, Carthago, Marseille und Gallien,

nebst

seinen politischen und moralischen Gesetzen.

Chemnitz, 1801.

An

N. L. . . .

Wenn das weitläuftige Werk, das ich dem Druck übergebe, den ehrenvollen Endzweck erreicht, den ich beabsichtige; so gehört Dir ein Theil meiner Dankbarkeit, da Du mir hinlängliche Kräfte zu diesem Unternehmen zugetraut hast.

Möge Dein Urtheil über mich eben so unpartheyisch seyn, als es über alle diejenigen von deinen Mitbürgern gewesen ist, welche Dir, indem, nur zu kurzem Laufe Deines öffentlichen Amtes, Leben und Freyheit verdanken.

Der Herausgeber der Reisen und Gesetze des Pythagoras.

Darstellung des ganzen Werks.

Zwey Jahrhunderte vor dem Zeitpuncte, der, von dem Abte Barthelemy so sinnreich erdachten, angeblichen Reisen des jüngern Anacharsis, bewunderte Großgriechenland einen außerordentlichen Mann, gebürtig aus Kleinasien, vielleicht den erstaunenswürdigsten unter allen großen Männern des Alterthums, so wie er der berühmteste, der gelehrteste und der weiseste unter den Reisenden war. Mit vorzüglichen Fähigkeiten von der Natur ausgestattet, die durch eine vortreffliche Erziehung ausge-

1

bildet waren, durchreiste dieser Mann, welchem selbst Philosophen, auf der Stufenleiter der Wesen, seinen Platz zwischen der Gottheit und der Menschheit angewiesen haben, alle drey Welttheile; um überall, die Wissenschaften aus der Quelle zu schöpfen, und mit eigenen Augen die Vorzüge und Mängel der Volks - und der monarchischen Regierung zu beobachten.

Eingeweiht in die größten Geheimnisse der verschiedenen Gottesverehrungen, Zeuge der wichtigsten Revolutionen seines Jahrhunderts, eines der reichsten an großen Ereignissen, Menschenkenner durch Erfahrung, und durch Studium Kenner der Natur, die er in ihrer geheimsten Werkstatt überraschte, unterwarf Pythagoras verschiedene Städte Italiens dem Scepter der Vernunft. Er that noch mehr, er eröffnete eine Schule für Gesetzgeber, und schrieb denjenigen Gesetze vor, die einst den Nationen Gesetze vorschreiben wollten. Er starb nach einer langen Reihe arbeitsam durchlebter Jahre, mit Ruhm bedeckt, und hinterließ einen ehrenvollen Namen, den man beynahe auf allen Seiten der Jahrbücher des Alterthums findet, und der, von allen Jahrhunderten eben so sehr bewundert, als von dem Geifer der Schmähsucht beschmitzt, sich bis auf unsere Zeiten erhalten hat.

Die Reisen des Pythagoras mit allen Umständen beschreiben, seine Gesetze sammeln, deren viele unter uns zu Sprüchwörtern geworden sind; kurz, das größte Genie der frühern Zeiten, das durch elende Sagen, oder noch läppischere biographische Nachrichten entstellt worden ist, mit historischer Wahrheit darstellen, heißt, sich um die Philosophie und die Wissenschaften, um die Völker und um die Staatsmänner verdient machen, heißt den Geist des ganzen Alterthums, den Pythagoras mit seinem Andenken erfüllt, entwickeln; heißt einen ehrwürdigen Tempel wieder herstellen, dessen zerstreute Trümmern schon seit langer Zeit die Sehnsucht nach dem Eindruck erregt hatten, den bey einem so majestätischen Gebäude, ihre Zusammenstellung zu einem Ganzen hervorbringen mußte.

Dieß ist die Aufgabe, mit welcher wir uns schon seit vielen Jahren beschäfftigen; es sey uns nur noch eine vorläufige kurze Darstellung dieses literarischen Denkmahls erlaubt, dessen Gegenstand das Jahr 600 vor der gewöhnlichen Zeitrechnung beginnt, und den Zeitraum von einem ganzen Jahrhunderte umfaßt.

Man wird darinnen die Topographie beynahe von der ganzen, damals bekannten Erde, im Geschmack des Pausanias bearbeitet, finden. Bald werden wir die Resultate unserer historischen Nachforschungen, in lebendige Darstellungen und Charakterzeichnungen einkleiden, bald Ueberreste des höchsten Alterthums, nach der Zeitfolge und der Uebereinstimmung der Volkssagen, wieder herzustellen suchen.

Was endlich die Zusammenstellung des Ganzen betrifft; so liefert Pythagoras, der nie von der Bühne abtritt, den reichhaltigsten und erhabensten Stoff. Dieser große Mann, der Künstler und Dichter, Redner und Weltweiser, Richter und Gesetzgeber war, that alles, was man mit den Waffen des Genies und der Tugend ausführen kann.

Wir stellen den Weisen von Samos dar, wie er bey seinem Aufenthalte zu Kroton einige Jahr Ruhe benutzt, um die Geschichte seiner vielfältigen Reisen in Lehrstunden, die er seinen, in die tiefsten Geheimnisse seiner Schule eingeweihten Zuhörern giebt, vorzutragen.

Man begreift leicht, welches der Inhalt der letzten Belehrungen des achtzigjährigen Pythagoras seyn müsse. Man muß in denselben die wahren Triebfedern seiner Handlungen, den ungeschminkten Ausdruck seiner Empfindungen, die nackte Darstellung seiner geheimen Lehre finden.

Pythagoras beginnt mit einer kurzen Nachricht von seiner Familie, seiner Geburt, seinen frühesten kindischen Neigungen, seinen ersten Gefühlen und seinen persönlichen Gewohnheiten. Er redet von seinen Erziehern, und ihren Methoden, von seinem Studieren und seinen Wanderungen in das Innere seines Vaterlands.

Um ihn den sträflichen Anschlägen des Polykrates auf seine Person zu entziehen, bringt man ihn nach Syros zu dem Pherecydes. Nachdem er Ephesus gesehen hat, hört er den Bias zu Priene und den Thales in Milet; durch Halikarnaß reist er bloß, in Cypern hält er sich aber länger auf, dessen Sitten und Gebräuche er erzählt. Er kommt wieder nach Sidon, seinem Geburtsorte, unterhält sich mit dem Hierophanten, dem Nachfolger des alten Moschus, des Vaters der Atomen. Er wohnt dem

x

Trauerfeste des Adonis in Byblos bey, und unterrichtet sich in Tyrus über die Phönicische Urgeschichte.

Hier schifft er sich nach Aegypten ein. Die Priester zu Heliopolis verweisen ihn an die Priester in Memphis, und diese an die Oberpriester von Theben, wo er endlich, durch seine Beharrlichkeit, zur Ehre der Einweihung gelangt.

Pythagoras reist den Nil hinauf, und kommt bis nach Aethiopien, um die Gymnosophisten von Meroe zu hören.

Nach seiner Zurückkunft in Memphis, ist er Zeuge von dem Tode des Königs, und des über ihn gehaltenen Gerichts. Aegypten wird von Kambyses eingenommen, und der Eroberer bringt den Pythagoras unter die übrigen Gefangenen. Der Samische Weise besucht den Karmel, den Libanon, fährt den Euphrat hinab. Er will alles sehen, und überall behauptet er schon jenes Stillschweigen, das seiner Philosophie zur Grundlage dienen soll. In Orchoe halten ihn die Chaldäer für das, ihm von den Babyloniern gegebene Aergerniß schadlos. Er steigt auf den Thurm des Belus, wo Zoroaster ihm seine vorhabende große Reform anvertraut. Beyde begeben sich nach Susa, und von da nach Persepolis, um dort die Krönung des Darius, und das Leichenbegängniß des Cyrus in Pasargada ([1]) mit anzusehen. Pythagoras begleitet die Magier nach Ekbatana; er wird Mitglied einer Gesandschaft an die Brachmanen nach Indien. Hier trinkt er in langen Zügen die Weisheit des Ganges. Er reist über Taprobane zurück, und landet in Kreta, wo er sich auf den Berg Ida mit dem Epimenides unterhält. Er verweilt sich kurze Zeit in Rhodus bey dem Kleobulus, und kehrt nach Samos zurück. Der Dichter von Teos besang daselbst gerade die Lustbarkeiten an Polykrates Hofe. Anakreon und Pythagoras gerathen mit einander in Streitigkeiten. Revolution in Samos, trauriges Ende des Regenten.

(1) So, und nicht Persegarde, wie im Originale steht, heißt dieser Ort. Ueberhaupt ist auch unser Verfasser von dem Vorwurfe, den man, und zwar mit Rechte, den Franzosen macht, daß sie nämlich fast alle fremde Namen, nicht blos franzesiren, sondern wirklich verstümmeln, nicht frey zu sprechen. Einige sind in ihrer neuen Gestalt in der That kaum wieder zu erkennen, und würden, in der Uebersetzung, vor den Augen deutscher Kunstrichter wohl schwerlich Gnade finden.

Anm. d. Uebers.

Unser Weise verläßt sein Vaterland für immer. Er durchreist die Cykladen, setzt seinen Weg bis nach Samothracien fort, legt bey Cythere vor Anker, und kommt nach Sparta. In dieser Stadt unterhält sich Chilo mit ihm von den Gesetzen Lykurgs, und von den Lacedämonischen Sitten. Sie reisen miteinander zu den Olympischen Spielen. Pythagoras hört daselbst das erste Trauerspiel, welches Thespis recitirt. Die Griechen verlangen nun auch ihn zu hören. Er entwickelt vor ihnen das historische Gemählde des Menschengeschlechts, bis auf seine Zeiten, er schildert mit starken Zügen die vornehmsten Gesetzgeber der Völker, Prometheus, Thaut, Orpheus, Minos, Lykurg, Drako, Numa u. s. w.

Aus Elis, geht er nach Arkadien; von da nach Phlius, wo er an dem Hofe des Leon den bescheidenen Namen eines Philosophen annimmt. Er besucht Korinth und Megara, wird in die Eleusinischen Geheimnisse eingeweiht, und zeigt sich in Athen zur Zeit der Verschwörung des Harmodias.

Pythagoras reist nach Böotien, sieht das zweyte Theben, setzt seinen Weg nach Delphi fort, wo er mit der Oberpriesterin des Orakels eine Unterredung hat.

Bevor er Griechenland verläßt, zeigt er sein Ansehen durch eine Machthandlung in Tithorea, und schifft sich nach Naupaktus ein, berührt Korcyra und steigt in Syrakus ans Land. Phalaris und Pythagoras messen sich miteinander. Revolution in Sicilien.

Unser Weise setzt seine Beobachtungen über diese Insel fort. Er wohnt den, der Venus zu Ehren angestellten Feyerlichkeiten, auf dem Berg Eryx bey, nimmt seinen Weg nach Panormus; durchstreicht die Ebenen von Enna bis nach Centuripä, wo er den Despoten Symmichus für die Philosophie gewinnt. Von dem Gipfel des Aetna, steigt er wieder nach Katana herab, wo Charondas sein Anhänger wird, wie es schon vorher der junge Abaris geworden war. Pythagoras setzt über die Meerenge von Charybdis, und kommt an den Fuß der Appenninen. Er reist nach Rhegium, nach Lokri. Er kommt zu den Hetruskern, besucht ihre Vasen, Fabriken und ihre Denkmähler; Er besteigt den Vesuv; begiebt sich nach Herculanum, und hierauf nach Cumä in die Grotte der Sibylle, die er sterbend antrifft. Er begleitet ihre Nachfolgerin bis nach Rom, wohin sie die Sibyllinischen Bücher bringt. Seufzend geht er über die noch rauchenden Trümmern von Alba.

Kaum ist er in Tarquins Pallast angekommen, so wird er Zuschauer einer großen Revolution, des Uebergangs der Römer von der Herrschaft eines Einzigen zur Herrschaft mehrerer. Unterredung zwischen Junius Brutus und Pythagoras.

Unser berühmter Reisender begleitet die Gesandten der Römischen Republik nach Carthago, Sardinien, Corsica und endlich nach Marseille. Der erste seiner Zöglinge, Abaris, ein junger Hyberboreer, dient ihm zum Wegweiser in Gallien, welches er bis an die Wälder der Carnuten (Chartres) durchreist: hier hat er eine Unterredung mit den Druiden. Der Sohn eines desselben, Zamolxis, folgt ihm nach. Pythagoras dehnte seine Wanderungen bis an die Ufer der Seine aus, und setzt ihnen endlich in Lutetian (Paris) ein Ziel.

Abaris führt ihn über die Alpen nach Italien zurück. Pythagoras durchreist, mit seinen drey Schülern, das Land der Sabiner, von dem er sich nur ungern trennt, um sich endlich in Kroton niederzulassen. Er verheyrathet sich daselbst, wird Vater und stiftet eine Schule. Er entzieht sich auf kurze Zeit seinem Rufe, um seinem alten Lehrer, Pherecydes, der in Delos stirbt, die letzte Pflicht zu erzeigen.

Nach seiner Zurückkunft, widmet er sich ganz der Verbesserung der Sitten und der Gesetze von Kroton, Tarent und andern Städten Großgriechenlands, und übernimmt zugleich in denselben das Amt des Richters und des Lehrers.

Pythagoras ist unter allen berühmten Männern des Alterthums derjenige, über welchen die Chronologen sich am wenigsten haben vereinigen können. Ich habe diesen Umstand benutzt, um gewisse Ereignisse einander näher zu bringen, und der Held einer Geschichte schien mir, durch seine lange Laufbahn, hierzu selbst die Hand zu bieten. Indessen habe ich nichts auf mich allein genommen, sondern es mir zum Gesetz gemacht, keinen Schritt zu thun, ohne meinen Gewährsmann zu haben, dem zu Folge befindet sich eine ziemliche Anzahl Citaten am Ende der Seiten, und am Schlusse des fünften Bandes ein Verzeichniß der gewährleistenden Schriftsteller.

Der sechste und letzte Theil enthält eine Sammlung der Gesetze, die entweder dem Pythagoras selbst, oder seiner Schule zugeschrieben werden, und bisher zerstreut, oder unter den gelehrten Trümmern des Alterthums verschüttet waren. Sie erscheinen hier zum erstenmale in dieser Zusammenstellung. Mit dem Geiste des Pythagoras vertraut, haben wir es uns zur Pflicht gemacht, seinen Gesetzen das Gepräge des Alterthums, und jenen mystischen Anstrich zu lassen, den der Reformator von Großgriechenland selbst über seine unbedeutendsten Aeußerungen zu verbreiten pflegte.

Inhalt des Ersten Theils.

Seite.

Reisen

Reisen des Pythagoras.

§. I.

Inhalt und Plan des Werks.

Auf seinem elfenbeinernen Stuhle, im Vorhof des, von den Einwohnern von Kroton kürzlich erbauten, Musentempels, saß Pythagoras (¹), ein langer Bart und *ein* Haar, so weiß wie das Leinen seines Gewands, zierten sein ehrwürdiges Haupt, seine vorzüglichern Schüler waren, an dem Morgen nach seinem Geburtsfeste, um ihn versammelt, und er redete sie also an:

Meine Geliebten! Diese goldene Leyer, die ihr gestern zum Andenken an den Tag meiner Geburt in diesen geweiheten Hallen aufhängtet, beweißt eure Zuneigung zu mir, und erinnert mich an meine letzten Pflichten gegen euch. Achtzig Jahre habe ich durchlebt; dieß ist

(1) Iambl. Porphyr. Diog. Nic. Scutell. Brucker. I. Schefferus.

A

das Alter der Ruhe! Ich habe von euch Abschied zu nehmen, und ihr seyd versammelt um ihn zu empfangen.

Dieß leise Gemurmel, Zeuge eures Schmerzes bey dem Gedanken an unsere Trennung, ist mir schmeichelhaft; aber vergebens würde ich es länger verschieben wollen, mich zurück zu ziehen: das Alter sagt mir mit gebieterischer Stimme, daß wir uns bald trennen müssen, wodurch wir auch noch ausserdem den letzten Schlägen zuvorkommen können, die der Neid uns bereitet, und die vielleicht härter als alle vorhergehenden seyn werden (1). Selbst aus der Gruft, die sich unter meinen Füßen öffnet, werde ich noch über meine Freunde wachen; mein Geist wird unter euch wohnen, und euer zärtliches Andenken, der schönste Lohn meiner Arbeiten, wird mein Daseyn weit über das gewöhnliche, allen Wesen bestimmte, Ziel verlängern.

Diese Nacht habe ich, aus einem Vorgefühle, von welchem die Vernunft sich keinen Grund anzugeben weiß, meine achtzig durchlebten Jahre vor meinem Geiste vorübergehen lassen. Der Faden meiner Tage war nicht durchaus regelmäßig gesponnen, nur vor allzuvielen Augenblicken derselben habe ich zu erröthen. Ich, Pythagoras, der Stifter einer Schule (2) der Wahrheit —

(1) Man zündete die Schule des Pythagoras an, einige hundert seiner Zöglinge wurden ein Raub der Flamme, und nur mit Mühe entkam der Lehrer.

(2) Jonson, Geschichte der Philosophie 1. c. 1. 8. hält dafür, daß der Ausdruck „Schule" jünger, als das Jahrhundert des Aristoteles sey. Man legt ihn hier blos deswegen dem Pythagoras in den Mund, weil er unsere Sprache redet.

habe mich mehr als einmal mit dem Irthum — ja selbst mit der Lüge auf meiner Zunge überrascht. Da die gütige Natur mir Zeit zur Rückkehr läßt, so eile ich davon Gebrauch zu machen. Die unpartheyische Nachwelt müsse mir keine Vorwürfe zu machen haben, die wichtig genug wären, meinen Namen zu entehren und euch zum Nachtheil zu gereichen.

Zwey Dinge bilden den Menschen, durch sie lebt er viel in kurzer Zeit: ich meine die Reisen und das Gedächtniß (1); ihnen habe ich zu danken, was ich bin und was ich weiß. Laßt mich, als letzten Unterricht, das Gemählde meiner öftern und fernen Reisen, mit allen ihren einzeln Ereignissen und Bemerkungen nach jeder ihrer Eigenthümlichkeiten, vor euern Augen entwickeln. Man hat von ihnen verschieden gesprochen, man thut es noch jetzt, die Verläumdung hat mich mit ihren Verfolgungen beehrt: ich bin ihr stetes Augenmerk. Es ist nöthig, es ist billig, meine Freunde, daß ihr mich ganz kennen lernt. Bis auf diese Stunde habe ich es, sowohl um meinet- als um euretwillen, für weise gehalten, euch nicht alles zu sagen. Ich habe denjenigen, mit welchen ich mich blos hinter einem Schleyer unterhalte, noch weit weniger entdeckt. Der Augenblick ist endlich erschienen, nach welchem ich euch nichts mehr verschweigen will. In meinem Alter hat man gelebt, in dem eurigen muß man ertragen oder widerstehen können: ihr sollt also alles erfahren.

A 2

(1) Pythagoras sagte:

Tantum quisque tenet quantum memoria complectitur.

Stol. Serm. I.

Heilige Wahrheit, erste der Musen, vergieb, daß ich es so lange habe anstehen lassen. Dir eine, Deiner würdige, Huldigung darzubringen: Dein Vortheil erforderte vielleicht diese Vorsicht von meiner Seite: das Volk ist noch nicht vorbereitet, dich von Angesicht zu Angesicht zu schauen, und diejenigen, die es regieren, fürchten den Glanz Deines Lichts. Deine wahren Verehrer sind in kleiner Anzahl; in ganz Italien, ja vielleicht auf der ganzen Erde, sind nur wir allein hier in Deinem Nahmen versammelt. Das Feuer der Vesta brennt in Rom und in ganz Griechenland, und schwere Strafen erwarten die nachlässige Priesterin, die es verlöschen läßt. O Wahrheit! wo sind Deine Altäre und Deine Priester?

Möge diese Schule ihr Heiligthum werden, laßt uns alle, die wir hier versammlet sind, ihre Diener seyn, und wenn wir einst durch ferne Himmelsstriche von einander getrennt sind, so laßt uns überall, wo wir uns hinbegeben, ihren kostbaren Saamen ausstreuen. Es wird viel davon verlohren gehen, faßt er aber nur auf einigen Puncten des Erdballs, Wurzel; so werden unsere Bemühungen nicht vergebens seyn. Möge selbst der Name des Pythagoras verlöschen, wenn nur die Wahrheit bleibt! Euch alle, die ihr mich hört, setze ich zu ihren Wächtern ein; bleibt ihr stets getreu, und werdet, wenn es seyn muß, ihre Märtyrer. Vergeßt mich immer, ich bin's zufrieden; nur redet beständig die Wahrheit: sie empfehle ich euch vor allen, über alles. Liebt euch und seyd wahrhaft: ich könnte mich auf diese beyden Vorschriften einschränken, sie enthalten alle übrigen.

Abaris, Zeleukus, Charondas, Timaratus, Helikaon und du, unverdrossenster meiner Zöglinge, Lysis! ihr meine auserwählten Schüler, wendet alles an, damit die Wahrheit die Gesetzgeberin der Gegend werde, wo ihr gebohren wurdet. Du Zamolxis, der mich nie verließ, geh, bring, unter der Bärenhaut, die dich bedeckt, die Wahrheit zu Thraciens halbwilden Bewohnern. Und du Milo, so berühmt wegen deiner körperlichen Kräfte, womit dich die Natur beschenkt hat, die Liebe zur Wahrheit ist auch ein Gürtel der Stärke ([1]) durch welchen du schönere Siege erringen wirst, als diejenigen, die du in Kroton und selbst in Pisa davon getragen hast.

Meine geliebten Schüler, ich bin euch ein Bekenntniß schuldig, das mir Mühe kostet abzulegen. Alles, was ich euch bis jetzt gelehrt habe, gleicht, um mich des Beyspiels Budha's, eines Indischen Gesetzgebers zu bedienen, jenen, durch Zusatz verfälschten, Münzen, die eine verschuldete Regierung in Umlauf setzt. Ich will aber nunmehr eure Anhänglichkeit an mich mit dem reinen Golde der Wahrheit bezahlen, das ich für diese letzten Augenblicke aufgespart habe. Die letzten Lehren, die ihr jetzt von mir hören sollt, sind die einzigen, welche es verdienen in eurem Gedächtnisse aufbewahrt zu werden, die andern dienten nur dazu, euch darauf vorzubereiten. So stimmt man die musikalischen Instrumente; man läßt sie falsche Töne, Mißlaute angeben, ehe man zu Accorden kommt, die auf richtige Berechnungen ge-

(1) Anspielung auf den Wundergürtel Milo's, wovon in der Folge die Rede seyn wird.

gründet sind. Ihr habt mir viele eurer Lebenstage gewidmet, ich will euch von allen den meinigen Rechenschaft ablegen. Dieß waret ihr, bey dem Eintritte in meine Schule, zu fordern berechtigt. Ich werde euch keinen meiner Irthümer und Fehler verheimlichen, weil ihr aus allen Nutzen ziehen könnt. Eurer Klugheit überlasse ich die Sorge, die großen Wahrheiten, die ihr jetzt hören sollt, fortzupflanzen, und sie der Jugend, dem weiblichen Geschlecht und dem Volke verständlich zu machen; denn die Erziehung beyder Geschlechter, und der öffentliche Unterricht, werden die Hauptgegenstände unserer Unterhaltungen seyn, so wie sie es von allen meinen Studien und von allen meinen Reisen gewesen sind. Meine treuen Freunde! wenn ich nicht mehr unter euch seyn werde, so errichtet auf der ganzen Erde, von Orte zu Orte, Wahrheitszeichen (1) um euch während der politischen Stürme wieder finden zu können.

Warum bin ich nicht jener Aethalides (2) der Sohn des Mercurs, welcher von seinem Vater den wichtigen Vorzug erhielt, wechselseitig leben und sterben, und sich des einen und des andern Zustandes erinnern zu können? Ob man mich gleich vom Apoll abstammen läßt, so fühle ich doch täglich mehr, daß ich nichts weiter als ein Mensch bin.

(1) Homer. Iliad. XVII. Aeschyl. Agamemnon.

(2) Dieser philosophische Wunsch hat, wie man in der Folge sehen wird, dem Pythagoras die abgeschmacktesten Beschuldigungen zugezogen.

§. II.

Geburt des Pythagoras; sein frühstes Alter, seine erste Erziehung.

Ich bin von erhabener Geburt: das mütterliche Blut, dem ich das Leben verdanke, gehört, ehedem Königen, ja sogar Göttern an: man versichert, daß der Stammbaum meiner Mutter, durch Ancäus den Cephalonier, den Stifter und ersten König des Samischen Reichs, selbst bis zum Jupiter hinauf reichte. Ich war auf diesen göttlichen Ursprung ein wenig stolz, bis einst, auf einer meiner Reisen, man die Unbesonnenheit hatte, mir das Grab des Vaters der Unsterblichen zu zeigen. Die Priester, so klug sie auch gewöhnlich sind, stehen doch zuweilen mit sich selbst im Widerspruch.

Meine Mutter, die sich anfangs Parthenis nannte, trug das Gepräge ihres Ursprungs. Sie war von einer sehr religiösen Denkungsart; vom Morgen bis zum Abend sahe man sie zu den Füßen der Altäre liegen.

Auch Mnesarch, meinen Vater, der nicht weniger fromm war, schmeichelte man zuweilen mit einer göttlichen Abkunft. Sein Reichthum war hiervon der sicherste, der unumstößlichste Beweis in den Augen der Diener der Tempel, deren Unterhaltung er willig übernahm. Mnesarch war der geschickteste Künstler in Samos; er hatte seinen ersten Unterricht den Hetruskern zu danken, und man hat ihm beständig die Gerechtigkeit wiederfahren lassen, daß er seine Kunst, mehr der Ehre wegen, als aus Eigennutz trieb. Vielen ist unbekannt, daß die

Leyer auf dem Ringe des Polykrates, den dieser Despot ins Meer werfen ließ, und welchen man ihm getreulich wieder überbrachte, die kostbare Arbeit Mnesarchs ist; er verfertigte ihn für den Aeaces, den Vater des Tyrannen. Diese beyden Fürsten hielten dieses kleine Meisterstück immer sehr hoch. Ich weiß, daß man es dem Theodor, seinem Zöglinge, zuschreibt; allein dieser hat keinen andern Theil daran, als den Stein abgeschliffen zu haben.

Kaum war Mnesarch mit Parthenis verbunden, so zog er den Flug der Vögel zu Rathe, und da ihm dieser günstig schien, so reiste er mit ihr nach Delphi, zur Zeit der Pythischen Spiele, welche diese Stadt aller zwey Jahre feyert. Er verkaufte dort viel von seinen Arbeiten, sie waren sehr gesucht, und brachten ihm unermeßlichen Gewinn. Das Glück, wie das Unglück, macht uns religiös. Parthenis wünschte, mit den Annehmlichkeiten des Reichthums, die noch süßeren Mutterfreuden zu verbinden; da ihr der Zutritt zu dem berühmtesten Orakel verstattet wurde; so befragte sie es nicht eher, als bis sie ihm ein reiches Geschenk dargebracht hatte. Der Priester des Gottes, welcher schon vorher von dem Charakter derer, die den Dreyfuß um Rath fragten, unterrichtet war, gab folgende Antwort:

„Glückliche Gatten, stürzt euch ins Meer und „schwimmt nach Syrien; große Reichthümer erwarten „Mnesarch im Hafen, und ein Knabe, schön wie Apoll, „weise wie die Pythia, wird in Sidon, Parthenis „Wünsche krönen.“

Dieß war der Spruch des Orakels: es wagte viel, aber es schmeichelte meinem Vater mit den beyden Gegenständen, die seinem Herzen am theuersten waren, der Vervollkommnerung in seiner Kunst und der Hoffnung einer Nachkommenschaft. Die Stadt, welche das Orakel bestimmte, war schon damals wegen der Industrie ihrer Einwohner bekannt, die mechanischen Künste blühten daselbst, und Mnesarch strebte stets nach Vollkommenheit in der seinigen.

Eben versuchte er, in der Werkstatt eines Steinschneiders, eine neue Art Edelsteine zu schneiden, zu schleifen und zum Grabstichel vorzubereiten; als man ihm die Nachricht brachte, daß ihm Parthenis, beynahe ohne Anstrengung und ohne Schmerzen, zum Vater eines schönen Knabens gemacht habe. Er fand ihn in der That dem Ideal ähnlich, welches ihm das Orakel davon entworfen hatte: das Auge eines Vaters ist leicht zu befriedigen.

Die Sonne ist eine der vorzüglichsten Gottheiten in Sidon. Kaum hatte ich den Schooß meiner Mutter verlassen, als mein Vater mich ergriff, in seinen Mantel hüllte und schnell in den Tempel trug, um mich ganz vorzüglich dem großen Apollo zu weihen. Dieser Gott hatte meine Geburt vorher gesagt (1), die in meiner Familie Epoche machte. Hierauf gab mich Mnesarch den Brüsten zurück, die mich säugen sollten, und Mutter und Kind erhielten jedes einen, die Umstände bezeichnenden Namen. Parthenis wurde von nun an Py-

(1) Um das Jahr 600 vor der christlichen Zeitrechnung.

thais, und ich Pythagoras genannt, um der Untrüglichkeit des Orakels der Delphischen Pythia zu huldigen.

Es schien, als wenn ich gleich vom Anfang zum reisen bestimmt gewesen wäre. Kaum konnte meine Mutter die Fahrt zur See vertragen, als Mnesarch, ungeduldig mit einem Sohne und noch größern Schätzen wieder in seinem Vaterlande zu erscheinen, nach Samos zurückkehrte, und den Zehnten seines Gewinnst's der schützenden Gottheit darbrachte, die ihm so viele Wohlthaten erzeigt hatte. Er ließ dem Apoll ein Heiligthum erbauen, und stellte einen Priester zu seinem Dienste an. Dieß der Andacht geweihte Haus, war die erste Schule, die ich besuchte, und der Priester, mein erster Lehrmeister. Ich hatte keinen andern, bis zu dem Todte meines Vaters, der wahrscheinlich ein Wunder erwartete; denn eines Wunders bedarf's, um im Dunkel der Altäre eine vernünftige Erziehung zu erhalten.

Indessen war keines meiner Jugendjahre für mich verlohren. Die Natur muß die einzige Lehrmeisterin der Kindheit seyn. Der Mensch, wenn er den mütterlichen Schooß verläßt, ist nur noch ein roher Entwurf, man muß die Sinne den Eindrücken der Gegenstände, die sie berühren, überlassen, und dem Neugebohrnen Zeit vergönnen, seinen Standpunkt zu finden. Das kindische Alter ist das Alter des Instincts. Die Verfertigung eines Kranzes oder eines Blumenbehänges erfordert Kunst, die Rosenknospe bedarf ihrer nicht sich zu entfalten: so der Mensch beym Anfang seines Lebens. Mein Vater gab mir also, ohne es selbst zu wissen, die schicklichste Erziehung, indem er mich mir selbst überließ. Meine

Seele glich meinem Haare; ein Spiel meiner erwachenden Triebe, kannte sie keinen Zwang; Laster und Tugend waren ihr fremd, sie war ganz Unschuld.

Ach warum blieb das Menschengeschlecht nicht in diesem Zustande! Welche Reitze hatten die ersten Augenblicke des Morgens meines Lebens nicht für mich: lebhaft stehen sie noch vor meiner Seele; wie süß waren sie! welch einer ungetrübten Glückseligkeit genoß ich nicht! ich wetteiferte mit dem Schmetterling und scherzte mit ihm auf dem Teppiche der beblümten Fluren; ich war der Gefährte des muntern Lammes, das bey seiner Mutter spielte; ich kletterte auf die Hügel und versuchte es, den schnellen Lauf der klaren Quellen zu erreichen, die auf den, hie und da zerstreuten Felsen entsprangen; wie groß wäre mein Glück gewesen, wenn ich es gekannt hätte.

Eine einzige Begebenheit hatte in meiner jungen Seele einen schmerzhaften und widrigen Eindruck zurückgelassen. Ein Freund meines Vaters kam in den kleinen neuerbauten Tempel, um auf den Altären Apoll's zu opfern, und trug einen Hahn in der Hand. Der Vogel sträubte sich, als ob er ein Vorgefühl von seinem Schicksale gehabt hätte. Der Priester, in dessen Händen ich bis izt nichts als heilsame Kräuter gesehen hatte, eilt mit einem Messer herbey, bemächtigt sich des Hahns, dreht ihm den Hals um und erwürget ihn: bey dem Anblick des Blutes, das in die Flamme träufelt, verdunkeln sich meine Augen, ich falle ohne Besinnung vor der Bildsäule nieder, und entfliehe, sobald ich wieder zu mir selbst gekommen bin. Ich eilte, es meiner Mutter zu klagen; da ich aber sahe, daß sie meinen Verdruß nicht mit mir theilte; so verließ ich sie und gesellte mich zu zwey Schwänen, um durch meine Küsse an ihnen das Verbrechen wieder gut zu machen, das man an einem andern Vogel begangen hatte.

Das Gerücht von diesem Vorfalle verbreitete sich auf der ganzen Insel; die jungen Samierinnen aus den benachbarten Dorfschaften verdoppelten ihre Liebkosungen gegen mich: sie nahmen mich, eine um die andere, auf ihre Armen, rollten meine blonden Haare um ihre niedlichen Finger und nannten mich den guten Genius des Orts. Ich nahm an allen ihren Tänzen und Spielen Theil: „ohne den blonden Knaben", riefen sie, „fangen wir nicht an, wir müssen Pythagoras haben (1)."

Eines Tags begegneten mir zwey Verlobte, es war am Abend vor ihrer Verbindung. Ich saß an einem Pappelbaum und suchte Blumen aus: was machst du da? fragten sie mich.

Pythagoras. Ich vermähle, wie ihr sehet, die Rose mit der Lilie.

Die Verlobten. Und für wen?

Pythagoras. Für euch, wenn ihr wollt; ich bringe Glück.

(1) Alle diese Züge sind aus verschiedenen Lebensbeschreibungen des Pythagoras entlehnt.

Sie nahmen meine Worte für Orakelsprüche (*) und waren glücklich. Kindheit, warum machst du nicht das ganze Daseyn des Menschen aus!

Als meine Mutter Wittwe geworden war, übergab sie mich der Aufsicht des weisen Hermodamas. Entfernt von der Stadt, lebte er als ruhiger Beobachter der Begebenheiten, die sich rings um ihn zutrugen, ohne ihn zu erreichen. Er war es werth, den Kreophilus von Samos zum Ahnherrn zu haben, dessen Name zum Lohn für seine Gastfreundschaft, gegen den größten der Dichter, so lange, als der Name Homers, leben wird.

§. III.

Homer, die Iliade, die Odyssee.

Sobald mein Alter mir erlaubte, einigen Geschmack an diesem Theile unserer Geschichte zu finden; ließ ich mir auch die kleinsten Umstände derselben von meinem ehrwürdigen Lehrer erzählen. Ich war noch sehr jung, als er es zum erstenmahle that; er nahm mich zwischen seine Knie, indem er zu mir sagte: „der gute Homer, der niemals sehr reich war, hatte das Wenige, was er besaß, auf seine Reisen verwandt, die er durch ganz Griechenland machte, um die letzte Hand an seine unsterblichen Gedichte zu legen. Als er alt und blind geworden war, blieb ihm nichts übrig, als sein Genie.

(*) Die Alten legten eine große Wichtigkeit auf dergleichen hingeworfene Worte.

Ein noch ärmerer Knabe als er, diente ihm zum Führer. So reiste er von Stadt zu Stadt, begab sich von einer Insel auf die andere, und hoffte endlich in Chios bleiben zu können, wo er eine Schule eröffnete; allein sein Mißgeschick verfolgte ihn überall: aller Herzen verschlossen sich vor ihm. (1)

„Hermodamas," unterbrach ich meinen Lehrer, „der „gute Homer that ja niemanden etwas zu Leide; warum „wurde er denn von jedermann zurückgestoßen?"

Hermodamas. Mein Sohn, er war für die Unabhängigkeit seiner Muse besorgt, und wollte nichts von Leuten annehmen, die die Kunst nicht verstanden, sich jemanden zu verbinden.

Eines Abendes, es war im Herbst, saß Kreophilus mit seinem Zögling Leodamantes unter den beyden Platanen, die den Eingang in sein einfaches aber bequemes Haus beschatteten, und machte ihn auf die Pracht der untergehenden Sonne aufmerksam. In diesem Augenblicke bemerkte er am rechten Ufer des Imbrasus, einen zitternden Greis, mit kahlem Haupte, der sich mit einer Hand auf einen langen Stock, und mit der andern auf die Schultern eines Knaben stützte, welcher zwey dicke Rollen unter dem Arme trug. Wo sind wir, fragte der Greis seinen Führer?

Der Knabe. Noch weit von der Rhede, zwischen den Tempeln der Juno und des Neptuns. Ach! erwie-

(1) Die Umstände von Homers Tode werden verschieden erzählt, man wird in diesem Werke noch eine andere Nachricht davon finden.

derte der Greis, wird sich denn kein Obdach für mein, der Ruhe bedürftiges Haupt finden.

Der Knabe. Ihr seyd so stolz bey eurer Armuth.

Homer. Sie sind so übermüthig in ihren Pallästen.

Knabe. Ach! guter Homer, wie sehr beklage ich dich! . . . .

Bey Anhörung dieses Namens von Ehrfurcht ergriffen, wie bey dem Namen des Vaters der Götter und Menschen, steht Kreophilus auf, läuft dem Greise und dem Knaben entgegen, und wendet sich zu dem ersten: „Göttlicher Homer,“ sagt er „ich bin kein Reicher, dessen Herz so hart wie der Gipfel des Bergs „Ampelos ist. Ich lebe im Schooße jenes glücklichen Mittelstandes, den du in dem zweyten deiner beyden Gedichte „so schön besungen hast. Ich bin ein eifriger Verehrer „der Musen, den in seinen Erholungsstunden einige „Fragmente deiner erhabenen Gesänge entzücken. Theile „meine Wohnung mit mir. — Lange genug wurdest du „von den Stürmen des Unglücks herumgeschlagen, lauf „nun in den Hafen ein. Nimm meine Gastfreundschaft „an, dein Freund, dein Bewunderer ist es, der sich „dir anbietet. Beehre mein niedriges Dach mit deinem „Aufenthalte, ich werde für dich wie für mich, und für „deine Werke wie für meine Kinder sorgen. Es ist Zeit, „beschließ deine Wanderungen und genieß der Ruhe.“

Homer zögerte nicht; er hatte das menschliche Herz zu gut studieret, um die Wahrheit der Gesinnungen seines Wirthes zu verkennen. Er lebte noch einige Jahre bey ihm, die gewiß nicht zu den unangenehmsten seines Lebens gehörten. Kreophilus hatte das Glück, Homeren verschiedenemahle seine göttlichen Gedichte recitiren zu hören. „Ich vermache sie dir“ sagte der Vater der Iliade in den letzten Augenblicken seines Lebens zu ihm, „ich bin sie dir schuldig. Du hast den Verfasser derselben in dein Haus aufgenommen, du hast es mit ihm brüderlich getheilt; seine Erbschaft gehört dir. Nimm und bewahre sie auf diese Werke, die Griechenland seiner nicht unwerth gehalten hat. Vielleicht wird die Nachwelt uns beyde segnen.“

Kreophilus empfieng die letzten Seufzer des göttlichen Homers, und schloß ihm die Augen. Im Besitz der Werke seines Geistes würde er es an Reichthum mit einem Gyges aufgenommen haben. Heilig verschloß er in einen Kasten von Cedernholz die beyden erhabensten Denkmahle der menschlichen Geisteskräfte, und hinterließ diesen ihm anvertrauten Schatz seinem Sohne. Der Enkel war auf denselben eben so stolz, wie der Großvater, als Lykurg, welcher Griechenland und die benachbarten Inseln durchreiste, um seinen Gesetzen Zeit zu lassen in Sparta Wurzel zu fassen, ihn aufsuchte: „Du besitzest“ sprach er zu ihm „die Werke Homers, wisse, „daß sie das Eigenthum der ganzen Welt und nicht eines einzelnen Menschen sind; im Namen der Musen, „die auch ihre Altäre in Sparta haben, im Namen „Homers, der nicht blos für Kreophils Kinder die Leyer „ergriff; im Namen aller Völker, deiner Zeitgenossen „und der ehrwürdigen Nachwelt bitte ich dich, vergönne „Lykurgen eine genaue Abschrift von den beyden großen

„Wer-

„Werken des unsterblichen Sängers Achills und Ulysses, „die der geringste Unfall vernichten könnte.“

Kreophils Enkel gewährte dem Gesetzgeber Sparta's seine so gerechte Bitte. Auf diese Art wurden die beyden schönsten Gedichte des göttlichen Homers, die außerdem mit ihrem, ohne Zufluchtsort herumirrenden Verfasser zu Grunde gegangen seyn würden, erhalten; kamen auf uns und werden ohne Zweifel den Verwüstungen aller Zeiten Troz bieten.

Meine geliebten Mitschüler, diese Abschweifung (1) entschuldigt sich durch sich selbst.

Hermodamas ließ mich, um mein Gedächtniß zu üben, (Er erkannte alle Vortheile, die ich daraus ziehen würde) einige Gesänge der Odyssee und einige Verse aus der Iliade lernen. Er zog das erste dieser Gedichte dem zweyten vor; das letztere hat mehr Feuer, die Gemählde haben mehr Leben, alles ist in Bewegung, aus dem heftigen Aneinanderstoßen der großen Leidenschaften entwickeln sich männlichere Schönheiten: aber, nichts als Schachten! Menschenblut fließt unaufhörlich; tausend Schlachtopfer sinken, um die lächerlichen Forderungen einer Hand voll Könige zu unterstützen. Ganz Griechenland ist in Aufstand um eines ehebrecherischen Weibes willen! (2) Hier hat vielleicht die Moral den

(1) Diese Begebenheit wird von verschiedenen alten Schriftstellern erzählt. Der junge Anacharsis berührt sie ebenfalls.

(2) Helena kostete, nach der Berechnung des Phrygiers Dares 1,562000 Menschen das Leben.

Musen einige Vorwürfe zu machen; aber wie sehr haben sie in der Odyssee ihr Unrecht wieder gut gemacht! Dieß ist das Buch jedes Alters, jedes Geschlechts, jedes Standes. Hektors und Andromache's Abschied rührt für einen Augenblick; aber Penelope's unerschütterliche Treue, Nausikaa's schöne Unbefangenheit; Telemach; der gute Eumeneus; bis auf den treuen Hund des alten Dieners des Ulysses, alles hat seinen eignen moralischen Zweck: es ist eine Schule, die allen Menschen offen steht.

§. IV.

Hermodamas setzt seine Belehrungen fort. Erster, dem Pythagoras ertheilter Unterricht.

Es giebt noch eine andere Schule, fuhr Hermodamas gegen mich fort, die vor ihr noch den Vorzug verdient, so erhaben diese auch ist. Pythagoras, die ersten Eindrücke auf deine Sinne erhältst du von der Natur, sie müsse auch der erste und vorzüglichste Gegenstand deiner Nachforschungen seyn! Lege Homers Gesänge bey Seite, um in die Harmonie einzudringen, die unter allen den zahllosen Wesen Statt findet, aus denen das große Ganze besteht, wovon auch du ein unzerstörbarer Theil bist. Oeffne deine Augen und sammle deinen Verstand, stelle dich auf das Vorgebürge Posidium und betrachte das Aegäische Meer, das diesen Punct der Erde zu verschlingen scheint, und es dennoch nicht wagt. Die kühne Hand des Menschen hat eine Stadt und Tempel erbaut, deren Grund, um mich so auszudrücken, sich in die Wellen taucht. Eine Insel ist eine Art von Gefängniß; aber der Mensch hat sehr bald die Schranken, welche seine Schritte hemmten, zu durchbrechen gewußt. Fast immer sind die Inselbewohner sinnreicher als die Einwohner anderer Theile des Erdbodens gewesen. Schon die Nothwendigkeit machte sie zu unerschrockenen Seeleuten; so finden wir unsere ältesten Vorfahren, als Feinde der Unthätigkeit, in Oberägypten, wo sie versuchten eine Niederlassung von Kaufleuten zu gründen. Wenige Zeit nachher drangen andere noch kühnere Samier selbst weiter als Herkules vor. Ein Ungewitter warf sie an das Ufer einer Insel, die nicht, so wie die unsrige, mit immer grünen Rasen bedeckt war. Keine kühlenden Quellen lebendigen Wassers boten sich dem schmachtenden Wanderer dar: ihre Eingeweide enthielten Gold. Die Eingebohrnen, weniger civilisirt, aber vernünftiger als wir, entledigten sich ohne Bedenken eines unfruchtbaren Metalls, um es gegen neue Producte, die ihnen mangelten, umzutauschen. Beyde handelnde Völker dankten der glücklichen Unwissenheit des einen, ihre gegenseitige Zufriedenheit mit einander; Samos wurde reicher auf Kosten seiner Ruhe, statt die wahren Schätze eines fruchtbaren Bodens, der sogar Heilkräfte besitzt, zu benutzen. Warum blieben wir nicht immer Töpfer! wir würden die Eifersucht der Griechen und das Mißtrauen Persiens nicht erregt haben. Sobald man sahe, daß wir eine Flotte hatten, so stutzten alle Mächte des festen Landes, und wollten uns durch offenbare Gewalt, oder durch andere, eben so ungerechte als niedrige Mittel zu Grunde richten.

B 2

Pythagoras! fügte mein erster Lehrer hinzu, laß dir dieses große Beyspiel unseres unglücklichen Vaterlandes zur Warnung dienen! suche nicht dein Erbtheil zu verdoppeln; hüte dich die Blicke der eifersüchtigen Menge auf dich zu ziehen; trachte nach keinem andern Ruf, als den deine Verdienste dir erwerben. Schneide deine Siegelringe, und, was gewöhnlich bey Künstlern nicht der Fall ist, laß die geringste Arbeit deines Grabstichels einen moralischen Sinn, einen nützlichen Zweck haben und ein Gegenstand des Unterrichts werden.

Wenn, zum Beyspiel, Polykrates, oder irgend ein anderer, durch Amt, Ansehen oder Reichthum ausgezeichneter Mann ein Siegel von deiner Hand verlangt und dir die Wahl des Gegenstandes überläßt, so laß ihn dir durch die furchtlose Weisheit eingeben; entwirf den Augen des Mächtigen ein Bild, das mitten in seinen strafbaren Orgien, im Schooße seiner schändlichen Vergnügungen, eine, bisweilen heilsame Erschütterung in seinem Innern hervorbringe. Die Künste müssen der Tugend ihre Waffen leihen.

Nimm noch einen Rath von mir an, den mir der einfache Menschenverstand eingiebt; mögen andere, gelehrtere und von einem mehrumfassenden Geiste dich erhabenere Dinge lehren; ich, mein Sohn, erhebe mich, ohne jedoch zu kriechen, weniger über die Erde, und befinde mich wohl dabey. Da der Gott der Reichthümer seine segnenden Hände über diejenigen, die dir das Leben geschenkt haben, ausgebreitet hat; so ahme, mein lieber Pythagoras, einen deiner alten Mitbürger nach, er war ein Künstler wie dein Vater, seine Arbeiten war ren zwar nicht so fein, aber reich an Geist und Erfindung; dieser faßte den unveränderlichen Entschluß, vor seinem Ende eine Entdeckung zu machen. Dieser edle Vorsatz verursachte, daß er sein ganzes Augenmerk auf einen einzigen Gegenstand richtete; alle übrigen waren ihm fremd; er wußte nur eine Sache, aber er wußte sie recht; und wenn durch seine Bescheidenheit sein Name uns nicht verborgen geblieben wäre; so würde er das nur zu kurze Verzeichniß derjenigen vergrößern, die sich um ihr Vaterland verdient gemacht haben.

§. V.

Bibliothek des Pythagoras; seine erste Lectüre. Sauchoniaton, Hermes, Horus, Orpheus, Hesiodus u. s. w.

Mein erster Fehler bestand darinnen, daß ich den Werth der weisen Rathschläge des Hermodamas nicht genug einsah. Ich wollte gleich alles wissen. Die Büchersammlung, welche mir mein Vater nach seinem Tode hinterließ, entsprach ganz meinem Wunsche. Er hatte sich mit großen Kosten die Abschriften der besten historischen und moralischen Werke verschafft, die zu seiner Kenntniß gekommen waren; ich verschlang sie alle, unter den minder begierigen Augen meines Lehrmeisters: weit entfernt meinen Eifer zu mäßigen, unterhielt er ihn vielmehr, indem er mich die Sprache verschiedener Völker lehrte, um bey ihren Schriftstellern selbst aus der Quelle schöpfen zu können; denn Samos hat seine eigene Mundart.

Ich schloß mich verschiedene Monate nach einander ein, um alle die Rollen zu lesen, welche vor meinen Augen aufgehäuft waren; keine einzige wurde übergangen. Hermodamas überraschte mich, ziemlich mißvergnügt mit mir selbst, oder vielmehr mit der Anwendung meiner Zeit. Mehr ermüdet als gesättigt, schien ich in tiefes Nachdenken versunken zu seyn; er zog mich aus dieser lästigen Lage, indem er zu mir sagte:

Nun Pythagoras! machen die Wissenschaften so finster und mürrisch? sind wir es doch weniger, wenn wir Abends von unsern Wanderungen auf den lachenden Bergen zurückkommen, die Samos gegen Mitternacht begränzen. Hast du alles gelesen?

Pythagoras. Alles; und jede Rolle von Anfang bis zu Ende; ohne eine Zeile zu überhüpfen.

Hermodamas. Nun, so bist du ja im Stande, selbst eine Schule zu errichten; du übertriffst deinen Meister. Wie! du hast schon eine ganze Bibliothek erschöpft? so schnell verschlang ja kaum der alte Saturn seine Enkel im Augenblick ihrer Geburt.

Pythagoras. Ich habe die zwey und vierzig Werke des Thot gelesen (¹), die der Phönicier Sanchoniaton sich die Mühe gegeben hat zu sammeln; die Geschichte des Ursprungs der Welt, die Hermes Trismegist in Stein gegraben hat; die Hieroglyphen des Ae-

(1) Ohngeachtet den Priestern des Nils die strengste Verschwiegenheit geboten war, so hatte man doch davon verstümmelte Abschriften, die man sich von ihnen selbst mit großen Kosten verschaffen konnte.

gypters Horus; die Sybillen, deren Orakel, noch vor den schönen Gedichten Homers, in elende Verse gebracht wurden, die Gedichte des Thraciers und seines Sohnes Eumolp, ja selbst die Gesänge seiner Tochter, auf den Trojanischen Krieg. Es mißfällt mir, ein Weib menschenmörderische Schlachten besingen zu hören: Alles zusammen ist nicht so viel werth als die einzige Odyssee.

Amphion und Linus nehme ich jedoch aus; ihre Hymnen athmen wirklich Begeisterung, und machen die Wunder, die man ihnen zuschreibt, wahrscheinlich. Orpheus übertrifft sie noch. Indessen läßt alles dieses meinen Geist noch unbefriedigt. Ich habe gelesen, was der Phrygier Dares und Diktys von Kreta über das unglückliche Troja geschrieben haben; den großen Zoroaster (¹), Persiens Trismegist, den Gesetzgeber der Baktrianer; seine politischen Gesetze haben mir sehr unzureichend geschienen, seine gottesdienstlichen Vorschriften lange Weile verursacht, und ich habe nichts daraus gelernt. Die fünf Bücher über die unglaublichen Dinge (²) sind unterhaltender als nützlich; es ist ein Werk, das zu Ende eines jeden Jahrhunderts aufs neue bearbeitet werden müßte. Aber ich habe mich dadurch entschädigt, daß ich den Hesiod, Homers Nebenbuhler und Freund, noch einmal gelesen habe. Ich kann es ihm nicht verzeihen, daß er als Hirt auf dem Berg Helikon die Heerde seines Vaters verließ, als die neun Musen ihm den Lorbeerkranz darboten; ohne Zweifel wollten sie ihn nur auf die Probe stellen, und er fühlte sich

(1) Es ist hier blos von dem ältern Zoroaster die Rede.

(2) Dieß ist das Originalwerk, das Paläphatus zum Grund gelegt hat.

mehr als zu glücklich, in der Folge wieder auf die Fluren zurückkehren zu können, die ihn so begeistert hatten! Einst will ich nach Orchomenus hinauf steigen, nach Hesiods Grabmahl fragen, und der Inschrift, die man bereits darauf ließt, noch für meinen Theil diese wenigen Worte beyfügen:

„Gesegnet sey das Andenken Hesiod's von Kumä! „nicht, weil er uns den Stammbaum der Götter ent„worfen, sondern weil er den Ackerbau, den Ernährer „der Sterblichen und den Beschützer der Sitten, besun„gen hat."

Hermodamas, ich habe kein großes Vergnügen an den beissenden Jamben des Archilochus noch an Tyrtäus Kriegsliedern gefunden. Die Menschen bedürfen keiner Aufforderung zur Rache. Ich ziehe die Skolien des Terpanders vor; der blos, mit dem Oehlzweig in der Hand, sang.

Hermodamas. Pythagoras! Dein Wunsch ist nun befriedigt: sage mir jetzt, welches sind die Resultate deiner so ausgebreiteten Belesenheit?

Pythagoras. Dieß ist also, seitdem die Welt steht, alles was man weiß, seit es Menschen giebt, alles was sie gelernt haben! Was bleibt mir übrig? Zweifel und das Bedürfniß mehr zu wissen; denn ich würde den Tod der Schande vorziehen, so zu leben, ohne mich selbst zu kennen, und mit allem, was vor mir gewesen ist, und was mich auf der Erde umgiebt, gänzlich fremd zu bleiben.

Hermodamas. Junger Mensch, die Unwissenheit macht dich ungerecht. Die Büchersammlung deines Vaters enthält nicht ausschließlich alles Wissenswerthe. Es giebt lebendige Bücher, bey denen du dich noch Raths zu erholen hast, Weise, die ihrem Jahrhunderte vorgeeilt sind, und, wenn sie auch die Hoffnung aufgeben müssen, ihre Zeitgenossen zu sich empor zu heben, wenigstens für sie denken, in der Stille, entfernt von dem großen Haufen, neue Entdeckungen machen, und die die Natur, wegen des Scharfsinns ihres Geistes und ihrer unermüdeten Nachforschungen, für würdig gehalten hat, sich hie und da ihren Blicken zu entschleyern.

Pythagoras. Verzeih deinem jungen Zöglinge, der nach Kenntnissen dürstet, so giebt es also Menschen die bescheiden genug sind, im Dunkeln, und ohne eine andere Spur als ihren Namen zurück zu lassen, sich jenen erhabenen Wissenschaften, die ich ahnde, und in deren Besitz sie sind, zu widmen! Laß uns eilen Hermodamas, laß uns diese Insel verlassen: das Vaterland ist überall, wo man sich unterrichten und besser werden kann; heute noch. — —

Hermodamas. Geduld, guter Jüngling! ehe der kluge Seemann sich auf eine Fahrt von langer Dauer einschifft, versorgt er sich erst mit Vorräthen, und zieht über die Gegenden, die er zu besuchen, über die Völker, bey denen er zu landen gedenkt, die nöthigen Nachrichten ein; er erkundigt sich nach ihrer Sprache und macht sich mit derselben in etwas bekannt. Wenn man mit einander reden will, muß man sich verstehen;

hältst du dich für fähig, die hohen Lehren der Weisheit, die dir noch unbekannt sind, zu begreifen? bis jetzt hast du blos die leblose Natur zu Rathe gezogen. Ehe du diese Insel verläßt, so wirf wenigstens einige Blicke auf die dich umgebenden Menschen und Dinge. Laß uns vom Einfachen zum Zusammengesetzten übergehen; und, bevor wir zu der Ursache empor steigen, einen Augenblick die Wirkungen beobachten; wenn uns in unserm Vaterlande nichts mehr zu lernen übrig bleiben wird, dann ist es Zeit es zu verlassen und auf die Entdeckung der großen Grundwahrheiten auszugehen; die zum Glück des Lebens unentbehrlich sind. Mäßige dein Feuer. Der Adler auf dem Berg Ida läßt seine Jungen nicht eher emporsteigen, als nachdem er sie zuvor bey ihrem ersten Ausfluge um ihr Nest begleitet, und ihr Auge an die Strahlen der Morgensonne gewöhnt hat.

§. VI.

Topographie von Samos.

Nach einem kurzen Stillschweigen fuhr Hermodamas fort: Aber du, der du dich schämst den Ursprung der Welt nicht zu wissen, kennst du denn die Urgeschichte deines Vaterlands? damit, deucht mich, solltest du den Anfang machen. Weißt du denn wol die verschiedenen Namen, die es geführt hat? Es hat ihrer wenigstens viere gehabt: der älteste ist Parthenias und seine ersten Bewohner kamen aus Karien; in der Folge hieß es Arthemus, Melamphylus und endlich Samos (¹). Seine Lage ist im Mittel zwischen der Mitternacht- und Abendseite des Vorgebürgs Trogylium in Jonien, Mykale gegenüber; die beyden Vorgebürge auf der Morgenseite unserer Insel sind kaum sieben Stadien davon entfernt; das westlich gelegene, welches sich am weitsten vorwärts ins Meer erstreckt, heißt das Vorgebürge Neptuns, welches wir auch durch den Namen Posidium bezeichnen. Der Berg, oder vielmehr die Bergkette, bekannt unter dem Namen Ampelos, durchschneidet die Insel auf der Morgenseite, nach ihrer ganzen Länge. Der Boden unsers Vaterlands ist zwar uneben, aber eben deswegen um so fruchtbarer; alle Gewächse Asiens kommen im Freyen fort; nur die Cypresse hat sich nicht an unser Klima gewöhnen können.

Eine Volkssage, die sich aber auf kein altes Denkmal stützt, giebt unserer Insel schon vor der Ankunft und Besitznehmung der Karier, Bewohner (²); sie hat uns sogar einige schätzbare Züge in Rücksicht auf den Charakter und die Sitten dieses Urvolkes aufbehalten: es hatte zum Anbau seiner Ländereyen und zu den häuslichen Diensten keine Sklaven; die Eingebohrnen dienten einander selbst, und erkannten keine Oberherren: jeder lebte für sich, ohne andere Unterscheidungszeichen, als die, des Alters und des Geschlechts: die Väter allein hatten über ihre Kinder zu befehlen, und die Kinder gehorchten nur ihren Vätern: Der Aelteste hatte eine Art von Vorrang, der sich jedoch auf die einfa-

(1) Strabo Geogr. Lib. XVII. Drapper descript de l'Archipel. in Fol.

(2) Memoires de l'Academie des inscriptions et belles lettres de Paris in 4to passim.

chen Sitten, die damals herrschten, gründete; sie hatten keine geschriebenen Gesetze, waren nicht reich, hatten nur einen Tauschhandel unter sich, und ihr größtes Fahrzeug bestand in einer Barke, die groß genug war, um eine nicht zu zahlreiche Familie zu fassen: da sie nicht wußten, durch welchen Zufall sie sich auf dieser Insel befanden, so hielten sie dafür, sie wären auf derselben gleich jenen Pflanzen entstanden, die in einem Garten wachsen, ohne je dahin versetzt worden zu seyn. Die Sage fügt hinzu, daß dieses Völkchen glücklich, friedliebend, gastfrey war; die Karier haben keine Spur von ihnen übrig gelassen. Beklagst du nicht mit mir, daß dieses goldene Zeitalter vorbey ist? jedes Land hat das seinige gehabt: Dieß ist kein aus der Einbildungskraft der Dichter entsprungnes Hirngespinnst. Wenn du reisen wirst, so vergiß nicht die Wahrheit dieser meiner Bemerkung zu untersuchen.

Die Insel, die du der mittäglichen Spitze von Trogylium gegenüber erblickst, ist Narthekis. Du wirst, so wie alle Reisende, die sich gern unterrichten, die Bemerkung machen, daß dieses Vorgebürge dasjenige Land ist, welches Griechenland am nächsten liegt, nämlich dem Vorgebürge Sunium in Attika. Trogylium liegt ihm gegenüber.

Du siehst jene kleine Bucht, westlich von der Stadt Samos. In derselben ist ein Damm befindlich, der sich nach dieser Erdzunge erstreckt, und dazu dient, den Eingang in den Hafen zu verengen. Dieß ist der berühmte Damm, eines der drey Wunderwerke unsers Vaterlands; er ist über zwey Stadien lang und hat mehr als zweyhundert und funfzig Fuß Tiefe unter dem Meere: Dieß Werk wird unseren Nachkommen einen hohen Begriff von den Samiern, und der Größe ihrer Seemacht beybringen. Es ist wahr, daß sie dem Korinthier Amenokles, der ihnen durch seine Kenntnisse zu Hülfe kam, viel zu danken haben. Dieser geschickte Schiffsbaumeister wurde mit Entzücken auf einer Insel aufgenommen, die ihren Theil an der Herrschaft der Meere haben wollte. Er erbaute uns Fahrzeuge, welche den Batus nach Libyen (¹) brachten, um daselbst den Grund zu der Stadt Cyrene zu legen. Man hat uns die Erfindung der Transportschiffe für die Reiterey zu danken. Es würde ehrenvoller für uns seyn, durch unsere guten Sitten zum Vorbilde zu dienen.

Wenige Städte des festen Landes sind durch so prächtige Mauern vertheidigt, als Samos. Wir haben sie unsern, beynähe unerschöpflichen Steinbrüchen zu danken. Betrachte diese Festungswerke, die sich bis auf den Gipfel des Ampelos erstrecken, und gegen Abend einen großen Winkel bilden, nachdem sie längs dem Abhange des Bergs hingelaufen sind: diese Mauern sind von verschiedener Stärke, nach Erforderniß des Orts, aus großen, rautenförmig behauenen Quadersteinen von weißem Marmor aufgeführt, und mit viereckigten, ebenfalls marmornen, sechzig Schritte von einander entfernten Thürmen besetzt, ausgenommen an den steilsten, von der Natur selbst befestigten Stellen. Diese Thürme hätten höher seyn können, kann man indessen, was

(1) Oder Afrika; diese beyden Namen hatten in der alten Erdkunde einerley Bedeutung.

ihre Gestalt und ihr Verhältniß anbetrifft, wol schönere und besser gebaute sehen?

Aber, selbst nach Jahrhunderten, werden noch die Ruinen des Circus ein Gegenstand der Bewunderung und des Erstaunens für jeden Reisenden seyn, bevor er diesen Theil von Samos verläßt. Man wird von fern herkommen, um seine Bauart zu untersuchen. Er ist ganz von weißem Marmor; die Sitze ruhen nicht auf gewölbten Bogen, der Baumeister hielt es für besser, ihnen den Rücken des Berges selbst zum Grund dienen zu lassen. Zwar ist er in einem etwas rohen Styl gebaut, unsere Nachkommen werden es zierlicher machen, aber wird man mit mehrerer Festigkeit bauen, und ein dauerhafteres und majestätischeres Denkmal errichten können? Wo ist eine Stadt, die einen schönern öffentlichen Platz aufzeigen könnte, der mit einer so unzähligen Menge von Säulen geziert ist, die wie unsere, auf jenem Hügel befindlichen Grabsteine, alle von Marmor sind. Diesen letztern fehlen nur Cypressen; ihr dunkeles, nie verbleichendes Grün, würde diesen Platz zu einem höchst mahlerischen Aufenthalt machen.

Auch unserer Wasserleitung wird man gedenken, die auf dem Rücken der Berge, zweytausend Schritte weit, das gesunde Wasser des Imbrasus nach Samos bringt. Sie läuft auf einer niedrigen, an manchen Orten unterbrochenen Mauer fort. In dem, östlich von unserer Stadt gelegenen Thale unterstützen sie Schwibbogen von einer kühnen Höhe, du kannst sie von hier aus, auf dem Wege von Miles nach Pyros, sehen. Die Röhren, welche sechs bis sieben Zoll im Durchmesser haben, sind aus einer rothen Erde gemacht, die man nur auf unserer Insel in den Gegenden, die der Fluß bespielt, antrifft. Sein Wasser, das in den Bergen entspringt, theilt vielleicht dem Thone die besondere Eigenschaft mit, die unsere Töpferwaaren so berühmt macht.

Gegen Mitternacht haben wir noch eine Quelle, für welche man einen Kanal, die zweyte Merkwürdigkeit von Samos, erbaut hat. Er bahnt sich den Weg durch verschiedene Berge, in einer Strecke von fünf bis sechshundert Fuß. Dieser Berg hier, ist hundert und funfzig Klastern hoch, und die durch denselben gebrochne Oeffnung, hat sogar eine Länge von achthundert und funfzig Fuß. Der Kanal ist zehn Ellen (cubitus) tief; unsere Nachkommen werden sich vielleicht darüber wundern, aber wir waren gezwungen ihn so tief zu graben, um ihn nicht über die Wasserfläche der Quelle zu erheben. Ueber demselben, befindet sich ein, sieben Stadien langer Weg, der Baumeister war ein Samier; er nannte sich Megarus, und war der Sohn des Naustrophus.

Auf der Abendseite der Insel befindet sich der höchste unserer Berge. Bey kürzlich angestellten Nachgrabungen in demselben, hat man eine Schicht weißen Thons, oder weißer Erde gefunden, welche die Eigenschaft hat, unsere Kleider zu reinigen; die Diener des Aesculaps haben einige Heilkräfte in ihr entdeckt, sie haben sich aber über diesen Gegenstand noch nicht deutlich erklärt. Die Heilkunde hat einige Aehnlichkeit, mit der Wissenschaft der Augurn.

In einsamen Gegenden hat man mehr als einmal Wölfe und sogar Tiger gesehen. Man hält sie nicht für einheimisch, aber sie sind deshalb nicht minder furchtbar; indessen, wir haben Eisen um sie zu bekämpfen; unser Boden hat fast überall ein rostiges Ansehen.

Die dritte und größte Merkwürdigkeit von Samos, ist der alte Neptunstempel. Unser Mitbürger Menodotus, der jetzt ein Werk schreibt, welches alles enthält, was die Aufmerksamkeit eines Reisenden auf unserer Insel verdient, hat mich versichert, daß dieser Tempel ein Werk der Karier, unter Aufsicht der Nymphen, sey. Ihm zu Folge, ist es das erste Denkmal unserer Vorfahren; andere schreiben dieß große Werk den Argonauten zu. Sie erbaueten es ausdrücklich, um in demselben, auf eine anständige Weise, die Bildsäule der Juno aufzustellen, die sie, einem Gelübde zu Folge, nach Samos an die Ufer des Imbrasus brachten, wo die Unsterbliche gebohren wurde. Ihr Bildniß ist das Werk des Smilis, eines Bildhauers aus Aegina und Zeitgenossens des erfindungsreichen Dädalus. Der Stoff dazu war nicht kostbar. Ein Baumstamm diente lange Zeit zur Vorstellung dieser Göttin, welche man deshalb nicht minder eifrig verehrte. Jetzt besucht man sie, um die ersten Fortschritte der Bildhauerkunst an ihr zu betrachten. Kaum denkt man noch an den eigentlichen Zweck. So sind die Menschen! sie beschäftigen sich nie mit einer Sache, als auf Kosten einer andern.

Laß uns jetzt auf den Tempel der Mutter der Götter zurückkommen. Seine Pracht entspricht seinem großen Umfange. Er ist am Ufer des Meers erbauet und

und mit dem Vordertheile gegen Morgen gekehrt; die Basis der Säulen ist von ungewöhnlicher Form. Die Säulen des Porticus sind von den Säulen der Flügel verschieden. Sie sind von weißem, die Piedestale von grauem Marmor; die Kapitäler sind von eben diesem Stoffe und halten vier und einen halben Fuß im Durchmesser. Ein Erdbeben hat dieses unermeßliche Gebäude nur erschüttern können. Pythagoras wird mit Vergnügen hören, daß der Baumeister unser Landsmann war. Er hieß Rhäkus und sein Vater Phileus.

In dem Innern findet man drey vorzügliche Bildsäulen von mehr als natürlicher Größe: sie stellen auf einer und derselben Basis, die Minerva zwischen dem Herkules und Jupiter vor. Diejenigen, welche die Geschichte des menschlichen Kunstfleißes studieren, bemerken an ihnen den Anfang der Kunst. Ohne Zweifel wird man diese unförmlichen Entwürfe mit vollendetern Kunstwerken vertauschen, indessen, das Volk verlangt nicht viel; giebt man ihm nur Götter, so sieht es nicht darauf, ob die Kopie der Würde des Originals entspricht; seine Einbildungskraft ersetzt alles fehlende.

Wenn du dich an das östliche Ende der Insel begiebst, so hefte deine Augen auf ein Kunstwerk, auf welchem sich Aesculap in halberhabener Arbeit abgebildet befindet, wie er zweyen oder drey Personen, die sich mühsam zu ihm schleppen, das Blatt von einer Pflanze reicht, welche wild auf den Felsen jener Gegend wächst. Sie ist abführend. Das Volk bedient sich derselben, ohne jemand deswegen um Rath zu fragen, in vielerley Krankheiten, und befindet sich wohl dabey.

Das Klima von Samos ist gesund; der Boden, obgleich trocken, würde, wenn er besser angebauet wäre, fruchtbarer seyn, und das Sprichwort rechtfertigen: Da geben selbst die Hühner Milch.

Mein Sohn, hier so wie überall, wirst du die Bemerkung bestätigt finden; daß nicht die Erde den Menschen ihren Schooß verschließt, sondern daß die Menschen der Erde ihren Arm versagen. Wenn die Samier, statt Hafen anzulegen, Dämme aufzuführen, den Marmor mit großer Mühe aus den Steinbrüchen zu holen, um Tempel und ein Gefängniß, unter dem wohlklingenden Namen „Stadt" zu erbauen, mit der Natur gemeinschaftliche Sache gemacht hätten; so würde man weniger von ihnen geredet, aber wenig Völker würden ruhiger und glücklicher gelebt, man würde kaum von ihrem Daseyn etwas erfahren haben. Ohne ihre Insel zu verlassen, würden sie auf derselben Glück und Zufriedenheit, ohne welche keine Glückseligkeit denkbar ist, gefunden haben. Warum schränkten sie sich nicht auf die ruhigen Beschäftigungen ihrer Vorfahren ein! ganz Jonien würde ihrem friedlichen Kunstfleiße freywillig zinsbar geworden seyn. Man würde das Ikarische Meer mit Fahrzeugen bedeckt gesehn haben; die den Hafen der Galeeren zugeeilt wären, um sich mit der schönen Töpferarbeit (¹) von Samos zu beladen. Wir würden an unsere Nachbaren unsern schönen Jaspis, gegen andere Handelszweige, die uns fehlen, vertauscht haben. Und wenn wir ihnen erlaubt hätten, auf unsern

(1) Von den Römern, unter dem allgemeinen Namen fidelia bekannt, es waren Gefäße von weißer Erde, zu allerley Gebrauch, für Wein und andere Flüßigkeiten.

Gebürgen, die heilsamen Pflanzen, die daselbst im Ueberfluß wachsen, zu sammeln; so hätten wir uns ein Recht auf ihre Dankbarkeit erworben. Sie würden jeden Preiß bezahlt haben, um sich jenen samischen Stein zu verschaffen, der zur Politur erforderlich, und allen denen Ländern, wo vieler Luxus herrscht, so wie den Priestern der Cybele, die dieser Göttin zu Ehren, sich ihrer Mannheit berauben, unentbehrlich ist. Wir hätten ihnen auch erlauben können, in unsern schönen, gegen Mitternacht befindlichen Fichtenwäldern, die wir kaum zu nützen wissen, Holz zu fällen. Wir würden ferner an unsern Eichen, die einst so häufig auf unserer Insel waren, daß sie sogar ihren Namen davon erhalten hat, eine große Hülfsquelle gefunden haben, und wir würden, wie jene dem Jupiter heiligen Bäume, gleichsam ein der Gottheit geweihtes Volk geworden seyn. Voll Zutrauen auf die Redlichkeit unserer Staatskunst, hätten die entferntesten Völker Gesandschaften an uns erlassen, um uns um Rath zu fragen und uns zu Vermittlern ihrer Streitigkeiten zu machen. Die ärmsten, die unkriegerischten Insulaner würden, durch ihre Weisheit und Mäßigung, ganz Griechenland beherrscht haben.

Die Einwohner von Samos kennen weder die wahren Güter noch die wahre Größe. Sie haben reich seyn wollen, um mächtig zu werden; aber sie sind es auf Kosten ihrer Ruhe, ihrer Tugend und selbst ihrer Unabhängigkeit geworden. Sie haben geglänzt und glänzen noch. Wie hoch ist ihnen dieser Glanz schon zu stehen gekommen, und was für Uebel bereitet ihnen noch die Zukunft! und alles dieß, um eine kindische Eitelkeit zu befriedigen. Auch Denkmahle mußten sie haben, um sie den Fremden zeigen zu können. Täglich hört man sie allen Reisenden, die in ihrem Hafen vor Anker lagen, zurufen: Diese ganze von Marmor erbauete Stadt, ist so alt, als schön und groß. Wir haben eine obere, und eine untere Stadt. Letztere wurde langer Zeit von Timbrio und dem Könige Prokles nach der Angabe des Jon, eines Baumeisters von Athen, erbaut! Die obere ist ganz neu, und das Werk des Rhäkus, Sohn des Phileus, beyde Samier. Die Argonauten waren hieher gekommen, um der Juno einen Tempel zu erbauen, der eben so roh und von eben so schlechten Verhältnissen, als die Bildsäule dieser Göttin war, die sie mitgebracht hatten. Rhäkus bauete ihn von neuem mit Beyhülfe des Theodor, eines seiner Söhne, der zugleich Baumeister und Bildhauer war, er hat ihn zum größten aller bekannten Tempel gemacht. Thelekles, sein zweyter Sohn, erhielt seiner Familie den Ruhm ihres Künstlertalents. Wir haben noch von ihm eine genaue und getreue Beschreibung der Grundsätze und der Hülfsmittel, die man bey diesem großen Unternehmen in Anwendung brachte. Wir haben eben diesem Künstler das Labyrinth zu danken, das man euch zeigen wird. Er erbauete es nach dem Plan des Labyrinths von Kreta, das von der Erfindung des Dädalus ist. Jene kolossalische Bildsäule des Pythischen Apolls, dessen Arme am Körper anliegen und dessen einer Fuß vorwärts, der andere hinterwärts gestellt, die Bewegung des Gehens ausdrücket, ist ebenfalls ein Werk der beyden Brüder Thelekles und Theodor. Sie arbeiteten sie mit einander im Aegyptischen Style, aber jeder verfertigte eine Seite derselben, der eine auf dieser Insel, der andere zu

Ephesus. Diese Art zu arbeiten ist an den Ufern des Nils sehr gewöhnlich. Als das Kunstwerk fertig war, so paßten die beyden Hälften desselben mit der größten Genauigkeit an einander. Freylich hatten die Künstler die Verhältnisse nach einer gemeinschaftlichen Form bestimmt.

„Schätzbare Reisende! verweilt in Samos, wo Na„tur und Kunst, zum erhöhten Genuß sich die Hand „bieten.“

So empfangen wir den Fremden, indem wir ihm mit der Erzählung unserer Ansprüche bestürmen. Denn Samos glaubt es mit den berühmtesten Völkern wenigstens aufnehmen zu können: man bemächtigt sich des Neuangekommnen; man führt ihn in den Tempel des Mercurs, der auf einer Anhöhe liegt, die über den halbmondförmigen Hafen der Galeeren hervorragt. Man unterläßt nicht, ihn auch in den andern benachbarten Tempel zu bringen, der so sehr in einem tiefen Thale gleichsam vergraben ist, daß man ihn erst in einer Entfernung von wenigen Schritten entdeckt. Aber seine Säulen sind kannelirt und nur um die Kapitäler läuft eine doppelte Reihe von Akanthusblättern. Der Architrav ist von rothem und weißem Marmor. Hierauf führt man unsern, vielleicht auf eine doppelte Weise ermüdeten Reisenden, zwischen die, auf diesem Hügel, außerhalb der Ringmauer, am Thor der Vorstadt gelegenen Grabmähler. Die Sonne begrüßt sie täglich mit ihren letzten Strahlen. An keinem dieser kleinen Denksteine befindet sich erhabene Arbeit, diese Frisen vertreten die Stelle der Pfeiler und Säulen; aber sie sind alle von weißem Marmor. Zum Glück für den beängstigten Reisenden, haben die meisten dieser Grabmähler keine Inschriften, denn sonst würde man ihn nöthigen, sie alle zu lesen oder anzuhören.

Die ursprünglichen Bewohner der Insel waren weniger prahlerisch. Ohne Zweifel betrauerten sie ihre Freunde, ihre Verwandten, ehrten ihre Todten so gut wie wir; aber der Ausdruck ihres Schmerzes war einfacher, obgleich nicht weniger aufrichtig und lebhaft. Jede Familie widmete in ihrem Eigenthume einen besondern Ort zur Aufbewahrung der geheiligten Ueberreste ihrer Aeltern und Kinder. Ein etwas über den andern Boden erhabener Rasenfleck bezeichnete den Begräbnißplatz. Dieser Gruft fehlte zwar der Glanz des Marmors, aber auch den Herzen der Zurückgebliebenen seine Kälte und Härte. Fast jeden Abend benetzte eine Thräne den Rasen des Grabhügels, der täglich mit Blumen, wie sie die Jahrszeit darbot, bestreut war. Die Söhne erholten sich hier bey ihren Vätern Raths, ehe sie einen wichtigen Schritt thaten. Man sah sie auf dem Grabe sitzen, als ob sie ihr Ohr den Manen ihres Vaters liehen, und sie verließen es nicht, ohne eine glückbringende Eingebung erhalten zu haben. Ein weiser Entschluß war gewöhnlich die Frucht eines — kurzen Nachdenkens auf der Gruft eines Vaters oder eines Freundes.

Diese frommen Sitten sind uns fremd geworden. Wir prahlen, wo es nur der Empfindung bedarf. Wir holen Marmor herbey, finden aber keine Thränen, um unsere Trauer und unsere Dankbarkeit zu bezeugen.

§. VII.

Die Sibylle von Samos.

Ein andermal sagte Hermodamas zu mir: Pythagoras! du hast versucht die sibyllinischen Bücher zu lesen. Du erinnerst dich doch ohne Zweifel, daß die Jahrbücher von Samos, von denen du eine so schöne Abschrift in der väterlichen Bibliothek gefunden hast, einer Sibylle gedenken, die auf unserer Insel gebohren worden ist, um sie gleichsam durch Merkwürdigkeiten aller Art berühmt zu machen. Es ist wahr, daß man ihr diese Ehre abstreitet. Man nannte sie ehedem Herophile. Sie bewohnte die Grotte hinter dem Tempel des Mercurs. Man sagt, sie sey noch am Leben; aber sie ist nicht mehr hier. Sie hat sich nirgends niederlassen wollen, sondern ist beständig auf Reisen. Man rühmt sehr die Richtigkeit ihrer Voraussagungen; aber nie war sie zu bewegen, auch nur eine auf versiegelte Täfelchen zu schreiben, nicht einmal den Baumblättern, die der Wind entführt, will sie solche anvertrauen.

O weiser Lehrer! fiel ich dem Hermodamas ins Wort, ich hätte wohl diese Sibylle sehen und hören mögen.

Hermodamas. Verlangst du vielleicht schon jetzt die Anzahl der Jahre, die die Natur dir bestimmt hat, und die Ereignisse, die dir in denselben begegnen sollen, voraus zu wissen?

Pythagoras. Nein; ich halte es für nützlicher, die Vergangenheit, als die Zukunft zu kennen. Vergieb einer Neugierde, die mein Alter entschuldigt. Vielleicht glückt mir's auf meinen fernen Wanderungen, Herophilen, oder eine andere Sibylle zu finden, sey es, welche es wolle, sie gleichen sich doch alle.

Hermodamas. Das Vergnügen will ich dir bald verschaffen; nicht einmal die Insel brauchen wir zu verlassen.

Pythagoras. Wie! in Samos? — — — — man hatte mir davon gesagt: ich wollte es nicht glauben. — — — —

Hermodamas. Du sollst dich durch deine Augen und Ohren davon überzeugen.

Pythagoras. Aber ist es denn eine wirkliche Sibylle?

Hermodamas. Es giebt keine falschen, eine hat so viele Glaubwürdigkeit, als die andere. Die, welche wir besuchen wollen, nennt sich Bythos. Man weiß nicht, woher sie ist, noch wie sie in die Grotte der Herophile gekommen ist: der Zufall hat sie vielleicht dahin geführt; dort wird sie eingeschlafen und mit einer neuen Eigenschaft erwacht seyn. Häuslicher Kummer, unglückliche Leidenschaft haben ihr Gehirn in einen solchen Zustand versetzen können, um die Eindrücke anzunehmen, die ein interessanter Ort, durch die Erinnerungen, welche er in das Gedächtniß zurückruft, in der Seele hervorbringt. Es braucht so wenig, um die Einbildungskraft der Menschen, und besonders der Weiber zu überspannen! Unter dem Strome von Worten, die ihren Lippen entstürzen, und nicht selten rednerischen Werth haben, entschlüpfen der Bythos zuweilen Sentenzen, die wichtige Belehrungen enthalten. Auch glückt es ihr dann und wann, durch die unbestimmten Ausdrücke, deren sie sich vorsetzlich bedient, die Wahrheit zu treffen. Das Wunderbare dieses begeisterten Weibes wird dich zu größern Wundern, die deiner in dem Laufe deiner Reisen warten, vorbereiten können, laß uns gehen.

Unterweges fuhr Hermodamas fort, mich von dem Gegenstande, der mich beschäfftigte, zu unterhalten. „Du mußt wissen, sagte er ganz leise zu mir, um von „niemanden andern verstanden zu werden, daß die Wei„ber, die diese Profession treiben, anfangs ehrlich zu „Werke gehen; aber bald macht sie der gute Erfolg „kühn; und sie nehmen sich in der Folge Freyheiten „heraus, wodurch der große Haufen hintergangen wird. „Die Regierung, die ein wachsames Auge auf sie hat, „zieht sie entweder durch Drohungen oder durch Ver„sprechungen in ihr Interesse, und zuletzt werden sie, „gleich dem nachgiebigen Tone unter den Händen unse„rer Töpfer, gelehrige Werkzeuge der Absichten unserer „Obrigkeit; man giebt ihnen ihre Instructionen, je „nachdem sie die Rolle, die sie spielen sollen, erfor„dert. Hat ein ehrgeiziger Gesetzgeber neue Befehle zu „erlassen, so geräth die Sibylle in Begeisterung, und „verkündigt, als den Willen der Gottheit, was der „Rath oder der Hof insgeheim wider die allgemeine „Wohlfahrt beschließen. Noch hat sich kein Weib gefun„den, das Muth genug gehabt hätte, die Gewalt, die sie

„sich über den Verstand des leichtgläubigen Pöbels zu „verschaffen gewußt hat, zum Vortheil der Vernunft „zu gebrauchen. Wahr ist's, sie würde sich diese edel„müthige Freyheit nur einmal erlauben dürfen. Zu we„nig von dem großen Haufen unterstützt, der sie feig„herzig verlassen würde, ist ihr der Betrug zur Pflicht „und zur Nothwendigkeit geworden."

Wir kamen endlich bey der Höhle der Sibylle an; sie war verschlossen. Es wurde Nacht, wir hatten uns beyde mit einem Lorbeerzweig versehen. Wir pochen an; die Thüre öffnet sich, oder vielmehr einige durcheinander geflochtene und durch Schilf unter sich verbundene Reiser, fallen nieder, und lassen uns drey, in gleicher Entfernung von einander befindliche, Harzfackeln bemerken, die einen traurigen Schein verbreiten. Ein eiserner Dreyfuß befand sich in ihrer Mitte: er war nicht hoch und ganz schwarz von den Kohlen, die unaufhörlich in einer Pfanne brannten, welche ein eherner Deckel verschloß, der jedoch durchbrochen war, um den Dampf des Rauchwerks durchzulassen. Dem Eingang der Grotte zur Linken, war eine Vertiefung angebracht, wo sich die Sibylle gewöhnlich aufhielt; auf ihrer Streu von dürrem Nußlaube, hatte Bythos, ohne ihre Lage zu verändern, die grüne Decke, welche die Stelle der Thüre vertrat, niederlassen können. Wir nähern uns; beym dritten Schritt, hält uns eine, von dieser Seite kommende Stimme, mit folgenden Worten zurück: „Sterbliche! was sucht ihr hier? ist es die Wahrheit, „sie sey schrecklich oder tröstend; so seyd ihr will„kommen."

Göttliche Bythos! dieser Lorbeerzweig giebt dir unsere Absichten zu erkennen, erwiederte Hermodamas, der Sohn Mnesarchs steht noch an der Schwelle des Lebens; ich habe ihm den Rath gegeben, nicht weiter zu gehen, ohne vorher einige von deinen prophetischen Aussprüchen sich zu Führern gewählt zu haben.

Die Sibylle warf ihre Augen auf uns, ohne uns zu antworten. Hermodamas erinnerte mich jetzt eine Hand voll Goldstücke mit vielem Geräusche in eine Samische Schüssel zu werfen, die unten vor dem Dreyfuße stand. Bey dem Schall, den sie im Fallen erregten, richtete sich Bythos halb empor, und blieb auf ihren Ellenbogen gelehnt. „Pythagoras!" sprach Hermodamas zu mir: „eine zweyte Hand voll Goldstücken; Bythos ist schwer zu erwecken." Der Klang dieses zweyten Opfers wirkte auf sie, sie erhob sich und lehnte sich an eine Decke von Meerbinsen.

Hermodamas. „Pythagoras, ein drittes Opfer wird den Einfluß von Morpheus Schlummerkörnern vollends zerstreuen."

In der That, kaum war diese dritte Libation von Goldstücken geschehen, so stand Bythos auf, gieng sogleich hinter den Dreyfuß, schürte das Feuer an, das unter der Asche glimmte, ergriff ein kleines, am Rand der Schüssel stehendes Gefäß, und, nachdem sie einen verstohlnen Blick auf unser reiches Geschenk geworfen hatte, streuete sie Rauchwerk in die Pfanne des Dreyfußes, und deckte sie sogleich wieder zu; hierauf gieng sie neunmahl um denselben herum, wodurch wir Zeit gewannen, dieses Weib genauer zu betrachten, welches sie auch ihrer Seits gegen uns that. Sie war von großer Statur, die Lebhaftigkeit ihrer Gesichtsfarbe war verloschen, aber ihr hohles Auge schien nur um so feuriger zu glänzen. Ein langes Kleid, oder vielmehr, ein weites Tuch von dunkler Farbe, hüllte sie vom Kopf bis auf die Füße ein. Eine eiserne Nadel hielt ihre schwarzen Haare zusammen, die am Hinterhaupte nachlässig hinaufgeschlagen waren. Endlich bestieg sie den Dreyfuß, der einen gewürzhaften Geruch verbreitete, und verlangte von mir den Lorbeerzweig, den ich noch immer in der Hand hielt. Die auf der ganzen Insel bekannte Weisheit des Hermodamas verhinderte den Zauber, seine Wirkungen so schnell als gewöhnlich zu verbreiten. Indessen näherte sich der Augenblick der Begeisterung, und die Sibylle gerieth stufenweis in Entzücken, und in Wuth; ein heiliger Wahnsinn bemächtigt sich ihrer: ihr Haar sträubt sich und fällt zerstreut auf ihre Schultern zurück. Alle ihre Gesichtszüge verzerren sich: der Schweiß läuft von ihren Wangen herab; und ihre stöhnende Brust, scheint gleichsam von einer großen Last gepreßt zu seyn. Dreymal öffnet sie den Mund, ohne ein Wort hervorbringen zu können. Sie scheint von den Eingebungen der Gottheit, die sie begeistert, niedergedrückt, sie sagt nichts, weil sie zu viel zu sagen hat. Man hätte glauben sollen, sie würde unter so vielen heftigen Bewegungen, ehe sie noch einige Worte hervorbringen könnte, erliegen. Sie zitterte an allen Gliedern. Der Dampf des Rauchwerks, das zu ihren Füßen brannte, verbreitete um sie einen Wolkennebel, der sie beynahe ganz unsern neugierigen Augen entzog. Hinter diesem Schleyer von Rauch sprach sie folgende Worte aus, die mehr durch die Gegenwart des weisen Hermodamas, als durch die Gottheit der Pythos eingegeben zu seyn schienen.

(¹) Söhne des Staubes! steht auf, die Tage der Gerechtigkeit nähern sich; schon sehe ich sie dämmern. Entwaffne dich Mars! ruhe aus Bellona, ermüdete Henker legt das Mordbeil bey Seite! Blut höre auf zu fließen! was sehe ich! dem Schooße des Meeres entsteigt ein Freund der Götter. Um seine Lenden mit Wahrheit begürtet, geht er einher. Vor seinen Schritten zerstreut sich die Finsterniß. Ein neues Licht leuchtet jedem, der die Augen öffnen will: er redet, und seine Worte sind wohlthätige Orakelsprüche. Beym Tone seiner Stimme entfallen die Ketten den Händen des ungehört seufzenden Unglücklichen. Die Larve entstürzt der scheuslichen Stirne des Heuchlers. Die Völker nähern sich, werfen sich eines in die Arme des andern, erstaunt, so lange Zeit vergessen zu haben, daß sie Brüder sind, beschämt, daß sie erst daran erinnert werden mußten. Ein Mensch allein wird dieß Wunder, das größte der Erden, bewirken. Ein einziger wohldenkender Sterblicher wird die Gestalt des Ganzen verändern, und auf dieses jammernde Erdenrund Asträens glückliche Zeiten zurückbringen, die nicht einmal der Mord eines Thiers befleckte. Der Genius des Bösen, bis jetzt ein übermüthiger Sieger, wird endlich dem Genius des Guten die Siegespalme abtreten müssen. Allem steht eine Umwandlung bevor; es werden keine Gottlosen

(1) Diesen Orakelspruch und die vorhergegangenen Umstände verbürgt die Sammlung der sibyllinischen Werke 2 Bände in 4to.

mehr seyn. Das Reich der Guten beginnt. — — Ich sehe es — — — es nähert sich. — — Entfernt euch Ungeweihte — — — ich habe geredet — — — geht zurück."

Wir verließen die Grotte der Bythos. „Die Sibylle ist dießmal vernünftig gewesen," sagte Hermodamas zu mir.

Pythagoras. Ich errathe den Bewegungsgrund, weiser Hermodamas. Sie wird selten von Neugierigen deiner Art besucht; und wenn wir beständig allein bey ihr gewesen wären, so würde sie vielleicht die Vorbereitungen, zu einer Rede, die ihrer nicht bedurfte, weggelassen haben. Laß uns noch einmal zurückkehren. Wenn bloß wir drey ohne lästige Zeugen uns zusammen einschließen, so können wir von ihr vielleicht Geständnisse erhalten. — — —

Hermodamas. Pythagoras, deine große Jugend steht diesem Vertrauen von ihrer Seite entgegen, sie würde deine Unbedachtsamkeit fürchten. Wenn sie aber auch unklug genug wäre, die Geheimnisse ihres Standes zu offenbaren, so würden wir nichts Neues hören: die Erfahrung wird sie dich zeitig genug lehren. Der eine Theil des Menschengeschlechts hat den andern zum Besten. Nach der Reihe, Betrüger und Betrogene, haben sie einander nichts vorzuwerfen. Die Priester des Mercurs, bestätigen uns diese traurige Wahrheit nur allzusehr; morgen wollen wir sie besuchen.

Meine geliebten Schüler! laßt euch durch diese und durch alle übrigen umständlichen Erzählungen, auf welche ich mich in dem Verfolg der Geschichte meiner Reisen einlassen werde, nicht abschrecken. Umständlichkeit führt zur Wahrheit. Man muß sich nicht immer mit einer allgemeinen Ansicht der Dinge begnügen. Hochtönende Phrasen, ein pomphafter Wortkram, riesenmäßige Bilder, übertriebene Empfindungen, scheinbar erhabene, aber falsche Ideen, haben den politischen und religiösen Marktschreyern mehr Dienste geleistet, als Feuer und Schwerdt. Der Despotismus und die Lügen können vor dem anatomischen Messer (¹) der Vernunft, das ihre Gewohnheiten und Gebräuche zergliedert, ihre Blößen nicht verbergen. Laßt mich also fortfahren, euch alles auseinander zu setzen, laßt uns nichts übergehen: nichts sey uns zu gering; die unermeßliche Natur besteht aus unendlich einfachen Wesen (²).

§. VIII.

Verehrung Mercurs und Neptuns; ihre Tempel und Priester.

Wir machten uns auf den Weg nach dem zwischen dem Hafen und den Markt gelegenen Tempel des Mercurs. Das Gebäude ist zwar kein Muster der Kunst, aber doch ein Denkmal, das die Aufmerksamkeit der Künstler verdient. Man feyerte gerade an diesem Tage

(1) Man sehe die Gesetze des Pythagoras.

(2) So einfach nach der Meinung des Pythagoras, daß er sie durch die Zahlen vorgestellt hat.

eines der Feste dieses Gottes, mit dem Beynamen Charidotes ([1]). Wir sahen die Priester die Bildsäule des Gottes bis an das Ufer des Meeres in Proceßion herumtragen. Der Stab des Mercurs, welcher aus einem Haufen von Kaufleuten, deren jeder einen Beutel in der Hand hatte, hervorragte, eröffnete den Zug. Auch ein Widder ([2]) befand sich unter ihnen. Der Bildsäule des Gottes folgten die Bildsäulen der Musen, unter der Anführung eines weißgekleideten Priesters, der das Scepter der Beredtsamkeit trug. Eine Menge Bürgerinnen, auch in weißen Kleidern, deren Gesicht mit einem Flore bedeckt war, welcher bis an den Gürtel herab hieng, stellten die Seelen der Verstorbenen und die Schatten vor, die Mercur in das Reich des Pluto zu begleiten hat. Man sang die Hymnen Homers. Als das Gefolg am Gestade des Meeres angekommen war, entledigten sich die Priester sehr geschickt des gewöhnlichen Ceremoniels; es besteht darinnen, die Bildsäule des Gottes den Augen der Anwesenden zu entziehen, ohne daß es jemand bemerke, und an ihre Stelle eine Pyramide von geheiligten Kuchen zu bringen, den man unter die Weiber und Kinder vertheilt, nachdem er vorher ganz leicht mit geweihtem Wasser besprengt worden ist. Viele von den Anwesenden vergaßen nicht, etwas von diesem Wasser in kleinen Urnen mitzunehmen, um ihre Waaren, in frommer Zuversicht auf seine Tugenden, damit zu benetzen ([3]).

(1) Ausspender der Wohlthaten Plutarch. Quest. grec. LV.

(2) Artemidor. II. 12. Pausanias II.

(3) Nardin. Rom. vet. III. 2. Borich. ant. urb. fac. 3. I.

Nach

Nach der Zurückkunft von der Feyerlichkeit, stellte mich Hermodamas dem Oberhaupte der Priester des Mercurs, mit folgenden Worten vor: „Erlaube, daß „der junge Pythagoras, der sich unterrichten will, dir „offenherzig einige Bedenklichkeiten vortrage, die du al„lein zu heben vermagst.“

Pythagoras. Priester, ist's wahr, was man mir so eben sagt? Während du hier beym Feste des Gottes der Handlung und der Redlichkeit den Vorsitz führtest, sollte es vermöge einer besonderen Sitte in Samos erlaubt, ja sogar dem Rechte gemäß seyn, die Reisenden auf den Landstraßen zu plündern: auf diese Art wäre also der Straßenraub etwas Heiliges; ein religiöser Gebrauch.

Warum nicht, antwortete mir der Priester, wenn mit Ausnahme dieses einzigen Tages, der Straßenraub das ganze Jahr hindurch streng verboten ist und hart bestraft wird? Mögen die Einwohner, denen dieß bekannt ist, sich diesen Tag des Reisens enthalten.

Pythagoras. Aber was sollen die Fremden, die nicht verbunden sind, die Gebräuche aller der Länder, die sie durchreisen, zu kennen, für einen Begriff von unserm Vaterlande bekommen, wenn sie gerade am Feste des Mercurs hier eintreffen? Befolgt man so in Samos, werden sie sagen, die Gesetze der Gerechtigkeit, übt man so die Pflichten des Gastrechts?

Junger Mensch! erwiederte der Priester ein wenig verlegen, es giebt Gebräuche, von denen man keinen

D

Grund anzugeben weiß, von denen man ihn vielleicht nicht angeben darf. Dieser ist eingeführt, zum Gedächtniß, daß die Einwohner der Insel ehedem zehen Jahre lang von der Seeräuberey lebten.

Pythagoras. Ein für Samos sehr ehrenvolles Andenken.

Der Priester. Auf dem ganzen Erdboden wirst du dergleichen Gebräuche finden, über welche man die Augen zudrückt, sobald sie nicht sehr große Unbequemlichkeiten nach sich ziehen. Die Menschen sind nun einmal so, überall bedürfen sie der Nachsicht des Beobachters.

Hermodamas. (lächelnd und halblaut) Pythagoras, man sagt dir nicht, daß die Priester des Mercurs mit denjenigen theilen, die zu Ehren der Gottheit, an ihrem Feste, bey der Landstraße andächtig auf den Reisenden lauern; sie erhalten den Zehenten von der Beute.

„Muß der Priester nicht von seinem Gott leben' erwiederte heftig der Oberpriester?

Hermodamas ergriff mich beym Arm und zog mich fort aus einem Tempel, in dem man gestohlene Sachen hehlte.

Wir begegneten Kaufleuten, die in ihre Heimath zurückkehrten, und unterhielten uns mit ihnen über diesen sonderbaren gottesdienstlichen Gebrauch. — Was wollt ihr? sagten sie, es ist noch ein Glück, daß die

Priester des Mercurs, die den Straßenraub heiligen und die Spitzbuben im Namen ihrer Gottheit in Schutz nehmen, nur den Zehenten von den gestohlenen Geldbeuteln verlangen, hätten sie das Blut der geplünderten Reisenden begehrt, so hätten sie es auch erhalten können.“

Pythagoras. Wie, auf einer so blühenden, und durch die Handlung so reich gewordenen Insel, kann man eine so unmoralische Gewohnheit dulden? Man hat hier nicht die Entschuldigung der Spartanischen Gesetze, die den von den Kindern der Republik mit Gewandtheit begangenen Diebstahl, in Schutz zu nehmen scheinen; dieß geschieht deswegen, um sie geschickt zu machen, für die Sicherstellung ihres Eigenthums zu wachen. Was kann in Samos für eine Nutzanwendung daraus gezogen werden?

Hermodamas. Du hast nicht Unrecht; aber die heiligen Gebräuche, die den Vernunftgründen nicht widerstehen können, erhalten sich durch sich selbst. Man giebt zu, daß sie abgeschmackt und empörend sind, aber niemand wagt es, sich an ihnen zu vergreifen; und wenn man es wagen wollte, so würden noch viel schlimmere Mißbräuche sogleich an ihre Stelle treten: Dieß sichert ihnen ihre Fortdauer. Nicht zu gedenken, daß die Regierung ihrer bedarf. Der Hof kann die Priester, und die Priester können den Hof nicht entbehren.“

Wir trennten uns von diesen ehrlichen Leuten von Samos, um das Vorgebürge und den Tempel des Neptuns zu besuchen. Ich hatte auf dem Wege dahin in gewissen Entfernungen von einander, Haufen rohe Steine bemerkt, die mir hie und da von der Straße zusammen gelesen zu seyn schienen.

In der That, sagte Hermodamas, betrachten die frommen Reisenden es als eine heilige Pflicht, die Gegenden, die sie durchwandern, von allen Steinen zu reinigen, die sie unter ihren Füßen finden. Dieß natürliche Gefühl von Wohlwollen, das die Menschen einander schuldig sind, ist hier, wie allerwärts, zu einer Religionshandlung geworden. Eigennutz und Egoismus haben diesem guten Werk seinen Werth benommen; man hat jetzt keinen andern Zweck bey dieser Handlung, als sich dadurch der Wohlthaten des Mercurs und seines göttlichen Schutzes während der Reise zu versichern. Zum Glück geschicht das Gute noch immer, wenn auch der Bewegungsgrund nicht mehr derselbige ist.

Diese unförmlichen Denkmähler des Aberglaubens befinden sich gewöhnlich, wie du bemerken wirst, am Fuß der Hermen, oder hölzernen Bilsäulen des Mercurs, die auf den Scheidewegen der Heerstraßen errichtet sind, und den Reisenden zu Wegweisern dienen. Es sind Arten von Tafeln, die vor dem Schutzgotte der Landstraßen stehen. In den frühern Zeiten seiner Verehrung, stellten diese Steinhaufen zu gleicher Zeit Tempel, Altar und Bildsäule der Gottheit vor.

Pythagoras. Auf diese Art bedurfte man keiner Bildhauer.

Hermodamas. Die Einbildungskraft ersetzte alle Künste; sie verschönert alles.

Pythagoras. Diese Steinhaufen empören mich weniger, als die Altäre, welche aus dem Blute und der Asche der Schlachtopfer errichtet sind, wie ich sie in Samos angetroffen habe.

Hermodamas. Und wie du sie in Jonien und anderwärts antreffen wirst.

Wir kamen zu dem Tempel des Neptuns. Man muß ihn in der Entfernung vom Meere aus betrachten. Der verständige Baumeister kannte die Wirkung einer schönen abgesonderten Masse, deren Eindruck auf eine große Entfernung berechnet ist. Drey Priester dienen in dem Tempel, dessen Wände mit geweihten Gemälden bedeckt sind. Es giebt zweyerley Arten derselben, solche, die als Geschenke von Seefahrern dargebracht werden, welche ihre Reise antreten, und solche, die von denen herrühren, welche wieder in den Hafen einlaufen; die letztern sind viel kostbarer als die ersten. Die Gefahren, welchen man entronnen ist, machen mehr Eindruck, erwecken mehr zur frommen Dankbarkeit, als die, welche man erst in der Ferne erblickt. Die Priester des Neptuns leben von den Ueberresten der Opfer; überdieß lassen sie sich noch den Zehenten, von dem, was das Meer nach einem Sturme auswirft, abgeben, und theilen die geborgene Habe der unglücklichen Schiffbrüchigen. Gleich Raubvögeln stürzen sie von ihrem Vorgebürge herab, auf die Trümmern der an der Küste gescheiterten Schiffe; und da sie die Untiefen des Meers in dieser

Gegend genau kennen, so hat man sie mehrmals, mit Beyhülfe schlechtdenkender Seeleute ohne Menschlichkeit, dem sich in Noth befindlichen Schiffe, während der Nacht den trügerischen Schein einer Fackel darbieten sehen, um es gegen Felsen zu leiten, an welchen es ohne Rettung scheitert und eine reiche Beute räuberischer und ruchloser Hände wird.

§. IX.

Verehrung der Juno.

Wenn das Vorgebürge und der Tempel des Neptuns die Blicke der nach Samos kommenden Fremden auf sich zieht; so widmen hingegen die Eingebohrnen ihre Verehrung beynahe ausschließlich dem Tempel der Juno, der auch auf einem Vorgebürge steht; dieß ist eines der ältesten Gebäude dieser Insel, ja selbst des festen Landes; wir haben schon davon geredet. Hier hast du noch einige nähere Umstände davon, und die Beschreibung des darinnen noch üblichen Gottesdienstes. Wenige heilige Gebäude haben einen so großen Umfang. Ein ungeheuerer Saal enthält die Gemälde, Bildsäulen und andere Geschenke von Werth, womit man die Göttin überhäuft.

Mitten in dieser Schatzkammer sieht man die berühmte eherne Schaale, welche die Samier von dem Zehnten des unermeßlichen Gewinnes, den sie von ihrer Reise jenseits der Säulen des Hercules zurück brachten, verfertigen ließen. Dieß ist eine Vase von so großem

Umfange, daß sich ein Mann dahinter verbergen kann. Sie hat die Gestalt eines Schiffs, vermuthlich zum Andenken des Schiffs der Argonauten, die den ersten Grund zu dem Tempel der Juno legten.

Die Karier, ein Volk von unruhiger Gemüthsart, golddurstig und ehrsüchtig, sannen, als sie sich erst in Samos festgesetzt hatten, auf die schleunigsten und sichersten Mittel, die Bevölkerung der Insel zu vermehren, indem sie Fremde herbeyzogen, und die Ehen begünstigten. Sie giengen die vorzüglichsten und berühmtesten Städte im Geiste durch, und stellten darüber folgende Betrachtungen an: „Argos, sagten sie, hat sich den Ruf zu verschaffen gewußt, daß es einst die Wiege der Juno gewesen sey. Stymphalus in Arkadien schrieb sich den Ruhm zu, ihr während ihres Wittwenstandes zum Zufluchtsort gedienet zu haben. Die Hetrusker von Phalerien machen der Stadt Argo den Vorzug streitig, Juno als Jungfrau in ihren Mauern gehabt zu haben. Obgleich diese Göttin aus dem Gehirne Homers, oder eines seiner Vorgänger entsprungen; folglich weder Jungfrau noch Wittwe gewesen ist; so laßt uns doch allen Inseln des Ikarischen Meeres, und allen Einwohnern Joniens bekannt machen, daß wir das Glück haben, Juno verheyrathet zu besitzen; daß diese erste aller Gottheiten ihres Geschlechts, die Ufer von Samos zu ihrer Hochzeitfeyer erwählt, und daß sie bey uns ihre Gesetze gegeben hat, die das Hauswesen in guter Ordnung erhalten. Laßt uns eilen der Juno, als Beschützerin der Ehen, einen Tempel zu errichten und die Kosten nicht scheuen, ihn recht groß zu bauen. Das erste Bedürfniß der Natur, die erste Grundlage jeder Gesellschaft, erheischt unfehlbar eine allgemeine Verehrung. Laßt uns diesen Tempel auf einem Vorgebürge nur sechshundert Schritte vom Meere aufführen; so wird es scheinen, als wolle die Göttin alle Nationen zu ihren Altären einladen.

In dem Hauptgange unsers Tempels wollen wir, mit den lebhaftesten Farben und nach den richtigsten Zeichnungen, Juno und Jupiter darstellen, im Begriff dem Hymen zu opfern. Laßt uns das Bild unserer göttlichen Beschützerin in aller Wahrheit jenes glücklichen Moments entwerfen, mit allen Reizen der Natur und der Kunst, gleich einer Neuvermählten, die von dem ersten Augenblicke ihrer Vereinigung, ihren Gatten zu fesseln gedenkt, laßt sie uns mit dem glänzendsten Schmuck zieren. Die Handlung ist eine Tochter des Luxus. Eine Weinlaube an den bezauberten Ufern des Imbrasus sey ihr hochzeitliches Gezelt. Laßt uns nicht vergessen, diese durch die erhabenste Hochzeitfeyer, geheiligten Reben, allen neugierigen und leichtgläubigen Reisenden zu zeigen.

Man fand ohne Schwierigkeiten Priester für den Dienst der Juno, die unter dem Bilde einer jungen schönen Neuverheyratheten in dem interessantesten Zeitpuncte der weiblichen Existenz in dem Augenblick ihres Uebergangs aus dem Stand der Jungfrau in den Stand der Göttin, den Sterblichen zum Gegenstand der Verehrung dargestellt wurde.

Nie hatte ein Unternehmen einen glücklichern Erfolg. Der Zufluß der Fremden am Feste der Juno ist in Samos so groß, daß die Einwohner jeden andern Handel entbehren könnten, auch unterlassen sie nicht, selbst ein Beyspiel des Eifers zu geben, mit dem sie die Fremden für diese Verehrung beseelt zu sehen wünschen.

Am Tage des Festes sind alle Häuser in Samos, und den benachbarten Flecken so geschmückt, als ob in jedem eine Hochzeit gefeyert würde. Nicht blos die Weiber, sondern selbst die Männer tragen Armbänder; sie lassen ihre Haare in verschiedenen regelförmigen Abtheilungen geschmackvoll über ihre Schultern hinabfallen. Alles, was die Sucht zu gefallen Reizendes erfunden hat, wird, unter dem Vorwande, die Göttin zu ehren, hervorgesucht. Die Neuverehlichten, eröffnen, Arm in Arm, mit rothen und weißen Rosen bekränzt, den Zug, vor ihnen her geht ein Jüngling mit einer Fackel in der Hand, welcher den Hymenäus vorstellt. Sie singen Bruchstücke aus Homers Hymnus auf die Juno, den man leider nicht mehr vollständig besitzt; und wovon die ersten Strophen, welche züchtiger als die übrigen Gebräuche des Festes sind, also lauten: „Juno, Rheas unsterbliche Tochter, deren göttliche Schönheit alle Weiber zur Verzweifelung brachte, besingt mein Lied.“

Hierauf folgt ein Chor junger Mädchen, welche in ihrer Mitte den Pfau, stolz auf den Vorzug der Vogel der Juno zu seyn, auf einem versilberten Halbmonde tragen.

In einer Linie mit ihnen, begleitet ein Chor von Jünglingen das goldene Scepter der Königin des Olymps.

Nun erscheinen in feyerlichem Aufzug die Priester mit einem eichenen, mit künstlich gearbeiteten Eicheln verzierten, tragbaren Postament auf ihren Schultern, auf dem sich die Bildsäule der Samischen Juno befindet, deren Arme mit Spangen und Ringen von Gold, Silber und Perlen bedeckt sind. Ihr blendend weißer, voller und von Gesundheit strotzender Busen, ist unbedeckt. Ein reicher, fest zusammen gezogner Gürtel, hält unter demselben ihr Kleid, das bis an die äußerste Spitze der Fußzehen herab geht. Der Obertheil dieses Kleids schlägt sich wie ein Mantel zurück. Von ihrem Scheitel fällt ein Schleyer die Schultern hinab, der, wenn die Luft ihn ein wenig im Gehen empor hebt, eine Schärpe bildet. Ist dieser Schleyer ganz auseinander geschlagen, so macht er in den Händen der Göttin zwey Winkel, eine dritte auf dem Kopfe und eine vierte und letzte an der Ferse.

Eine allgemein für wahr angenommene Sage belehrt die Fremden, daß Juno selbst die Bezeichnung zu ihrem Putze und zu ihren Kleidern entwarf. Man schreibt ihr die Erfindung der weiblichen Moden zu, so wie gewisse Vorschriften, sich mit Grazie zu kleiden und mit Geschmack aufzusetzen.

Ich vergaß euch zu sagen, daß sie einen Kranz von jenen Blumen trägt, die man Immortellen nennt; ohne Zweifel um anzuzeigen, daß die eheliche Verbindung, der erste Ring jener unendlichen Kette ist, die alle Wesen an einander knüpft, und die Natur unzerstörbar macht.

Der Kranz gleicht einem kleinen leichten Körbchen, das man mit diesen Blumen anfüllt und am Vorderhaupt der Göttin befestigt Dieser in Samos erfundene Putz, ist auch auf andern Inseln, und auf dem festen Lande nachgeahmt worden.

Eine Gruppe junger Weiber geht mit feyerlichem Anstande und mit Körben auf den Köpfen, in denen sich die heiligen Geräthschaften befinden, vor ihr her; ihre langsamen Schritte haben zu der Redensart Veranlassung gegeben: Mit Junonischen Schritten einher gehen.

Die Priesterinnen umgeben die Bildsäule, und hüllen sie gleichsam in einen Schleyer von Rauchwerk; hinter ihr trägt man Mohnengehänge, um ihre Altäre damit zu schmücken; es ist sonderbar, daß man gerade diese Blume gewählt hat; will man vielleicht die zur Trägheit geneigten Gatten dadurch zu gegenseitigem Wetteifer erwecken.

Das weibliche Geschlecht nimmt an dieser großen Feyerlichkeit vorzüglich Theil, dieß ist ihr Fest. Die Mütter ermangeln nicht, ihre Töchter dahin zu führen, weil Juno selbst den geringfügigsten Umständen, die auf Neuverheyrathete und Kindbetterinnen Bezug haben, vorstehet: denn Nationen, die zur Frömmeley geneigt sind, legen auf alles eine große Wichtigkeit. Die unbedeutendsten Handlungen erfordern die Gegenwart irgend einer Gottheit, oder lassen sie doch wenigstens voraussetzen.

Andere junge Weiber tragen auf vergoldeten Stäben Abbildungen der Samischen Juno, in mancherley Kostum. Eines dieser Gemählde stellt sie mit einer gewissen Anzahl Spangen, oder kleinen Kettchen vor, die bis auf die Füße hinabreichen, und einen Halbmond tragen: dieß letztere Sinnbild kommt ihr als Göttin der Monate zu. Die Ringe zeigen an, daß Juno ihr Geschlecht in der Ausrechnung gewisser Tage unterrichtet.

Eines dieser Bildnisse ist durch den Kopfputz merkwürdig, mit dem man die Juno auf demselben vorgestellt hat; ihr Kopf ist mit einem Reife umgeben, der auf beyden Schultern aufliegt, und auf dem obersten Theil seines Bogens eine Verzierung, wie eine umgekehrte Pyramide, trägt.

Als der Zug angekommen war, floß das Opferblut unter den Händen der Priester; ein Lamm weiblichen Geschlechts war das Schlachtopfer.

Der Tempel der Juno enthält gewissermaßen verschiedene andere Tempel, es befinden sich drey Altäre für den Hercules, den Jupiter und die Minerva darinnen. Auf dem ersten wird am häufigsten geopfert. Der ihm geweihte Platz ist immer gedrängt voll.

Wir wollten uns in dem heiligen Hain mit der Priesterin unterhalten, um uns über eines und das andere Erläuterung zu erbitten, allein sie fürchtete wahrscheinlich die Scharfsichtigkeit des Hermodamas, und gab uns die sehr trockene Antwort: Einer von euch ist noch zu jung, und der andere schon zu alt, um in unsere Geheimnisse eingeweiht zu werden.

Noch zu jung! — — — sagte ich zu Hermodamas, der mir keine Antwort gab.

Ich erfuhr späterhin, was man den Augen der Jugend zu verheimlichen sucht. Eine geheiligte Volkssage dient den jungen Mädchen von Samos zum Vorwand oder zur Entschuldigung, wenn sie hinter dem Altare, in dem heiligen Haine ein Abentheuer getreulich wiederholen, welches der Juno begegnete, und ihr wenigstens die Erstlinge ihrer Jungfrauschaft kostete. Hymen, weit entfernt darüber zu zürnen, findet sich durch diesen, dem Amor geweihten Dienst, der der Vorläufer des seinigen ist, beehrt. Der wahre Sinn dieses Gebrauchs ist zugleich politisch und religiös. Was würde aus der Bevölkerung werden, wenn Hymen, minder genügsam, die Ueberreste der Liebe verwerfen wollte?

Mehr Schwierigkeiten würde es kosten, einen andern Gebrauch zu rechtfertigen, den mir der weise Hermodamas wohlbedächtig verbarg, den ich aber späterhin fast überall in Ausonien antraf. Die strenge Juno wurde an einem andern Orte als in Samos, mit dem Priapus, Mutinus genannt, verheyrathet. Man macht es den neuverehlichten Weibern zum Gesetz, sich mit diesem Gott zu messen, zu welchem Ende sie sich gänzlich entkleiden müssen. Zwar deckt der gefällige Schleyer der Nacht diese frommen Schändlichkeiten; aber das unschuldige Schlachtopfer ist darum nicht minder zu einem doppelten Verluste verdammt: es verliert seine Schamhaftigkeit, noch ehe es seine Jungfrauschaft verliert.

§. X.

Erste Reise des Pythagoras. Ursprung der Welt.

So nahm ich, unter den Augen der Natur und des weisen Hermodamas, an Alter und Seelenkräften zu, noch hatte ich keine tiefen Kenntnisse, aber ich fand Geschmack daran mich zu unterrichten; der sicherste Weg, die Wahrheit lieb zu gewinnen. Ich versuchte zugleich, mich in der Kunst meines Vaters vollkommner zu machen; er hatte mir den ersten Unterricht darinnen ertheilt. Einige Monate vor seinem Todte, hatte ich ihm ein wichtiges Vorhaben, das mir in den Sinn gekommen war, mitgetheilet, es bestand in nichts geringerem, als auf einem Onyx in vertiefter Arbeit, drey um eine Leyer streitende Musen vorzustellen. Mnesarch war außer sich vor Freuden; schon hoffte er, sein Sohn würde seine Geschicklichkeit erben. „Mein Sohn" sagte er zu mir „indem er mich beynahe mit seinen Küssen erstickte, wenn sich in diesem, für dein Alter etwas kühnen Versuch, ein Keim von Talent zeigt, so will ich dir erlauben, folgende Inschrift darunter zu setzen: Pythagoras, Sohn des Mnesarchs, im funfzehnten Jahre seines Alters: „Gerade um die Zeit" fügte er hinzu „entwarf ich mein erstes „Kunstwerk, die Aufmunterungen eines ägyptischen „Künstlers, meines Lehrers, machten mir Muth und der „Erfolg rechtfertigte ihn."

Einen sehr großen Kummer, vielleicht den größten, verursachte meinem Vater, in der Stunde seines Todtes, der Gedanke, mich ohne Anleitung zurück zu lassen, deren ich in einer schwierigen Kunst, worinnen er allein in Samos Meister war, nicht entbehren konnte: „Mein Sohn" sagte er zu mir, indem er mir seine matte Hand reichte „zu früh für den Ruhm unserer Familie, steige ich in die Gruft. Wie wohl würde es mir gethan haben, beym Austritt aus dem Leben, in dir mein anderes „Ich" zurückzulassen! Versprich mir, deine glücklichen Anlagen auszubilden. Mögest du mich einst verdunkeln! dieß wird die Ruhe meiner Manen nicht stören. Ich gehe mit der Hoffnung, daß du in allen Stücken, den Ausspruch des Delphischen Orakels erfüllen wirst, dem ewigen Schlaf entgegen. Hör meinen letzten Ausspruch an, und grabe ihn dir tief in die Seele: Ein guter Künstler ist über einen großen Fürsten erhaben. Ein Meisterstück des Grabstichels macht mehr Ehre, als eine gewonnene Schlacht, oder ein erobertes Land. — Leb wohl."

Mehr aus Achtung für die letzten väterlichen Wünsche, als aus einem völlig entschiedenen Geschmacke, setzte ich, nach seinem Todte, meine Arbeit an den drey Musen fort, allein, nie wandte ich großen Fleiß darauf; der Geist des weisen Hermodamas machte mehr Eindruck auf meine Seele, als eine, zur Veredlung des Menschengeschlechts so unnöthige Kunst. Mein Lehrer öffnete mir die Augen über eine Menge von Gegenständen, die zu lebhaft auf mich wirkten, um mir zu irgend einer andern Beschäfftigung Zeit zu lassen. Alle meine Seelenkräfte entwickelten sich auf einmal, und ich hatte Mühe genug, diesen Strom von so verschiedenen Gefühlen, die sich meines erstaunten Geistes bemächtigten, zurück zu halten.

Hermodamas, der mich studierte, folgte getreulich dem Gang der Natur, und ließ mich nicht geschwinder gehen, als sie; seine Gegenwart diente nur dazu, mich vor Unfällen und Fehltritten zu schützen. So umgiebt man einen jungen, neuangepflanzten Baum mit einem Einschlusse.

Eines Tags bestiegen wir, gleichsam zum ersten Versuche meiner Seereisen, eine kleine Barke, und landeten, ohne andere Beyhülfe, an einer kleinen, vom Hafen gegen Mitternacht gelegenen Insel; tausend Schritte wären hinlänglich gewesen, ihren ganzen Durchmesser zu durchlaufen: Man kann von einem Ende derselben bis zum andern sehen. Ohngefähr in der Mitte derselben, die sehr erhaben ist, befindet sich eine Wohnung, die einzige auf dieser Erdzunge; das Aeußere derselben ist sehr einfach, um nicht vernachläßigt zu sagen, und entspricht den häufig darinnen angebrachten kleinen Bequemlichkeiten nicht, die einer, für die Einsamkeit bestimmten Wohnung so vielen Reiz geben. Um in dieses einsame Häuschen zu kommen, mußte man vorher einen Fußsteig erreicht haben, und mit den Krümmungen desselben bekannt seyn, die durch ein Gehölz von jungen Eichen führen, welche zirkelförmig und in einer gewissen Entfernung vom Hause gepflanzt sind, so daß man dort kaum eine Wohnung vermuthen sollte. Der Bewohner desselben erbauete es selbst mit seiner Familie, und zwar nach den Gesetzen des Lycurgs, denen

denen zufolge es verboten ist, sich beym Bauen, anderer Werkzeuge, als einer Axt, und einer Säge zu bedienen. Hinter der Thüre lies't man die Vorschrift eines der sieben, erst neuerlich von Griechenland anerkannten Weisen: Verbirg dein Leben. Hermodamas war ein alter Freund des glücklichen Besitzers dieses kleinen Grundstücks. Noch heute wollte ich den Plan dieser Wohnung angeben, so lebhaft steht sie vor meinen Augen; der Name des Eigenthümers ist meinem Gedächtnisse entfallen. Die Wahl dieser Insel zu seinem Aufenthalt, war die Folge eines Systems, dem er sehr anhieng. Keinen größern Genuß konnte man ihm gewähren, als wenn man ihn um die Mittheilung desselben bat. „O daß es doch allen Bewohnern der Erde bekannt wäre! sagte er, sie würden alle glücklich seyn. Erde und Wasser sind die einzigen Elemente des Weltalls. Luft und Feuer sind bloße Wirkungen von der Bewegung der Weltseele. Der Erdball, auf dem wir uns befinden, ist eigentlich zu reden, nur eine große, mehr oder weniger von dem Meere oder dem Ocean benetzte Insel. Man redet von Katalysmen (1); freylich gab es eine Zeit, wo das Wasser die Oberherrschaft hatte, jetzt ist die Reihe an der Erde. Die großen Revolutionen sind nicht in so kurzer Zeit bewirkt worden, als man braucht, sie zu erzählen. Die Natur gleicht einer großen Wage, deren eine Schale sich heben muß, wenn sich die andere senkt; sie ist niemals in einem vollkommenen und fortdauernden Gleichgewichte, denn in diesem Falle würde eine Ruhe statt finden, vor

(1) Allgemeine Ueberschwemmungen.

E

welcher die Natur eben so sehr zurückschaudert, als vor dem Nichts. Die beyden Schalen dieser Wage sind aber auch nicht in einer so schnellen Abwechselung, daß daraus eine heftige Bewegung, eine, die Gesetze der Harmonie zerstörende Erschütterung entstehen könnte. Unsere Wage erhebt und senkt ihre beyden Schalen nach und nach, gradweis nach gewissen Verhältnissen, ohne sie aneinander zu stoßen.

Seit Jahrtausenden fängt die Erde, vermöge eines langsam und gleichförmig zunehmenden Gegengewichts an, oben auf zu schwimmen. Vor diesem Zeitpuncte, der sich nicht bestimmen läßt, waren die Fische die einzigen lebendigen Wesen; sie sind unstreitig älter als die Menschen. Die ältesten Volkssagen setzen die ersten Wohnungen derselben nicht in tiefe Thäler, nah an den Fuß der Berge; immer und überall findet man auf den Gipfeln derselben die ersten Spuren des Menschengeschlechts (1). Denn hier war es, wo zuerst der Mensch seine Wohnung aufschlagen konnte. Auf diese Art bot die Erde, die jetzt blos eine große Insel ist, einen weiten Archipelagus dar, dessen bewohnbare Puncte, sich im Verhältniß mit den Bewohnern vervielfältigten.

Fragt mich nicht, verehrungswürdige Gäste, wenn und auf welche Art, auf den erhabenen, vom Wasser verlassenen Stellen des Erdballs, Menschen entstanden; ich weiß es nicht, und dieß kümmert mich auch nicht, ob ich gleich ein Theil der Materie bin, so kenne ich

(1) Man sehe den Plato Lib. III. de legibus. Er nahm beynahe alle Grundsätze der Italiänischen Schule an, verfehlte aber den wahren Sinn derselben, indem er ihn vergeistigte.

doch weiter nichts von ihr, als die Eigenschaften, die das Ganze mit den Theilen in Verbindung setzen. Bin ich vielleicht ein wenig, von der Sonne organisirter Schlamm? (1) So viel ist gewiß, daß Wasser, Berge und Menschen existirten; mehr brauche ich nicht zu wissen. Eine andere historische Wahrheit ist, daß die Menschen nur so lange glücklich und gut gewesen sind, als sie in abgesonderten Familien, auf der aus Inseln bestehenden Erde gelebt haben. Das von den Dichtern besungene Zeitalter Asträens: (denn Geschichtschreiber gab es damals noch nicht) war jener glückliche, nur zu schnell entflohene Zeitraum, wo das, was wir die bewohnte Erde nennen, nur aus den erhabenen Gegenden der Erde (2) bestand, die der Existenz neuer Wesen angemessen waren. Sobald ein Bach sich einen Weg durch einen vor dem dürren und unfruchtbaren Garten bahnt, so erzeugen sich eine Menge von Gewächsen und Wasserinsekten an seinem Bette, und an seinen Ufern; sobald der Erdboden eine andere Gestalt annahm, so kamen auch Menschen und Thiere zum Vorschein, deren Bestandtheile Aehnlichkeit mit ihm hatten. Aber, (und dahin möchte ich das ganze Menschengeschlecht wieder zurückbringen können) jene ersten Menschen waren nur so lange glücklich und gut, an Leib und Seele gesund, als sie auf die engen Gränzen ihrer Besitzungen eingeschränkt, blos in Familien lebten, und wenn die Be-

(1) Anaximander ex aqua terraque calefactis homines exortos esse putavit. Polyd.

(2) Daher entstand der Beynahme „Höchster" der fast von allen Nationen Gott beygelegt wird, weil beynahe alle Völker die Sonne anfangs auf den Höhen verehrten.

völkerung auf ihrer Insel zu groß wurde, kleine Colonien auf die benachbarten Inseln schickten. Das war das wahre goldne Zeitalter, es artete aus, so wie die Erde sich vergrößerte, und verschwand ganz, als die Menschen zahlreich genug waren, um Völkerschaften zu bilden. Das eherne Zeitalter nimmt in demjenigen Zeitpuncte seinen Anfang, wo das Menschengeschlecht zum Volke wurde; wo dieser Erdball aufhörte, ein Archipelagus zu seyn; wo man von den Bergen herab steigen, sich in den Ebenen ausbreiten und dort Dörfer und endlich Städte erbauen konnte. Glücklich waren die Familien, die den guten Gedanken hatten, in der Wiege des Menschengeschlechts zu bleiben! Glücklich ist noch der Hausvater, der, überzeugt von den unvermeidlichen Nachtheilen, die mit den politischen Vereinigungen verbunden sind, mit seinen Kindern zur Natur zurückkehrt, sich auf die Berge, wo seine ersten Aeltern Unschuld und Glückseligkeit fanden, zurückzieht, oder sich auf irgend eine, von den stolzen Bewohnern der großen Städten verachteten Insel verbirgt, und hier sich selbst im Schoße der Seinen lebt. Ihm lächeln ungetrübte Tage, und er zeigt wenigstens durch sein Beyspiel den übrigen Bewohnern der Erde, was sie thun sollten."

Hermodamas wagte es, unserm ehrwürdigen Wirthe eine Bemerkung zu machen. „Es möchte wohl, sagte er, etwas spät seyn, einen so weisen Entschluß auszuführen. Die bürgerliche Gesellschaft hat sich der schönsten Gegenden, der fruchtbarsten Ländereyen bemächtigt, nur sandige Wüsten hat sie unbenutzt gelassen; man würde viele Länder durchwandern müssen, um ein unabhängiges und bewohnbares zu finden. Die besten

Wohnplätze der Erde haben schon ihren Besitzer, und du hast von Glück zu sagen, diese Insel noch unbesetzt gefunden zu haben; mögest du in ihrem Besitze nie gestört werden."

„Wenn man mich auch von ihr verjagte," antwortete unser Wirth, „so würde ich darum noch nicht den Muth sinken lassen. Die Natur kommt, wie die Wahrheit, denen entgegen, die sie in redlicher Absicht suchen. Hat sie nicht aus dem Schoße des Aegäischen Meers, dreyzehen Inseln auf einmal empor steigen lassen? Rhodos und Delos schwammen anfangs auf dem Wasser, und gewährten denen, die den Vorsatz faßten, sich auf ihnen niederzulassen, wenig Sicherheit; und doch fanden sie endlich ihre Herren. Delos glich lange Zeit einer auf den Wellen schwimmenden, den Westwinden zum Spiel dienenden Blume.

Hermodamas. Die Insel Atlantis, von welcher man so viele Wunder erzählt, ist von der Oberfläche des Meers verschwunden, und die Meerenge von Gades, in dem westlichen Weltmeere, zeigt blos ihre ehemalige Stelle an; die glücklichen Inseln, in Westen von Africa können uns für ihren Verlust nicht entschädigen.

Mein Freund, erwiederte unser Insulaner, die glücklichen Inseln sind da, wo man Unabhängigkeit und Zufriedenheit findet."

Nachdem wir ein frugales, von der gastfreyen Freundschaft dargebotenes Mahl eingenommen hatten, verließen wir ihn ungern, und fuhren nach Samos zurück.

§. XI.

Oeffentliche Sitten in Samos.

Bevor wir uns in die Stadt begaben, um uns dort für einige Zeit aufzuhalten, denn bis jetzt hatten wir fast immer auf dem Lande gelebt, ließ mich Hermodamas, vor dem Thore des großen Marktplatzes, durch den der nördlichen Vorstadt so viele Reichthümer zufließen, neben sich niedersetzen, und sagte zu mir: jetzt steht uns noch das schwerste Geschäfft bevor, zeither haben wir die Menschen in ihrem vortheilhaftesten Lichte beobachtet; nunmehr müssen wir sie mitten unter ihren glücklichen und glänzenden Verbrechen belauschen und überraschen. Mein Sohn, dieß hier ist Samos! betrachte es mit Ueberlegung. Weißt du wohl, was eine große Stadt ist? Vormals war von alle dem, was dich jetzt in Verwunderung setzt, nichts vorhanden. Unfruchtbares Gesträuch nahm die Stelle aller dieser schönen Gebäude ein, die im Grunde eben nicht mehr Nutzen bringen. Menschenhände haben alle die Tempel, Pallaste, Labyrinthe, Wasserleitungen gemacht. Welche Arbeit, welche Mühe, was braucht ein civilisirtes Volk nicht alles! horch: hörst du das verwirrte Getöse von Wagen und Pferden, in Werkstätten und Magazinen. Bemerke, wie in dieser langen Straße die Einwohner in unaufhörlicher Bewegung sind, einander hin und herstoßen, indem jeder seinen Geschäfften oder seinem Vergnügen nachläuft. Den Lärm abgerechnet, ist es nicht das getreue Bild eines Ameisenhaufens? Und wozu alles dieses Geräusch? Warum geben sich die Menschen so viele Mühe, warum machen sie sich alle diese Unruhe? Wohin eilen die schnellen Schritte aller dieser Leute, die vom Anbruch des Tages, bis zu Sonnenuntergang, ja bis spät in die Nacht hinein sich außer Athem laufen. Was will denn diese Masse von Bürgern, die ohne Unterlaß sich herum treiben? Der Eigennutz oder der Ehrgeitz erweckt sie vor Tags. Sie wollen alle reich oder mächtig werden, sey's auf wessen Kosten es wolle, um selbst gemachte Bedürfnisse zu befriedigen, oder sich schändliche Genüsse zu verschaffen. Die Natur ist ihnen fremd geworden, seitdem sie zwischen sich und ihr marmorne Mauern aufgeführt haben. Eine trügerische Höflichkeit überzieht alle ihre Handlungen mit einem kalten Firniß. Pracht und Elend theilen sich in Samos, jene spricht diesem Hohn, und dieses kriecht murrend zu den Füßen der erstern. An seinen öffentlichen Festen gleicht Samos dem Elysium: im Innern seiner Wohnungen herrscht täglich der Jammer des Tartarus. Der Gesang der Sirenen, gegen den der kluge Ulysses auf seiner Huth war, ist minder trüglich, als die Schönheit der Samischen Weiber.

Pythagoras. Laß uns diese Stadt lieber gar nicht betreten; wir haben nichts darinnen zu thun, und die Gefahr ist zu groß.

Hermodamas. Ein Fallstrick, den man kennt, ist nicht mehr gefährlich; überdieß sind wir ihrer zwey, wir wollen einander nicht verlaßen.

Pythagoras. Eben wollte ich dich darum bitten.

Hermodamas. Komm hinein.

Das erste, was uns begegnete, war eine noch ziemlich schöne Frau, die auf uns zu kam, und sich mit diesen Worten an Hermodamas wendete: Wo steckst du denn mit diesem schönen Jüngling? wo führst du ihn denn immer hin? man sieht ihn ja nirgends. Am Feste der Juno erschien er auf einen Augenblick, wie ein Blitzstrahl. Hoffst du denn ausserhalb Samos, in den Wäldern und auf den Gebürgen, ihm eine, seiner Geburt und seinem Vermögen angemessene Erziehung geben zu können? Ist eine gute Erziehung ohne Weiber denkbar? Auch ich will ihn unterrichten.

Bürgerin, antwortete Hermodamas, Pythagoras nimmt von jedermann Unterricht an; laß hören.

Die Samierin. Vertraue mir ihn an.

Hermodamas. Recht gern; mit Vergnügen werden wir euren Gesellschaften beywohnen, wenn ihr uns des Zutritts werth haltet.

Wir besuchten verschiedene Monate hindurch die glänzendsten Versammlungen von Samos: wir wurden in die reichsten Häuser eingeladen. Da die Stadt allen ihren Glanz dem Seehandel zu verdanken hat, so sind die angesehensten Einwohner, die allen andern den Ton angeben, grobe Speculanten, ungebildete rohe Leute, die ihr ganzes Verdienst in ihren Reichthum setzen. Sie widmen die erste Hälfte des Tags ihren Geschäfften, und die übrige Zeit dem Vergnügen der Tafel und einigen Hazardspielen. Sie legen wenig Werth auf die körperlichen, und noch weniger auf die Geistesübungen. Lange Mahlzeiten, bey welchen sie alles hervorsuchen, was sie auf ihren Reisen Köstliches antreffen, wo sie mit mehr Eitelkeit als Geschmack, die Vasen, die sie mit großen Kosten haben verfertigen lassen, zur Schau aufstellen, beginnen gewöhnlich mit Hymnen auf den Mercur, und endigen mit Opfern, die dem Priap gebracht werden.

Als wir uns einst bey einem dieser Gastmahle befanden, stand Hermodamas auf, und wir entfernten uns. — — —

Warum verlaßt ihr uns so geschwind? fragte man uns.

Um den Musen zu opfern, antwortete Hermodamas.

Aber es giebt auch eine Muse, deren Beschäfftigung ist, das Vergnügen zu besingen.

Hermodamas. Aber nie die Vergnügungen von Lampsakus.

Ein schönes Mädchen von neunzehen Jahren, rief mir schnell und in einem empfindlichen Tone zu: Nun Pythagoras, so sing uns denn, ehe du gehst, eine Hymne auf die Muse, der du den Vorzug giebst.

Ich sammelte mich einen Augenblick; und ohne weitere Vorbereitung, ohne mich auf der Leyer zu begleiten, in der ich zu wenig unterrichtet war, sang ich zwey Strophen, ungefähr folgenden Inhalts:

Ich liebe eine ruhige und lachende Einsamkeit, wo das Herz sich ungestört dem Zauber sanfter Schwermuth überlassen kann; gern unterhalte ich mich auch zuweilen in der friedlichen Stille der Natur, mit der Blume, die in der Einöde, allein und unbemerkt, ihren duftenden Busen öffnet.

Aber doch zieh ich noch den kleinen Zirkel weiser Freunde vor. Bin ich ihr Tischgenoß, so laß ich meine Seele gern in ihre überfließen, wie aus dem Krater strömend Wein in den Kelch der Gäste fließt.

Ich bemerkte, daß man mich ganz allein singen ließ, ohne mich anzuhören, schwieg und entfernte mich.

Bey einem andern dieser häuslichen Bachusfeste, setzte mich eine, schon im Sommer ihrer Jahre stehende, Samierin neben sich, und wollte sich, während des ganzen Festes, nur mit mir unterhalten. Ihr Mann saß am andern Ende der Tafel, neben dem Hermodamas. Pythagoras, sagte sie zu mir, man versichert, daß du von der Wuth zu reisen besessen bist, ich habe auch diese Leidenschaft: mein Mann rüstet ein Schiff aus, das nach Aegypten segeln soll Ich will dieses schöne Land, von dem so viel erzählt wird, auch sehen. Sey unser Reisegesellschafter, und werde Theilnehmer an dem Glücke, das bis jezt alle Handelsunternehmungen meines Mannes bekrönt hat. Ich will deine Muse seyn.

Für den Augenblick, antwortete ich ihr, bedarf ich nur noch eines Mentors.

Diese Offenherzigkeit mußte Mißfallen erreget haben, denn man redete gar nicht mehr mit mir, was ich mir gerne gefallen ließ. Ich hatte an der Tafel einen Fremden zum Nachbar, der, ohne alle Ansprüche, außer denen seines Standes, (es war ein vortrefflicher Steuermann) es sich zum Vergnügen zu machen schien, mich über die kleinsten, das Tauwerk, die Einrichtung der Segel, die Vertheilung der Ruderbänke und Ruderer betreffenden Umstände, die ich zu erfahren wünschte, zu belehren. Der übrige Theil der Gäste schien gar nicht mehr auf mich zu achten. Ich glaubte, man habe mich vergessen, und befand mich sehr wohl dabey. Hermodamas stand auf; aber ehe er sich entfernte, konnte er eine beissende Anmerkung nicht vermeiden, die ihm die Wirthin vom Hause mit auf den Weg gab.

So wie wir aus dem Hause heraus traten, sagt ich zu ihm: Vergieb mir, mein zweyter Vater, daß dein Zögling dir diese Spottrede zugezogen hat.

Es ist eine Lobrede auf uns beyde, antwortete Hermodamas: wir haben keine Zeit zu verliehren, fügte er hinzu; wenn ich mich nicht sehr irre, so kennt Pythagoras ihren Werth schon zu gut, um sie mit Beobachtung einer Klasse von Menschen zu verschwenden, die man nur im Vorbeygehen und von fern bemerken sollte. Wir wollen uns auch nicht lange bey dem Stande der Künstler aufhalten; sie sind gefällige Diener der Reichen, und wissen die Würde ihres Talents nicht zu behaupten. Plutus verdunkelt in Samos den Apollo, und Merkur, der allerwärts stolz ist, der Führer der Musen zu seyn, findet hier einen Genuß darinnen, sie zu tyrannisiren oder zu erniedrigen.

Der Handwerker ist überall sich gleich; er arbeitet um zu leben, lebt nur für den heutigen Tag, ohne an den morgenden zu denken, versteht nicht einmahl einen vernünftigen Gebrauch von seinen Ersparnissen zu machen, wenn ihm auch etwas übrig bliebe, hat zu wenig Zeit um sich selbst kennen zu lernen, und so erträgt er ohne Murren, Verachtung und Unterdrückung. Es ist dahin mit ihm gekommen, daß er selbst in diejenigen, die ihn aufklären wollen, Mißtrauen setzt. Eine unglückliche Erfahrung hat ihn belehrt, daß sich nur zu oft Ehrgeitzige ihm näherten, um ihn zum blinden Werkzeug ihrer strafbaren Eingriffe in die Staatsverfassung zu machen.

Wende daher deinen Blick von dem Handwerksstande, auf die sogenannte unterste Klasse, die Armen, diese so zahlreiche unglückliche Klasse. Sie ist so tief in Unwissenheit versunken, daß es dem Weisen schwer wird, sich ihr zu nähern; will er sie bis zur Vernunft empor heben, so muß er befürchten, sie mit ihren eignen Kräften bekannt zu machen, ehe er sie über den richtigen Gebrauch derselben hat belehren können. Die meisten Staatserschütterungen sind nicht bloß dem Mißbrauche der Macht und den Gewalthandlungen der Obern, sondern eben so sehr der Unklugheit einiger Bürger zuzuschreiben, die, bey den besten Absichten zu heftig sind und zu wenig Menschenkenntniß besitzen. In Samos ist alles ruhig, weil die Uebelgesinnten beynahe alles thun können, was sie wollen, ohne Widerspruch befürchten zu dürfen. Die guten aufgeklärten Bürger seufzen in der Stille, und wagen es nicht, die Volksmasse in Bewegung zu setzen, weil sie sich vor den nicht zu berechnenden Folgen eines plötzlichen Kampfes zwischen dem listigen Despotismus und der mit einemmale mächtig gewordenen, Unwissenheit fürchten. Auch scheuen sie die rückwirkenden Bewegungen, nothwendige Folgen des Aneinanderstoßens der zügellosgewordenen Leidenschaften.

So trägt denn das Samische Volk noch immer ein Joch, das ihm endlich aus Gewohnheit leicht dünkt. Es duldet, und fristet sein Daseyn nur, indem es, so zu sagen, seinen Unterhalt den Lastthieren, den Gefährten seiner Mühseligkeiten, abgewinnt. Aller Reichthum ist ein Besitz des Hofes, und unter den Händen der Handelsleute, und unter diesen letzten giebt es wenige, die nicht Ursache hätten, über ihre angehäuften Schätze zu erröthen. Treu und Glauben ist unter diesen Speculanten verschwunden, die jedoch ihren Vortheil schlecht verstehen, da sie sich der Gefahr aussetzen, das Zutraun zu verliehren, ohne welches der Handel nie blühen und sich ausbreiten kann. Wo sind jene Handelshäuser hin, die mächtiger als Könige und Eroberer, ohne Krieg, ohne Friedensschlüsse, alle Völker zu einer einzigen Nation machen? In Samos sind keine mehr zu finden.

Es giebt eine Klasse von Bürgern, die das Mittel zwischen diesen Extremen hält. Sie glänzen nicht, und machen kein Geräusch. Ein ruhiger Mittelstand schützt sie vor allen dem, was uns bey dem stolzen Reichen und dem tiefgesunkenen Volke empört hat. Sie stehen auf jener glücklichen Linie, welche die beyden entgegengesetzten Klassen, nähmlich den ungeheuren Reichthum und das tiefe Elend, von einander trennt. Ich kenne verschiedene von diesen Familien, und werde dich in eine derselben einführen. Schon bey unserm systematischen Insulaner haben wir uns einigen Begriff von ihnen machen können, nur ist dieser durch seine abstracten Meditationen ein wenig leutescheu, und beynahe menschenfeindlich geworden.

§. XII.

Häusliche Sitten von Samos. Innere Einrichtung einer Haushaltung. Hochzeitsfeyerlichkeiten.

Hermodamas führte mich zu einem Arzte von Samos, der wegen seinen Kuren derjenigen Krankheiten, denen die Seefahrer unterworfen sind, berühmt war. „Es ist kein Kranker, den ich dir zuführe" redete ihn mein Erzieher an, „wir verlangen Verwahrungsmittel, „da wir im Begriff sind, eine Reise von langer Dauer „anzutreten.

„Wenn die Seele gesund ist," antwortete er, „so „erhält sich auch die Gesundheit des Körpers lange „Zeit. Ihr überrascht mich, fügte er hinzu, in einem

„Augenblicke, der mich ganz beschäfftigt. Ich verheyrathe morgen, die älteste meiner beyden Töchter. Sie „ist mit ihrer Mutter ins Nymphäum (¹) des Tempels „der Juno gegangen. Ihr werdet mir erlauben, einige „häusliche Geschäffte zu besorgen: meine zweyte Tochter „soll unterdessen bey euch seyn.“

Aryphile verweilte nicht lange. Wir sahen sie aus dem Gynäceum kommen, (²) sie näherte sich uns bescheiden, und hielt ein Blumengehänge in ihrer Hand, um den Altar der Schutzgötter damit zu schmücken. Während sie es mit vielem Geschmack an denselben befestigte, hatte ich Zeit sie zu betrachten, ohne sie in irgend einige Verlegenheit zu setzen. Ich glaubte die Göttin der Gesundheit, deren Diener ihr Vater war, in ihr zu erblicken. Es war die Blüthe der Unschuld, in ihrem sanftesten Reize. Ihre braunen Haare, die eine elfenbeinerne Nadel zusammen hielt, machten ihren ganzen Kopfputz aus, ein leinenes Gewand, das ein, mit dreymal in Purpur gefärbten Franzen besetzter Gürtel von feiner Wolle leicht umschlang, schien die schönsten Umrisse mehr zu bezeichnen, als zu bedecken. Ihr halbverschleyerter Busen flößte nur bescheidene Wünsche ein, so mächtig wirkte der Zauber der Schamhaftigkeit, der über ihr ganzes Wesen verbreitet war. Ich hatte andere Samierinnen gesehen, die sorgfältiger bekleidet waren, und deren Anzug mir doch weit minder anständig vorkam. Ich bemerkte, daß sie weder in den Oh-

(1) Eine Art heiliger Bäder, zum Gebrauch der Bräute am Vorabend ihrer Hochzeit.

(2) Frauenzimmer.

ren, noch an den Armen, noch selbst an den Fingern einen Ring trug, und sie gewann dadurch in meinen Augen. Venus ist nie schöner, als wenn sie aus dem Bade steigt, und blos mit ihren Reizen bekleidet ist, die Bildhauer und Dichter haben diese Wahrheit gefühlt; eine schöne Frau ist nie geschmückter, als wenn sie es am wenigsten ist.

Meine theuern Zuhörer, ich habe euch voraus gesagt, daß ich euch auch nicht den geringfügigsten Umstand schenken würde, und ich halte Wort. Warum sollte auch der achtzigjährige Pythagoras Anstand nehmen, sich die Gefühle des sechzehnjährigen noch einmal zu vergegenwärtigen, und euch mitzutheilen? Das menschliche Leben gleicht dem Schilde des Homers, überall findet man Veranlassung zur Belehrung.

Stumm und unbeweglich stand ich da; ich war nichts als Auge. Indessen erhaschte ich einen günstigen Augenblick, ihr Kleid zu berühren, und meine, durch diesen verstohlnen Genuß beglückte Hand schnell an meine Lippen zu drücken. Hermodamas wurde es gewahr: Aryphile, sagte er sogleich, die Vorbereitungen zu einer Hochzeit sind mühsam; könnte dir Pythagoras behülflich seyn, so gieb ihm Beschäfftigung, bis dein Vater — —

Aryphile. Hier kommt er: ich lasse euch bey ihm. Sie verließ uns, indem sie den Hermodamas mit einer Verbeugung des Hauptes, und dem Lächeln der Grazien grüßte.

Alkmäon

Alkmäon, sagte ich zu dem Vater, sobald seine Tochter sich entfernt hatte, der Bräutigam, der morgen sein Hochzeitfest feyert, ist der glücklichste aller Menschen; denn gewöhnlich gleichen zwey Schwestern einander.

Alkmäon. Es ist der geschickteste und fleißigste meiner Zöglinge. Man führt schon Kuren von ihm an, die mir Ehre machen würden. Er ist in dem Alter meiner ältesten Tochter. Den dritten Tag nach ihrer Geburt suchte ich in einem Thale des Gebürgs Ampelos einige Kräuter auf; es war gegen die Mitte des Frühlings. Plötzlich machte mich das Geschrey eines neugebornen Kindes aufmerksam, es schien aus einer kleinen Grotte, dreyßig Schritte von dem Fußwege zu kommen, wo ich die Vegetation der Gegend untersuchte. Ich näherte mich, von meinem Gehör geleitet, dem Ort, denn noch konnten meine Augen nichts bemerken. Endlich entdeckte ich, unter einem kleinen, von grünen Zweigen geflochtenen Obdach, ein acht oder neuntägiges Kind, das ziemlich nachläßig in ein himmelblaues Gewand gewickelt war; es saß in der Schale einer Meerschildkröte, in welcher es eine herumgewundene Binde fest hielt. Da es seine kleine Arme frey hatte; so streckte es sie nach mir aus, und schien mir sagen zu wollen: „Sey du mein Vater, da meine Aeltern mich verlassen haben. Es war wirklich ein ausgesetztes Kind, das auf einem Aegyptischen Papyrusblatte lag. Nur mit Mühe konnte ich folgende zwey oder drey, sehr unrichtig darauf gekritzelte Zeilen entziffern: „Kleiner Unglücklicher, möge der Gott des glücklichen Zufalls dir deinen von den Wellen verschlungenen Vater, und deine Mutter, die

F

ihn nicht zu überleben vermochte, ersetzen!" Ohne Zaudern ergriff ich den Knaben nebst seiner Wiege, und kehrte nach Hause, um ihn von meiner Frau an Kindes Statt aufnehmen zu lassen. Einige Tage vor meiner Niederkunft, sagte ich zu ihr, wurdest du im Traume Mutter von Zwillingen, die so schön als Kastor und Pollux waren. Dein Traum ist erfüllt; sey zugleich Mutter dieses schönen Kindes. Es wird mit dem deinigen aufwachsen. Die Natur hat den Weibern zwey Brüste gegeben, um nicht blos die Frucht ihres eigenen Leibes zu ernähren, sondern auch diejenige aufzunehmen, die der Sturm der Widerwärtigkeiten von ihrer Familie getrennt hat.

Ich legte ihm den Namen des zweyten Sohnes Aesculaps bey. Getreu den Verpflichtungen der Dankbarkeit entspricht Podalirius der Hoffnung, die ich mir von ihm gemacht hatte, und kann schon in seinem zwanzigsten Jahre meine Stelle in dieser Stadt vertreten. Morgen empfängt er den Preis seines Wohlverhaltens gegen mich, aus der Hand der Liebe, die ihn seit seiner Kindheit, an die älteste meiner Töchter gekettet hat. Ich hoffe, meine erhabenen Gäste werden Theil an der Feyerlichkeit nehmen. Uebernachtet hier, um euch die Mühe des Rückwegs zu überheben, ich habe den Vater des Pythagoras gekannt, und ich würde ihm zu seinem Sohne Glück gewünscht haben, wenn er lange genug gelebt hätte, um zu wissen, daß er den Unterricht des Hermodamas genießt."

Alkmäon führte uns in seiner Wohnung herum. Alle Bequemlichkeiten des gesellschaftlichen Lebens, so

Einführung des Luxus, waren darinnen vereinigt. Ordnung, Reinlichkeit und gesunde Luft herrschten überall. Dieß war das Werk seiner beyden Töchter und ihrer Mutter, unter der Aufsicht des Oberhaupts. Zwey, durch unglückliche Handelsgeschäffte verarmte Ehegatten, waren weniger Alkmäons Bedienung, als vielmehr seine Gesellschafter und Freunde, und hatten gleiche Nahrung, gleichen Tisch, gleiche Kleidung mit ihm. Schöne Gleichheit, welche die ersten Zeiten vor den spätern Jahrhunderten auszeichnet!

Etwas Besonderes fiel mir in dieser Wohnung auf, fast alle Wände waren mit Inschriften bedeckt, zwischen denen sich besondere Zeichen befanden, die mich hinderten, sie ohne Anstoß zu lesen.

Unser Wirth, der meine Verwunderung bemerkte, sagte zu mir: alles, was du an den Mauern meines Hauses geschrieben siehst, ist das Resultat meiner Beobachtungen und Erfahrungen. Die Geschichte jeder Krankheit, die ich behandle, findest du hier kürzlich aufgezeichnet. Alle Kuren, die ich gemacht habe, sind getreulich bemerkt, und ich versäume nicht, auch meine Versehen beyzufügen: denn diese Inschriften sollen keine Trophäen für meine Eitelkeit seyn; sondern zu nützlichen Denkmälern für die Fortschritte der Kunst dienen.

Ich habe diesen Gebrauch auf der Insel Kos, und in verschiedenen andern Gegenden, die ich in meiner Jugend durchreist habe, gefunden und für zweckmäßig gehalten, ihn auch in Samos einzuführen: ich werde mich glücklich schätzen, etwas zur Vervollkommnerung der Heilkunde beyzutragen, und mir das Verdienst zu erwerben, auch dereinst als Autorität zu gelten. Ohne Zweifel wird einmal ein Mann von Genie alle diese zerstreuten Bemerkungen sammeln, mit einander vergleichen, ein Lehrbuch daraus verfertigen, und, nachdem er die zuverläßigsten Grundsätze desselben in Aphorismen zusammen gezogen hat, der dankbaren Nachwelt gleich einem optischen Bunde Strahlen überliefern (¹). Wenn die Menschen das wären, was sie seyn sollten und könnten, so würden sie der Aerzte so wenig, als der Gesetzgeber bedürfen.

Ich las einige dieser Inschriften, deren verschiedene mir merkwürdig schienen.

„Jeder ist sich selbst der beste Arzt.“

„Bediene dich nur eines Arztes: rufe ihn spät, entlasse ihn bald.“

„Ziehe die Natur eher zu Rathe, als deinen Arzt.“

Bey dem Eingang in Alkmäons Studierzimmer, las ich, am Fuße einer kleinen Bildsäule Apolls, diese Worte:

„Der erste und geschickteste aller Aerzte ist die Sonne.“

„Ja, mein junger Freund, sagte mein Wirth, die Sonne ist der Aesculap der Thiere. Der Instinct, der

(1) Dieß that Hippokrates.

„wol so viel werh ist, als die Wissenschaft, lehrt sie „alle Eigenschaften, alle Kräfte der Sonnenstrahlen. „Der größte Theil unserer innerlichen Uebel entsteht aus „unterbrochener Ausdünstung, die Sonne allein kann „sie auf die natürlichste und leichteste Art wieder her„stellen. Man setzt zu wenig Vertrauen in sie."

Wir traten in sein Museum; er öffnete eine Art von Vase, welche die Gestalt eines Nestes (*) hatte, und wickelte uns verschiedene Rollen auf, welche die Beobachtungen enthielten, die er von den Säulen des Tempels der Hygiea, des Apoll's, des Aesculaps, überall wo er welche hatte auffinden können, abgeschrieben hatte. „Dieß ist" sagte er „meine ganze „Büchersammlung, welche, wie ihr seht, eben noch „nicht zahlreich ist. Soll ich wol wünschen, daß sie „es werde? Dieß hieße eine Vermehrung der Leiden „wünschen, die ohnehin schon die Menschheit drücken. „Kommt, ich will euch ein anderes großes Buch öffnen, „das ich wenigstens so oft als diese hier durchblättere."

Alkmäon redete von einem Garten, den er selbst mit Hülfe seiner beyden Töchter und des Podalirius bestellte. Der mittelste Theil desselben war erhaben. Ein unterirdischer Canal erstreckte sich bis an diese Selle, und brachte das Wasser aus der großen Wasserleitung der Stadt dahin. Von hier aus verbreitete es sich gleichförmig, vermittelst kleiner irdischer Röhren von Samischem Thone, durch den Garten und benetzte alle

(*) Die Alten nannten die Schränke, in welchen sie ihre Handschriften aufbewahrten, nidi.

Theile desselben, nach Maßgabe ihres Bedürfnisses. Hier befanden sich Gewächse von besondern und vorzüglichen Eigenschaften. Die seltensten und zartesten Pflanzen wurden sorgfältig in schönen inländischen, mit den erforderlichen Erdarten gefüllten Aeschen gezogen.

Ich war eben sehr ernstlich mit Untersuchung eines schönen Strauchs Kretischen Diptams, der durch seine Heilkräfte bey Wunden so berühmt ist, beschäfftiget, als Aryphile eiligst herbey kam, um von dieser Pflanze Blätter abzunehmen. „Ach, rief sie ängstlich aus, ohne auf uns Acht zu geben, der arme Matrose, wie groß ist sein Schmerz. Giebt es ein schrecklicheres Schicksal als das seinige? Schon sieht er den Hafen und das Dach seiner Wohnung, wo er seit funfzehn Monaten, von seinem alten Vater, von seiner Gattin und von seinen Kindern voller Ungeduld erwartet wird. Schon hat man vor Anker gelegt. Götter! da windet sich aus dem Schlamme ein giftiges Thier hervor, kriecht längs dem Schiffe hin, erreicht die Ferse des Unglücklichen und giebt ihm einen Stich, der, ein wenig später, tödtlich geworden wäre.

Ich eile mit Aryphile ebenfalls Diptam zu sammeln, und wir gehen mit einander in die Wohnung zurück. Ich helfe ihr den köstlichen Saft der Pflanze in einen Mörser von weißem Marmor ausdrücken. Indessen wird der Matrose auf den Armen seiner Gefährten herbeygetragen. Man setzt ihn auf einen, für den Kranken bestimmten, langen Stuhl. Aryphile überläßt keinen andern Händen, als den ihrigen, die Sorge ihn zu verbinden. Ihr Vater eilt mit Hermodamas herbey;

aber alles war schon besorgt: der Verwundete fieng an einige Linderung zu spüren, und segnete die wohlthätige Göttin, die ihm das Leben wieder schenkte.

In religiöses Stillschweigen versunken, hatte ich Mühe, mir die dunkeln Empfindungen zu erklären, die sich meiner bey dem Anblicke einer so rührenden Scene bemächtigten, zuverlässig waren indessen Bewunderung und Liebe die herrschenden. Hermodamas, der alles bemerkte, klopfte mich auf die Achsel, und sahe mich lange Zeit an, ohne etwas zu sagen. Endlich ergriff ich das Wort: „O mein ehrwürdiger Freund“ sagte ich „giebt es in der Natur etwas schöners als die Tugend mit den Grazien vereint?“

Ich würde es bey diesen ersten Ergüssen meines Herzens nicht haben bewenden lassen, allein Aryphiles Mutter und Schwester, welche aus dem Tempel der Juno zurückgekommen waren, traten herein. Unser Wirth stellte uns ihnen sogleich vor. Ich grüßte sie mit jener heiligen Ehrfurcht, die man sonst Gottheiten, welche die Huldigung der Sterblichen weit weniger verdienen, erzeigt, und wagte es, diese Worte hinzuzufügen. „Glückliche Mutter! Niobe, die auf ihre „vierzehen Kinder stolz war, hatte nicht so viel Ursache „es zu seyn, als du auf deine beyden Töchter. „Glücklich ist der Gatte deiner ältesten, nicht minder „wird es der Gatte deiner zweyten Tochter seyn.“

In der That konnte auch nur Aryphile ohne Nachtheil die Vergleichung mit ihrer Schwester aushalten. Auf ein gewisses von der Mutter ihr gegebenes Zeichen, entfernte sie sich aus dem Fremdenzimmer, um das zur Abendarbeit bestimmte einzurichten. Sie zündete eine irdene Lampe mit drey Dochten an, und setzte die Stühle zurechte. Wir folgten den Frauenzimmern, man erlaubte es uns unter den gegenwärtigen Umständen. Die Mutter, mit einem Schämel unter den Füßen, vertheilte die Arbeit unter ihre Töchter. Die Verlobte ergriff ihren Rocken und spann. Aryphile endigte einen Schleyer, den sie für ihre Mutter stickte; und diese legte die letzte Hand an eine warme Kleidung, die Alkmäon des Nachts anziehen sollte, wenn er an den Bord eines Schiffes zu einem Kranken gerufen würde.

„Wie, sagte ich zu Hermodamas, lauter als ich glaubte, „den Abend vor einer Hochzeit noch Nadel „und Spindel zu ergreifen, ohne sich einmal einige „Erholung zu gönnen!“ Ja, Pythagoras, erwiederte die Mutter, welche mich verstanden hatte. „Soll man „denn, weil man sich am Morgen verheyrathet, den „Abend zuvor seine Zeit verlieren? Jeder Tag muß „seine Arbeit liefern. Glaubst du denn etwan, daß „Podalirius seiner Seits sich diesen Abend mit seinen „Freunden lustig macht? Er sitzt am Bette derjenigen, „die seine Hülfe verlangen.“

Man sprach noch von ihm, als er hereintrat. Nicht ohne viele Mühe war es ihm gelungen, Meister von dem widerwärtigen Eindrucke zu werden, den der traurige Anblick leidender Nebenmenschen gewöhnlich auf dem Gesichte zurückläßt, und eine freymüthige Heiterkeit herrschte auf demselben, wegen welcher er überall gern gesehen war. Er stand hinter seiner Verlobten, und jedes Wort, das er sagte, verbreitete über ihre Lippen ein liebenswürdiges Lächeln. Die Mutter sprach gar nicht, aber ihre Miene war deswegen nicht minder ausdruckvoll: sie trug das Gepräge des stillen Glücks. Ihre Augen waren auf das glückliche Paar geheftet; und schienen, indem sie auf ihren Gatten blickten, den Zeugen dieses köstlichen Familiengemähldes zu sagen: „Dieß ist unser Werk.“

Aryphile hatte Theil an den unschuldigen Liebkosungen des Bräutigams. Es war ihr angenommener Bruder, und die Natur hätte ihr keinen, ihrer Zuneigung würdigern geben können. Indessen war sie nachdenkend, eine innere Unruhe färbte ihr Gesicht; eine geheime Stimme flüsterte ihr zu: Dir ist eine gleiche Glückseligkeit bestimmt, und der Augenblick nähert sich vielleicht, ohne daß du es weißt, auch dir Podalirius bat sie um die Wiederhohlung des gestrigen Gesanges, aber sie lehnte es ab: wende dich an meine Schwester, sagte sie, da sie ohnehin zum letztenmahle als Mädchen unter uns ist. Diese stimmte also den Gesang an, von dem ich nur den Kehrreim (Refrain) behalten habe.

„Samische Mädchen, arbeitet fleißig, den fleißigsten „Arbeiterinnen werden die schönsten Gatten zu Theil.“

Endlich näherte sich Alkmäon der Aryphile, um zu sehen, ob der für ihre Mutter bestimmte Schleyer völlig beendigt wäre; und gab ihr einen Kuß auf die Stirne, indem er mit lauter Stimme sagte: „genug für diesen Abend: ganz Samos weiß, daß meine Töchter so arbeitsam als ihre Mutter, sind. Alles verkündigt uns für morgen einen der schönsten Tage. Die silberne Scheibe des Gestirns der Nacht glänzt in ihrem schönsten Lichte, ohne von einer neidischen Wolke verfinstert zu werden. Zwey Gäste sind uns gleichsam von den Göttern zugesendet worden. Hermodamas wird mit seiner Weisheit unserm Feste vorstehen, und der unschuldige Frohsinn des jungen Pythagoras die Freuden desselben erhöhen.

Nach vollendeter Mahlzeit, die eine angenehme und lebhafte Unterhaltung würzte, begleitete uns Aryphile mit einer Lampe, die nur ein einziges Docht hatte, in das Fremdenzimmer, wo ich vielleicht weniger als Podalirius schlief.

Kaum grauete der Tag, so war alles im Hauße auf den Füßen. Die Freunde des Neuverheyratheten kamen mit dem Frühsten, und befestigten einen doppelten Kranz nebst Blumengehängen über die Thüre des Schlafgemachs. Die Kinder aus der Nachbarschaft stimmten den gewöhnlichen Gesang an: Hymenäus! Hymenäus!

Podalirius richtete mit Hülfe zweyer vertrauten Diener, das Innere desjenigen Theils des Hauses, den er bewohnte, zum Empfang seiner jungen Gefährtin vollends ein; hierauf begab er sich zuerst in das Studierzimmer des Alkmäons, der eben beschäftiget war, seine aufgezeichneten Beobachtungen zu Rathe zu ziehen. Wir giengen auch dahin, gerade in dem Augenblicke, als der junge Ehemann auf einem Fuß vor ihm kniend zu ihm sagte: „Mein Vater, dieser Tag, der schönste „meines Lebens, ist mir ein Beweis, daß meine Erhaltung „nicht die größte der unzähligen Wohlthaten ist, die „ich dir zu verdanken habe; vollende dein Werk und „gieb mir deinen väterlichen Segen.“

Alkmäon. Mein Sohn, fahre fort, deinen Nebenmenschen nützlich zu seyn, und die zu lieben, welche dich lieben. Empfange die Hand meiner Tochter aus der meinigen. Ihr seyd beyderseits an Ordnung und Fleiß gewöhnt, ihr seyd beyde jung, gesund und liebt einander; ihr werdet wohl mit einander haushalten, und eure Kinder werden euch gleichen.

Alkmäon führte seinen Eidam sogleich in das Gynäceum, das unterdessen geöffnet worden war. „Liebes Weib,“ sagte er zu der Mutter, „ich stelle „dir hier einen Gatten für deine älteste Tochter vor, „wenn ihr ihn nicht beyde kenntet, so würde ich mich „für ihn zum Bürgen erbieten. Meine Tochter, wüßte „ich einen würdigern Gatten für dich, ich würde dir „ihn zugeführt haben.“

Hierauf führte er uns sämtlich in das Andron ([1]) und sagte mit erhabener Stimme: „So seyd denn vereint, in Gegenwart des weisen Hermodamas, seines jungen Zöglings und der übrigen achtbaren Einwohner von Samos. Diese Handlung legt euch die wichtigsten Pflichten gegen einander auf; die Obrigkeit hat ihr das Siegel der Gesetze aufgedrückt. Die

(1) Art von Gesellschaftszimmer für die Männer.

Mitgabe meiner Tochter besteht in den Tugenden ihrer Mutter, und in der Hälfte der väterlichen Verlassenschaft. Podalirius ist reich an nützlichen Kenntnissen, die mehr werth sind, als Schätze. Laßt uns alle aus einem Becher trinken.

Man brachte einen großen, mit Wein gefüllten Becher herbey: er schien sehr alt zu seyn, und man hielt ihn, wie ich nachher erfuhr, für die Arbeit jenes Urvolks, das vor den Kariern die Insel Samos bewohnt hatte. Alkmäon nahm diesen Kelch; er ließ zuerst den Podalirius daraus trinken. Gleich nach ihm, führte ihn die Neuverheyrathete an die Lippen, dann kamen die Aeltern, hierauf Aryphile. Welch unangenehmes Gefühl würde ich gehabt haben, wenn irgend ein anderer als Hermodamas nach ihr getrunken hätte. Jetzt traf mich die Reihe, und mein Mund schien sich von dem Rande, den Aryphiles Lippen berührt hatten, nicht losreißen zu können.

Die Mutter der Braut, mit der Fackel des Hymenäus in der Hand, gab ein Zeichen zum Aufbruch: Laßt uns, sagte sie, in den Tempel der Juno gehen; vorher aber, meine Tochter, empfange die letzten Lehren von deiner Mutter; morgen bin ich nichts mehr als deine Freundin. Du hast, so zu reden, eine Wiege mit dem Manne gehabt, dessen Gattin du heute wirst, dieß ist ein Vortheil, der nicht allen Neuvermählten zu Theil wird, denn du kennst auf diese Weise die Denkungsart und die Gewohnheiten desjenigen, den du dir zum Gefährten durch's Leben erwählt hast. Ihr schickt euch für einander, weil ihr euch liebt. Bemühe dich fernerhin ihm zu gefallen. Natur und Erziehung haben dir die Mittel dazu gegeben. Sey dem Weinstocke gleich, der nie schöner und fruchtbarer ist, als wenn er sich fest an den starken Baum anschließt, der ihm zur Stütze gegeben wurde. Dein Hauswesen ist ein Tempel, dessen Priesterin du bist, und dessen Gottheit dein Gatte ist. Rede nichts, thue nichts, ohne seine Eingebung, ohne ihn um Rath gefragt zu haben. Ihr vereiniget euch um glücklich zu seyn und um glücklich zu machen. Wisse, daß eure Glückseligkeit euer beyder Werk seyn muß. Du wirst sie nie ganz ohne deinen Gatten, noch dein Gatte sie ohne dich genießen. Bleib an deinen Platz. Vertauscht euer Geschlecht nicht gegen einander, ihr würdet beyde darunter verliehren. Es ist nicht genug, daß du gefällst; alles, was dich umgiebt, müsse den wohlthätigen Einfluß deiner Gegenwart fühlen. Gleiche den Huldgöttinnen, unter jedem ihrer Schritte entsprießt eine Blume: dieß müsse auch dein Gatte von dir sagen können, und auf der ganzen Erde müsse für ihn kein Ort seyn, wo er sich so wohl befindet, als in deinem Wohnzimmer, kaum habe er es verlassen, so müsse er schon wünschen wieder zurückkehren zu können, und dieser Zauber, der ihn an seine Wohnung fesselt, muß das Werk derjenigen seyn, die seinem Hauswesen vorsteht. Dein Mann müsse dich immer als die erste Schutzgöttin seines Hauses betrachten. Dir kommt es zu, Ordnung, Ruhe und anständige Fröhlichkeit darinnen herrschen zu lassen. Sprich in demselben nie lauter als er. Vor allen Dingen bezeuge ihm ein unbegränztes Zutrauen. Immer müsse dich dein Gatte bey deinen häuslichen Verrichtungen antreffen und unter allen ihm begegnenden Ereignissen, müsse er sicher seyn, dich dir gleich zu finden. Das Haus deines Gatten ist der Posten, auf welchem du leben und sterben mußt. Verlaß ihn nicht, um von Haus zu Haus nach Neuigkeiten zu fragen. Gehe nicht aus, um dich auf dem Markte unter die Menge zu mischen. Wisse von den politischen Angelegenheiten nicht mehr, als dein Gatte für gut befindet dir zu sagen. Dieß sind seine Sachen. Dein Geschäfft ist, für seine Gesundheit, für sein Glück zu wachen, und die Sorge für die Erziehung eurer Kinder mit ihm zu theilen. Von dem Uebrigen habe ich dich gestern in dem Tempel der Juno unterrichtet; laß uns jetzt dahin zurückkehren, um dem guten Genius der Neuverehelichten zu opfern.

Weiser Hermodamas, rufte ich im ersten Entzücken aus, dieß ist der Tempel der Vernunft, und Arpphil's Mutter ist ihr Orakel.

Der Zug begann, aber ohne großes Gepränge. Gold und Purpur glänzten nicht auf den Kleidern der Gäste. Die Großen und Reichen theilen bey solchen Gelegenheiten kostbare Röcke aus: Alkmäon gab uns, nach seinen mäßigen Glücksumständen, Blumenkränze. Da er in Samos sehr geschätzt war, so waren die Straßen, durch welche der Zug gieng, mit Einwohnern beyderley Geschlechts angefüllt, die aus ihren Häusern heraus gekommen waren, um uns zu sehen. Vor uns her gieng ein Musiker, welcher zwey Flöten auf einmal blies, nach deren Ton ein Chor junger Knaben tanzte und den Kehrreim (Refrain) der Brauthymne wiederholte.

Hierauf kam die ehrwürdige Mutter der Braut, welche die, dem Hymenäus geweihte Fackel vor ihrer Tochter hertrug. Ihr folgte die Braut, deren Haupt ein rother Schleyer bedeckte, um die sanfte Verwirrung in der sie sich befand, zu verbergen. Ihr Haar war, zum Zeichen ihres neuen Standes, an der Stirne von einander getheilt, und fiel in fliegenden Locken über ihre Schultern hinab. Sie war, so wie ihr Bräutigam, mit den, der Venus und Juno geweihten Blumen bekränzt. Neben ihr gieng ihr Vater und Podalirius.

Als sie endlich an den Altar gekommen waren, so übergaben die beyden Verlobten ihre Kränze der Priesterin, um sie zu weihen, nahmen sie hierauf zurück, wechselten sie gegeneinander aus, und setzten sie wieder auf. Nun wurden verschiedene Thiere geopfert, aus denen man zuvor die Galle heraus genommen hatte; unter ihnen befand sich auch ein Mutterschwein, aus gewissen geheimnißvollen Ursachen, welche man den Neuverehlichten den Tag nach ihrer Verbindung erklärt.

Nach Beendigung dieser gottesdienstlichen Gebräuche, nahm man den Weg in das väterliche Haus zurück, das dem glücklichen Paare ebenfalls zur Wohnung dienen sollte, wir begleiteten es unter den öffentlichen Freudengesängen und Segenswünschen dahin. Da wir an die Thüre kamen, so beobachtete die junge Frau, mit Beyhülfe zweyer ihrer Jugendgefährtinnen, sorgfältig den alten Gebrauch, über die Schwelle zu schreiten, ohne sie zu berühren.

Am Schlusse der Mahlzeit, bey welcher die Heiterkeit nicht in unflätige Possenreißereyen ausartete, erbot sich Podalirius, nachdem die auf die Feyerlichkeit Bezug habenden Hymnen gesungen worden waren, eine Romanze (chant aeromate) zu singen. „Gebt „mir den Myrthenzweig,“ sagte er, „ich will euch „den wahren Ursprung jener unförmlichen Bildsäule „erzählen, die man geraume Zeit in Samos auf den „Altären des Tempels unserer Juno verehrte.“

Diese Göttin, die, wie man weiß, ein wenig eifersüchtig ist, setzt sich eines Tages in den Kopf, daß ihr erhabener Gemahl ihr untreu sey; und ohne weitere Untersuchungen, verläßt sie ihn, und hängt ihrem Verdrusse in Euböa nach. Vielleicht hätte sie einen weniger zweydeutigen Zufluchtsort wählen sollen; denn, unter uns gesagt, die reichen Einwohner dieser Insel des mittelländischen Meeres sind eben nicht für Leute von einem exemplarischen Leben bekannt. Jupiter, als ein guter Ehemann, der seine Gattin bessern will, ohne ihr wehe zu thun, begiebt sich auf den Berg Cythäron in Böotien, kleidet den Stamm einer alten Eiche, als eine Prinzessin an, führt ihn auf einem, mit zwey Ochsen bespannten Wagen herum und befiehlt der Fama, überall, besonders aber in Euböa, das Gerücht zu verbreiten, daß der vornehmste der Götter, da ihm seine erste Gemahlin verlassen, sich entschlossen habe, eine zweyte zu nehmen, und daß seine Wahl auf die Tochter des Flusses Asopus, auf die schöne Erbauerin der Stadt Platäa gefallen sey. Auf diese Nachricht eilt Juno über's Meer zurück, läßt sich auf den Cithäron nieder, geht nach Platäa hinab, stellt sich dem

hoch-

hochzeitlichen Wagen in den Weg, und nimmt sich nichts Geringers vor, als den Schleyer der Braut, und die Braut selbst in Stücken zu zerreissen. Der Zug kommt an. Gern möchte die ungeduldige Juno den langsamen Schritt der Ochsen beschleunigen, um sich nur desto eher dem süßen Vergnügen der Rache überlassen zu können. Endlich steht der Wagen vor ihr. Sie bahnt sich einen Weg durch das Gedränge, zieht mit Heftigkeit den gelben Schleyer der Neuvermählten herab, und zerreißt ihn wirklich. Aber, welch eine Ueberraschung! statt der verhaßten Königin, empfängt ein alter Klotz die Schläge der argwöhnischen Gattin, die zuerst mit über das Abentheuer lachen muß. Der gütige Jupiter wollte ihre Beschämung nicht verlängern, sie schien ihm genug bestraft. Er ließ sich sogleich auf einer goldenen Wolke nieder, worauf er seine gedemüthigte und reuige Gattin setzte, und das erhabene Paar nahm seinen Weg nach den bezaubernden Ufern unseres Imbrasus, wo es, eines in des andern Armen einen ewigen Frieden abschloß. Dieß ist der wahre Ursprung des Tempels der Juno, und ihrer hölzernen Bildsäule, die seit so langer Zeit und noch auf den heutigen Tag, in Samos verehrt wird."

Nach dieser Erzählung, entfernte sich Podalirius, ohne von jemand bemerkt zu werden, und eilte in das Brautgemach, um dort seine Geliebte zu empfangen. Die Mutter ergriff mit einer Hand ihre Fackel, und mit der andern, die Hand ihrer Tochter, um sie dahin zu führen, wo Hymen sie mit Ungeduld erwartete. Unter lautem Jubel begleiteten wir sie.

G

Alkmäon befestigte an dem Obertheil des Brautbettes ein Gemählde, welches den Harpokrates, unter der Gestalt eines jungen Menschen, mit schwarzen Flügeln, erhabenem Fuße, und den Zeigefinger auf den Lippen, vorstellte. Der sinnreiche Mahler hatte ihm den Zweig von einem Pfirsichbaum, der voller Blätter und Früchte hieng, in seine Linke gegeben; dringend verlangten beyde Theile vom Vater der Braut die Erklärung der Hieroglyphe.

Alkmäon. Junge Liebende! junge Gatten! seyd glücklich ohne mit anderm Glück zu prahlen. Der Glückliche ist bescheiden, er genießt seines Glück's, ohne viel davon zu reden. Wer zuviel darüber spricht, läuft Gefahr, seine Wahrhaftigkeit bezweifelt zu sehen. Der Plauderhafte geht bloß auf einem Fuße. Die Frucht des Pfirsichbaums gleicht dem Herzen, und das Blatt desselben, der Zunge: dieß ist ein Wink der Natur, der euch lehren soll, Herz und Zungen gegenseitig von einander abhängig zu machen. Die Zunge muß von dem Herzen regiert werden, aber das Herz kann vor der Zunge Geheimnisse haben (1). Wehe dem Frevler, der Hymens Geheimnisse verräth!

Alkmäons Kinder bedurften dieser Lehre nicht; wohl aber viele von den Gästen, und der Freund des Podalirius, der Meister dieses Gemähldes, hatte mit Vergnügen dem Wunsche des Vaters entsprochen, der mit beyden Händen diese Gelegenheit ergriff, um den Einwohnern von Samos einen heilsamen Rath zu

(1) Man sehe Cuperi Harpocr. in 4to.

ertheilen. Sie verstanden nicht ihn zu benutzen, Harpokrates ist ihre Gottheit nicht.

Hermodamas benutzte diesen Augenblick, um mich mit sich fortzunehmen, und von Aryphiles Schritten abzuleiten, deren jeden ich verfolgte. Schweigend kehrten wir in unsre Wohnung zurück, um uns dem Schlummer zu überlassen.

§. XIII.

Sitten des Hofes zu Samos. Polykrates.

Den folgenden Morgen kam ich mit einer minder offenen Miene, als gewöhnlich, zu meinem Freunde; er bemerkte es: „Pythagoras!" sprach er zu mir, „was du in den beyden letztvergangenen Tagen gesehen, was du vielleicht empfunden hast, wird dir mehr nützen, als alle Lehren der Weisheit. Ich habe dein junges Gemüth dem hinreissenden Eindruck der, mit dem Reiz der Grazien geschmückten Tugend ausgesetzt. Wäre dein Herz kalt geblieben, so würde ich dir heut sagen: Wir wollen uns trennen, ich kann nichts aus dir machen. Du bist mit dem unheilbarsten aller Gebrechen behaftet: du bist für dasjenige Gefühl, das mehr als alle andere auf den Menschen wirken soll, unempfindlich.

Pythagoras, du glühst für den einzigen Gegenstand, der allein deiner ganzen Anstrengung werth ist; aber auch du mußt seiner würdig zu werden suchen, du bist noch weit entfernt das zu seyn, was man von dir zu erwarten berechtigt ist. Die Insel Samos ist für deine, durch die sich ihr täglich darstellenden Gegenstände erweiterte, Einbildungskraft, ein zu kleines Feld und noch bist du so jung, um an ein Bündniß zu denken, welches die völlige Reife des Verstandes erfordert. Wenn du mir folgst, so verlassen wir morgen diese Insel, um deine Erziehung unter irgend einem großen Lehrer zu vollenden.

Pythagoras. Hermodamas! alle meine Wünsche gehen dahin, dir einst ähnlich zu werden. Ich verlange keinen andern Führer als dich; trenne mich nicht von dir.

Hermodamas. Du bist mir zu theuer geworden, um dich zu verlassen. In Gesellschaft wollen wir reisen, um andere Orakel um Rath zu fragen, als diejenigen, an die wir uns hier gewendet haben.

Pythagoras. Warum wollen wir die Glückseligkeit so weit suchen? hast du mich nicht gelehrt, daß sie in uns selbst wohnt, daß man in der Einsamkeit wie im Gewühl der großen Welt, im engsten Gefängnisse, auf der kleinsten Insel, so gut wie auf dem festen Lande, glücklich seyn kann? Laß uns hier bleiben; hier habe ich alle meine Güter. Samos ist mein wahres Vaterland, ob ich gleich in Sidon gebohren bin. Die Heimath des Hermodamas ist die meinige. Was werde ich anderwärts lernen, werde ich irgendwo etwas liebenwürdigeres sehen, als Alkmäons Familie.

Hermodamas. Mein Sohn, laß uns reisen; nach deiner Zurückkunft, wirst du viel zu erzählen haben, und man wird dir mit einem noch lebhaftern Gefühle, als dem, der bloßen Neugier, zuhören. „Man muß sich den Altären der Götter nie mit leeren Händen nähern.“ Dieß sagte Arophile selbst, gestern früh, in dem Tempel der Juno zu mir, nachdem sie mich zuvor gefragt hatte, ob Pythagoras bald reisen würde.

Pythagoras. Hermodamas, dieß hat Aryphile, in Beziehung auf mich, dir gesagt! noch heute laß uns abreisen.

Hermodamas. Guter Jüngling, unsere Herzen verstehen einander. Morgen wollen wir reisen.

Wir beschäfftigten uns schon mit den Anstalten zu unserer Reise; als ein Beamter vom Hofe des Polykrates uns folgendes Schreiben überreichte:

Polykrates, König von Samos!

an den weisen Hermodamas.

„Komm, morgen, oder sobald es dir möglich ist, „zu mir in meinen Pallast, und bringe deinen Zögling „mit.“

Mein ehrwürdiger Freund antwortete dem Abgesandten: Sag deinem Herrn, daß wir seinen Wunsch erfüllen werden.

Was will er von uns, fragte ich den Hermodamas?

Hermodamas. Dieß kümmert uns wenig, wir werden es noch zeitig genug erfahren. Aber nöthig ist es, daß du vor allen Dingen das Land kennen lernst, welches man den Hof nennt, und wohin wir uns genöthigt sehen, eine Reise zu machen, ehe wir diejenigen antreten dürfen, die wir im Sinne hatten; denn es scheint, daß es uns nicht gelungen ist, dem Auge des Fürsten uns zu entziehen. Höre mich aufmerksam an, mein Sohn.

Während du dich in dem glücklichen, sorgenfreyen Alter der Kindheit, außerhalb den Mauern von Samos fröhlich herumtummeltest, ward das Innere der Stadt von Factionen zerrissen. Die durch die Handlung bereicherten, und von ihren Nachbarn gefürchteten Insulaner, kehrten ihre Macht und ihre Waffen gegen sich selbst: sie glichen den Lapithen, die sich während ihrer Gelage umarmen, und am Ende derselben zerfleischen. Nachdem das Samische Volk alle Arten von Regierungsformen versucht hatte, ohne bey einer stehen zu bleiben, ohne einen bestimmten Entschluß, ohne feste Grundsätze, kein Spiel aller Partheyen, ungewiß in der Wahl eines Oberherrn, unter einer Menge Ehrgeitziger, unter denen in der That keine Wahl Statt finden konnte; schien es am Ende denjenigen anzuerkennen, der im Stande war, die meisten Stimmen zu bezahlen. Ein reicher Kaufmann, oder vielmehr ein Seeräuber, der nicht wußte, was er mit seinem großen Vermögen anfangen sollte, und der einförmigen Genüsse des Privatlebens überdrüßig war, fiel auf einen kühnen Streich, über dessen Erfolg er selbst erstaunte. Man war am Hafen versammelt, um der

Vorstellung eines verstellten Seegefechts zwischen verschiedenen Galeeren beyzuwohnen.

Eben da es seinen Anfang nehmen soll, erhebt sich ein Bürger, und bittet um Gehör. Man schweigt. „Mitbürger, sagt er mit lauter Stimme, ich bin Aeaces, der reichste Einwohner von Samos. Ich mache dem Vaterlande mit allen meinen Gütern ein Geschenk; meine drey Söhne werden durch ihren Fleiß sich andere erwerben, ich lasse ihnen mein Beyspiel zum Erbtheil. Aber, nur unter einer Bedingung, überlasse ich meine Schätze der Republik, daß nämlich Samos eine heilsame Aenderung mit sich vornehme, daß es fühle, wie schimpflich es sey, das Staatsruder noch ferner von einer unfähigen Hand in eine noch unfähigere übergehen zu lassen, und daß es jetzt, da gerade seine vorzüglichsten Bewohner versammelt sind, ohne den verschiedenen Partheyen zu neuen Unruhen Zeit zu lassen, auf der Stelle ein würdiges Oberhaupt erwähle, das im Namen des Volks regiere, und alle Gewalten in sich vereinige, um einen übereinstimmenden Gebrauch von ihnen zu machen, mit dem Vorbehalt jedoch, strenge Rechenschaft von demselben abzulegen. Wenn die Mehrheit der Stimmen meinen Vorschlag genehmigt, so überlasse ich in diesem Augenblicke meine Schiffe, meine Grundstücken, alle meine Magazine meinem geliebten Vaterlande, und gehe sogleich zur See, um mein Glück noch einmal zu versuchen. Samier, erklärt euch! Die Untersuchung meines Vorschlags ist doch wol so viel werth, als das Schauspiel eines fingirten Seetreffens."

Aeaces fand lauten Beyfall. Es gab zwar Ungläubige, die einiges Mißtrauen in eine so seltene Uneigennützigkeit setzten, und in diesem Vorschlage nichts als einen neuen Kunstgriff des Ehrgeizes sahen; allein der leichtgläubige große Haufen ließ sich hinreissen. Man klatscht in die Hände. Man dringt in die öffentlichen Beamten, die Stimmen zu sammeln; sie sind fast alle für den Vorschlag des Aeaces. Man schreitet sogleich zu Ernennung des neuen Oberhaupts der Republik. Aeaces hatte unterdessen, jedoch mit langsamen Schritten, den Weg nach seinem Hause genommen. Er wird gewählt. Man ruft ihn zurück. Er besteht darauf, nichts als der Wohlthäter seines Vaterlandes zu seyn. Man wiederholt das Ansuchen: er giebt nach; er gehorcht dem allgemeinen Wunsche, dem Befehle der Mehrheit des Volks; wird Oberhaupt, dann König, bald darauf unumschränkter Beherrscher von Samos. In wenigen Monaten hat er jede dieser Staffeln erstiegen. Als er die letzte erreicht hatte, erwarteten seine drey Kinder nichts als den leichtesten Vorwand, um sich an einem Vater zu rächen, der, ihrer Meinung nach, den Thron auf ihre Kosten erkauft hatte; sie nahmen in der Stille gemeinschaftlich ihre Maßregeln, und vergalten ihm Gleiches mit Gleichem. Polykrates, der uns an seinen Hof rufen läßt, ist der älteste dieser drey Brüder, die sich in die Oberherrschaft von Samos theilten, wie man Besitz von einer Erbschaft nimmt. Allein ein Thron ist zu schmal, als daß drey zugleich bequem darauf Platz haben könnten. Eben dieser Polykrates hat vor kurzem Partagnotes, seinen zweyten Bruder vergiftet, und den jüngsten, Polysontes, von dem er nichts zu befürchten scheint, aus der Insel verbannt.

Dieß, mein lieber Pythagoras, ist die Lage der Dinge bey uns; sie konnte dir nicht länger mehr unbekannt bleiben. Ungern beschmitze ich die schönsten Jahre deines Lebens mit der Erzählung desjenigen, was sich unter unsern Augen zugetragen hat; allein die Einladung des Polykrates macht es mir zur Pflicht, dich durch diese, nur zu treue Schilderung der öffentlichen Angelegenheiten, bey denen man uns vielleicht anzustellen suchen wird, gegen alle Anlockungen zu sichern.

Den folgenden Morgen meldeten wir uns im Pallast des Despoten. Es war Befehl gegeben, uns sogleich nach unserer Ankunft einzuführen. Polykrates war im Bade.

„Tretet beyde näher" redete er uns an. Wie, weiser Hermodamas, und du wärst also nicht zu mir gekommen, wenn ich es nicht verlangt hätte? Ist dir der Plan, den ich mir entworfen habe, noch unbekannt? Mein Wille ist, daß mein Hof der Sammelplatz der Aufklärung und der Weisheit von Samos und von ganz Jonien werde. Ich bin entschlossen, nur deine weisen Rathschläge und den Rath der wenigen, die dir gleichen, bey meiner Regierung zu befolgen. Vielleicht ist einige Unregelmäßigkeit in der Art, wie ich die Krone erlangt habe. Die Liebe zu meinem Vaterlande, der Wunsch, es unter dem Scepter eines unabhängigen Monarchen blühend zu sehen, hat die Gefühle, denen der gemeine Haufe eine so große Wichtigkeit beylegt, und denen er treu bleiben muß, welchen aber die Könige nicht immer Gehör geben können, zum Schweigen gebracht. Ich habe für einen Augenblick vergessen, daß ich Sohn und Bruder war, um mich ganz allein und ohne Unterlaß mit dem allgemeinen Besten zu beschäfftigen. Es hat einige Tropfen Bluts gekostet, und es war edles Blut; es hatte gleichen Ursprung mit dem meinigen: ist es indessen nicht besser, daß der Schlag eine Familie treffe, als wenn er ein ganzes Volk träfe? Ist es nicht löblich, dem Bürgerkrieg zuvor zu kommen, und sollten auch die nächsten Verwandten aufgeopfert werden müssen? Kurzsichtige Bürger, beschränkte Sittenrichter tadeln mich, ich weiß es. Man kann nicht allen gefallen. Ich habe das Volk für mich, es hat mich anerkannt, es hat mich unterstützt: sein Beyfall rechtfertigt mich hinlänglich, und ich regiere; doch fühle ich darum nicht minder die ganze Last eines Scepters. Weiser Hermodamas, komm recht oft hierher, um mir es tragen zu helfen. Ich will Samos zu einem Glanze erheben, den diese Insel noch nie erreicht hat. Die Künste sollen nicht vergessen werden; ich kenne ihren ganzen Werth. Junger Pythagoras, man versichert mich, daß du die Talente deines Vaters geerbt habest, und daß du ihn in kurzem übertreffen werdest. Ich schätzte ihn sehr. Widme mir die Erstlinge deiner Arbeit. Ich will das königliche Siegel verändern, und ich habe dich dazu bestimmt, den Gegenstand, den ich dir so eben angeben will, zu bearbeiten. Stelle Jupiter dar, zur Hälfte auf einer Wolke liegend, mit einer goldenen Schaale in der Hand, dem der schöne Ganymed den Nektar einschenkt, ich will dir bey der Zeichnung des Oberhaupts der Götter zum Vorbilde dienen. Deine Jugend in ihrer Blüthe wird dir das Original zu der zweyten Figur liefern. Meine Absicht bey dieser Allegorie geht dahin, zu zeigen, daß man die Majestät der Gewalt, durch die sanften Reize des Vergnügens mildern müsse. Pythagoras," ich bestimme dir zu Beendigung dieser Arbeit keine Zeit. Verwende darauf so viel, als dir nothwendig scheint, nur sey es ein vollendetes Kunstwerk. Du kannst es hier in meinem Pallast, unter meinen Augen ausführen; in meinen Erholungsstunden werde ich deiner Arbeit beywohnen. Du sollst mir selbst den ersten Unterricht in der Steinschneiderkunst ertheilen; denn ich will in keiner Kunst unwissend seyn. Deine Belohnung wird meiner Macht, meinem Reichthume und dem Kunstwerthe deiner Arbeit angemessen seyn, meine Gnadenbezeugungen erwarten dich und werden dir zuvorkommen. Junger, liebenswürdiger Pythagoras, noch heut, in diesem Augenblicke lege Hand ans Werk, und entsprich ohne Verzug den ungeduldigen Wünschen deines Königs. Ich werde auch unverzüglich der Weisheit des Hermodamas Beschäfftigung geben, indem ich ihm eine wichtige Unterhandlung bey einem Monarchen des festen Landes, welcher mir ein Bündniß anbietet, übertrage."

König von Samos, antwortete mein ehrwürdiger Lehrer, erlaube, daß wir, zu Besorgung einiger häuslichen Angelegenheiten, auf wenige Augenblicke in unsre Wohnung zurückkehren.

Polykrates. Gehe und komm bald zurück. Du, liebenswürdiger Pythagoras, bleibst hier.

Herr, versetzte Hermodamas lebhaft, die Gegenwart meines Zöglings ist unumgänglich nöthig, da er schon so frühzeitig verweist worden ist, so erfordert es die Nothwendigkeit, selbst auf die Verwaltung seiner

Güter Acht zu haben. Diesen Abend werden wir wieder zu deinen Befehlen seyn.

Polykrates. So geht und säumet nicht zurück zu kommen. Meine geringsten Wünsche leiden keinen langen Verzug. Pythagoras, denke über die Gruppe Jupiters und Ganymeds nach; sie muß sich vortrefflich ausnehmen, schon glaube ich sie zu sehen. Vergiß nicht den Adler zu meinen Füßen anzubringen, und vor allen Dingen den Blitz, der bereit ist, auf das strafbare Haupt eines jeden herab zu fahren, der nicht schnell dem unumschränkten Willen des Oberherrn der Götter und Menschen gehorcht. Ihr versteht mich.

Mein Sohn, sagte Hermodamas zu mir, so bald wir aus dem Pallast heraus waren, laß uns fliehen; es ist kein Augenblick zu verliehren. Polykrates hat sich deutlich genug erklärt: er hat strafbare Absicht mit uns.

Pythagoras. In der That, warum will er damit anfangen, uns von einander zu trennen? Und überdieß, bin ich noch nicht entschlossen, was für einem Berufe ich mich widmen werde; habe ich nicht freye Wahl? Er entscheidet über mich als ob ich sein Kind wäre; ich gehöre ihm nicht zu. Aus eigner Macht will er einen Künstler aus mir machen. Pythagoras ein Steinschneider, in Diensten des Hofs, dieß scheint meine Bestimmung nicht zu seyn. Polykrates mag sich wegen seines vom Ganymed bedienten Jupiters an einen andern wenden! Ich fühle zur Behandlung dieses Gegenstandes keinen Trieb in mir. Es gefällt mir nicht, mich auf diese Weise zu den Füßen des Throns, und an eine Arbeit anketten zu lassen, die keinen Reiz für meine Einbildungskraft hat. Glauben denn diese Fürsten in ihren Pallästen, das ihnen das Genie so wie ihr Volk zu Gebote stehe? Nein, der der unabhängige Charakter, mit welchem mich die Natur ausgestattet hat, kann sich nicht so in die Launen eines Königs schmiegen. Hermodamas was sagst du darzu!

O mein Sohn! antwortete er mir, indem er mich in seine Arme schloß, wie sehr liebe ich diese edelmüthigen Gesinnungen. Diesen Abend noch wollen wir uns aus einer Stadt entfernen, in der wir, ohne vor uns selbst zu erröthen, nicht länger verweilen können. Laß uns schleunig diese Insel verlassen und den Staub von unsern Füßen schütteln. Junger Pythagoras, du wirst eines Tages die Gefahren, die dir in diesen Augenblicken drohen, kennen lernen. — Frage mich nicht darüber. Laß uns eilen, daß das Meer uns von dem Pallaste des Polykrates trenne. Wir müssen uns, in größter Stille ein kleines mit guten Seegeln versehenes, Fahrzeug zu verschaffen suchen, das uns noch diese Nacht nach Syros bringe. Ich würde über dein Schicksal nicht eher beruhigt, als bis ich dich den Armen eines tugendhaften Freundes übergeben habe (a).

(a) Die in diesem, und in dem größten Theil der übrigen Paragraphen enthaltenen Erzählungen, sind nach der sorgfältigen Vergleichung der alten Schriftsteller, dargestellt.

§. XIV.

Zweyte Reise des Pythagoras, Ankunft in Syrus. Pherecydes.

Nachdem wir mit dem Besitzer einer Liburnischen Galeere, den wir ein wenig habsüchtig fanden, unsern Accord getroffen hatten, so ließen wir uns, mit einbrechender Nacht, zuerst nach der Insel jenes Weisen bringen, der uns sein Gebürgssystem erklärt hatte. Wir brachten den übrigen Theil der Nacht darauf zu, um unsere fernere Maßregeln zu nehmen. Phöbe machte sich fertig, ihre Herrschaft dem Gestirn des Tages zu überlassen, als wir wieder in die See stachen, nachdem wir noch einmal die Wohnungen Aikmäons und Aryphiles, der beyden einzigen Gegenstände, die wir mit Bedauern in unserm unglücklichen Vaterlande zurückließen, begrüßt hatten. Wir segelten glücklich zwischen Aenos und Ikaria, jener berühmten Insel, von der dieser Theil des Archipelagus den Namen führt, vorbey. Hermodamas sagte lächelnd zu mir, wir hatten zu große Eile, um, vor unserer Abreise von Samos noch einmahl in dem Tempel der Juno zu opfern. Willst du, daß wir uns in dem Tempel der Diane, den du vor dir siehst, dafür entschädigen?

Pythagoras. Sehr gern, mein Vater, wenn uns die Göttin dagegen mit denen von Dädalus erfundenen Flügeln beschenken will.

Hermodamas. Wir wollen sie bloß um guten Wind bitten. Die Flügel des Ikarus haben wir schon;

denn ohne Zweifel waren es nichts anders, als Segel. Dem unglücklichen Jünglinge, der durch eine Welle zu weit von seinem Vater weggeschleudert wurde, fehlte es an Geschicklichkeit, um seiner Barke die gehörige Richtung zu geben, und sie zu retten. Laß uns den traurigen Folgen der Unerfahrenheit des Sohnes eine Thräne weihen, und dem Genie des Dädalus huldigen, aber nicht als dem wirklichen Erfinder der Schiffssegel: der Mensch hat nichts erfunden; die Natur hat ihm zu allen Anleitung gegeben. Er darf nur von den Dingen, die sich seiner Industrie darbieten, Gebrauch zu machen wissen. Dädalus hat sich um die Sterblichen verdient gemacht, da er ihnen ein Mittel mehr verschafft hat, mit einander in Verbindung zu kommen, indem sie sich über die Meerengen wagten, die die Völker von einander absonderten. Wir wollen ihm das unzählbare Uebel nicht zurechnen, dessen unschuldige Ursache er gewesen ist, indem er dem Ehrgeiz ein neues ungeheures Feld eröffnete. Sobald man gelernt hatte, Aeol's ungestümmen Hauch zu bezwingen, und in ein Tuch einzuschließen; sobald der ungeduldige Sterbliche an ein gebrechliches Fahrzeug, an einen ausgehöhlerten Baumstamm, in welchen er vorher sich kaum getraut hatte, das Ufer aus den Augen zu verlieren, Flügel zu befestigen verstand; so wurde der Friede, der schon seit langer Zeit vom festen Lande verbannt war, und sich auf die Inseln geflüchtet hatte, auch daraus, wie die schüchterne Hindin aus ihren Gebüschen vertrieben. Unschuldige Insulaner sahen an ihrem friedlichen Ufer habsüchtige Kaufleute landen, die bewaffnet waren, um sich mit Gewalt derjenigen Dinge, die ihnen anständig waren, zu bemächtigen, und um die Völker, die auf ihre Rechte zu eifersüchtig waren, den Ketten oder dem Todte zu überliefern. Diesen Vorwurf wird man uns nicht machen können. Wir fliehen das glückliche und mächtige Verbrechen, um die Wahrheit aufzusuchen.

Ein Windstoß brachte uns auf einige Augenblicke in die Nähe von Pathmos, bekannt wegen der Menge des darauf befindlichen wilden Geflügels. Unsere Matrosen erzählten uns, daß die Weiber auf dieser Insel, die durch das Klima der lebhaften Farbe der Gesundheit beraubt wären, sich eine künstliche zu verschaffen wüßten, indem sie ihre Wangen mahlten.

Wir liefen in den Kanal von Mykone ein, und fuhren längs den Küsten dieser Insel hin, die ehedem weit heftigern Erderschütterungen ausgesetzt war, als diejenigen sind, die man noch jetzt zuweilen in Samos verspürt. Dieß hat zu den, durch die Dichter verbreiteten Volksglauben Veranlassung gegeben, daß die, von dem Hercules endlich zerschmetterten und völlig überwundenen Riesen in Mykone begraben lägen. Unsere Samischen Matrosen, deren Anhänglichkeit an den Dienst der irdischen Venus bekannt ist, theilten uns folgende Bemerkung mit: Wenn die Weiber in Pathmos, sagten sie, gewöhnlich blaß sind, so sind die von Mykone kahl; vielleicht weil es auf dieser Insel an gesundem Wasser fehlt; auch erreichen die Einwohner kein hohes Alter. Sobald ein Mykonier das Ruder führen kann, wirft er sich ins Meer, und sieht es für sein Vaterland an. Das wahre Vaterland ist dasjenige, das seine Kinder ernähret.

Als

Als unsere Schiffleute mit ihren Anmerkungen zu Ende waren, machte mich Hermodamas mit einem griechischen Sprüchworte über diese Insel bekannt. Man sagt nämlich von einem Schriftsteller, der alles, was er weiß, gut oder schlecht, in ein Werk unter einem Titel zusammen zu fassen versucht: Er gleicht Mykone. Diese Redensart ist auf sehr viele anwendbar. Wenn über keinen andern Gegenstand geredet werden dürfte, als von dem man hinlängliche Kenntnisse hat, wenn man nur die Geheimnisse der Wahrheit und die Resultate der Erfahrung den Musen anvertrauen dürfte, so würden sie gar verstummen müssen.

Wir berührten einen der Felsen, welche Rhenea zur Grundlage dienen. Diese kleine Insel hat blos Tode zu Bewohnern. Ihr dürft, meine jungen Freunde, euern Wohnsitz nicht in Delos aufschlagen, wenn euch daran gelegen ist, den Boden, der euch ernährt hat, dereinst mit den Ueberresten eures Körpers zu befruchten. Das ungastfreundschaftliche Delos stößt ohne Erbarmen den so eben verschiedenen Sterblichen aus seinem Schooße und gesteht ihm blos in Rhenea die letzte Ehre zu.

Dieser Punct der Erde, sagte mir Hermodamas, ist eine Eroberung des Polykrates; und alle diese, dem Vulcan geweihten Arbeiter, die du um diese Schmieden erblickst, befinden sich auf Befehl des Königs von Samos hier, um eine Kette zu verfertigen, welche die kleine Insel Rhenea (¹) mit den geheiligten vier Stadien davon entfernten (²) Insel Delos verbinden soll. Polykra-

(1) Thucydid. III.

(2) Strabo, Geogr. X.

H

tes will sich die Gunst Apoll's erwerben, indem er ihm mit seiner Eroberung ein Geschenk macht.

Alles dieß zwang uns ein Lächeln ab; an einem andern Orte würden wir uns noch mehr erlaubt haben.

Endlich befanden wir uns in Syros (1). Kaum hatte ich einige Schritte an dem Ufer gethan, als Hermodamas zu mir sagte: Gegrüßet sey uns diese, durch die Geburt und den Aufenthalt eines Weisen geheiligte Erde. Mögen andere den Umkreis dieser Insel durchwandern, um das Maas von zwanzig bis fünf und zwanzig tausend Schritten, das man ihr giebt, zu erproben; mögen sie ihren Jonischen Ursprung, die reine Luft, die man auf derselben einathmet, und die Fruchtbarkeit, die Homer schon rühmt, mit hochtönenden Worten erheben! Möge man ihre Reichthümer, die sie dem Zuflusse der Aegyptischen, Phönizischen und Chaldäischen Kaufleute zu danken hat, herausstreichen Wir, mein Sohn, die wir Menschen suchen, welche den Namen: Weise verdienen, wollen uns Glück wünschen, wenn wir einen gefunden haben; sie sind seltner als fruchtbare Ländereyen und reiche Inseln.

Pherecydes war nicht zu Hause, und niemand in Syros konnte uns den Ort seines Aufenthalts angeben. Der Zufall war uns günstiger. Ausserhalb der Stadt, in einer ziemlich unebenen Gegend, hörten wir ein dumpfes

(1) Im Originale steht beständig Scyros, aber Pherecydes lebte nicht auf dieser durch die weibische Erziehung Achills bekannten Insel, sondern auf der kleinen ganz nahe bey Delos gelegenen Insel Syros.

Anm. d. Ueb.

Geräusch, ohne zu wissen, wo es herkam, wir spürten ihm, jeder seiner Seits, vorwärts und rückwärts, nach. Ich war es, der den ehrwürdigen Gegenstand unserer Reise zuerst entdeckte: „Hermodamas, rief ich, komm hierher, folge mir; nicht weit von hier ist eine Höhle, wo ich reden höre."

Hermodamas kommt näher; legt sich an den Rand dieser tiefen Höhlung, und ruft: Pherecydes! mein lieber Pherecydes! Eine Stimme, die der Wiederhall stark und hellklingend machte, antwortete uns: Bist du es, mein lieber Hermodamas? Und indem er dieß sagte, hörten wir ihn an dem Erdreich herauf klimmen, um zu uns zu kommen. Er war von einem seiner Schüler begleitet. Nach den ersten Ergießungen der Freundschaft, fragte Pherecydes: Wer ist dieser Jüngling?

Hermodamas. Mercur (1) und die Musen senden dir ihn zu, und ich habe es über mich genommen, sein Begleiter zu seyn. Er nennt sich Pythagoras, Sohn des Mnesarchs. Er ist in Sidon gebohren; und hat seine erste Erziehung in Samos erhalten; allein er wird Syros seinem Vaterlande vorziehen, wenn du die letzte Hand an diese Bildsäule legst; sie sieht, sie spricht, sie ist hierher gekommen, um von der wahren Fackel des Lebens beseelt zu werden. Pherecydes! sey der Prometheus des Pythagoras! dieß ist der Zweck unserer Reise.

Mein alter Freund, erwiederte Pherecydes, hat mir wenig zu thun übrig gelassen.

(1) Acad. Berlin 1747.

Ich beobachtete meinen neuen Lehrer, und der erste Anblick fesselte mich an ihn. Ich habe wenige so ausgezeichnete Köpfe gesehen, als den seinigen. Er stand in seiner vollen Kraft, und hatte nur erst vor kurzem seinen Bart wachsen lassen. Er hatte eine schöne männliche, doch nicht rohe Bildung. Er war von großer Statur, und gieng sehr gerade. Der Ton seiner Stimme war ernsthaft und eindringlich. Ich machte eine, vielleicht kleinliche Bemerkung, doch dem sey wie ihm wolle, ich muß sie euch mittheilen. Sein beynahe abgetragener Mantel hatte keinen einzigen Flecken. In seiner Hand trug er einen langen eisernen Stab. Ich fragte ihn, zu welchem Gebrauche?

„Gestern, sagte er zu mir, gieng ich in der Mittagsstunde bey dieser Höhle vorbey, und da fiel mir ein, ihre Tiefe nach dem Augenmaße zu untersuchen. Ich wurde angenehm überrascht, als ich entdeckte, daß die Sonnenstrahlen senkrecht bis auf den Boden hinab fielen, und ihn ganz erhellten. Reisende hatten mir schon gesagt, daß in Syene, auf dem rechten Ufer des Nils, am Tage der Sonnenwende zu Mittage, die Sonne keinen Schatten würfe. Ein, zu diesem Experimente eigener gegrabener Brunnen beweißt, daß die Sonne senkrecht über dieser Stadt Oberägyptens steht.

Es scheint, daß unsere Insel Syros zu dieser Jahreszeit in gleichem Falle ist. Diese Höhle dient also zu einem Gnomon, zu einer Art von natürlichen Sonnenuhr, nach welcher die Stunden gezählt werden können.

Damit meine Mitbürger von dieser ganz einfachen Entdeckung, die aber von großem Nutzen für sie werden wird, Gebrauch machen können, darf dieser eiserne Stab bloß so aufgerichtet werden, daß er, mittelst seines Schattens, verschiedene Linien bezeichnen könne, deren eine die Mittagslinie seyn wird; und dieß ist es eben, womit ich mich jetzt beschäfftige. Dieser Zeiger wird nicht nur die Stunden des Tages, sondern selbst die Zeit der Sonnenwenden bestimmen. Da wir Bewohner des nördlichen gemäßigten Erdgürtels sind, so müssen wir den längsten Schatten zur Zeit der Wintersonnenwende haben. Jene pyramidenförmigen Massen, die Aegyptens Boden belasten, und wovon unsere Kaufleute so viel zu erzählen wissen, sind wahrscheinlich nichts anders, als Sonnenzeiger, um die Solstitial-Puncte zu bestimmen. Sie haben mich versichert, daß verschiedene dieser Pyramiden, zu gewissen Jahrszeiten keinen Schatten werfen. Auch behauptet man, daß die vier Seiten der größten, genau mit den vier Punkten der Sphäre übereintreffen, und daß ihre stufenweise Erhöhung, die zu und abnehmenden Grade des Schattens anzeigen. Junger Mensch, fuhr Pherecydes fort, indem er sich gegen mich wandte, du hast Gelegenheit, dereinst über diese wichtigen Gegenstände Beobachtungen an dem Ort selbst anzustellen! Was uns betrifft Hermodamas, so wollen wir unsere Wünsche darauf einschränken, uns gegenseitig auf unsern Inseln zu besuchen. Während einige in der Welt herum reisen, müssen freylich die andern ihre Hausgötter bewachen. Dieß letztere habe ich gethan, nicht aus Trägheit, sondern aus Neigung und Temperament Die Natur hat es mir so zu reden, zur Pflicht gemacht, auf dieser Insel, auf der ich gebohren bin, und seit langer Zeit ein sehr ruhiges Leben führe, zu bleiben.

Wir haben einen Hafen, der eine ganze Kriegsflotte fassen kann; glücklicher Weise habe ich in demselben noch keine andere als Handelsschiffe gesehen, die von allen Enden der Welt herkommen, um mir die Bedürfnisse, die ich mir außerdem aus den entferntesten Gegenden hohlen müßte, in die Hände zu liefern. Meine Mitbürger vertauschen täglich ihre Erzeugnisse gegen fremde Waaren; dieß thue auch ich. Man bringt mir die Werke derjenigen, die in andern Theilen des Erdbodens, sich den Wissenschaften widmen, ich gebe ihnen dagegen Unterricht und unterhalte sie mit einigen Versuchen, und auf diese Art kommen Kenntnisse und Aufklärung zugleich mit den zur körperlichen Erhaltung nöthigen, Lebensmitteln unter die Völker.

Seit Menschengedenken, hat man nie einen Bewohner von Syros die geistigen Genüsse, welche die Erkenntniß des Wahren gewährt, dem Gewinnst eines ausgebreiteten Handels vorziehen gesehen. Ich bin der Erste und der Einzige hier, der dieses Gewerbe treibt. Ich bin nie gereist. Die wenigen Kenntnisse, die ich besitze, verdanke ich dem Umgange mit Fremden und meinen eignen Nachforschungen. Die Einwohner von Syros, die wenig an das Nachdenken gewöhnt sind und die unzähligen Vortheile, welche die Uebungen der Geisteskräfte gewähren, nicht zu schätzen wissen, halten mich, dem Sprichworte zum Trotz, „Daß kein Prophet in senem Vaterlande gilt, für ein

Wesen höherer Art. Allen Fremden, die in Menge unsern Hafen besuchen, sagen meine Mitbürger mit einer Art von Stolz: „habt ihr den Pherecydes gesehen; das ist ein Weiser, der alle Kenntnisse besitzt, ohne von jemand unterrichtet worden zu seyn, und ohne Lehrer Meister in allen Wissenschaften geworden ist; er wird euch erstaunenswürdige Sachen lehren, und Dinge zeigen, die ihr nie gesehen habt."

Die Leute, gegen welche man diese Sprache führt, sind gerade so unwissend, als die, welche sie führen. Diese ungebildeten aber, (gern lasse ich ihnen diese Gerechtigkeit wiederfahren) größtentheils ehrlichen Kaufleute, haben nichts gelernt, als den Wechsel des Glücks zu berechnen. Erstaunt über die Erzählung, die man ihnen macht, kommen sie zu mir, bringen mir alles, was sie Seltenes haben auftreiben können, erzählen mir, so gut sie können, alles, was sie, richtig oder unrichtig, gesehen, recht oder falsch gehört haben; ich bezahle sie mit gleicher Münze, und wir sind beyderseits zufrieden. Ich erkläre ihnen einige auf Versuche gegründete, Wahrheiten, oder beschreibe ihnen irgend ein Werkzeug; stolz auf die Ehre sich mit mir unterhalten zu haben, verlassen sie mich, mit dem Versprechen, mir, bey ihrer Zurückkunft, Abschriften von merkwürdigen Büchern, von denen sie auf ihren Reisen in andere Gegenden Nachricht erhalten, mit zu bringen; auf diese Art reisen sie so gut für mich als für sich, und so suche ich selbst diejenigen gesellschaftlichen Verhältnisse und Einrichtungen, die den Menschen in den wissenschaftlichen Fortschritten und in der

Ausbildung ihrer Geisteskräfte hinderlich sind, zum Vortheil der Wissenschaften zu benutzen.

Ich habe mir keine Vorwürfe zu machen: wenn man an mir und in meinem practischen Unterrichte etwas Wunderbares zu finden glaubt, so hat Marktschreyerey keinen Theil daran, ihr sollt selbst davon urtheilen.

Die Insel Syros ist wie alle Cykladen, Erschütterungen unterworfen, die, wie ich glaube, von großen Wassermassen herrühren, welche ihre natürlichen Dämme durchbrechen, und unermeßliche Abgründe bilden. Diese Durchbrüche, diese Veränderungen in dem Innern der Gebirge, kündigen sich durch mehr oder minder merkliche Ausdünstungen an, die eine Wirkung der gährenden Materien sind. Die Quellen, die zwischen den Felsen durchdringen, sind, nach Verhältniß ihrer Entfernung von dem Ort der bevorstehenden Katastrophe, davon geschwängert.

Ich kam eines Tages, mit verschiedenen meiner Schüler, von einer langen Wanderung zurück, und verfolgte meinen Weg an dem, von der Sonnenhitze verbrannten, Ufer des Meeres. Einige Phönicier kamen mir entgegen, sie näherten sich mir, gerade in dem Augenblicke, wo ich den jüngsten meiner Zöglinge erwartete, der aus einer benachbarten, äußerst tiefen Cisterne Wasser geholt hatte. Hitze und Müdigkeit hatten uns ganz erschöpft, nachdem ich einen Becher geleert hatte, verlangte ich einen zweyten, den ich weniger hastig austrank. Nun wagte ich folgende Aeußerung: „Ich befürchte sehr, sagte ich, daß wir in zwey oder drey Tagen eine Erderschütterung haben werden."

Ich hatte in dem Geschmack des Wassers einige Veränderung zu bemerken geglaubt, die mich eine Veränderung der innern Theile des Bodens vermuthen ließ. Die Stürme, welche auf der Oberfläche der Erde entstehen, werden gewöhnlich durch gewisse Vorboten angezeigt, die einem aufmerksamen und scharfsinnigen Beobachter nicht entgehen: sollte dieß nicht der nämliche Fall bey den unterirdischen Wettern seyn, die die Meere umkehren und die Berge aus ihren Grundvesten reissen?

Meine Vermuthung fiel auf; und einige geheime Feinde erwarteten voller Ungeduld den dritten Tag, um mein Ansehen zu schwächen.

Am Ende des zweyten Tages, wurde die Hitze drückender als gewöhnlich; rothe und zerrissene Wolken verhüllen die Sonnenscheibe, ihre Strahlen werden bleich; Wirbelwinde bedecken die ganze Stadt mit Sand; die Thiere scheinen unruhig; das Pferd wiehert und öffnet seine Nüstern um leichter athmen zu können; der Vogel sucht Schutz unter dem Dache des Landmanns; dieser schließt seine Scheuern, ungewiß was ihm bevorsteht. Die Nacht, schon an sich schrecklich, wird es noch mehr durch die schauervolle Stille, die Tochter der Furcht; die Kinder fliehen, gleichsam aus Instinct, in die Armen ihrer zagenden Mütter, die Priester umfassen die Hörner ihrer Altäre, und bemühen sich vergeblich, die bleiche Flamme anzufachen; selbst der Adler wagt es nicht, sein Nest zu verlassen. Endlich, nach einem langen dumpfen Geräusche schien die Insel sich plötzlich von dem Meeresgrund losgerissen zu haben, und gleich einem leichten Fahrzeuge auf den empörten Wellen des Aegäischen Meeres herumgetrieben zu werden. Drey Erschütterungen wurden verspürt, die jedoch keinen großen Schaden anrichteten, nur die Taue einiger Schiffe zerrissen, und die Galeeren wurden dreymal gegen einander geschleudert. In der Stadt wurden diejenigen Häuser, welche über ihre Nachbarn hervorragten, beschädigt, gleichsam um den Ehrsüchtigen die Gleichheit einzuschärfen. Der heitere Morgen des dritten Tages beruhigte die Einwohner wieder ein wenig. Der große Haufen eilte mit seinen Gaben in die Tempel: fast immer sind die Priester diejenigen, welche von allgemeinen Landplagen Vortheil ziehen. Hierauf kam man zu mir, und brachte mir Kränze dar. Von diesem Zeitpunkte an war meine Person geheiligt; und der Ruf, der immer das Außerordentliche liebt, legte mir die ehrenvollsten Zunamen bey. Ihr seht, daß es nicht schwer ist, für einen großen Mann zu gelten.

Ein andermal saß ich am Hafen, und legte ägyptischen Kaufleuten verschiedene Fragen über das Alter und die Bestimmung der Pyramiden vor; eben war ein Schiff im Begriff, mit vollen Segeln einzulaufen: eine plötzliche Erkältung der Luft verursachte mir einen leichten Schauer; ich blicke um mich und in die Ferne, und da ich ein scharfes Gesicht habe, so bemerke ich am Ende des Hafens eine Luftsäule; sie läßt sich auf die Wogen nieder, drückt mit Gewalt auf sie, um sich einen Weg durch sie zu bahnen und nöthigt sie, sich mit Heftigkeit gegen die Klippen zu brechen. „Ach! rief ich aus, das Schiff muß untergehen." Man sieht mich an, wendet seine Augen von mir auf das Schiff, und bald sieht man es wirklich einige Augenblicke mit den Wellen kämpfen, dann an der, nahe bey unserm Hafen befindlichen Felsenkette scheitern und unter den Wellen verschwinden. Bey diesem Anblicke erhebt man die Hände gen Himmel, und zum zweytenmale erklärt man mich laut für einen Wahrsager, für einen Freund und Vertrauten der Götter. Was für glänzende Hoffnungen hätte ein Ehrgeitziger an meiner Stelle hieraus schöpfen können! denn was läßt sich nicht aus leichtgläubigen Menschen machen, wenn Erstaunen und Bewunderung sie gefesselt halten?

Diese beyden Ereignisse machten ein so großes Aufsehen, als ich nur immer hätte wünschen können, wenn ich meine Mitbürger zu meinem Vortheile hätte hintergehen wollen, sie kamen mir sogar selbst entgegen. Die unbedeutendsten Worte, die mir entfielen, waren ihnen so heilig, als ein Orakelspruch; der Zufall durfte ihnen nur ein wenig zu Hülfe kommen, so that das Vorurtheil das übrige.

Eine Neuerung, zu der man sich früh oder spät entschließen mußte, vollendete meinen Ruf eines außerordentlichen Mannes. Bis jetzt haben sich die Schriftsteller allgemein der gebundenen Schreibart bedient, man nennte sie, und nennt sie noch jetzt, die geheiligte Sprache, die Sprache der Götter, weil man sich ihrer in der That anfangs, und während einer langen Zeit, blos zu Hymnen bediente.

Urspünglich diente der Ausdruck der Leidenschaften statt des Rythmus; in der Folge wollte man die

Vernunft und die Wahrheit verschönern. Vernunft und Wahrheit befanden sich nicht so wohl dabey, und verwarfen einen eiteln Schmuck, dessen sie nicht bedürfen.

Der reine Jonische Dialect, wie wir ihn in Syros sprechen, ist weit geschickter für denjenigen, der sich blos verständlich machen will, als aller Prunk der Dichtkunst, den diejenigen nöthig haben, die es darauf anlegen, zu rühren und zu hintergehen. Die Priester mögen sich des Hülfsmittels bedienen, ihre Reden künstlich abzumessen; da ihnen blos darum zu thun ist, dem Ohre zu schmeicheln und das Herz hinzureißen, so ist ihr Endzweck dadurch erreicht.

Ich hatte den Muth der Erste zu seyn, der so schrieb wie man spricht, ohne die Worte abzumessen, deren ich mich in meinen Abhandlungen und Reden bediente; ich begnügte mich damit, meine Ausdrücke nach dem Gewicht der Wahrheit abzuwägen, und ihnen diejenige Würde zu geben, die alles, was ein Mensch dem andern sagt, bezeichnen sollte. Ich erndtete bald die Früchte davon ein, das Zutrauen in meine Rathschläge, und in den Unterricht, den ich ertheilte, verdoppelte sich. Dieß wird den großen Vortheil bewirken, daß die nützlichen Kenntnisse für jedermann zugänglich werden, man wird weniger Zeit verlieren sie zu lehren, und der Unterricht wird mit weniger Marktschreyerey verbunden seyn. Ich hoffe, daß ich Nachahmer finden werde. [1]

(1) Für den Inhalt dieses und der folgenden Paragraphen leisten Gewähr: Mem. de l'Acad. de Berlin 1747. in 4to. Herych. Suidas

§. XV.

Grundsätze des Pherecydes. Theorie der Natur.

Jedes Wort des Pherecydes grub sich in meine Seele ein, und ließ einen unauslöschlichen Eindruck zurück. Was mir besonders jeden seiner Sätze einleuchtend machte, war jene Unbefangenheit in den Ausdrücken, die einen Mann anzeigte, der blos seine eignen Ideen vorträgt, und nicht das Echo eines andern ist. Alles, bis auf seine Irrthümer, machte seine Unterhaltung anziehend. Verschiedene seiner Zöglinge führten, mit einer Art von Begeisterung, seine Abhandlung über die Natur und die Götter, an. Schon durch die Ueberschrift schien mir ein großer Schritt gethan zu seyn. Ich bat den Hermodamas, ihn um die Mittheilung und Erklärung derselben zu ersuchen; denn man hält dieses Werk für sehr abstract.

Pherecydes. Wenn ich immer nur solche Zuhörer wie der Pythagoras gehabt hätte, so würde ich mich deutlicher haben erklären können. Du bist noch nicht durch den Unterricht der Priester verschraubt. Deine junge Seele gleicht einer unbeschriebenen Tafel. Bey dir befinde ich mich nicht in dem Falle eines Baumeisters, der einen neuen Tempel, auf die Stelle eines noch stehenden alten, zu bauen hat, und erst damit den Anfang machen muß, diesen abzutragen. Die Diener der Lügen haben den Freunden der Wahrheit doppelte Arbeit gemacht. Bey allen Völkern ist

Theopom. beym Diog. Laërt. Cicero de divin. 1. Euseb. Praepar. evang. IX. 3. 1. 1. Oettel. obs. ad psycholog. Pythag. Argentorati 1772. in 4to. pag. 16. et 17.

der Irrthum voraus gegangen, und hat sich im Besitz gesetzt; lange Zeit hat die Vernunft ohne Zufluchtsort um Aufnahme gefleht. Man wirft mir vor, ich sey dunkel; so mag man mir es denn auch zum Verbrechen machen, daß ich meine Lampe unter meinen Mantel nehme, wenn der Wind zu stark geht. Ich verhülle das Licht auf einen Augenblick, um es zu erhalten. Es war freylich leichter Götter zu schaffen, als die Natur zu erklären. Es bedarf weder Nachdenkens, noch Beobachtungen, noch Versuche, um zu versichern, daß der Herr des Himmels und der Erde, der Götter und Menschen, das Weltall an einer langen Kette hält, die er nach Willkühr in Bewegung setzt, daß es ihm einst in den Sinn kam, eine menschenförmige Erdmasse anzuhauchen, woraus sogleich ein organisirter Mensch entstand. Es braucht keiner großen Geistesanstrengungen, um in den Mittelpunct der Erde oder, wo anders hin, einen Ort der Qual zu setzen, und um diejenigen hinein zu stürzen, die nicht an diese Theogonie glauben können oder wollen. Jeden Baum zum Sitz einer Gottheit machen, die dem Wachsthum desselben vorsieht, heißt nicht den Mechanismus der Vegetation erklären, es heißt eine Schwierigkeit auflösen, indem man die Knoten zerhaut. Die Menschen fangen, wie sich dieß nicht anders erwarten läßt, bey den leichtesten an. Voll Neugier und Ungeduld wünschen sie sehr, sich alle Erscheinungen, wovon sie Zeugen sind, und bey denen sie österſ eine Rolle spielen, erklären zu können; aber die ersten Bemühungen den Schleyer der Natur aufzuheben, sind abschreckend, und daher haben sich schlaue Betrüger unterstanden, dem Volke nur mit andern Worten zu sagen: „Das Leben ist kurz, und die Untersuchung der Natur ist ein langes und beschwerliches Geschäfft. Laß du dich lieber auf dem Schooße der Leichtgläubigkeit wiegen; wir wollen jene Arbeit für dich übernehmen.“

Man fand, daß dieß in der That das bequemste sey. Das Volk ließ sich einschläfern, die Schurken benutzten dieß, und beym Erwachen sahe es sich gefesselt, aber mit goldenen Banden und Blumenketten. Die Fabellehre mit allen ihren Wundern, verblendete die Augen und gefiel der Einbildungskraft. Die kaum eröffnete Schule der Wahrheit war verlassen. Das Volk gieng in die Tempel. Die leckeren Priester erfanden die Schlachtopfer, und ließen die Altäre mit den vorzüglichsten Producten bedecken, um mit dem Abhub derselben ihre Tafeln zu besetzen.

So stehen jetzt die Sachen. Wie hat ein Freund der Vernunft, ein Liebhaber der Wahrheit es anzufangen, um seine Mitmenschen zum Dienste dieser beyden Gottheiten zurück zu führen? Soll er in heiligem Eifer, die Binde, welche die Augen des Volks bedeckt, herabreissen? Soll er die Priester der Lügen unter den Trümmern der Bildsäulen ihrer Götter begraben? Soll er den Obrigkeiten zurufen: „Ihr seyd niedrige Gehülfen des Priesterbetrugs, weil ihr ihn unter den Schutz der Gesetze und der öffentlichen Gewalt nehmt. Diese heftigen Mittel würden nicht überall glücken. Wenn eine gute Mutter ein krankes Kind hat, das den Vorschriften des Dieners des Aesculaps nicht folgleisten will, was thut sie? Sie bestreicht den Rand des Gefäßes, das den heilsamen aber widrigen Trank enthält, mit Honig. Die Lippen des Kindes öffnen sich, gereizt durch die Süßigkeit, und es leert mit einem Zuge den bittern Kelch. In seinem ersten Verdrusse zerbricht es ihn in tausend Stücken; aber bald fühlt es sich erleichtert; und dankt seiner Mutter unter Küssen, für den unschuldigen Betrug, der es gerettet hat. Dieß ist auch der Fall mit dem Volke; und warum sollte, die Wahrheit gegen die Lüge anfangs nicht mit den nämlichen Waffen kämpfen, deren sich diese bedient hat, um sie aus der Herrschaft des Verstandes zu vertreiben? Was Thales und andere gethan haben, wiederhole ich hier mit Erfolg, dieß ist die Ursache, warum meine philosophischen Werke das Ansehen mythologischer Abhandlungen haben. Ich habe es jedoch gewagt, ein Stück von der Maske abzureissen, indem ich eine meiner Schriften: Ueber die Natur und die Götter, betitelte. Dadurch, daß diese beyden Gegenstände, die von einander, wie der Himmel von der Hölle verschieden sind, meinem Werke vorgesetzt und auf eine und dieselbe Zeile zusammen gestellt habe, gewinne ich alle Partheyen.

In einem andern Werke, das aus zehen Büchern bestehen soll, theile ich die Abkunft und die Geschlechtsfolge der Götter mit. Der Oberpriester selbst kann über diesen Gegenstand nie so gelehrt gesprochen haben; doch man verstehe mich recht; diese Namen der Götter sind bloße Wörter, die dazu dienen, Dinge, die für den großen Haufen, ohne diese Einhüllung allzuschwer zu verdauen seyn möchten, darunter zu verstecken: Es ist eine Art Aegyptischer Hieroglyphen, die mir füglich den Vorwurf eines dunkeln, räthselhaften Vortrags zugezogen

haben.

haben. Doch, was kümmert dieß mich? Das, was ich von der Wahrheit habe entdecken können, befindet sich darinnen; geübten Augen ist es vorbehalten, die Bänder von der Mumie abzuwickeln, der Körper ist inwendig.

Ich nenne dieses Werk: Theokratie, als wollte ich sagen: Geschichte der, der Liebe untergeordneten, Götter; weil die Erzeugung aller Dinge, aus denen die Natur bestehet, darinnen erklärt wird; und man darf mir nichts darüber sagen. Auf diese Art verschließe ich den Fanatikern den Mund. Ich habe ihm noch diesen andern, wie ich gern zugebe, seltsamen und sinnlosen Titel: Heptamychus (¹) gegeben; indessen, um so auffallender ist er, und dieß ist es eben, was ich wollte, um einem Buche Leser zu verschaffen, das sich mit diesen Worten anfängt: Jupiter, und die Zeit, und die Erde waren vorhanden. — — — Selbst die Augurn, die gewöhnlich mehr Unverschämtheit als Wissenschaft besitzen, ließen sich am ersten fangen, und gaben zu, daß man mir, wegen dieser Schrift, den Namen: Theologe, feyerlich beylegte. Ich mußte innerlich lächeln, daß man meine Gesinnungen so mißverstand, und gerade in einem beynahe ganz physischen Werke, wo ich gleich in der ersten Zeile, den ersten der Götter mit einem abstracten Begriff (Jupiter und die Zeit) verbinde, und der Erde ein gleiches Alter mit demjenigen zuschreibe, den man zu ihrem Urheber macht.

1) Ἑπτάμυχος, folglich nicht Heptamycus, wie unser Verfasser schreibt.
Anm. d. Uebers.

I

In meiner ersten Abhandlung über die Natur und die Götter, hatte ich den Volksglauben in Widerspruch mit sich selbst gesetzt, und er hatte es kaum bemerkt. Grade indem ich die Götter nach der Reihe herzähle, erkläre ich mich ganz deutlich für denjenigen Theil von dem Lehrgebäude des Milesier Thales, in welchem er das Wasser für das Grundwesen aller Dinge annimmt; und folglich lasse ich es zu gleicher Zeit mit jenem Jupiter vorhanden seyn, den man doch als den ersten Erzeuger aller Dinge ausgiebt. Zugleich gebe ich zu verstehen, daß dieser höchste Gott, dessen Thron über den Wolken ist, wohl gar die Luft selbst seyn könne, wie dieß schon ehedem ein altes Volk geglaubt hat. Und auf diese Art, erhelle ich, nach und nach, und unvermerkt, die Augen des Volks, die so lange verschlossen gewesen sind, und die man mit Vorsicht öffnen muß, wenn man sie nicht völlig blind machen will.

Durch das Wasser bezeichne ich noch überdieß das Chaos, aus dem die Dichter einen Gott machen. Denn woraus hätte man nicht Götter gemacht?

So bringe ich denn Erde, Luft und Wasser, Chaos und Zeit, unter den geheiligten Namen Jupiters, Saturns und anderer Götter, auf die Bühne. Die Priester hatten ihre Theologie mit Lappen aus der Naturkunde behängt. Ich bediene mich jetzt gegen sie des Rechts der Wiedervergeltung, und, um die Menschen zur Verehrung der Natur zu bringen, hülle ich diese auf kurze Zeit in die Kleidung der Götter.

Ich wiederhole die gleiche List, die meinen Landsleuten, den Einwohnern von Syros so wohl gelungen ist. Ihr Hafen, welcher von Seeräubern, die sich hinter die, am Eingang befindlichen Felsen verbargen, beunruhigt wurde, lief Gefahr, von den fremden Kaufleuten, die überall, wo sie hinkommen, auf Ruhe und Sicherheit Anspruch machen, gänzlich verlassen zu werden. Wir hatten diesen Korsaren verschiedene kleine Fahrzeuge weggenommen, und kamen auf den Einfall, unsern Matrosen die Kleidung der Mannschaft anziehen, und sie auf gleiche Art, wie die Seeräuber manövriren zu lassen. Diese wurden dadurch hintergangen, eine kleine herbeyeilende Flotte überfiel sie, und unsere Küsten werden wieder, wie ehedem, besucht.

Ich betrat das Feld der Mythologie, und that mich auf demselben so hervor, daß ich die Neugier reizte, und Aufmerksamkeit erregte. Ich bestimmte meine beyden Grundwesen: Die Luft, oder Jupiter, wurde das active, Tellus, oder die Erde, das passive Wesen. Die Zeit behält den Namen Saturn. Nun erschaffe aber auch ich Götter. Eine gewisse Gottheit oder Schutzgöttin des Guten ist, völlig bewaffnet, unter dem Namen Chtonia, aus meinem Gehirne entsprungen, so wie ein Unheil stiftender Gott, oder ein Genius des Bösen, unter dem Namen Ophioneus; diesem letzten gebe ich ein zahlreiches Gefolg von Ophioniten. Hierauf stelle ich meine beyden Heere einander gegenüber, und lasse sie handgemein werden. Die Anführer fordern einander heraus, und versuchen Vergleichsvorschläge. Endlich beginnt die Schlacht. Chtonia gewinnt sie und stürzt den Ophioneus und sein Gefolg in den Ogenus: diesen Namen gebe ich dem Schattenreiche (¹). Alles dieß ist nichts Neues, werdet ihr mir sagen, und das gebe ich zu. Es ist eine Wiederholung des Kampfes der Giganten, aber die Worte sind verändert, und dieß ist genug, um das Volk zu veranlassen, eine andere Parthey zu ergreifen, und sich auf die Seite der Wahrheit zu schlagen. Wahr ist's, ich führe es durch den Pfad der Lügen; allein die Dichtung ist das Gerüste am Tempel der Vernunft; wenn das Gebäude vollendet seyn wird, dann reissen wir das Gerüste nieder, oder lassen es vor Alter zusammenstürzen. Wenn mein System der beyden Grundwesen einmal allgemein angenommen seyn wird, dann will ich es weiter auseinandersetzen, wobey ich alle Trockenheit zu vermeiden suchen werde, sollte ich auch Gefahr laufen dunkel zu werden. Der große Haufe verlangt Bilder: nur durch die Augen kann man ihn gewinnen, und dieß wissen die Priester sehr wohl. Endlich werde ich zu den Resultaten kommen: ich werde meine Zuhörer auf den Schluß leiten, daß die Natur aus entgegengesetzten Elementen besteht; daß die Uebereinstimmung der Theile, aus dem gleichen Kampfe dieser, einander entgegenstehenden Urkräfte entspringt; daß alles nach dem Gleichgewichte, nach dem Ruhepuncte strebt, indem es unter sich zu kämpfen scheint; und endlich, daß die Tugend und die Glückseligkeit auf der graden Linie befindlich sind, welche die Gränzen der einander entgegengesetzten Leidenschaften bestimmt. Ich werde ihnen sagen,

(1) Unser Verfasser scheint die Theogonie des Pherecydes nicht ganz richtig gefaßt zu haben. Denn Chtonia war eigentlich in seiner Allegorie die Erde, und nicht mit dieser, sondern mit dem Kronos, (dem Saturn, oder der Zeit) kämpfte Ophioneus. Siehe Sturzii. Pherecyd. Fragm. pag. 42. §. 8. seqq.

Anm. d. Uebers.

daß die Wahrheit, Licht, und die Lüge, Finsterniß ist. Ich werde die Guten auffordern, sich, nach dem Beyspiele des guten Princips, das ohne Unterlaß gegen das böse kämpft, und immer Sieger bleibt, gegen die Bösen zu verbinden. Ich werde ihnen empfehlen, immer der Fackel der Natur zu folgen; und sie darauf aufmerksam machen, daß der böse Genius siegen werde, wenn sie sich von ihm in die Finsterniß der Unwissenheit und des Irthums führen lassen.

Nun habe ich mich noch bemüht, ein erhabenes und zugleich einfaches Sinnbild zu finden, durch welches ich dem großen Haufen einen sinnlichen Begriff von der Natur geben, und sie ihm gleichsam mit Händen greifen lassen könnte; ohne jedoch mit den Priestern zusammen zu treffen: denn es ist nicht rathsam, mit ihnen einen Weg zu betreten. Ich fiel darauf, eine schöne Eiche zu wählen, deren Gipfel die Sonne, und die Wurzeln das Innerste der Erde berühren: zwey Flügel bewegen die Luft um ihn her, und ein großer Mantel oder Schleyer umfaßt den Baum und seine ausgebreiteten Flügel.

Die Lebensdauer der Natur, ihre Stärke, ihre Schönheit, ihre Unbeweglichkeit, scheinen mir durch die Eiche, den schönsten, den ausdauernsten, den nützlichsten aller Gewächse, vollkommen ausgedrückt zu seyn. Die schlagenden Flügel bezeichnen die Seele des Weltalls, die Bewegung. Der ausgebreitete Mantel oder Schleyer endlich, der alles umfaßt, ist ein Sinnbild der Unermeßlichkeit der Natur, die selbst das All ist, und außer welcher nichts existirt.

Ich zweifle nicht, daß ungeschickte Erklärer, wortreiche Scholiasten, dereinst diese Allegorie entstellen werden, indem sie jeder auf seine Art erklären will; aber ich will sie so verstanden wissen, wie ich sie jetzt ganz offen erklärt habe.

Eine andere Idee, die noch mehr Aufsehen erregt, und die man auf den ersten Blättern meiner Theokratie findet, ist diese: „Jupiter wurde in die Liebe verwandelt, als er die Welt schuf.“

Und einige Zeilen tiefer:

„Der erste Erzeuger muß der beste seyn.“

Anfangs verstand man mich nicht. Man glaubte, ich nähme etwas außerhalb der Natur, eine durch sich selbst existirende, und auf das Chaos wirkende Ursache an; auf diese Art fand man mich im Widerspruche mit meinen eigenen Grundsätzen. Man sahe nicht ein, oder wollte nicht einsehen, daß ich die Absicht hatte, mit wenigen Worten jene Uebereinstimmung zu bezeichnen, die alle Wesen mit einander verbindet, jedem seine Stelle anweiset, und es auf derselben erhält. Ja, sagte ich mit Wärme; ja! alles ist Liebe im Weltall. Vom ersten Gestirn bis zum geringsten Sonnenstäubchen liebt alles. Die Beherrscherin der Nacht folgt ohne Unterlaß dem Könige des Tages. Der Vater des Lichts liebt und befruchtet die Erde; diese allgemeine Mutter umarmt in ihrem Schooße das nasse Element; und die Luft ist der Geliebte der Flamme, diese stirbt, sobald sie ihn entbehren muß. Alles liebt: alles ist Liebe. Laßt ein einziges Wesen aufhören zu lieben, und die Kette, die das Ganze verbindet, ist zerrissen.

Was wäre die Natur ohne die Liebe? Sie ist's, die, durch einen unerklärbaren Zauber, alle Theile des Ganzen in Einklang bringt.

Der Mensch liebt in allen Zeitpuncten seines Lebens: kaum hat er seiner Mutter Schoß verlassen, so liebkoßt er ihren Busen. Die väterliche Liebe wacht an seiner Wiege; einst wird der letzte Kuß der Kindesliebe ihn in die Gruft begleiten. Aber der Mensch, dieser König der Erde, ist verbunden allen übrigen Wesen mit erhabenen Beyspielen vorzugehen, er muß vollkommner lieben als sie; er darf nicht dem Tyrannen der Wälder gleichen, der in seiner Höhle nach der Gefährtin brüllt, die der Zufall ihm zuführte. Die Liebe ist ein reines Gefühl, das alle andere beherrscht; aber es wendet sein Uebergewicht nur dazu an, diese zu sich empor zu heben, und ihnen jene Wärme, jenes Leben, jene Schnellkraft mitzutheilen, die ihm außerdem öfters abgeht. In diesem Sinne habe ich den wichtigen Grundsatz festgestellt: Der erste Erzeuger, d. i. die Liebe, muß der beste seyn.

Pherecydes hielt innen; ich benutzte diesen Augenblick und sagte zu Hermodamas mit halb lauter Stimme, indem ich ihm die Hand drückte: O mein Vater, wie liebe ich die Grundsätze deines Freundes! sein System ist ganz nach meinem Sinne.

Pherecydes. Unter den beyden vornehmsten Classen von Marktschreyern, den Aerzten und Auguren haben mir letztere am begehrlichsten und eigennützigsten geschienen. Von den Dienern des Aesculaps befreyt euch wenigstens der Tod; die Diener des Altars verfolgen euch jenseits des Grabes, und setzen euch selbst in der Gruft noch in Unkosten. Um hierzu Ursache und Veranlassung zu finden, haben sie ein anderes Leben in einem dunkeln Aufenthalte erfunden: der Grund dieser Idee ist wahr, allein es ist ein gutes, von Schmarotzerpflanzen ersticktes, Saamenkorn, man muß scharfe Augen und vielen Muth haben, um die Wahrheit unter allen diesen religiösen Schleyern heraus zufinden. Um ihren Zweck zu erreichen, haben sie sich genöthigt gesehen, den Menschen zu theilen, zwey Arten von Materie, eine einfache und eine zusammengesetzte in ihm zu unterscheiden; diese, haben sie: Körper, jene Seele genannt. Ohne diese feine Distinction, hätte man ihnen, beym Anblicke eines Leichnams auf dem Scheiterhaufen, sagen können: Diese leblose Masse kann sich nicht zugleich auf der Erde und im Elysium, oder in dem Tartarus befinden. Jenem Lehrsatze gemäß, antworten sie auch jetzt; der Körper ist hier oben, die Seele hier unten. Opfert den Manen: sucht Charon und Cerberus zu gewinnen.

Um diesen neuen Keim von Irrthum und Unsinn zu zerstören, der nur allzuoft Veranlassungen zu Menschenopfern wird, (denn man schlachtet auf dem Grabe eines Monarchen oder eines Eroberers die Sclaven oder Gefangenen, die er gemacht hat,) schlug ich folgenden Weg ein. Ich sagte zu meinen Zöglingen: Die Priester haben Recht, der Mensch stirbt nicht völlig; der Leichnam, den man verbrennt, oder beerdigt, ist nicht der ganze Mensch, der bessere Theil seiner selbst überlebt den Körper: seine Seele geht in die Seele seines hinterlassenen Freundes über; sein Herz in das Herz seiner Wittwe und seiner verwaisten Kinder, die ihn beweinen. Sein Geist lebt in seinen Lehrsätzen, die er seinen Zöglingen eingeprägt hat, und der lebendige Hauch, der in allen seinen Gliedern sich regte, und alle Springfedern der zerbrechlichen menschlichen Maschine in Bewegung setzte, kehrt in dem Augenblicke, da diese Federn abgenutzt oder zersprungen sind, zur großen Weltseele zurück, wovon er ein Theil, ein Ausfluß, ist. Die Seele des Menschen eilt zu ihrer ersten Quelle empor, um sogleich wieder in andere, nur erst organisirte, Körper, es sey nun in der Luft, im Grunde des Meeres, oder in dem Innern der Erde, zu wandern: denn alle Wesen sind in den mütterlichen Augen der Natur vollkommen gleich. Die Priester haben also Recht, ich wiederhohle es; ja! die Seele ist unsterblich, aber nicht, wie sie es verstehen, nicht, um an den Ufern des Kocytus einige tausend Jahre herum zu irren, wenn man nicht hier oben Sorgen trägt, die Altäre mit blutigen Opfern zu bedecken.

Diejenigen, welche davon leben, entsetzten sich nicht so wohl über diese neuen Grundsätze, als über die daraus gezogenen Folgerungen: schlachtet also keine Hekatomben mehr, die nur dazu dienen, die Opferpriester zu mästen. Ahmet mich nach: ich habe noch keinen, weder einheimischem noch fremdem Gotte geopfert, denn, weder sie, noch meine Verwandten, noch meine verstorbenen Freunde, noch ich, bedürfen der Opfer. Die Götter können sie, so gut wie ihre Bildsäulen, entbehren; denn entweder bekümmern sie sich um die menschlichen Handlungen, oder nicht: im ersten Falle ist ihre Gerechtigkeit unbestechlich, und ihre Weisheit muß mich beruhigen; im zweyten rechfertigt ihre Sorglosigkeit meine nachlässige Verehrung. Mein abgeschiedenen Freunde oder Verwandten brauchen meine Opfer gar nicht: sie sind nicht gestorben, sie sind nur abwesend. Sie verfolgen den Lauf ihrer Bestimmung, den weder Bitte noch reiche Geschenke abzuändern vermögen.

Was mich betrifft, so befinde ich mich deswegen nicht schlimmer: meine Gesundheit ist nicht schlechter. Die Luft, die man in den Tempeln einathmet, muß doch zum Daseyn des Menschen nicht unumgänglich nothwendig seyn. Ich führe ein sehr ruhiges Leben: der Faden meiner Tage würde sich wahrscheinlich unter den Händen eines Priesters nicht verlängern. — — — Uebrigens wünsche ich mir kein langes, sondern ein heiteres Leben. Die Zeit, die ich kniend auf den Stufen der Tempel verlichren würde, weihe ich dem Studium der Natur; dieß ist so gut, als wenn ich zu den Göttern betete: wenn die Natur alles umfaßt, so sind auch die Götter und Menschen mit inbegriffen. Ich bin also beständig in Gegenwart der Gottheit, wenn ich mich in Gegenwart der Natur befinde.

Es konnte nicht fehlen, daß diese Lehre, die sich auf der ganzen Insel Syros ausbreitet, auch zur Kenntniß der Priester kam; bis jetzt haben sie es jedoch noch nicht gewagt, etwas dagegen zu erinnern. Saturn, der in seiner Hand die Vergangenheit, die

Gegenwart und die Zukunft hält, wird allein wissen, was mir von ihnen bevorsteht. Ich erwarte sie mit ruhigem Gewissen.

So stellte Pherecydes, der für seinen Freund Hermodamas keine Geheimnisse hatte, sich uns beyden ganz offen dar, und befestigte vollends meinen Hang zum Studium der Weisheit. Ich bin entschlossen! sagte ich zu meinem neuen Lehrer; die Natur erklärt sich über meine Bestimmung, durch den Mund des guten Genius von Syros, denn diesen Namen verdient Pherecydes. O mein zweyter Vater, jeder Tag vergrößert meine Dankbarkeit gegen dich, ich habe dir mehr als das Leben zu danken, du verschaffst mir das, was es schätzbar und ehrenvoll macht, das Beyspiel aller Tugenden und die Kenntniß aller Wahrheiten. O wie freue ich mich, zwischen dir und Pherecydes innen zu stehen, meine Jugend bedurfte, gleich einem schwachen Bäumchen, dieser doppelten lebendigen Einfassung, um ihr zur Schutzwehr gegen die Leidenschaften zu dienen.

§. XVI.

Privatleben der alten Griechen.

Ich benutzte den Unterricht des Pherecydes fleißig; Hermodamas wohnte selbst den Lehrstunden seines, um vieles jüngern, Freundes bey. Eines Tages, am Schlusse einer gelehrten, aber sehr abstracten Erläuterung desjenigen, was man unter ersten Ursachen zu verstehen habe, zog uns Pherecydes, nachdem er seine Zuhörer auf den dritten Tag wieder beschieden hatte, bey Seite und sagte zu uns, indem er mit uns zur Stadt hinaus gieng: Meine Freunde! wie wenig verstehen sich die Menschen auf die Würderung ihres Gleichen! Du hast es gesehen, Pythagoras! die Einwohner von Syros, so wie die Fremden, haben eine Art von Ehrfurcht für mich, weil ich ein wenig mehr Kenntniß von dunkeln Gegenständen, als sie besitze. Weil ich, nach Berechnungen, die man mir von fern her gemacht hatte, meinen Landsleuten eine, auf dieser Insel sichtbare Finsterniß vorhersagte, so hält man mich für den größten Mann des Archipelagus. Ich habe mich wegen einiger speculativen Grundsätze, welche Menschen, die wenig im Nachdenken geübt sind, nothwendig auffallen müssen, den achten Weisen nennen hören. Syros besitzt außerhalb seinen Mauern vor seinen Thoren, einen wahren Weisen, den es kaum seiner Aufmerksamkeit würdigt. In diesem vor uns liegenden Thale, wohin wir unsern Weg nehmen, wohnt ein Mensch im eigentlichsten Sinn des Worts; alle meine Mitbürger kennen ihn, und erzeigen ihm nichts als eine kalte Achtung, die sehr nahe an Gleichgültigkeit gränzt. Wahr ist's, er sucht sie nicht auf, und giebt sich wenig Mühe, ihnen zu gefallen, oder in Erstaunen zu setzen. Er thut kein Wunder vor ihren Augen. Er geht seinen Weg, ohne denen die ihm auf demselben begegnen, zuzurufen: „laßt euch von mir unterrichten, kommt zu mir.“ Nie hat man gesehen, daß er sich im Hafen der Ersten die aus einem Schiffe stiegen, bemächtigt, und sich nach den Gegenden, die sie verlassen hatten, oder die sie besuchen wollten, erkundigt hätte. Dieser practische Weise hat die Gränzen seines väterlichen Erbes noch nicht überschritten, und wird sein Daseyn, da wo er es erhalten hat, beschließen. Vielleicht überlebt dieser, in wenig Tagen achtzigjährige Greis, seinen Sohn. Dieß Phänomen ist unserer Aufmerksamkeit würdiger, als alle übrige Gegenstände unserer Untersuchungen und Nachforschungen. Dieser Mensch, der auf dieser Insel einen so schönen Namen allein verdient, ist mein Vater; und zu diesem will ich dich jetzt führen, Pythagoras: Hermodamas kennt ihn, und hat dir durch sein Stillschweigen das Vergnügen der Ueberraschung lassen wollen.

Hermodamas. Ja mein Sohn! Babys, der Vater des Pherecydes, ist ein lebendiger Unterricht, den wir dir bis jetzt vorbehalten haben; bey ihm kannst du dir einen Begriff von den ursprünglichen Sitten unserer Vorfahren machen.

Meine Ungeduld ließ mich meine Schritte verdoppeln. Wir kamen an einen Graben, in welchem ein sehr helles Wasser floß, und der die kleine Besitzung, die mir beym ersten Anblick mit vieler Sorgfalt angebaut zu seyn schien, umgab. Eine Brücke, die aus drey über den Graben gelegten Bäumen bestand, diente uns zum Eingang. Sie war mit Thon überzogen und mit Rasen bedeckt. Zwey hohe Pappeln zeigten uns den Weg, und dienten zugleich einem aus Weiden geflochtenen Gatter zum Wiederhalt: dieser Bezirk enthielt nicht mehr Land, als ein paar Ochsen in drey Tagen umackern können. Am entgegengesetzten Ende bemerkte ich einen Greis, der nur mit einer weißen Tunica leicht bekleidet war, die ihm nicht weiter, als bis an die Knie reichte. Ein blauer

Gürtel umgab seine Lenden.' Einen Mantel von gleicher Farbe hatte er abgelegt. Mit Hülfe eines jungen starken Menschen, zog er eine tiefe und grade Furche mit dem Pfluge, die er erst nach ihrer ganzen Länge vollenden wollte, ehe er mit uns zu reden anfieng. Wir folgten ihn bis zur andern Seite, wo er innen hielt und zu uns sagte: guten Tag mein Sohn, willkommen sey mir unser lieber Hermodamas und der junge Fremde, der ihn begleitet. Die Göttin der Gesundheit scheint meinen Wünschen zuvorgekommen zu seyn; wendet alles an, um euch in ihrer Gunst zu erhalten. Unter allen Gottheiten ist sie diejenige, welcher ich am eifrigsten diene: ich habe die übrigen sogar ein wenig vernachläßigt, um ihr alle meine Dienste zu weihen. Sie ist's, die mir die Last meiner von neun und siebenzig Wintern gebleichten Haare tragen hilft. Aber meine Freundin, die Sonne, welcher ich nach der Gesundheit am meisten huldige, verfolgt ihren Lauf während unserer Unterhaltung, und verliert keinen Augenblick. Erlaubt, daß ich sie nachahme. Indem wir mit einander sprechen, kann zugleich dieses Stück Land vollends geackert werden."

Nachdem er sich wegen einiger häuslichen Angelegenheiten mit Hermodamas und Pherecydes besprochen hatte, wendete sich Babys gegen mich und sagte: „Junger Mensch! vermuthlich bist du auf diese Insel gekommen, um dem gelehrten Unterrichte meines Sohnes beyzuwohnen? Er ist das Orakel unserer Gegend; täglich zieht man ihn zu Rathe, um zu erfahren, was sich über den Sternen und im Innersten der Erde zuträgt; ich für meinen Theil bleibe auf ihrer Oberfläche. Da ich frühzeitig mir selbst überlassen war, so legte ich mir gleich anfangs folgende Frage vor: Ich bin auf diesem Meyerhofe, unter diesem Ziegeldache gebohren. Ich existire; aber wie, davon weiß ich weniger als nichts; — warum? wahrscheinlich um auf meine Weise zu leben, wie der Vogel in der Luft nach der seinigen, und wie eine unzählige Menge anderer Wesen, die zugleich mit mir Theil an dem Tageslichte nehmen. Diese Vögel bauen sich Nester, suchen sich Nahrung, pflanzen sich fort, fliegen ab und zu und verschwinden endlich, um andern Platz zu machen. Ihnen gleicht wahrscheinlich auch das Daseyn des Menschen. Die Schnecke, die meine Früchte noch vor mir kostet, ist, mit Ausnahme eines einzigen Zeitpuncts ihres Lebens, sich selbst genug. Herr in ihrem Hause, das sie nach ihren Bedürfnissen vergrößert, das sie hinträgt wohin sie will, und verschließt, wenn es ihr beliebt, bietet uns auch die Schnecke ein gutes Beyspiel zur Nachahmung dar. Dieser Oelbaum zieht, ohne seine Stelle zu verändern, durch seine Wurzeln und Blätter die Feuchtigkeit der Erde, und den Thau des Himmels an sich, die zu seinem Wachsthume nothwendig sind. Warum sollte ich diesen Bezirk, in welchem ich mich wohl befinde, verlassen, in der Hoffnung, mich anderwärts noch besser zu befinden? Ich will hier bleiben: dieser, seit langer Zeit vernachläßigte Meyerhof, bedarf vieler Wirthschaftsgeräthe, aber mit ein wenig Fleiße von meiner Seite, kann er ganz allein mir meinen Unterhalt verschaffen, und ich ebenfalls allein, ihn bewirthschaften.

Ich blieb bey dem ganz natürlichen Grundsatze stehen, dem ich nie untreu geworden bin, daß die wahre Unabhängigkeit darinnen besteht, jedermann entbehren, und sich selbst genug seyn zu können. Stolz auf diese

Entdeckung, und voller Freude darüber, schritt ich sogleich zum Werke, und nahm mir die einfache Lebensweise des Königs von Eleusis, des Vaters des Triptolemus zum Vorbilde. Zuerst bemerkte ich, daß die Last der Ziegel die Mauern meiner Wohnung drückte; und legte Stroh an ihre Stelle. Eine Einfassung von Steinen umschloß mein Feld; allein, außerdem, daß sie vor Alter zusammenfiel, benahm sie mir auch die frische Luft und die Aussicht; ich trug sie daher ab, und grub diesen Graben, in welchen ich das Wasser einer kleinen benachbarten Quelle leitete.

Wurzeln, und einige in irdenen, von mir selbst verfertigten Gefäßen, gekochte Hülsenfrüchte, eine Suppe aus Weitzen, den ich unter einem harten und glatten Stein zermalme, bedecken meinen frugalen, aber gesunden, reichlichen und abwechselnden Tisch. Ein aus verschiedenen Früchten bereiteter säuerlicher Saft, hebt den etwas faden Geschmack dieser ländlichen Gerichte; und die Traube, die ich mit meinen Händen in den Becher meiner Vorfahren ausdrücke, verschafft mir ein stärkendes Getränk. Nie floß das Blut des Stiers, des Gefährten meiner Arbeiten, unter meinem nach Fleisch lüsternen Zahne. In wenigen Jahren konnte ich stolz zu mir sagen, wenn ich meine Blicke auf mich und auf einen Umkreis von tausend Schritten warf: Alles dieß hier ist das Werk der Natur und das meinige; alles, selbst meine ganze Kleidung, vom Kopf bis zum Fuße, ist die Arbeit meiner fleißigen Hände. Ich habe von allem diesen niemanden anderen etwas zu danken; ich habe sogar zuweilen meinen Nachbarn nützlich seyn, und ihre mir im Anfang geleisteten Dienste reichlich vergelten können.

Junger

Junger Mensch, fuhr Babys fort, nachdem er seine Ochsen ausgespannt hatte, welche mit ihrem Joch, langsamen Schritts, ganz allein in ihren an das Wohnhaus ihres Herrn stoßenden Stall giengen; Pherecydes hat dich erhabenere Dinge gelehrt, aber zuverläßig werden sie für dich von keinem größern Nutzen seyn. Welch ein Genuß war es für mich, als ich zum erstenmale um diese nämliche Stunde, unter diesem grünen Eingange saß, wo ich mit einem Blicke meine ganze Besitzung überschauen, und im Hintergrunde die Stadt Syros, ihren schönen Hafen, und das Meer, das die Cykladen bespielt, entdecken kann; was für ein Genuß war es für mich, sage ich, mir die Gerechtigkeit wiederfahren lassen, und mir sagen zu können: ich bin vielleicht in diesem Augenblicke der einzige Mensch, der für sich, mit sich, und durch sich allein zu leben versteht. Hier unten, am Ufer des Meeres, beschäfftigen sie sich mit Wissenschaften und Handlung: sie sind mit Reichthümern und Ueberfluß überschüttet, und über die Wahl ihrer Vergnügungen verlegen. Stein und Marmor, Gold und Kupfer werden unter ihren Händen zu Meisterstücken, worauf sie stolz sind; aber haben sie wirklich so viel Ursache es zu seyn als ich? sind sie so frey, sind sie glücklicher? Wenn sie vermuthen könnten, was für eine Lebensart ich hier führe, sie würden mich einen Barbaren nennen, und sie hätten nicht Unrecht. Ich weiß grade so viel und nicht mehr, als man wissen muß, um den Beruf eines Menschen, wozu mich die Natur bestimmt hat, zu erfüllen. Wenn ich, wie du, Pherecydes, das System des Weltgebäudes entdeckt hätte, wenn ich, wie du, eine Finsterniß zu berechnen verstünde, würde ich deswegen länger leben? oder würde ich besser seyn? Bist du besser,

K

als dein Vater geworden, dessen Rath nicht nach deinem Geschmacke war? Ich wiederhole es, meine Freunde; der Mensch ist nur dann glücklich, wenn er bloß von sich abhängt. Die Fesseln des Schicksals sind schon an sich drückend genug, ohne daß man noch die Bürde der bürgerlichen Bande hinzufügen darf. Ich weiß, daß man von Babys, nach seinem Tode, eben so wenig reden wird, als bey seinen Lebzeiten. Aber, ist denn der Mensch dazu gebohren, Aufsehen zu erregen? Die Welt geht für mich nur bis an das Ende dieses Ackers, bis zum Fuße jener hölzernen Herme; ich weiß eben so wenig, was darüber hinaus vorgeht, als was im Monde, wenn er bewohnt ist, geschieht; denn ich brauche nur die Umwandlungen der Jahreszeiten, nicht die der Reiche zu wissen. Ich brauche nur die Natur zu beobachten, den jährlichen und täglichen Veränderungen derselben zu folgen; alles übrige geht mich nichts an. Dieß ist meine Weisheit; helfen die Götter, daß alle Menschen nicht weiser seyn mögen, als ich!

Ich habe einen Delphischen Orakelspruch für mich: erklärte er nicht den Greis Aglaus, von Isophis in Arkadien, den Eigenthümer und Besteller eines Ackers, dessen Gränzen er nie überschritt, für glücklicher als den Gyges?

Der Wunsch der Natur war noch nicht erfüllt; die Fackel des Lebens muß von einem Menschen auf den andern übergehen; er empfängt sie, um sie weiter zu geben. Ein benachbarter Landmann gab mir die älteste seiner Töchter zum Weibe. Bald war Homens Lager so fruchtbar als unser Feld; doch, nur Pherecydes ist mir übrig geblieben. Er wollte weiter gehen als ich, und bat mich, ihn nach Syros zu begleiten: nein, nein! sagte ich zu ihm, (du wirst es dich wohl noch erinnern, mein Sohn) nein! ich verlasse meine Meierey nicht; es wird mir wohl jemand den Gefallen thun, mit dir zu gehen: ich will meinen Pflug und mein Strohdach nicht einen Augenblick aus dem Gesichte verlieren. Reise und komm in meine Arme zurück, du wirst immer einen Vater, aber nirgends anders, als hier finden. Nun ist er, wie man sagt, ein Weiser und die Zierde seines Vaterlands geworden. Ich bin immer derselbe geblieben, und wenn ich auf meiner Gruft keine gelehrten Schriften zurücklasse, so werde ich doch wenigstens das Beyspiel eines Menschen zurücklassen, der keinen andern Endzweck gehabt hat, als die Natur zu kennen, und ihr zu folgen.

Die Abendkühle wurde merklicher, und Babys führte uns in seine Wohnung; ein gleiches Dach bedeckte den Eigenthümer und alle lebendige Wesen, die ihm zugehörten. Wir überzählten die friedlichen Thiere, die so nahe um ihren guten Herrn waren. Wir sahen die beyden Stiere, deren Seiten nicht durch den Stachel zerfleischt waren; die verschiedenen Biegungen von Babys Stimme sagten ihnen hinlänglich, ob sie vorwärts gehen, oder umkehren sollten, wenn sie ackerten. Neben ihnen stand die milchspendende Kuh. In dem nämlichen Stalle sah ich ein ausländisches Pferd, das Pherecydes in Syros zum Geschenke erhalten, und es sich zur Pflicht gemacht hatte, seinem Vater wieder zu schenken. Babys hatte es vollends aufgezogen, und er sagte uns bey dieser Veranlassung: Wir haben in der Kunst, die Menschen zu erziehen, bey weitem noch nicht solche Fortschritte gemacht,

K 2

als in der Kunst die Pferde abzurichten, ohnerachtet jene eben nicht schwerer ist. Es würde mir nicht so wohl gelungen seyn, wenn ich mir hätte anmaßen wollen, einen Menschen aus meinem Pferde zu machen, gleich jenen Gesetzgebern, die aus Menschen Götter machen wollen."

Babys bewohnte den Mittelpunct seiner kleinen Herrschaft, zwischen der Scheune und dem Speisegewölbe. Alles Hausgeräth war seiner Hände Werk: der dreyfüßige Tisch, die Stühle, der Schämel, der Krater, die kleinern Gefäße und verschiedene Becher von mancherley Form. Der Heerd war im Hintergrunde, der Thür gegen über. Neben ihm stand, auf der einen Seite, ein eiserner Dreyfuß und auf der andern, ein vielarmigter, aus einem sehr festen Baumstamm gearbeiteter, Leuchter. Eine Lampe, von gebraunter Erde mit drey Dochte, hieng von der Mitte der Decke herab. Zwey oder drey andere Lampen, mit einem einzigen Dochten, deren eine einen Schwan vorstellte, dessen langer Hals zum Griff diente, standen hier und da herum, um sie gleich bey der Hand zu haben. Geflochtene Rohrdecken, die auf einer Erhöhung lagen, wiegten den Hausherrn in sanften Schlummer. Der Jüngling, der ihn bediente, und aus einer mit ihm verwandten Familie war, bereitete die Mahlzeit. Der Tisch, der aus einem glatten und glänzenden Holze verfertigt war, wurde mit breiten Feigenblättern bedeckt, auf welche man, in der Asche gekochte Eyer, Zwiebeln, Honig, Kuchen von feinem Mehle, und Salz setzte. Weidenkörbe waren mit schönen, zum Theil getrockneten, zum Theil frisch vom Baume abgenommenen, Früchten angefüllt. Man brachte einen Schlauch mit Wein, und ein großes töpfernes Gefäß voll lauer Milch, um welches man vier Trinkgeschirre und ein Ochsenhorn stellte, das zu gleichem Gebrauche von Vater auf Sohn in der Familie fortgeerbt hatte.

Er hieß uns wieder setzen, „Wir sind unser fünf, sagte er; diese Zahl ist von keiner schlimmen Vorbedeutung. Wenn ein Gastmahl angenehm seyn soll, so dürfen der Gäste, nach dem Sprichworte, nicht weniger als die Grazien, und nicht mehr als die Musen seyn. Ich weihe diesen Becher den drey Schwestern des Liebesgottes, thut ein gleiches mit dem Weine in diesem Schlauche, den neun Töchtern Apoll's zu Ehren. Ich rede jetzt für meine Gäste. — — — Aber Hermodamas, deine Augen scheinen dir zufallen zu wollen.“

In der That befand sich mein zweyter Vater plötzlich übel; wir beschleunigten unsere Mahlzeit; um Hermodamas zu seinen Lager zu führen, das an einem besondern Orte für ihn bereitet war, und ich machte Anstalt mich dicht neben ihm, dem Schlummer zu überlassen.

§. XVII.

Tod des Hermodamas; sein Leichenbegängniß. Pherecydes ertheilt dem Pythagoras Lehren der Weisheit.

Gegen Mitternacht, rufte mich Hermodamas mit schwacher Stimme: er fühlte sich schlimmer. Wir hatten eine Lampe brennen gelassen; ich hängte sie zu Hermodamas Haupte, und sah nun, daß er blaß im Gesicht wurde; kaum konnte er seine Augen zu mir erheben. Ich will den Pherecydes rufen, sagte ich.

Hermodamas. Mein Sohn, wecke noch niemand; bleib bey mir, wenn du willst: diese Krisis ist vielleicht nur ein Vorbote.

Anfangs schien er sehr ruhig zu seyn. Ich schloß die Augen ein wenig, doch beynahe in demselben Augenblicke hörte ich mich rufen: „Pythagoras bist du da? empfang mein letztes Lebewohl. Ich kann nicht mehr daran zweiflen, meine letzte Stunde ist in den Händen der Parcen; der Faden meiner Tage befindet sich unter der Schere des Atropos. Mein Sohn schließ die Augen des Hermodamas, und versprich ihm seinen Körper nach Samos zurück zu bringen, und in die Gruft seiner Familie beyzusetzen.

Ich nahm ihn bey der Hand, und als ich sie kalt und unbeweglich fühlte, stieß ich einen Schrey aus, der von Pherecydes, seinem Vater, und dem jungen

Diener gehört wurde. Sie eilten alle drey herbey. Hermodamas konnte sie noch erkennen, und seine sterbenden Lippen sprachen noch folgende Worte, die seine letzten waren: „Leb wohl Babys. Pherecydes, ich übergebe dir den Pythagoras; ersetze meine Stelle bey ihm. Mein Sohn.“ — — —

Er konnte nicht weiter reden; ich empfieng den letzten Hauch seiner schönen Seele. Sein Haupt senkte sich an meinen Busen, um sich nie wieder aufzurichten. Pherecydes versuchte einige Mittel, aber vergeblich; wenn die Fackel des Lebens einmahl verloschen ist, so kann sie nicht wieder angezündet werden.

Während wir in ein schmerzliches Stillschweigen versunken waren, hob der junge Diener, der am Fuße des Bettes stand, mit lauter Stimme das gewöhnliche Gebet an, das man bey solchen traurigen Gelegenheiten an den Mercurius zu richten pflegt. Sprich leise, sagte ihm sein Herr; die Götter haben mit der Seele eines Weisen nichts zu schaffen. Hermodamas schläft nur; beunruhige seinen sanften Schlummer nicht. Sobald der Tag graut, winde Blumenketten und Kränze.

Ich konnte mich nicht entschließen, den Körper meines zweyten Vaters zu verlassen. Ich hielt ihn umfaßt, gleich als wollte ich ihn erwärmen, und den Lebensfunken, der mich beseelte, mit ihm theilen. Mein Mund drückte seine erstarrten Lippen.

„Pythagoras! sagte Pherecydes mit ernster Stimme zu mir, Hermodamas hat gelebt. Sein Tagewerk ist vollendet, Weisheit und Tugend haben es gewebt. Du hast einen Freund, einen Erzieher, einen zweyten Vater verlohren. Thränen der Kindesliebe und der Dankbarkeit mögen sein Andenken ehren, aber kein Geschrey eines unmäßigen Schmerzes beleidige es. Befolge seine Vorschriften besser, er hat dich gelehrt, jedes Uebermaaß zu vermeiden. Laß uns ihm jetzt die letzten Pflichten der Freundschaft erzeugen.“

Babys hatte sich entfernt; er kam bald darauf zurück, und trug in der Hand einen Schleyer, der schon bey dem Tod seiner Frau zu gleichem Behufe gedient hatte, und den wir über das Gesicht des Hermodamas breiteten. Der gute Greis bestreute hierauf das Tuch, in welches wir den Körper einwickelten, mit gewürzhaften Kräutern, und nun trugen wir ihn alle viere stillschweigend vor das Gatterthor, innerhalb der kleinen hölzernen Brücke; Babys wollte, daß er drey Tage lang ausgestellt bleiben sollte.

„Hermodamas, sagte er zu uns mit rührender Einfalt, würde mir diese drey Tage geschenkt haben; ich werde seine Hülle nicht wie einen beschwerlichen Gegenstand, gleich nach dem Augenblicke seines Todtes hinauswerfen. Da ich meinen Freund verlohren habe, so will ich wenigstens seine Ueberreste betrachten, und ihm ein langes Lebewohl sagen. Junger Pythagoras, wenn er dir nicht seinen Wunsch bereits zu erkennen gegeben hätte, so würde ich dir die Asche unseres Freundes streitig gemacht haben; sie hätte eine geheiligte Freystatt in meiner kleinen Besitzung finden sollen, und Pherecydes würde ihr bald die meinige beygesellt haben."

Wir enthielten uns jener kleinlichen Gebräuche des Aberglaubens, worauf der Pöbel so großen Werth setzt, und bedeckten blos den Leichnam mit einigen Cypressenzweigen. Pherecydes verließ mich während dieser traurigen Beschäfftigung keinen Augenblick. An jedem Morgen derjenigen drey Tage, die zwischen dem Tode und dem Begräbniß verstrichen, nahm er mich mit sich in abgelegene Gegenden, um sich mit mir von dem Freunde zu unterhalten, den wir verlohren hatten, und am Abend kehrten wir zurück, um den Leichnam des Hermodamas mit unsern Thränen zu benetzen.

Den Abend vor unserer Abreise hielten wir uns länger bey demselben auf. Hier gab mir der Sohn des Babys, die eindringlichsten Lehren, die nach seinem Wunsche, niemals aus meinem Gedächtnisse verlöschen werden. Pythagoras, sagte er, indem er meine Hand nahm und sie auf das erstarrte Herz meines ersten Lehrers legte, du widmest dich der Ausübung der Weisheit, und dem Forschen nach Wahrheit; weißt du wohl, wozu du dich durch diesen erhabenen Entschluß verbindlich machst? Fühlst du dich stark genug, der Wahrheit um ihrer selbst willen zu dienen, oder blos für dich weise zu seyn? Zwey Wege stehen dir offen: der Weg des Ruhms und der Verfolgung, und der Weg der Verborgenheit und des Friedens. Wähle! willst du wie Hermodamas, und mein Vater deine Tage verleben? willst du, nach ihrem Beyspiele, das Gute in der Zurückgezogenheit ausüben, ohne Geräusch leben, allen außer dir unbekannt bleiben, und dein Licht unter dem Scheffel verstecken? Wohlan, wenn du dieses dir anvertraute Heiligthum der Familie deines Lehrers ausgeliefert haben wirst, so kehre in dein Haus zurück, verschließe dich mit deinen Büchern und deiner Gattin; opfre den Musen in der Einsamkeit, und sey blos Zuschauer des großen Schauspiels der Welt: in diesem Falle verspreche ich dir eine ungestörte Glückseligkeit; du wirst dich über niemanden, niemand wird sich über dich zu beklagen haben, dein Todestag wird so wenig Aufmerksamkeit erregen, als der Tag deiner Geburt; du wirst deinen Weg auf der Erde zurückgelegt haben, ohne eine Spur von dir zurückzulassen; man wird dir weder Verbrechen noch Irthümer vorzuwerfen haben; deine Asche wird nicht entweiht werden, kaum wird man wissen, wo sie ist: dagegen aber wirst du auch kein Andenken eines deinen Nebenmenschen geleisteten Dienstes zurücklassen, du wirst nicht einmal den Saum von dem Schleyer der Natur aufgehoben; die Wahrheit wird in dir blos einen kalten Bewunderer gefunden, du wirst ihr nicht einen einzigen Sieg bereitet haben; und wenn alle Rechtschaffene, alle Männer von höhern Geisteskräften nicht mehr thun wollten, so würde der Mensch bald zu den Eicheln, seiner ursprünglichen Kost, zurückkehren. Die bürgerliche Gesellschaft würde, den Bösewichtern ohne Gegengewicht und ohne Zügel überlassen, ein blutiger Kampfplatz werden, wo das arme Menschengeschlecht mit den reissendsten Thieren, oder mit dem dümmsten Viehe keine Vergleichung würde aushalten können.

Wenn du dagegen, mit einer fruchtbaren Einbildungskraft und mit einer Feuerseele gebohren bist, und nicht ruhen kannst, so lange es Marktschreyer giebt, die das Volk betrügen, oder Despoten, die es erdrücken; wenn du die Liebe zur Wahrheit bis zur Schwärmerey treibst; wenn der Anblick eines Augurs, oder eines Tyrannen, dein Blut in Wallung bringt; wenn du, voll Durst nach nützlichen Kenntnissen, oder erhabenen Entdeckungen, den Verlust eines Tages beweinst, an dem du dich nicht der Natur um einen Schritt genähert hast; so bring den Hermodamas nach Samos zurück, weihe seiner Gruft eine Thräne; und gehe sogleich in den Pallast des Polykrates, versuche es, ihn zur Weisheit zu leiten. Ist ihm die Gewohnheit des Verbrechens zur andern Natur geworden, so laß dich zu deinen Mitbürger herab, um sie zu dir empor zu heben. Ist das Gepräge der Knechtschaft bey ihnen unauslöschlich, so verlaß dein Vaterland, und wage dich anderwärts an glücklichere Versuche. Reise! geh bis an die Quelle aller Irthümer zurück, um sie zu verstopfen. Lern die Menschen kennen, und gleiche den Aerzten, die viele Kranken sehen, ehe sie selbst zu heilen versuchen. Hast du endlich Beobachtungen und Thatsachen genug gesammelt, dann schreite zur Verbesserung deines gleichen; da du aus der Ferne kommst, so werden sie dir glauben. Wenn du auch nur ein einziges Volk für die Unabhängigkeit und für die Weisheit gewännest, so hast du genug gelebt. Du wirst verleumdet, verfolgt werden; wandle, mitten durch Verleumdungen und Gefahren, deinem Ziele entgegen. Unterliegst du, so hast du deiner Pflicht Genüge geleistet, deine Sendung ist erfüllt, und der Scheiterhaufen, auf welchem man dich heute als ein Opfer der Wahrheit und der Gerechtigkeit verbrennt, wird sich morgen in einen Altar umwandeln, auf welchem Weihrauch vor deiner Bildsäule dampft. Pythagoras! welchen Weg du auch einschlägst, versprich unserm Freunde Hermodamas, der uns hört, denn seine schöne Seele, da sie ihre Hülle verließ, ist zur großen Weltseele, die allenthalben gegenwärtig ist, zurückgekehrt; versprich ihm, versprich mir, da er mich bestimmt hat, seine Stelle bey dir zu ersetzen, unter allen Begegnissen, unter allen Menschen, unter allen Verhältnissen, alle deine Gedanken, Worte und Handlungen nur der Wahrheit, der Gerechtigkeit und der Natur zu weihen."

Die Rührung, die ich bey diesen Worten des Pherecydes empfand, war meine Antwort und sein Bürge. Meine Hand brannte in der seinigen, und mein funkelndes Auge zeigte ihm, wofür ich mich entschieden hatte: Babys kam mit einem Epheukranze in der Hand. „Was habt ihr? sagte er, ihr scheint bewegt. Pherecydes, vermuthlich läßt du dem Pythagoras wichtige Verbindlichkeiten eingehen; er wird sie alle halten. Guter Jüngling! fügte er hinzu, weihe diesen Kranz auf der Hülle des Hermodamas und behalte ihn dann zu seinem, meinen und meines Sohnes Andenken.

§. XVIII.

Rückkehr des Pythagoras nach Samos. Politische Lage dieser Stadt.

Am folgenden Morgen, dem Tage unserer Abreise, um die achte Stunde, wurden wir in der Entfernung auf der Straße, eine Menge Reisender gewahr, die ihren Weg gerade nach der Meierey des Babys nahmen: es waren die Schüler des Pherecydes, die, wegen ihres gegen sein Versprechen, seit zwey Tagen abwesenden, Lehrers, in Sorgen waren; und sich persönlich nach der Ursache erkundigen wollten: vielleicht liegt er bey seinem alten Vater krank, sagten sie sich. Aber wie groß war ihre Traurigkeit, bey dem Anblicke der Vorbereitungen zu einem Leichenzuge!

Ich war der erste, der ihnen entgegen eilte; laßt euch euern Irthum benehmen, sagte ich zu ihnen: ich habe Ursache zu weinen, dieß ist der Leichnam des Hermodamas: hier ist Pherecydes.

Nur eine so heilige Veranlassung konnte mich von euch entfernt halten, sagte er: und da ihr einmal hierher gekommen seyd, so helft mir, meinem alten Freunde die letzte Pflicht erzeigen.

Man erwartete den Untergang der Sonne, um sich zur Abreise zu schicken. Der junge Diener des Babys spannte die beyden Ochsen in einen kleinen vierräderigen Bauerwagen. Auf diesen legten wir den Körper über ein Lager von Cypressen. Babys wollte eigenhändig seinen Epheukranz auf das Haupt des erhabenen Todten setzen, und nachdem er uns stillschweigend in die Arme geschlossen hatte, setzte er sich, in seinen Mantel gehüllt, auf das Brückengeländer, um uns abreisen zu sehen. Sein junger Diener gieng voraus; in einer Hand trug er eine Fackel, und mit der andern leitete er die langsamen Schritte seiner beyden im Joche gehenden Ochsen.

Pherecydes und ich giengen Arm in Arm hinter den Wagen. So kamen wir in die Stadt, wo ich mich sogleich nach Samos einschiffte. Ich traf mit dem Eigenthümer des Schiffes die Verabredung, sich so einzurichten, daß wir bey Nacht in den Hafen einliefen. Dieser Zeitpunct war meiner Traurigkeit und der Geheimhaltung meiner Ankunft, welche die Klugheit erforderte, am angemessensten.

Ich ließ die Verwandtschaft des Hermodamas zusammen kommen, und wir schritten zu den letzten Begräbnißfeyerlichkeiten, gerade an dem Abend eines Tages, an welchem das Volk von Samos und aus der Nachbarschaft, auf Befehl und Kosten des Regenten, ein lärmendes Fest feyerte. Man überließ uns ganz unserm Schmerze. Ein starker eichener Sarg empfieng den Leichnam des Hermodamas. Während man ihn mit Blumen und wohlriechenden Kräutern bedeckte, schnitt ich mir eine Locke ab, benetzte sie mit meinen Thränen, und ließ sie aus meinen Händen in den Sarg fallen, indem ich in folgende Worte zu seinem Lobe ausbrach:

Gesegnet sey das Andenken des Weisen! Der Sterbliche, welcher sein ganzes Leben hindurch keine andern als gute Beyspiele gegeben hat, kann nur ein ehrenvolles Andenken zurücklassen. Wenn jeder meiner Gedanken, bis auf diesen Augenblick, rein geblieben, wenn über meine Zunge noch nie ein Wort gekommen ist, vor dem ich zu erröthen hätte; wenn ich keine andern Freuden, als die Freuden der Natur kenne, so habe ich dieß dem weisen Hermodamas zu danken. Am Hofe würde man aus mir einen übermüthigen und harten Sclaven, oder eines von jenen unsaubern Thieren aus Circe's Pallast gemacht haben; als Künstler, hätte ich im Solde eines eigensinnigen Despoten gestanden, als Kaufmann, fröhnte ich bloß dem Golde; im Gefolge eines Helden wär ich vielleicht blutdürstig geworden. Unter den Augen des Hermodamas, von seiner Stimme geleitet, habe ich, Dank sey es seinen erhabenen Lehren, gelernt, nur die Wahrheit für schön, nur die Tugend für gut zu halten. O Hermodamas! beglückt ist derjenige, der dich gekannt hat, dir hat folgen, dich sehen und hören können, beglückt wer dich nachahmen, und, wie du, ein Mensch werden kann; denn nur dieß, und nichts mehr hast du seyn wollen, und hast mir empfohlen, auf keinen erhabenern Rang Anspruch zu machen, da die Würde eines Menschen die einzige ist, die sich für Menschen schickt. O Hermodamas! hast du, bevor du in dein friedliches Grab dich verschließest, mir jenen guten Genius zurückgelassen, der alle deine Handlungen leitete, jene liebenswürdige kindliche Offenheit, die dich bis in dein Alter begleitete und jene Einfalt der Sitten, die Beschützerin der Unschuld und der wahren Glückseligkeit? Wenn in diesen kalten Ueberresten noch ein Funken jener ehrwürdigen Weisheit, die du von deinen Vätern geerbt hast, zurückgeblieben ist, so möge er, ehe ich dir das letzte Lebewohl sage, in meine, ganz von dir erfüllte, Seele übergehen. — — Leicht sey diese, von deinen Händen bearbeitete, durch deine Schritte geheiligte Erde, die deine kostbaren Ueberreste deckt, deinen Manen! Nie müsse der Bösewicht mit ungeweihtem Fuße deine Asche beunruhigen! Fluch dem Gottlosen, und allen, die sich dieser, dem Andenken des weisesten der Samischen Inselbewohner zugefügten Beleidigung, nicht widersetzen.

Alle Anwesende wiederholten die Verwünschung.

Des andern Tages, nach Sonnenuntergang, gieng ich zum Grabmahle, hier ließ ich alle diejenigen achtungswürdigen Menschen vor meinem Geiste vorübergehen, die mir Hermodamas empfohlen hatte, um bey ihnen Aufnahme zu suchen, wenn er nicht mehr seyn würde. Pherecydes und Alkmäon wurden nicht vergessen. Das Meer trennte mich von ersterm; ich faßte den Entschluß, mich an letztern anzuschließen, da er mir in der Nähe war. Ich ließ ihn um einen Besuch bitten, als ob ein Kranker seiner Hülfe bedurfe; er kam mit Einbruch der Nacht, und erkennte mich sogleich: Was hast du mit unserm tugendhaften Freund gemacht? war seine erste Frage.

Ach! antwortete ich, frage die Parcen. Aber, was für eine Traurigkeit ist über dein eigenes Gesicht verbreitet?

Alkmäon. Laß uns erst von unserm tugendhaften Freunde, und von dir sprechen; die rechte Art, die edlen Todten zu ehren, besteht nicht darinnen, daß man sich, gleich einer Lampe, an ihrem Grabe verzehre, ohne weder sich noch andern zu nützen. Wenn du von dem Verluste, den ich erlitten habe, unterrichtet seyn wirst, dann wirst du mir die Thränen, die ich jetzt über den deinigen vergieße, wiedergeben. Die Sterblichen sollten einander nie beneiden, jedem ist ein gleiches Maß Kummer zugemessen.

Den

Den Tag nach eurer Entfernung von der Insel, ließ mich Polykrates zu sich rufen, um die Ursache davon zu erfahren, er war mit meiner Antwort sehr schlecht zufrieden, und machte eine Bewegung, vor der ich erzitterte; meine allzu gefühlvolle Aryphile bemerkte es bey meiner Zurückkunft.

Deine nächtliche Abreise mit dem Hermodamas hatte meiner Tochter schon sehr viele Unruhe verursacht, dieser neue Vorfall brachte sie aufs äußerste. Eine leichte Unpäßlichkeit, von der sie befallen war, nahm eine bedenklichere Gestalt an; den dritten Tag verlohr ich sie. — — —

Pythagoras. Aryphile ist nicht mehr. — —

Alkmäon. Wenn meine Tochter nur in den ersten Augenblicken über ihre Reizbarkeit hätte Herr werden können, so würde sie meinet, und meiner Freunde wegen bald beruhigt worden seyn. Der Verdruß des Polykrates ist nicht von Folgen gewesen; vielleicht erwartet er, daß seine Beute ihm von selbst in die Hände falle. Pythagoras, du überläßt dich der Verzweiflung! höre mich an. Wir sind nicht die einzigen, die auf dieser Insel zu beklagen sind; betrachte unser Vaterland! Verschiedene Anhänger der Republick lebten ruhig, und seufzten nur leise nach einem günstigeren Zeitpuncte; einer von ihnen erlaubt sich vor der Bildsäule des Polykrates die Aeußerung: Die Menschen sind nicht unsterblich; man hört dieß, er wird vor Gerichte geschleppt und zum Beil verdammt. Ein Angeber, der ausdrücklich dazu besoldet ist, um über alles, was dem Tyrannen mißfällt, ein Register zu führen, zeigte ihm die Bürger an, die über das Schicksal ihres Mitbürgers Theilnahme geäußert haben; sie werden aus der Mitte ihrer Familie gerissen, und auf die nämliche Weise hingerichtet. Dieß Schauspiel ist dazu gemacht, um das Volk mit Schauder und Entsetzen zu erfüllen; allein zu gleicher Zeit unterhält man es mit einem öffentlichen Gastmahle. Längs den Straßen von Samos sind Tische bereitet, zwischen denen kaum so viel Platz bleibt, um die Verurtheilten durchzuführen. Mitten unter den Dünsten des Weins, und unter den Hymnen an Bachus, steht das Volk einen Augenblick von der Tafel auf, um die Unglücklichen das Blutgerüste besteigen zu sehen, klascht in die Hände, ergreift wieder den Freudenbecher, und leert ihn zu Ehren des guten Genius des Polykrates. Unbeschreiblich war die Zufriedenheit des letzteren, als man ihm die Sorglosigkeit der Bürger, ihre dumme Neugier, ihre wilde Freude und ihre unglaubliche Gleichgültigkeit bey dem Anblicke der Henker und der Schlachtopfer hinterbrachte. „So ist das Volk wie ich es haben will!“ sagte der Tyrann zu seinen Höflingen beyderley Geschlechts; „ein Volk, das bis zu diesem Grade von Niederträchtigkeit und Barbarey herab gesunken ist, aus dem kann man alles machen.“

Mein lieber Pythagoras! verheimliche deinen Aufenthalt; ich will unterdessen meiner Seits alle nöthige Erkundigungen einziehen (¹).

(1) Ueber diesen Abschnitt und die nächstfolgenden sehe man die Anmerkung Seite 84.

§. XIX.

Pythagoras erhält einige Anweisung, um mit Nutzen zu reisen.

Es kostete mich viele Mühe, meine Thränen in Alkmäons Gegenwart zurückzuhalten, sie erfullten mein Herz. Endlich ließ ich ihnen freyen Lauf.

Das Gerücht sagt, man habe den Pythagoras nie lachen oder weinen gesehen, ich habe ihm, der Ehre der Philosophie wegen, nicht widersprochen; aber das Gerücht hat mich nicht überall beobachtet, noch meine ersten Schritte ausgespäht. Geliebte Schüler! der Weise ist nicht gefühllos, er stählt sein Herz nicht gegen die Anforderungen der Natur, die man sehr unrichtig Schwächen nennt. Der Weinstock thränt im Lenze, um im Herbst erquickende Trauben zu tragen. In der Jugend muß man den Leidenschaften ihre Rechte lassen, um im reifern Alter auf die Früchte der Weisheit Anspruch machen zu können. Gab es eine herzzerreißendere Lage als die meinige? Ohne Verwandte, ohne Freunde, knüpfte mich nur ein einziges Band an das Leben: Aryphile konnte mir alles, was ich verlohren hatte, ersetzen; schon richtete ich meine Gedanken in trüben Stunden auf sie, gleich dem Sohne des Ulysses, der, mitten im Sturme die Minerva anrufte. Telemach war glücklicher als ich, er stützte sich auf den Arm einer Unsterblichen.

Ich habe mich seitdem oft dieses Zeitpunctes meines Lebens erinnert, um für mich eine Lehre daraus zu ziehen. Nicht dadurch, daß der junge Fechter, ruhig an die Schranken gelehnt, den Kampfspielen beywohnt, erlangt er Gewandtheit; er übt sich lange Zeit, läßt sich zu Boden werfen, um von seinem Falle aufstehen zu lernen. Unsere ersten Lehrmeister sind unsere Leidenschaften.

Alkmäon kam am dritten Tage wieder, mein Zustand machte, daß ihm der Vorwurf auf den Lippen erstarb. „Sind wir so miteinander einverstanden?" sagte er sanft.

Pythagoras. Verehrungswürdiger Vater Aryphile's! Deine Tochter war meinem Herzen kein fremder Gegenstand; ich hatte für ihre Tugenden und Reize nicht unempfindlich bleiben können. Ich nährte den Wunsch in mir, dereinst in deine Familie zu kommen, und du besaßest in mir schon einen Sohn mehr. Jetzt muß ich auf jedes Glück Verzicht thun, eine fürchterliche Leere öffnet sich vor meinen Augen, ich fühle mich allein. — —

Alkmäon. Mein Sohn! bleibt dir nicht der Vater derjenigen, die wir beweinen, übrig? — — Mäßige deinen Schmerz; du kannst nicht länger in Samos bleiben. Ich habe es der Klugheit gemäß gehalten, dem Schlage, den Polykrates dir hätte vorbehalten können, entgegen zu gehen. Ich habe es übernommen, mich ihm vorstellen zu lassen: Herr, sagte ich zu ihm, du sprachst vor einigen Monaten mit mir von Pythagoras: er ist wieder zurück. — Ich weiß es. — Er hat seinen Lehrer Hermodamas verloren. — Und warum kommt Pythagoras nicht selbst? — — In seinen Schmerz versunken, der an Verzweiflung gränzt, sieht er sich kaum mehr ähnlich, ich habe ihm gerathen, nach Aegypten zu reisen, um das Nilwasser zu trinken. Wirst du ihm diese, seiner Gesundheit unumgänglich nöthige Reise erlauben?

Alkmäon! erwiederte der Fürst, indem er sein Gesicht in Falten legte! meine Gewalt erstreckt sich nicht über die Privathandlungen eines Bürgers. Er fürchtet vielleicht die Erinnerung an die Umstände, welche seine letztere Reise begleiteten; ich will glauben, daß er blos seinem Lehrer gehorcht hat, und dem Todten mache ich keinen Proceß. Um ihn zu überzeugen, daß ich auch den Lebendigen, zu verzeihen weiß, so will ich ihn einen Brief an den König Amasis mitgeben. So räche ich mich an der Undankbarkeit, so antworte ich der Verleumdung. Polykrates hält es unter seiner Würde, die, seiner Person zugefügten Beleidigungen auf eine andere Art zu bestrafen; er wird sich nur gegen die Angriffe auf die Ruhe seiner getreuen Unterthanen, streng zeigen.

Lieber Pythagoras, mein Rath ist, daß du diese, wenn auch nicht aufrichtige, doch für dich günstige Stimmung, in welcher ich den Polykrates gefunden habe, benutzest. Wir wollen ihm keine Zeit lassen, davon zurückzukommen. Die Sinnesänderung eines Tyrannen hat zuweilen traurige Folgen. Von heute an beschäfftige dich mit den Anstalten zu deiner Reise. Um dich deinen Leidenschaften zu entziehen, überlaß dich deinen Neigungen.

Pythagoras. Ach mein Vater! der Gram hat, gleich dem Geyer des Prometheus, mein Herz ergriffen; er nagt an ihm, er verzehrt es. Kann ich wohl unter diesen Umständen, aus allem dem, was ich sehen werde, Nutzen ziehen.

Alkmäon. Pythagoras! Du bist kein Kind mehr. Du bist gesund, besitzest Vermögen; noch mehr als diese Vorzüge wird dir das, was du unter zwey geschickten Lehrern gelernt hast, von Nutzen seyn: nachdem du durch ihre Augen gesehen hast, so siehe auch durch die deinigen. Reise ohne Begleitung, zu Fuße, langsam; siehe um dich, und gehe auch zuweilen wieder zurück. Ueberall, wohin die Sonne ihre Strahlen wirft, suche auch dir Eingang zu verschaffen; sie scheint so gut in die Hütte des Armen, als in die Hallen des Reichen: ein Reisender muß unermüdlich seyn. Er stößt nicht vorsätzlich wider die Gebräuche an, die den Gewohnheiten seines Vaterlands entgegen sind, er beobachtet sie stillschweigend. Herkules reinigte auf seinen Zügen die Erde von den Ungeheuern, die sie verwüsteten; aber die Völker kamen ihm entgegen, um seinen Beystand anzuflehen; denn es ist ungerecht, die Menschen wider ihren Willen besser machen zu wollen. Der Despotismus der Tugend ist ein Laster. Hüte dich, Aufmerksamkeit zu erregen; gieb auf alles Obacht, und handle so, daß man nicht auf dich Obacht gebe; um so freyer wirst du seyn; und diejenigen, welche du beobachten willst, werden keine Zeit haben oder nicht die Vorsicht gebrauchen, sich vor dir zu verstellen; so reiste Homer, ohne sich zu erkennen zu geben. Verschiedene Gegenden erfuhren erst nach seinem Tode, daß er sie mit seiner Gegenwart beehrt hatte.

Er reiste langsam, fragte jedermann auf seinem Wege, verschmähte kein gastfreundschaftliches Anerbieten, wenn es ihm nur ohne Stolz gemacht wurde. Mit Kindern und Greisen, mit Weibern und Priestern, mit allen, die ihm begegneten, machte er Bekanntschaft, und ohne eine zu große Neugier zu zeigen, gewann er ihr Zutrauen durch seine rührende Einfalt. Man hatte keine Geheimnisse vor ihm. Am Abend, bevor er sich der Ruhe überließ, trug er in seine Tafeln treffliche Bemerkungen ein, die ihm zur Ausarbeitung seiner Gedichte dienten.

Ein Reisender darf nie zu sehr eilen. Homer wollte lieber wenige Länder und recht, als viele und oberflächlich besehen. Die gewöhnlichen Bedürfnisse des Lebens beunruhigten ihn nicht. War sein Gürtel erschöpft, so entschloß er sich, ohne Erröthen Almoßen zu fordern; dieß that er aber mit jener Würde, die dem Menschen geziemt, der seines Gleichen um Unterstützung anspricht.

Opfre ohne Widerwillen den Göttern des Landes, in welchem du reisest, sie heißen auch, wie sie wollen; die Wahrheit wird dir für dieses Opfer Dank wissen. Ich erinnere mich bey dieser Gelegenheit eines ägyptischen Wahrsagers. Dieser verfertigte eine kleine hölzerne weibliche, ganz nackende Gestalt, die er, sobald er in eine Provinz kam, nach der Landessitte ankleidete, und für die Gottheit des Ortes ausgab; es war dieselbe Bildsäule, aber es waren nicht dieselben Kleider. So machte er es allen recht, und hatte überall Zulauf. Der Weise, der es fühlt, daß ihm die Gabe abgeht, sich gegen diejenigen Völker, die er beobachten will, eine zeitlang zu verstellen, muß in seiner Heimath bleiben.

Ein Reisender hat viele Vorrechte: bediene dich ihrer mit Bescheidenheit. Man nimmt es mit den Fremden nicht so genau, mache dir dieß zu Nutzen: suche von der Eitelkeit des Volks, bey welchem du dich aufhältst, Vortheil zu ziehen. Die vorzüglichste Eigenschaft eines Reisenden besteht darinnen, diejenigen, unter denen er sich befindet, zu befragen, und sie zum reden zu bringen. Jede Gegend hat ihre Merkwürdigkeiten, die man sich beeifern wird, dir zu zeigen. Aber wahrscheinlich hast du dir vorgenommen, mehr die Menschen, als die Bildsäulen zu studieren. Zwar zeigen sich die Menschen in ihren Schriften, in ihren Denkmalen, wie in ihren Gebräuchen. Nichts sey dir zu unwichtig; aber vorzüglich halte dich an die lebenden Denkmale. Die Völker suchen durch die großen Werke, die sie so gern auf die Nachwelt bringen möchten, zu glänzen. Aber wer die Aegyptier blos aus ihren Pyramiden, die Chaldäer aus ihren astronomischen Rechnungen, die Babylonier aus ihren hängenden Gärten hätte kennen gelernt, der würde kein richtiges Urtheil über sie fällen können. Nicht die todte Natur ist es, welcher die Diener des Aesculaps ihre vorzüglichste Aufmerksamkeit widmen, sondern hauptsächlich der lebenden und wirkenden. Selbst die Gesetze sind keine sichern Kennzeichen des Charakters einer Nation. Wie viele Völker stehen mit ihren Gesetzen im Widerspruch! sie zeigen sich mehr durch ihre Sitten.

Du hast einen Vortheil, den die Könige oder ihre Diener auf ihren Reisen entbehren müssen; man verbirgt vor ihnen mit größter Sorgfalt, grade das, an dessen Kenntniß ihnen am meisten gelegen ist. Wenn du dich für einen Freund der Wahrheit, für einen Schüler des Pherecydes ausgiebst, so wird man es nicht der Mühe werth halten, sich gegen dich zu verstellen: „Es ist ein abstracter Kopf, ein Weiser, wird man sagen; diese Art Menschen sind in der Staatskunst bloße Kinder, von ihnen hat man nichts zu fürchten." Unter dieser Hülle wirst du überall Zutritt haben; nur die Priester werden den Schleyer vor ihr Heiligthum ziehen; aber der Brief des Polykrates an den König Amasis wird dir alle Thüren öffnen. Auf diese Art wird dir der Zutritt zum Thron, der Eingang in die Tempel offen stehen, überall wirst du zugelassen werden, wohl verstanden, wenn du die Vorsicht brauchst, nicht klüger seyn zu wollen, als alle jene glänzenden Personen, die in ihren unreinen und ungeschickten Händen das Schicksal der Völker abwägen. Besuche vorerst die höchsten und die niedrigsten Classen, und ruhe dann unter dem Mittelstande aus, alle wahre Aufklärung eines Volkes befindet sich bey diesem; nur unter ihm kannst du die Lügen des Hofs, und die Vorurtheile des großen Haufens berichtigen.

Der Spiegel der Wahrheit ist in den Händen der Menschen zerbrochen worden, man muß die ganze Erde durchlaufen, um die, auf derselben zerstreuten Stücken zu sammeln. Pythagoras! du fühlst dich zu diesem Geschäffte berufen; du wirst vielleicht glücklicher, als deine Vorgänger seyn. Vielleicht aber wirst du auch, nach vielen Beschwerlichkeiten, nach vieljähriger Abwesenheit von deinem väterlichen Heerde, Ursache haben, bey deiner Zurückkunft zu demselben, auszurufen: es lohnte sich wohl der Mühe, ihn zu verlassen! Die Menschen sind sich überall gleich; dieß haben meine Reisen mich gelehrt, sie sind in allen Zeiten dieselben; dieß hat mir die Geschichte gesagt; aber doch mußt du dich hiervon durch dich selbst überzeugen.

Die Reisen, mein Sohn, werden dich vor einem großen Fehler bewahren, in den viele tiefsinnige Denker in ihrer Abgeschiedenheit gefallen sind. Da sie weder die Menschen noch die Dinge kennen, so überlassen sie sich ihrem innern Sinne, und ihrer Einbildungskraft, und bauen, gleich dem Jupiter, ihre Grundsätze auf bloßen Dunst. Ein Reisender gewöhnt sich daran, alles gleichsam mit Händen zu greifen, ehe er glaubt; und wenn er denn einmahl den Völkern Gesetze giebt, oder den Grund zu Wissenschaften bey ihnen legt, so wird er sie auf wirkliche Bedürfnisse, und auf erwiesene Wahrheiten stützen. Gewöhne dich frühzeitig dazu, dich durch deine Augen und Hände zu überführen, ehe du das Zeugniß deiner Denkkraft zu Hülfe nimmst.

Als ein Liebhaber der Wahrheit, der um ihrentwillen einen so weiten Weg zu machen im Begriff ist, hintergehe nach deiner Zurückkunft die Leichtgläubigen nicht in ihrem Namen. Gleiche nicht den Argonauten, die in ein goldenes Vließ die Wolle der Kolchischen Heerden verwandelt haben. Der Beruf eines Reisenden gründet sich auf Zutrauen, er muß sich selbst in denjenigen ehren, die sich bey ihm Raths erholen, und die genöthigt sind, sich auf die Wahrhaftigkeit seiner Erzählung zu verlassen. Fluch treffe das Haupt desjenigen, der das Zutraun seiner Nebenmenschen hintergeht. Schimpf und Schande komme über den Reisenden, der, um die Bewunderung zu erhaschen, das was er gesehen hat übertreibt, oder entstellt!

Verlaß also Samos, sowohl um deiner persönlichen Sicherheit willen, als um die Anlage der Natur zu vollenden; folge dem Triebe deiner nach Kenntnissen dürstenden Seele Da diese Kenntnisse, gleich Saamenkörnern, die der Wind herum führt, auf der ganzen Erde zerstreut sind, so widme dich der Erforschung des Wahren; höre alle berühmten Lehrer, deren Namen zu deiner Kenntniß kommt; aber eigentlichen Unterricht nimm bloß von der Natur an. Sey nicht Nachahmer, bleibe dir immer getreu: Die blinden Nachfolger haben die menschlichen Kenntnisse um keinen Schritt vorwärts gebracht. Gehe deinen eignen Gang; studiere alle Systeme, nimm aber keines an; deine Vernunft müsse dir zum Siebe dienen, um die guten Körner von den schlechten zu scheiden. Ich übernehme es, während deiner Abwesenheit, dem Grabe des weisen Hermodamas den Tribut zu zollen, den du ihm gelobt hast. Vergiß im Lauf deiner Reisen einen unglücklichen Vater nicht. Leb wohl Pythagoras.

Alkmäon verließ mich, und seine letzten Worte, die mich an die reizende Aryphile erinnerte, kosteten mich neue Thränen. Meine Abreise war auf den Abend des folgenden Tages bestimmt. Ich hatte mir vorgesetzt, mit einem Besuche bey dem Thales den Anfang zu machen; aber ehe ich nach Milet reiste, trieb mich die Neugier vorher nach Ephesus, das mich nicht weit von meinem ersten Reiseplan abführte.

§. XX.

Reise nach Ephesus.

Ein, unter dem Namen Leleger aus Thessaliern und Griechen gemischtes Volk, jagte auf den erhabenen Gegenden der Jonischen Küste. Ein ungeheures wildes Schwein zeigt sich ihnen eines Tages; und sie geloben der Diane den Kopf, wenn sie es erlegen. Treu ihrem Gelübde, erhält Diana ihren Theil, man weiht ihr den versprochenen Kopf, und befestigt ihn an eine starke Ulme. Einer, der Jäger höhlet den Stamm des Baums aus, und bringt endlich eine unförmliche Bildsäule der Göttin zu Stande. Bey diesem Anblicke geräth auf einmal die Frömmigkeit seiner Gefährten in Bewegung; sie verabreden sich, an gewissen Tagen wieder hier einzufinden, um ihren Dank zu erneuern.

Dieß ist der Ursprung der berühmten Stadt Ephesus; denn es währte nicht lange, so bauete man einige Hütten, bey der heilig gewordenen Ulme. Allein die Witterung verschonte sie nicht, man gab ihr daher ein Obdach, das weit entfernt war, ein Meisterwerk zu seyn. Ein Tempel kann nicht ohne Diener bleiben, die den Gottesdienst verrichten, und die Priester wohnen gern bequem. Sie erhielten ohne Mühe, von der Frömmigkeit der Amazonen, alle diese, mit dem Gottesdienste verbundene, Nebendinge.

Ich habe den Grund zu einem neuen Gebäude im Aegyptischen Style legen sehen; die Ausführung erfordert mehr als zwey Jahrhunderte, wenn man den

Plan, so wie man mir ihn vorgelegt hat, befolgen will. Alle Asiatische Provinzen tragen zu den Kosten dieses theuern und prächtigen Unternehmens bey. Ich habe der Einweihung des Grundes beygewohnt, sie geschah mit außerordentlichen Feyerlichkeiten, in Gegenwart eines Deputirten aus einer jeden Stadt Joniens. Man hat, nach vorhergegangenen Libationen von Milch, Wein und Blut, auf die Steine, welche die erste Lage ausmachten, den Zeitpunct dieser Begebenheit eingegraben; viele Schlachtopfer bluteten auf denselben, um den Grund dadurch gleichsam zu befestigen.

Zu diesem Endzwecke bediente man sich jedoch sicherer Mittel, unter die Baumaterialien nahm man zerstoßene Kohlen, und Häute, mit der annoch daran befindlichen Wolle. Auf diesen ersten Lagen ruhen die Pfeiler der unterirdischen Gewölbe; man fiel auf diese Vorkehrung, weil der Boden, welchen man zu diesem Tempel gewählt hat, aus bloßem Schlamme, ohne Festigkeit, besteht: es ist der Fuß eines Hügels, der fast beständig von dem Wasser, welches durch die höher liegenden Behälter dringt, benetzt wird. Die Furcht vor den Erdbeben hat die Wahl dieses Orts veranlaßt.

Man wird eine Menge Gewölber mit vieler Kunst anbringen, theils um die ungeheure Last des Gebäudes zu unterstützen, theils um die Feuchtigkeit aufzunehmen. Diese steinernen Bogengänge, werden eine Art von Labyrinth bilden, in dem man Gefahr laufen wird, sich zu verirren und zu verliehren, wenn man nicht Sorge trägt, einen Leitfaden in die Hand zu nehmen. Das Gebäude wird mehr als dreyhundert Schritte lang werden, das Dach wird von geriesten, sechzig griechischen Fuß hohen Säulen getragen werden, deren jede ein Geschenk eines Königs ist, denn die kleinsten Fürsten Asiens haben, auf irgend eine Art, etwas zu diesem großen Denkmale beytragen wollen. Diese Säulen werden das Besondere haben, daß sie auf Fußgestellen stehen und mit Kapitälern oder Vasen verziert seyn werden. Alles Zimmerwerk des Daches wird aus Cedernholz, das, wie man sagt, unverweßlich seyn soll, und die Thore aus Cypressenholz bestehen, dessen Härte bekannt ist. Cypern liefert eine Weinrebe von solcher Stärke, daß sie wird zur Treppe dienen können, um bis auf die Zinne des Tempels hinaufzusteigen. Die nämlichen Insulaner haben sich erboten, eine, aus einer andern Weinrebe verfertigte Bildsäule der Göttin zu übersenden. Was würde aus der Gottheit werden, wenn das Feuer ihren Tempel ergriff?

Die Zugänge werden mit Sphinxen besetzt seyn, die in gewissen Entfernungen von einander stehen. Man ist schon übereingekommen, den Boden, auf eine Weite von achtzig Schritten rings um den Tempel, als eine Freystatt zu betrachten, man spricht sogar davon, dieses Recht bis auf eine Entfernung von zwey Pfeilschüssen auszudehnen: der Sclave, der sich dahin flüchtet, wird seine Freyheit erhalten. Glücklich wären die Völker, wenn alle ihre Religionsgebräuche auf solche schöne Resultate führten! Wenn nur das Gute geschieht, was kümmert uns der Bewegungsgrund. Noch ist es nicht Zeit, in seinen Forderungen allzustrenge zu seyn.

Die Priester werden Häuser von Backsteinen erhalten; manche Könige haben keine so schöne Wohnungen: aber man ist ihnen diesen Lebensgenuß schuldig; die Unglücklichen haben ihre Mannheit verloren, und um das Maaß ihrer Leiden voll zu machen, setzt man sie zu Wächtern über die Jungfrauen, welche zu Priesterinnen der Diane geweiht sind.

Aus jener folgewidrigen Denkungsart, die beynahe allen menschlichen Einrichtungen zum Grunde liegt, macht man die Diener einer Gottheit, deren Attribute die Macht und Fruchtbarkeit der Natur anzeigen, zu Verschnittenen.

Wenn man einst eine neue Bildsäule an die Stelle der alten setzt, so wird man an der Gestalt wenig ändern; es wird immer eine weibliche Figur im Aegyptischen Geschmacke seyn, von welcher man nur Kopf, Arme und Füße sieht. Ich sehe voraus, daß die Priester, um ihre Verehrung allgemeiner zu machen und die Zahl ihrer Anbeter zu vermehren, die ursprüngliche Einfachheit der Formen, unter einer Menge fremder Verzierungen und sonderbarer Nebendinge verstecken werden. Einer von ihnen äusserte dieß schon gegen mich. „Da wir, sagte er," die Zeichnung zu unserer Bildsäule der Diane aus Aegypten entlehnt haben, und da sie an den Ufern des Nils die personificirte Natur vorstellt, warum wollten wir in Ephesus auf dem halben Wege stehen bleiben? Diane ist eine zu erhabene Gottheit, um blos die Schutzgöttin der Jäger zu seyn; wir wollen ihr einen größern Wirkungskreis geben. Ist sie nicht im Stande, mehrere Rollen zu gleicher Zeit zu spielen? Sie mag daher Ceres, Cybele, Isis, mit einem Worte, alles, was man will, vorstellen, wir dürfen der Frömmigkeit keine Gränzen setzen.

Pythagoras. Der Leichtgläubigkeit willst du sagen. —

Du machst den Halbgott, antwortete mir der priesterliche Halbmensch trotzig. Ich wollte ihm antworten, aber er war schon fort.

Ich blieb, um den sogenannten Ephesischen Festen beyzuwohnen. Die verheyratheten Weiber sind davon ausgeschlossen, und müssen zu Hause bleiben, nur die Mädchen dürfen sich im Tempel zeigen.

Die Feyerlichkeit dauert bis in die Nacht; dann nimmt sie aber einen, der keuschen Diane, wie es scheint, grade entgegengesetzten Charakter an. Die Männer, die sich den Tag durch betrunken haben, strömen auf die Marktplätze, brandschatzen die Verkäufer, verbreiten Unordnung auf den Straßen, und kaum können Müdigkeit und Schlaf diesen religiösen Orgien ein Ziel setzen, welche die Essener (¹) eben nicht geneigt sind einzuschränken, was man ihnen verzeihen würde, wenn sie sich in dem Nullitätestande der Priester befänden.

Die Einkünfte dieser letzteren bestehen, außer dem Abhube von den Altären, in dem Ertrage verschiedener fisch-

(1) Vorsteher der Feyerlichkeit.

fischreichen Teiche, die sich in der Nachbarschaft des Tempels befinden. Ein einziger dieser Teiche würde für den Unterhalt der Diener der Diana hinreichen.

Ephesus breitet sich wie ein Amphitheater an dem Abhange eines Hügels aus. Man könnte es für eine grosse, auf einer schiefen Fläche angelegte Rennbahn ansehen. Der Hafen ist blos eine offene, und den Stürmen sehr ausgesetzte Rhede. Die unter dem Namen Halithea bekannte, und wegen ihres guten Wassers im ganzen Lande berühmte Quelle, versorgt die ganze Stadt damit. Ephesus ist von Smyrna nur eine halbe Tagereise zu Pferde entfernt. Die Landstraße wird von verschiedenen angenehmen Bächen durchschnitten; an deren Ufern man eine ziemlich seltene Pflanze, den Affodill mit gradem Stengel und gelber Blume findet. Die Berge, welche Ephesus einschliessen, sind mit Oelbäumen bedeckt, und unter andern Gesträuchen bemerkt man auch die Comarea (¹) auf demselben. Die ganze umliegende Gegend ist nur ein blühender und fruchtbarer Garten; dem Aprikosenbaum scheint das Clima vorzüglich angemessen zu seyn. In den Ebenen von Ephesus giebt es viele Tamarisken.

Geliebte Schüler, auf meinen Reisen habe ich mehr auf die Naturerzeugnisse, als auf die, von Menschenhänden verfertigten Kunstwerke Rücksicht genommen. Die Menschen haben mit vieler Mühe sich durch Marmor und

(1) Vermuthlich meint der Verfasser den Comarus, bekannter unter dem Namen Arbustus, oder Erdbeerbaum: vielleicht den kleinen Levantischen Erdbeerbaum Andrachne Telephioides.

Anm. d. Red.

M

Erz zu verewigen gesucht. Spielend wirkt die Natur, und wird länger dauern, und doch scheinen ihre Mittel weit schwächer zu seyn; es sind zarte Gewächse, die alle Jahre vergehen, aber freylich um im künftigen wieder aufzublühen. Doch habe ich die Werke der Menschen nicht verachtet, in sofern sie uns das Jahrhundert, in dem sie gelebt haben, darstellen, und zu Belegen von den Fortschritten der Kunst oder der Vernunft dienen.

Auf der Vorderseite desjenigen Thores von Ephesus, das nach Miletus führt, ist eine Figur in halberhabener Arbeit befindlich, welche die dreyfache Gottheit der Diana vorstellt, oder, wie der gemeine Haufe sagt, die Hekate mit dreyfachem Antlitz, denn diese berühmte Göttin umfaßt die ganze Natur. Der große Haufe, der ihr seine Opfer darbringt, weiß es selbst nicht, zu welch' einem erhabenen Religionssystem er sich dadurch bekennt.

Die Bürger von Ephesus geben sich für das erste Volk Asiens aus, vielleicht halten sie sich eben darum für das älteste.

Bey meiner Durchreise ließ diese, auf ihren Ursprung und Tempel so stolze Stadt sich von dem Despotismus zweyer Ehrgeitzigen, Namens Athenagoras und Komas, feigherzig unterdrücken. Ich wünschte den Hipponax zu sprechen.

Ein Ephesier. Er ist nicht mehr hier; die Regierung hat ihn gezwungen, sein Vaterland zu meiden. Er hält sich in Klazomenä auf.

Pythagoras. Wie! dieser Mann, den man mir so häßlich von Gestalt, und so klein von Körper geschildert hat, ist im Stande gewesen, bey den ersten obrigkeitlichen Personen Argwohn zu erregen?

Der Ephesier. Seine Muse ist nicht verkrüppelt. Es entfuhren ihr beissende Wahrheiten, die man immer fürchtet, wenn man sich nicht vorwurfsfrey fühlt. Aber sein Bildniß kannst du zu sehen bekommen: Anthermes und Bubalus vervielfältigen es überall in aller seiner Häßlichkeit. Diese beyden Bildhauer haben geheime Befehle hierzu erhalten.

Pythagoras. Solche kleinliche Mittel sind der richtige Maaßstab zur Beurtheilung euerer Obern. Aber Hipponax darf sich nicht über Unrecht beklagen, nachdem er seine Dichtergabe durch die Travestirung der Homerischen Muse entehrt hat.

Der Ephesier. Mit mehrerem Rechte können wir auf unsern berühmten Mitbürger Kallinus stolz seyn; die Elegien dieses historischen Dichters vertraten die Stelle eines Heeres: sie retteten Ephesus von dem Einfalle der Magnesier.

Eben da ich im Begriff war, das Ephesische Gebiet zu verlassen, schlug ein gelehrter Fremdling eine Inschrift für die Bildsäule der Diana vor: sie wurde von den Priestern genehmigt; hier ist sie:

Die Natur, die Mutter aller Dinge.

M 2

Ich unterhielt mich einige Minuten mit diesem Gelehrten; er erstaunte nicht wenig, als ich ihm sagte: Meine Mitbürger, die Samier geben Ephesus einen andern Ursprung, als den man mir hier angegeben hat; es ist, behaupten sie, eine unserer Colonien, die unsere aufrührischen Sclaven, tausend an der Anzahl, gegründet haben: sie hatten sich in unsere Gebirge zurückgezogen, von denen sie öfters herabkamen, um die Besitzungen ihrer Herren zu verwüsten. Um sie los zu werden, erlaubten wir ihnen, sich über dem Meere einen andern Aufenthalt zu suchen; sie wählten die Jonische Küste, die sie durch ihre Anmuth und durch ihre, fast zu allen Jahreszeiten mit Blumen bedeckten Gefilde anzog.

§. XXI.

Reise nach Priene. Bias. Rede über die Verläumdung.

In einer halben Fußtagereise, legte ich den Weg von Ephesus nach Priene, einer am Meere gelegenen Niederlassung von Theben, zurück. Der Mäander fließt in der Nachbarschaft dieser weitläuftigen Stadt vorbey, die am Fuße des Mykale, eines Bergs mit zwey Gipfeln, liegt. Der Arm des Meeres zwischen diesem Vorgebirge und der Insel Samos, ist sieben Stadien breit.

Ich habe die Gewohnheit, mich einen Augenblick vor dem Thore der Städte zu sammeln, ehe ich hineingehe. So saß ich auch an der Heerstraße, die nach Priene führt; zwey junge Mädchen kamen, in Begleitung eines jungen Menschen heraus, verschiedene Bedienten beyderley Geschlechts folgten ihnen. Mit einemmale hielt dieser ganze Zug; ich näherte mich ihm, weil ich glaubte, daß er auf einen, diesem Orte besonders eigenen Gebrauch Bezug hätte. Die jüngste der beyden Mädchen befestigte an die Mauer eine Kette von Immortellen (*) während die älteste folgende Worte aussprach: „Sey uns gegrüßt, glückliche Stadt! Es giebt Städte, die reicher an Schätzen aller Art sind, aber keine, die reicher an Tugenden ist. Die fast überall unwillkommene Gerechtigkeit hat sich nach Priene geflüchtet. Der Unglückliche wird hier aufgenommen, und die Unschuld in Ehren gehalten. Die aus der Aeltern Armen gerissenen Mädchen finden hier einen zweyten Vater. Edles Priene, immer müsse dein Wohlstand blühen. Schützende Götter! entfernt von dieser reinen Stadt die Geißel des Kriegs und des Hungers. O Priene! ja! mehr als Milet, Ephesus und Smyrna, bist du Joniens Stolz. Wir werden von nun an deinen Namen nie anders, als mit heiliger Ehrfurcht aussprechen, mit ihm werden wir den Namen des Bias vereinigen, obschon uns dieser Weise das Versprechen abgefordert hat, ihn zu verschweigen. Priene und Bias, empfangt unser Lebewohl! lebt lange, länger als diese unverwelklichen Blumen — — — so lang als das Andenken an eure Wohlthaten."

Bey dem Namen Bias wendete ich mich zu dem jungen Menschen, dem Führer der Mädchen: Willst du mich wohl, sagte ich zu ihm, von der Veran-

(*) Rainkraut, Winterblume, Immerschön.

Anm. d. Ueb.

lassung zu diesem rührenden Ausrufe unterrichten? Ich mache die Reise nach Priene, bloß um den Bürger zu sehen und zu hören, dessen Namen ihr so eben mit so vieler Ehrfurcht ausgesprochen habt.

Der Jüngling erwiederte: Mit allem Rechte führt dieser Mann durch ganz Griechenland den Namen eines Weisen! du siehst hier meine beyden Schwestern, wir sind aus der Stadt Messana, einer Colonie der Achäer auf der Insel Trinakria. Sie reisten unter der Aufsicht und auf dem Schiffe eines alten Freundes meines Vaters, nach Delphi, um sich eines Gelübds zu entledigen; Seeräuber berauben das Schiff, ermorden unsern Freund, der Widerstand leisten wollte, und entführen meine beyden Schwestern. Bias kommt von Delphi zurück und reist in seine Heimath; er trifft auf einer Rehde mit den Seeräubern zusammen, welche von der Wichtigkeit ihrer Beute viel Rühmens machen. Bias kauft zugleich die beyden Gefangenen, bringt sie in seine Wohnung, wo sie wie im väterlichen Hause gehalten sind. Nichts geht ihnen ab, weder Erziehung noch Unterhaltung, noch Nahrung. Unterdessen befanden wir uns in Messana in fürchterlicher Unruhe. Phanodicus, so heißt mein Vater, beweinte bereits Tag und Nacht den Verlust seiner geliebten Töchter. Endlich erfahren wir durch einen Brief, daß sie zu Priene bey dem Weisen Bias sind. Ich schiffe mich sogleich ein, um ihm das Lösegeld für meine Schwestern und eine Belohnung für die Sorgfalt, die er ihnen, wie seinen eignen Kindern, erwiesen hat, zu überbringen. Allein er hat sie mir übergeben, ohne weder Lösegeld noch Entschädigung annehmen zu wollen. Ich habe mich, sagte er, durch das Vergnügen Gutes gethan zu haben, im Voraus bezahlt gemacht. Eilet um zu einem Vater zurück zu kommen, der jeden Augenblick zählt, und überlaßt das übrige den Göttern. Der tugendhafte Bias hat sich so eben von uns getrennt, und wir haben eine Stadt, in welcher sich so gute Bürger befinden, nicht verlassen wollen, ohne ihr unsern Dank abzustatten. Fremdling sage dieß dem Bias.

Pythagoras. Ja! ich werde euer Dollmetscher bey ihm seyn, mögen die schützenden Götter euch ohne Hinderniß in den Schooß eurer Familie zurück führen!

Sie setzten ihren Weg nach dem Hafen fort und ich gieng in die Stadt, und grades Wegs nach der Wohnung des Bias.

Pythagoras. Heil dem wohlthätigen Weisen.

Bias. Junger Fremdling, was willst du von mir? fasse dich kurz.

Pythagoras. Ich bin Pythagoras von Samos; Pherecydes von Syros, Hermodamas, Abkömmling des Kreophilus, und der gelehrte Arzt Alkmäon, haben mir alle drey den Rath ertheilt, meine Reisen mit einem Besuche in Priene anzufangen, und den Unterricht des Bias zu genießen.

Bias. Junger Mensch! da du ein Schüler dieser drey tugendhaften Sterblichen bist, was bedarfst du weiter?

Pythagoras. Einer von ihnen, Hermodamas, lebt nicht mehr.

Bias. Er hat dir wenigstens sein Beyspiel hinterlaßen.

Pythagoras. Erlaube, daß ich ihm das Beyspiel des Befreyers der Messanischen Familie an die Seite setze, so eben habe ich sie verlassen, sie hat mir ein theures und wichtiges Geschäfft, die Darbringung ihrer Dankbarkeit anvertraut.

Bias. Genug, laß mich die Vertheidigung eines schändlich verläumdeten Freundes vor dem Gerichtshofe von Priene vollenden. In zwey Stunden sollen die Richter das Urtheil sprechen.

Pythagoras. Bias, ich habe einen deiner Grundsätze behalten: Sey geiziger mit der Zeit, als mit deinem Rathe. Vertraue mir während deiner Arbeit einige deiner Täfelchen an, die dein Gedicht über die Kunst glücklich zu seyn, enthalten. Ob du es gleich blos für die Bewohner von Jonien verfertigt hast, so dürfen doch ohne Zweifel alle Menschen auf die darinnen enthaltenen Lehren Anspruch machen.

Bias Ich habe noch nicht so viel Zeit übrig gehabt, um diese Arbeit nochmals durchzusehen, und sie eines Lesers, der kein Jonier ist, würdiger zu machen; aber dem Zöglinge des weisen und kühnen Pherecydes vertraue ich meine Täfelchen an.

Vertrauet den eurigen, meine geliebten Schüler, einige Bruchstücke dieses Gedichts an, die mein, durch fleißige Uebung getreues, Gedächtniß behalten hat. Nach den Grundsätzen, zu denen sich der Verfasser darinnen bekennt, zu urtheilen, scheint es, daß es seine Absicht nicht gewesen sey, dieß Gedicht bey seinem Leben bekannt zu machen; hier sind die ersten Zeilen desselben:

„Bias, Sohn des Teuthamus und Bürger von Priene, widmet allen seinen Landsleuten, den Bewohnern Joniens, den letzten Unterricht der Freundschaft, über die Art glücklich, oder welches dasselbe ist, rechtschaffen zu leben.“

Meine Freunde! man hat mit euch von den Göttern geredet: wir müssen ihnen, sagt man uns, alles Gute, was in der Welt geschieht, zuschreiben; und das Böse, soll das auch den Göttern zugeschrieben werden? Sterbliche, um gründlich hiervon zu urtheilen, wartet bis sie sich selbst darüber erklären; die Götter wollen nicht errathen seyn, noch in ihre Geheimnisse eindringen lassen; man ehrt sie mehr durch Stillschweigen. Doch wollen wir ihnen dafür danken, daß wir nicht nöthig haben sie zu begreifen, um glücklich zu seyn. Die Natur verlangt von dem Landmanne nicht, daß er die Geheimnisse der Erzeugung kenne, ehe er erndten darf: Bestelle dein Feld, sagt sie ihm, für das übrige will ich sorgen. Was kümmert dich das, was über deinem Haupte vorgeht. Sieh lieber auf das, was vor deinen Füßen befindlich ist. Die Arbeit ist die erste Gottheit der Sterblichen; die Vernunft ist die

Vorsehung des Menschen. Erdensohn, wandle hienieden deinen Weg grade vor dich hin, ohne deine Augen gen Himmel zu erheben, um zu wissen, ob jemand da oben dir Beyfall giebt oder dir droht. Thue das Gute um sein selbst, und um deinetwillen. Bitte die Götter nicht um Gesundheit; sie würden dir antworten: Es hängt blos von dir ab, gesund zu seyn, sey mäßig. Rufe nicht zu den Göttern, gebt mir Reichthümer; die Götter würden erwiedern: wir haben nichts zu geben, alles gehört der Natur, und der Mensch ist ein Theil derselben. Arbeite um zu erwerben, die Dürftigkeit ist die bittere Frucht der Faulheit. — — —

Ich begleitete den Bias vor Gericht.

Es schien mir, als ob er seine Wohnung selten verließe; es bedurfte solcher wichtigen Bewegungsgründe, als die Vertheidigung eines ungerechter Weise angeklagten Freundes, um ihn dazu zu veranlassen; denn kaum war er auf dem öffentlichen Platze vor dem Gerichtshofe angekommen, als verschiedene Bürger sich zu ihm drängten, um sich bey ihm Raths zu erhohlen. Einer lief mit diesen Worten auf ihn zu: „Bias, vergieb meiner Zudringlichkeit, aber schon seit vielen Tagen suche ich dich anzutreffen, um dir eine Frage vorzulegen, die ich nicht beantworten konnte, als mein ältestes Kind sie an mich that: Was sind die Götter?"

Bias antwortete lächelnd: Frage sie selbst.

Das habe ich schon gethan, erwiederte der Priener ganz unbefangen; aber sie haben mir keine Antwort gegeben.

Mein Freund, sagte Bias, ich nehme mir nicht heraus, mehr von ihnen wissen zu wollen, als sie selbst.

Ich hörte seine Vertheidigungsrede mit an, der Gerichtshof, vor welchem er sie hielt, untersagte dem Vertheidiger eines Angeklagten nicht, wie der Areopag, die Anwendung der Beredtsamkeit. Bias machte einen meisterhaften Gebrauch davon, man hätte glauben sollen, er wäre von dem Mercur selbst, dessen Bildsäule ihm zur Seite stand, begeistert worden. Eine noch mächtigere Gottheit, die heilige Freundschaft, beseelte ihn. Nie hörte ich einen hinreißenderen Redner, bald donnerte er gegen die Verläumder, bald rührte er zum Vortheile seines Freundes, der gegenwärtig war, und selbst über alle die Mittel der Beredtsamkeit erstaunte, die der Geist seines Vertheidigers, mit einem Reichthume, mit einer Gewalt in Bewegung setzte, die Zuhörer und Richter hinreissen, welche letzteren blos der Wiederhall der Volksstimme waren. Alle Anwesenden begleiteten den Bias nach seinem Hause zurück. Der Triumph des Sesostris, bey der Zurückkunft von seinen kriegerischen Unternehmungen, war ohne Zweifel prächtiger, aber er bot kein so rührendes Schauspiel dar. Der Weise gieng, oder wurde vielmehr von seinem Freunde, den er so eben vom Blutgerüste befreyt hatte, auf dem Arme getragen. Das ganze Volk, welches sich aus Ehrfurcht in einiger Entfernung hielt, klatschte in die Hände; und tausend Stimmen erhoben sich in die Lüfte, und riefen die Worte aus. „Der Befreyer seines Vaterlandes und seines Freundes weiß eben so gut zu reden, als zu fechten. Ehre gebührt dem Bias Priene's und ganz Joniens Stolz! der goldene Dreyfuß Apolls, den er in den Delphischen Tempel sandte, gehörte ihn mit allem Rechte. Unsterblicher Ruhm und langes Leben dem beredtesten der sieben Weisen Griechenlands!"

Eine der schönsten Stellen in der Rede des Bias bezog sich auf die Verläumdung. Ich habe einige Bruchstücken daraus behalten, die ich euch, geliebte Schüler mittheilen will, indem ich euch jedoch gleich im voraus die Untreue meiner Ueberlieferung bekenne.

„Diener der Gerechtigkeit!" rufte Bias, gegen den Schluß seiner Rede, mit verdoppeltem Feuer aus: „Die falschen Ankläger meines Freundes, durch die Klarheit der jetzt von mir bewiesenen Thatsachen überführt, gehen nun der auf die Verläumdung gesetzten Strafe entgegen; sie werden sich vielleicht auf das Beyspiel der Athenienser stützen wollen. Einige Zeit nach dem Tode des Kodrus, gab das, zum Freystaate gewordene Athen, dem Wunsche verschiedener Bürger nach, die den Vorschlag thaten, der Verläumdung eine Bildsäule zu errichten. Die Verläumdung, sagten sie, ist bey Republikanern eine Tugend: sie ist nichts, als ein Uebermaaß der Freyheitsliebe; sie ist der Schutz des Volks; sie hat ihre Blicke beständig auf den Heuchler gerichtet; und der Bürger, welchen sie trifft, muß ihre Schläge segnen, und sie dem allgemeinen Besten zum Opfer darbringen.

Die Ankläger meines Freundes, werden auf dieses große Beyspiel trotzen, und sich vielleicht gar unterstehen, anstatt der verdienten Strafe, eine Belohnung von euch zu fordern. Diener der Gerechtigkeit, hört den Vertheidiger der gekränkten Unschuld. Ich will auf einen Augenblick zugeben, daß die Verläumdung dem allgemeinen Besten nützlich sey, aber ist sie auch ein redliches Mittel, und kann man einen Freystaat durch unredliche Mittel begründen? Nie wird man Priene, diese durch den Geist der Weisheit und Billigkeit, der alle ihre Einwohner beseelt, so berühmte Stadt, überreden können, daß man zur Tugend auf den Weg des Lasters gelangen könne. Einen großen Mann, einen guten Bürger verläumden, um ihn zu hindern, der Abgott seines Landes zu werden, ist ein schlechtes Mittel, denn wenn die Verläumdung entdeckt ist, so wird er dem Volke nur um so interessanter und theurer. Wehe dem Volke, das man von seiner Gleichgültigkeit gegen das gemeine Wesen, oder von seinem Hange zur ausschließlichen Verehrung eines einzigen, nur mit Hülfe der Verläumdung heilen kann! Die Verläumdung schlägt den Muth der einen nieder, erbittert die andern, nichts ist ihr mehr heilig; sie beschmitzt alles, was sie berührt, und entfernt alles Zutraun unter den Bürgern, sie stellt sie ohne Unterlaß, gegen einander auf die Lauer. Der Neid bedient sich der Verläumdung, als einer seiner Lieblingswaffen; sie vergiftet die öffentliche Meinung, und führt die Nachwelt irre. Weit entfernt, daß die Verläumdung der Ehrsucht Schranken setzen sollte, gereicht sie blos ihr zum Vortheil, und zur Erreichung ihrer Absichten. Ist die Verläumdung eine moralische Tugend? antwortet, niedrige Ankläger meines Freundes. Ihr schweigt, ihr wagt es nicht zu behaupten, daß die Verläumdung eine moralische Tugend sey, und ihr inkonsequenten Uebelgesinnten wollt sie zu einer republikanischen Tugend machen; als ob die Grundsätze eines Freystaats, von den Grundsätzen der Moral verschieden wären, als ob Freyheit ohne Sitten bestehen könnte. Lästerer der Tugend, Ungeweihte, entfernt euch! verlaßt die Mauern von Priene, verbreitet euer Gift anderwärts. Lieber müsse die ganze Stadt untergehen, ehe sie es geschehen lasse, ihre Erhaltung der Verläumdung verdanken zu müssen! nie wird man sie überreden, ehrlos zu werden, um frey zu bleiben."

§. XXII.

Das Gastmahl der sieben Weisen.

Bias wünschte mich neun Tage bey sich zu behalten. Sobald er etwas Muse hatte, (denn die ersten drey Tage lebte er ganz für seinen Freund) bat ich ihn, mir einige Umstände von dem berühmten Gastmale zu erzählen, welches Periander den Weisen Griechenlandes gegeben hatte.

Bias. Wenn die Nachwelt die Weisen Griechenlands blos aus ihren Tischreden bey dem Könige Periander kennen lernt, so wird es ihr Mühe kosten, ihnen den Beynamen der Weisen zu bestätigen; die Veranlassung dazu ist dir bekannt?

Pythagoras. Man erzählt sie auf verschiedene Weise.

Bias. Ein goldener Dreyfuß, der sich in dem Netze eines Fischers fand, gab Gelegenheit zu Zwistigkeiten. Der Streit, welcher vor die Obrigkeit von Milet kam, schien wichtig genug, um dem Delphischen Orakel die Entscheidung zu überlassen. Die Pythia sandte den Dreyfuß den Milesiern mit der Unterschrift zurück: Dem Weisesten. Aller Augen waren auf den Thales geheftet, allein er gab den Dreyfuß dem Pittakus, dieser dem Kleobulus. Nachdem er von Hand zu Hand gegangen, und die Annahme zum sechstenmale verweigert worden war, befand er sich in den Händen Solons, der ihn dem ersten, welchem er zugedacht gewesen war, wieder übergeben ließ. Thales machte den Wanderungen des Dreyfußes ein Ende, indem er ihn dem Ismenischen Apollo zu Theben weihte, wo er, glaube ich, noch befindlich ist; und das zufriedene Griechenland legte den Beynamen Weise denjenigen bey, welche sich nicht für würdig gehalten hatten, ihn zu führen. Die Griechen, die eben nicht in dem Rufe der Bescheidenheit stehen, ergriffen diese Veranlassung, um zu zeigen, daß sie wenigstens diejenigen, welche es wirklich sind, in Ehren zu halten wissen.

Dieser Vorfall erregte so viel Aufsehen, als eine politische Revolution. Verschiedene Fürsten, die vielleicht nie an uns gedacht hatten, insgeheim darüber eifersüchtig, daß wir die Stimme des hundertzüngigen Rufs mit ihnen theilten, wollten gleichsam an unsern Nachforschungen Theil nehmen, oder sich das Ansehen von Beschützern geben; andere hatten die treulose Absicht, uns zu Mitschuldigen ihrer mächtigen Tyranney zu machen, indem sie uns an ihren Hof ruften, und sich vorsetzten, auf einem vertrauten Fuß mit uns umzugehen. Periander gieng noch weiter, ja sogar so weit, daß sein Name schon auf einigen Verzeichnissen die Zahl der Griechischen Weisen vergrößerte. Es kostete ihm nichts als ein Gastmahl. Wir nahmen insgesammt die Einladung dieses gekrönten Ungeheuers in der Absicht an, es zahm zu machen; dieß war alles, was wir vernünftiger Weise versuchen konnten; ihn zu bestrafen, kam Fremden nicht zu: nur das Korinthische Volk hatte dieses Recht; es ist allein strafbar, keinen Gebrauch davon gemacht zu haben.

Es waren unserer mehr als sieben bey diesem Gastmahle: zuerst Thales, mein Nachbar, den du zu besuchen dir vorgenommen hast; Pittakus, welcher zugleich, als Weiser zu denken, und als freyer Mann zu handeln verstand; Solon, der vielleicht zu lange gelebt hat; Myson, der Weiseste unter allen, weil er die Gesellschaft verläßt, um zur Natur zurückzukehren: wenn du ihn besuchst, so wirst du ihn auf die einzige, dem Menschen wirklich angemessene Art beschäfftigt finden; Kleobulus, der dem Vorhergehenden an Festigkeit der Grundsätze und Reinigkeit der Sitten, den Rang streitig macht. Endlich Chilo, dieß Muster einer populären Magistratsperson; Periander hatte den Anacharsis einen Griechen mütterlicher Seits, und Scythen von Geburt, mit dazu geladen. Er besaß die ganze Feinheit der Sitten seines ersten Vaterlands, und alle Energie der Bewohner des Taurus. Nach seiner Zurückkunft in seinen Gebirgen ist

er,

er, wie man sagt, das Opfer eines Volksaufstands geworden.

Aesopus war dabey, jener Phrygier, der sein ganzes Genie aufbot, um die Wahrheit an den Höfen einzuführen. Keine seiner Fabeln übertriffe die Antwort, die er einem Ehrgeizigen gab, welcher ihn fragte, was die Götter im Olymp machten: „Sie erheben" sagte er „das Niedrige und erniedrigen das Hohe."

Periander empfieng uns außerhalb der Stadt, in einem kleinen Pallaste, am Hafen Lechäum, nahe bey einem, der Venus geweihten Tempel. Der Tyrann kam uns in allem zuvor, er gieng so weit, uns seine Wagen zu schicken, um uns der Mühe zu Fuße zu gehen, zu überheben; wir schlugen sie aber aus.

Pythagoras, ich übergehe eine Menge unbedeutender Aeußerungen, welche der Aufmerksamkeit eines Reisenden, der in seinen Kenntnissen eine Auswahl treffen will, unwürdig sind. Ehe wir uns zur Tafel setzten, erwähnte Niloxenus von Naukratis in Aegypten, einiger ziemlich freyen, dem Thales entschlüpften Sentenzen: Molpagoras, ein kleiner Despot Joniens, verlangte von ihm zu wissen, was das Gewöhnlichste und Seltenste in der Welt wäre: Ein alter Tyrann, erwiederte der Milesische Weise. Jener fuhr fort: welches ist das böseste Thier? — Unter den wilden, war die Antwort, ein Despot, unter den Hausthieren, ein Schmeichler.

Pittakus, der hier gegenwärtig ist, und kein Wort sagt, hat sich eine noch viel stärkere Wahrheit entschlüpfen

N

lassen, erwiederte Thales. Die Mitylenier drangen in ihn, ihr Oberhaupt zu werden: Es ist allzuschwer, antwortete er, zu gleicher Zeit König, und rechtschaffener Mann zu seyn.

Kleobulus von Lindus in Karien, brachte seine Tochter, die junge Eumetis, mit zum Gastmale, die sich des Anacharsis bemächtigte, und ihn nicht eher verließ, bis er ihr ein Gemälde von den Scythischen Sitten entworfen hatte, sie hörte ihm mit Freundlichkeit zu, indem sie mit den Locken des fremden Weisen spielte.

Die Speisen waren nicht auf eine übertriebene Art ausgesucht, noch in allzugroßer Menge, denn Periander wollte sich dießmal in die Denkungsart seiner Gäste fügen. Er hatte sogar die Sorgfalt, im Anzuge der Melissa, seiner Gemahlin, der Tochter des Königs von Epidaurus alles wegzulassen, was an die Pracht der Höfe hätte erinnern können. Ihr Kopfputz bestand blos aus einem Hute von Blumen. Er entließ auch die Sängerinnen und Spieler sehr bald. Unterdessen brachte ihre Entfernung das Gespräch auf die musikalischen Instrumente; man unterhielt sich sehr ernsthaft über die Phrygischen Flöten, die aus den Knochen von jungen Eseln verfertigt werden. Hierauf beschäfftigte man sich mit einem kindischen Räthsel, das mir der König Amasis aufgegeben hatte, und man fand für gut, ihm dagegen einige gute Lehren zu geben, die er nöthig zu haben schien. Ein jeder beeiferte sich um die Wette, seinen Beytrag zu liefern.

Solon sprach zuerst: „Ich halte dafür, sagte er, „daß ein weiser König sein erstes Geschäfft, nach seiner „Thronbesteigung seyn lassen muß, die Monarchie demo„kratisch zu machen."

Ich war der zweyte, der das Wort nahm: — „Und „der beste Rath, sprach ich, den ich einem Regenten „bey seinem Regierungsantritt ertheilen könnte, würde „der seyn, sich für den ersten Unterthan der Landesgesetze „zu erklären."

Thales. Ich wiederhole es hier nochmals: Gewiß! ein Monarch kann sich glücklich schätzen, wenn er ein hohes Alter erreicht, oder auf seinem Bette stirbt.

Anacharsis. Wenn ein Fürst darthun kann, daß er der einzige Weise in seinem Reiche ist, dann hat er unstreitig Ansprüche auf die höchste Gewalt.

Kleobulus. Die Lage der Könige ist so traurig, daß derjenige unter ihnen am besten berathen ist, der sich gar niemanden anvertraut.

Pittakus. Ein Fürst darf nicht eher ruhig schlafen, als bis er es bey seinen Unterthanen dahin gebracht hat, daß sie nicht ihn, sondern für ihn fürchten.

Chilo. Ein großer Fürst sieht nie hinter sich, sondern er fragt die Nachkommenschaft im voraus um ihr Urtheil.

Als die Reihe den Periander traf, so war unser Wirth in sich gekehrt, und nachdenkend, und schwieg; wir baten ihn, sich zu erklären.

Erhabene Weise, sagte er, die Grundsätze, welche ihr so eben aufgestellt habt, haben nichts geringeres zur Absicht, als dem kühnsten Ehrgeizigen den Thron zu verleiden. Ihnen zu Folge kann keinem Menschen von richtiger Beurtheilungskraft viel daran gelegen seyn, andern zu befehlen.

Aesopus. (In seinem ihm eignen scherzhaft stichelnden Tone) Die Weisen Griechenlands, glaubte ich, wären als Rathgeber und Freunde des Fürsten hierher gekommen, und nun sind sie seine Ankläger und Richter geworden.

Dieser ernsthafte Gegenstand machte auf einige Augenblicke verschiedenen nichtsbedeutenden Fragen Platz, die zwischen dem Augur Niokles, dem Arzte Kleodemus und einigen andern abgehandelt wurden. Mnesiphilus, ein Athenienser, und großer Anhänger Solons, führte die Unterhaltung auf eine, der Denkungsart der vorzüglichsten redenden Personen gemäßere Materie zurück. „Laßt uns," sagte er, über diejenige Volksregierung sprechen, in welcher allgemeine Gleichheit unter den Bürgern Statt findet.

Solon. Was ich für Athen zum Gesetz gemacht habe, wiederhole ich in Korinth als eine Grundwahrheit: die Unterdrückung eines Einzigen ist, in einem wahren Freystaate, die Unterdrückung Aller.

Thales. Der am besten eingerichtete Staat ist derjenige, in welchem die Bürger weder zu arm noch zu reich sind.

Anacharsis. Die beste Regierungsform ist diejenige, wo unter den Bürgern alles gleich ist, und kein anderer Unterschied Statt findet, als der Unterschied zwischen Laster und Tugend.

Kleobulus. Ich wünschte Bürger einer Stadt zu seyn, in welcher man die Schande mehr, als die Gesetze fürchtete.

Pittakus. Man befindet sich nur da wohl und ohne Zwang, wo die Boshaften keine Gewalt haben, wo alles Ansehen in den Händen der Rechtschaffenen ist.

Chilo. Diejenige Stadt ist ehrenwerth, deren Einwohner den Gesetzen beständig ihre Ohren öffnen, und vor den Rednern verschließen.

Periander wartete nicht, bis man ihn aufrufte: er nahm das Mittel von allen den Grundsätzen heraus, die so eben aufgestellt worden waren, und sagte: Es scheint mir, daß sich alle Stimmen für eine gemäßigte Volksregierung, der ein, aus geschickten Männern zusammengesetzter Senat vorsteht, vereinigen.

Ich nahm das Wort, um eine Bemerkung zu machen. Erhabene Gäste, sagte ich, alles was wir jetzt gehört haben, enthält, ohne Widerrede, hohe Weisheit; aber wenige Menschen sind berufen, im Senat oder auf dem Throne zu sitzen. Der große Haufe der Sterblichen hat nur eine Familie, eine Wirthschaft, ein Haus zu regieren.

Aesopus. Mit Ausnahme des Anacharsis und seiner Landsleute; in Scythien kennt man keine Häuser; man bewohnt, gleich der Sonne, einen Wagen.

Anacharsis, dem dieß, ich weiß nicht aus welchem Grunde, auffiel, erwiederte mit ziemlicher Lebhaftigkeit: „Deswegen geht auch der Scythe, nach dem Beyspiele der Sonne, seinen Weg frey und unabhängig; er trägt alles mit sich wie Bias.“

Da ich mich anführen hörte, so erklärte ich mich auf folgende Weise. Ein wohleingerichtetes Haus ist dasjenige, wovon man nicht sagen kann, was ich auf einem öffentlichen Markte sagte, auf welchem sich eine große Menge Gegenstände des Luxus befanden: Wie vielerley Dinge giebt es doch hier, die ich entbehren kann!

Chilo. Ist ein Fall denkbar, wo die Regierung eines Einzigen zweckmäßig seyn könne, so ist es die Regierung eines Hauswesens.

Periander hatte über diesen Gegenstand nichts zu sagen; kennen denn wohl die Tyrannen das Vergnügen und die Pflichten des häuslichen Lebens? Er ergriff einen großen Becher, und trank ihn demjenigen zu, der zuletzt gestimmt hatte, dieser gab ihn seinem Nachbar, um ihn rings um die Tafel gehen zu lassen.

Der Dichter Chersias, der erst ohnlängst bey unserm gekrönten Wirthe wieder in Gnaden gekommen war, hatte noch nichts gesagt; jetzt bat er uns, die Summe der, für die Bedürfnisse des Menschen hinlänglichen irdischen Güter zu bestimmen.

Freund Chersias, antwortete zuerst Kleobulus, wir müssen den thörichten Menschen von dem weisen Manne unterscheiden, das Maaß der Güter, das für letzteren zureicht, ist bekannt, es richtet sich nach den natürlichen Bedürfnissen. Was den Thoren betrifft; so will ich euch ein Mährchen sagen, das meinem jüngern Bruder immer von meiner guten Mutter erzählt wurde. „Luna (der Mond) bat einst die ihrige, ihr ein für sie passendes Kleid zu weben. Wie ist dieß möglich meine Tochter, antwortete jene, da du, in dem Laufe eines Monats, bald voll und rund wie eine Kugel bist, und bald die Gestalt eines Bogens hast? du müßtest so viel Kleider haben als vielmals du deine Gestalt veränderst?“

Nun nahm Kleodamus das Wort, „Aber ihr selbst, erhabene Weise, sagte er, habt die Erdengüter nicht gleich unter euch vertheilt, einige von euch haben mehr, die andern weniger, grade wie bey den übrigen Sterblichen.“

Hocherfahrner Mann, erwiedertete Kleobulus, die Natur vertheilt, gleich dem Weber die Faden ihres Gewebes, je nachdem es nöthig ist; hier sind sie stärker und dichter geschlagen, da schwächer und lockerer, verordnest du allen deinen Kranken dieselben Mittel?

Thales. Wer sich mit Wenigem begnügt, hängt von niemanden ab, und fällt seinen Freunden nicht zur Last.

Solon. Irgend jemand hat gesagt: „Der Mensch würde vollkommen glücklich seyn, wenn er es dahin bringen könnte, der Nahrung nicht zu bedürfen.“

Kleodamas. (Die Diener des Aesculaps gleichen den Priestern in dem Stücke ein wenig, daß sie gern schmousen.) Ich bin nicht ganz dieser Meinung: nehmt das Vergnügen der Tafel weg, und es giebt keine Geselligkeit, keine Gastfreundschaft, keine Freundschaft mehr, es heißt uns alle Annehmlichkeiten des menschlichen Lebens rauben. Ich gebe zu, daß das Vergnügen des Comus mancherley Sorgen verursacht; aber, wenn der Mensch leben könnte, ohne zu essen, was würde aus dem Ackerbaue, und aus allen Künsten werden, deren Mutter er ist? In was für einem herabgewürdigten Zustande würden wir den Boden sehen, der uns trägt? Einige herbe Früchte, unfruchtbares Gesträuche würde seine ganze Zierde seyn. — — Diese Erde würde bald in ihr ehemaliges Chaos zurücksinken. Und wer wird sich mit dem Dienste der Götter beschäfftigen, was für Bewegungsgründe werden wir haben uns ihre Gunst zu erwerben? Wird man den Sonnengott, den Vater der Jahrszeiten, anrufen, und vollends Phöbe, seine Schwester. Jupiter, welcher den, der Saat nöthigen Regen verleiht, wird keine

Altäre mehr haben; Ceres eben so wenig, da man nicht mehr erndten; noch Bachus, der Gott der fröhlichen Zecher, weil keine Weinlese mehr seyn wird. Und was für Opfer könnten wir darbringen? Der Altar würde so leer und so kalt wie die Tafel bleiben; auch das Ehebette würde die Folgen davon spüren.

Diokles. Um der Nahrung entbehren zu können, darf man keinen Körper haben. Jetzt frage ich euch, was würde aus der Seele ohne Körper werden? was aus dem Leben? es würde alles Daseyn aufhören. Wenn übrigens Solon, oder irgend jemand anders eine Einwendung dagegen zu machen hat, der bringe sie vor.

Solon. Ja allerdings will ich reden. O Griechen! die ihr weiser seyn wollt, als alle übrigen Völker, seyd es wenigstens im gleichen Grade, wie die Aegyptier. Diese behalten, bey ihrem Einbalsamiren, nur diejenigen Theile des Körpers bey, die der Verwesung am wenigsten unterworfen sind, die übrigen, die entweder zur Aufbewahrung der Nahrung des Menschen, oder zu deren, zur Erhaltung der menschlichen Maschine nothwendigen, Verarbeitung dienen, sondern sie ab; wodurch sie, scheint mir's, anzeigen wollen, daß wir, wenn es den Göttern gefallen hätte, uns davon zu befreyen, nicht so viele Mordthaten an Thieren begangen haben würden, als wir uns deren ohne Vorwürfe zu Schulden kommen lassen! O warum haben uns die Götter, die uns die Gerechtigkeit zur Pflicht machen, nicht so geschaffen, daß wir die Mittel zu unserer Erhaltung in uns selbst finden können, ohne uns genöthigt zu sehen, sie außer uns zu suchen, und sie uns mit Gewalt zu verschaffen! Es ist eine schreckliche Extremität, nur auf Kosten des Lebens anderer Wesen, die die gleichen Rechte auf das Geschenk des Daseyns haben, unser Leben erhalten zu müssen. Ach! könnten wir doch bey unserm Leben die Gewohnheit der Aegyptier bey ihren Todten nachahmen, und alles, was blos auf körperliche Genüsse Bezug hat, von uns absondern! könnten wir doch, ohne uns zu einem Gastmahle niedersetzen zu dürfen, wie wir es so eben gethan haben, in dem gleichen Zustande wie jetzt, mit bekränztem Haupte, mit entfesselter Seele, frey von der Last ihrer groben Hülle, das Daseyn genießen; könnten wir doch immer, wie jetzt, zu den Ergießungen der Freundschaft, zu den reinen Freuden der Vernunft, zu dem Genuusse, den eine entdeckte Wahrheit gewährt, und zu den Betrachtungen der Wunder der Natur uns geschickt fühlen! — — — Aber Kleodamus ist der Meinung, daß man essen müsse; das Bedürfniß der Nahrung dünkt ihm nöthig, um auf dem Altare der Götter opfern, und sich unter Weinbechern an der Tafel versammeln zu können. So habe ich einmal die Messenier sagen hören: „Wenn es keine Kriege gäbe, wie könnten wir jenes Gesetz in Anwendung bringen, das uns befiehlt, am Fuße der Bildsäule des Mars, als Dankopfer für den Tod vieler tausend auf dem Schlachtfeld gebliebener Krieger, Weihrauch anzuzünden?“

Wenn ein immerwährender Friede zu Lande und zu Wasser herrschte, was würde aus der Kriegs- und Schiffsbaukunst werden? Wie groß würde der Nachtheil seyn, wenn es keine Krankheiten und keine Kranke mehr gäbe, dann würde es ja auch keine Priester des Aesculaps, keine Aerzte mehr geben, und man würde nicht wissen, was man mit allen den heilsamen Pflanzen anfangen sollte. Und so könnte man auch sagen, welch Unglück, wenn der Mensch aufhörte zu hungern; dann würde Periander seine Köche, seine Jäger, seine Tischbedienten fortschicken.

Wahr ist's, unser göttlicher Homer behauptet in seiner Iliade, daß die Götter nur deswegen unsterblich sind, weil sie nicht essen.

Bias. Ich wollte dem Solon dadurch antworten, daß ich den Gedanken Homers umkehrte: Die Götter essen deswegen nicht, weil sie unsterblich sind. Indessen bin ich der Meinung des letzten Gesetzgebers Athens nicht entgegen; der nachtheiligen Folgen des Bedürfnisses der Nahrung, sobald man nur das von der Natur vorgeschriebene Maaß überschreitet, nicht zu gedenken, so sind fast alle Uebel, wodurch wir die Annehmlichkeiten der Civilisation so theuer erkaufen müssen, Folgen dieses gebieterischen Bedürfnisses. Es ist die erste Ursache unserer Laster, unserer Verbrechen; oder wenigstens der Vorwand dazu. Was kann man dem plündernden Soldaten antworten, wenn er sagt: „Ich muß doch auch leben?" Die Nothwendigkeit zu trinken und zu essen, legt uns die Strafe der Danaiden auf, man müßte denn in Verlegenheit seyn, wie dieß der Fall beym Diokles zu seyn scheint, was aus den Töchtern des Danaus werden würde, wenn man sie von der Arbeit, ein bodenloses Faß zu füllen, befreyte. Hält er uns etwa für jenen Sclaven, der, gewohnt eine Kette zu tragen, nicht wußte, was er mit seinen Händen und Füßen anfangen sollte, als man sie ihm frey gab? der erste Gebrauch, den er davon machte, war, sich selbst zu schlagen; ein wahres Bild von mehr als einem Volke!

Die unvermuthete Ankunft des Gorgias, des Bruders des Tyrannen, gab dem Gespräche eine andere Wendung. Er kam von Tänarum, einer, wegen ihres Tempels des Neptuns und ihres, für sie nicht minder nützlichen Hafens berühmten Stadt in Lakonien, zurück. Ich schenke dir das Mährchen von dem Tonkünstler Arion, den Delphine auf ihren Rücken trugen, eine alte Sage, womit er uns lange Zeit unterhielt, der er aber nicht den Reiz der Neuheit zu geben verstand.

So endigte sich dieses, mehr als es verdiente, berühmt gewordene Gastmal. Nach einer, den Musen dargebrachten Libation, trennten wir uns, und Periander blieb, nach wie vor, seinen tyrannischen Grundsätzen getreu; der mit uns gepflogene augenblickliche Umgang bekehrte ihn nicht. Die Despoten bessern sich nicht bey einem Gastmahle. Sie bedürfen ernstlicherer Belehrungen, und diese ihnen zu geben, ist die Sache des Volks. Unglücklicher Weise ist das Volk durch sich selbst nicht im Stande, diejenigen, die sie schlecht regieren, zurechte zu weisen, es kann nur dulden, wie ein dummes, oder sich rächen, wie ein reißendes Thier.

Wir kamen noch einmal zu Delphi in dem Tempel Apolls zusammen; allein es glückte uns bey den Priestern so wenig, als bey den Tyrannen; die Waffen der Vernunft sind gegen sie zu schwach. Unsere Reise war umsonst. Jeder von uns schrieb vor seiner Abreise an die Säulen des Tempels seinen Lieblingsspruch, die die Zeit ohne Zweifel schon verlöscht haben wird. Die Diener Apolls werden es sich eben nicht angelegen seyn lassen, diese Inschriften wieder herzustellen: sie könnten es indessen, ohne ihrem Vortheile zu schaden, der große Haufe, der sie besucht, liest nicht, oder hat kein Gedächtniß; er spricht den Namen eines Weisen zwar mit einiger Ehrfurcht aus, aber der Anblick eines Augurs bringt ihn bald zu seinen alten Vorurtheilen zurück.

Aus allen diesem habe ich, mein lieber Pythagoras, den Schluß gezogen, daß man blos für sich leben muß. Ich habe der Thorheit, denn es ist eine, entsagt, an das Vervollkommnerungsvermögen der Menschheit zu glauben. Ich schränke mich darauf ein, die wenigen Einsichten, die ich mir erworben habe, in meinem kleinen Kreise zu verbreiten. Ich gebe meinem Vaterlande die Rathschläge, welche ich für die besten halte; es nimmt nicht viele Rücksicht darauf, doch dieß schadet nichts, ich habe meine Pflicht gethan. Ich hatte die Folgen des Einfalls einer fremden Macht in Jonien voraus gesehen. „Theure Mitbürger, rufte ich mehr als einmal aus, wir wollen abreisen, wir wollen dem Eroberer nichts als die Steine zurücklassen. Das Meer ist der Boden der Freyheit. Laßt uns fern von hier einige unabhängige Inseln aufsuchen, noch giebt es deren.“ Man hat mir nicht glauben wollen, und nun sind wir halbe Sclaven geworden. Da ich die öffentliche Freyheit nicht habe retten können, so suche ich mich dadurch zu entschädigen, daß ich mich der Vertheidigung einiger Unterdrückten widme. Dieser

Ruhm ist zwar weniger glänzend, aber sicherer. Ich habe auch auf denjenigen, der mit der Erfindung irgend eines großen Systems verbunden ist, Verzicht gethan. Ich überlasse diese Sorge dem Thales, und der kleinen Zahl von Sterblichen, die so unermüdet sind, wie er; ich halte mich an die Ausübung der natürlichen Sittenlehre, und an den friedlichen Umgang mit den Musen. Leb wohl Pythagoras, erinnere dich des Bias.

Der Baum, unter dessen Schatten der Weise von Priene diese Worte an mich richtete, war eine alte Eiche, deren Schönheit mir auffiel.

Du bewunderst diesen schönen Baum, sagte Bias zu mir. Ach sein Anblick ruft den Einwohnern unserer Stadt nur traurige Erinnerungen zurück; deswegen ist er auch mit dem öffentlichen Fluche beladen. In dieser Ebene, in welcher er hervorragt, verlohren wir eine blutige Schlacht gegen die Milesier. Die Einwohner von Priene glauben, daß diese Eiche ihre Stärke dem Menschenblute zu danken hat, das ihre Wurzeln düngte; daher ist sie auch zum Sprichworte geworden. Wenn man eine unglückliche Familie ausdrücken will, so sagt man: Sie hat unter der Eiche geschlafen. Die ganze Erde ist mit ähnlichen Denkmählern bedeckt. Wie viel Böses haben die Menschen einander zugefügt, wie viel werden sie einander noch zufügen! Leb wohl!

§. XXIII.

Reise nach Milet. Thales, Thrasybulus.

Bias gab mir einen jungen Bürger, Namens Mandraites, aus einem der reichsten Häuser von Priene, zum Wegweiser, auf die Straße, welche nach Milet führt, mit; dieser war schwärmerisch für den Thales eingenommen; er kannte nur zwey vollkommene Menschen, Thales und Bias.

„Was man von Bias, dem ewigen Ruhme seines Vaterlandes, zu halten hat, sagte er unterwegs, ist dir bekannt; man darf ihn nur drey Tage lang sehen und hören, um ihn eine unbegränzte Hochachtung zu weihen. Aber mit dem Thales muß ich dich bekannt machen, von dem du vielleicht nichts als den Namen gehört hast. Seine einzige Arbeit, über die Eintheilung der Tage des Jahres, und der Stunden des Tages, welche sich auf die Zeit gründet, die der Vater des Lichts und der Wärme braucht, um den Zwischenraum, welcher die beyden Sonnenwändepuncte von einander trennt, zu durchlaufen, seine gelehrte Theorie der Bestimmung des, zwischen diesen beyden Puncten enthaltenen, großen Kreisbogens, in Graden und Theilen von Gradrn, werden ihm die Bewunderung und Dankbarkeit der spätsten Nachwelt sichern.

Er hat mir vor kurzem diese großen Geheimnisse der Natur, mit einer Deutlichkeit und Bestimmtheit erklärt, wovon man vor ihm kein Beyspiel gehabt hat. Ich befand mich gerade bey seiner Zurückkunft von seiner großen Aegyptischen Reise, in Milet: dringend bat ich ihm, mir einige Lehrstunden zu geben. Dieser berühmte und gelehrte Greis gab meinem lebhaften Wunsche nach, und seitdem ich in drey Tagen von seinem Lehrgebäude unterrichtet worden bin, halte ich mich nicht mehr für denselben Menschen. Ich beklage jenen großen Haufen, der sein pflanzenähnliches Daseyn unter der Sonne verlebt, und, ehe er sich von allen den erhabenen Erscheinungen über seinem Haupte Rechenschaft gegeben hat, ins Grab sinkt. In meinem ersten Entzücken schloß ich den Thales, mit diesem Ausrufe, in meine Arme: Göttlicher Sterblicher, wie kann ich mich für eine so große Wohlthat erkenntlich beweisen? Willst du zur Belohnung für deinen dreytägigen Unterricht, mein Erbtheil annehmen? alle meine Güter gehören dein, sie werden noch immer eine schlechte Vergeltung seyn.

Junger Fremdling, vernimm die Antwort des Thales. „Mandraites, sagte er zu mir, mit jener Würde, die dem Mann von Genie so wohl kleidet, behalte das Erbe deiner Väter, um es deinen Kindern zu überliefern. Weil du aber in mich dringst, auf den dreytägigen Unterricht, den du über das Planeten-System und die Theorie der Sonne von mir erhalten hast, einen Preis zu setzen, so höre was ich, nach deiner Zurückkunft, von dir verlange: wenn du für gut findest, das was ich dich gelehrt habe, andern mitzutheilen, so nenne den Entdecker dieser Wahrheiten, sage dem Freunde, den du davon unterrichten wirst: Thales von Milet, der Sohn des Examius, ist der Urheber dieses Lehrsystems."

O mein Lehrer, antwortete ich ihm, dieß ist ohnehin meine Absicht. Ja! allerdings werde ich deinem Namen diese ihm gebührende Ehre und Gerechtigkeit wiederfahren

lassen!

lassen! Fluch dem undankbaren und niedrigdenkenden Schüler, der es wagt, sich an die Stelle seines Lehrers zu setzen, und ihm des einzigen, der Entdeckungen des Genies würdigen, Lohnes zu berauben.

Thales unterbrach mich: „Junger Mandraites sagte er, vergieb diese Schwachheit einem Greise; ich habe nur diesen einzigen Ehrgeiz gehabt, er ist unschuldig, und wird meinen Nebenmenschen weder eine Thräne, noch einen tropfen Bluts kosten. Der menschliche Geist bedarf eines Mittels, um sich bis zur Wahrheit zu erheben, und sie zu erreichen.„

Weiser Thales, erwiederte ich, deine Wünsche sind gerecht, und sie werden in Erfüllung gehen. Die Natur kann, wenn sie glaubt, daß es Zeit ist, dich erinnern, in die Gruft hinab zu steigen, dein Name und deine Entdeckungen werden dir nicht dahin folgen, und du kannst auf das, was dir von der Nachwelt aufbehalten ist, schon von der ehrenvollen Auszeichnung schließen, die deine Zeitgenossen dir zu erkennen gegeben haben.

Junger Fremdling, ich hoffe, daß du mir für diese Herzensergießung einigen Dank wissen wirst. Ich gestehe dir, daß, wenn jeder Stein, dem ich begegne, ein wenig von dem Lebensfunken hätte, der, wie man sagt, die Steine der Pyrrha beseelte, ich mir's zur Pflicht machen würde, ihnen das, was ich dir so eben von Thales gesagt habe, zu wiederholen."

„Mandraites, antwortete ich dem jungen Priener, ich begreife und theile deine Begeisterung; blos der Fanaticismus der Tugend und der Wahrheit ist nicht zu fürchten. Ja! deine Erzählung vermehrt noch die Ehrfurcht, die ich schon vor ihm hege. Deine Schwärmerey ist natürlich, so wie die seinige. Man wird nie etwas Großes ausführen, nie etwas Erhabenes entdecken, wenn man keinen Maaßstab zu seinem eignen Genie, und kein Gefühl seiner Kräfte besitzt. Thales hat Recht, auf seine Entdeckung eifersüchtig zu seyn. Sie ist sein Eigenthum; sie gehören ihm mit mehrerem Rechte, als die Eroberungen der Semiramis, dieser Frau. Man muß auf die gute Handlung, deren man fähig gewesen ist, auf den starken und kühnen Gedanken, der in uns entstanden ist, den gehörigen Werth setzen. Die Bescheidenheit ist die Tugend der Mittelmäßigkeit. Warum sollte man sich denn nicht Gerechtigkeit wiederfahren lassen, und für sich nicht so gut, wie für andere darauf Anspruch machen?

Wir trennten uns in Myus, einer kleinen Jonischen Stadt, auf dem halben Wege zwischen Priene und Milet. Hier fällt der Mäander, nach so vielen Krümmungen, endlich ins Meer, und bedauert, ihrer nicht noch mehrere in diesen angenehmen Gefilden gemacht zu haben.

Von der drückenden Hitze ermüdet, suchte ich in einem alten Tempel Zuflucht, welcher halb offen stand, weil der Tempeldiener (neocorus) ihn grade reinigte. Im Hintergrunde des Heiligthums entdeckte ich, nicht ohne Mühe, wegen Mangel an Licht, die sitzende Bildsäule eines Greises, der mit einem langen, sehr schmuzigen

Mantel bedeckt war. Auf seiner Schulter trug er eine bestaubte Axt.

Wer ist dieser Held, fragte ich?

Der Tempeldiener. Dieß ist die ursprüngliche (autocthone) Gottheit des Landes, der älteste aller übrigen Götter, die uns die Griechen kennen gelehrt haben. Es ist eine dreyfache Gottheit, denn sie steht der Freundschaft, den gastfreundlichen Tugenden, und endlich den Büßungen vor; in dieser letzten Eigenschaft trägt sie ein, allen denjenigen furchtbares Strafwerkzeug, welche sich mit einem Verbrechen befleckt haben, und sich davon zu reinigen vernachläßigen.

Pythagoras. Das Gras wächst im Vorhof.

Der Tempeldiener. Die neuangekommenen thun den alten Schaden.

Pythagoras. Sage mir wenigstens, wie er heißt?

Der Tempeldiener. Bey den Griechen heißt er ebenfalls Jupiter. Die ersten Bewohner von Kleinasien gaben ihm einen andern Namen, der verlohren gegangen ist, den du aber wieder erfahren kannst, wenn du bis nach Babylon reisest.

Pythagoras. Wie! du bist Wächter in diesem Tempel, und weißt nicht einmal den Namen der Gottheit, welcher du dienst?

Der Tempeldiener. Weiß ich doch so viel, daß dieser Gott der Vater aller andern ist, alles übrige brauche ich nicht zu wissen, und muß mir gleichgültig seyn. Die Unsterblichen können der Namen entbehren, nur die sterblichen Menschen bedürfen ihrer.

Ehe ich nach Milet hinein gieng, zog ich über diese Stadt und über den Thales noch weitere Nachrichten ein. Die Milesier, sagte mir ein müßiger und gefälliger Bürger, haben in der Jonischen Geschichte fast immer die ersten, aber nicht die schönsten Rollen gespielt. Die Lage und Güte ihres Hafens hatten sie bereichert, und sie wurden bald eben so weichlich wie ihr Clima. Eine Handelsstadt, die den Luxus und das Vergnügen liebt, darf auf ihre Unabhängigkeit eben nicht sehr eifersüchtig seyn; Reichthum und Freyheit sind nicht verschwistert.

Der erste Ursprung von Milet ist wenig bekannt; es wurde zu gleicher Zeit mit Myus und Priene von den, damals noch keinen festen Sitz habenden Einwohnern dieses schönen Landes erbaut. Anfänglich gab Milet das Beyspiel der erhabensten Tugenden. Gyges, Ardys und Sardiates, alle drey Lydische Könige, bekriegten es, einer nach dem andern eilf Jahre lang. Jetzt haben sich der König Alyattes und unser Thrasybulus zu unserm Verderben vereinigt. Es würde mit uns nicht so weit gekommen seyn, wenn wir, statt den Schutz einer auswärtigen Macht feiger Weise anzuflehen, den Rath des Bias, oder den Plan des Thales befolgt hätten. Die edeln Phocäer, welche Massilien an der Gallischen Küste erbaueten, waren uns schon mit einem Beyspiele vorgegangen. Der Weise von Priene suchte die Jonier gleichfalls zu bewegen, sich auf der Insel Sardinien einen Zufluchtsort zu suchen. Thales hatte ihnen folgenden Vorschlag gethan: „Errichtet, sagte er, in der Stadt Teos, welche in dem Mittelpuncte von Jonien liegt, einen, aus den Abgesandten aller Städte bestehenden Senat, und vertraut ihm die Leitung der öffentlichen Angelegenheiten an. Jede Stadt habe gleiche Vorzüge und Rechte mit ihren Nachbarn, die ihr, bey der ersten Nachricht von einer Gefahr, zu Hülfe kommen. Der Feind wird keine einzeln angreifen können, ohne es mit allen übrigen zu thun zu haben. Durch dieses föderative Band vereinigt, werden sie unangreifbar, oder doch unüberwindlich seyn.“

Man gab dem weisen Rathe des Thales kein Gehör, der, als er sah, daß seine Gegenwart unnütz war, kein Zeuge von der Erniedrigung seines Vaterlandes seyn wollte, und, obgleich nicht mehr jung, die Reise nach Aegypten antrat. Die innern Verhältnisse von Milet boten ihm keinen befriedigendern Anblick an, als der übrige Theil Joniens. Thrasybulus, sein Zögling, vergaß jeden Tag einige Lehren seines Erziehers, und zog nur die Ehrsucht zu Rathe.

Bey seiner Zurückkunft, findet der von der Last der Jahre niedergedrückte, und mit den tiefsten Kenntnissen bereicherte Thales sein erschöpftes Vaterland — ach — in der Knechtschaft. Du wirst ihn zu Hause, in seinem Mantel gehüllt, antreffen, wo er die traurigen Eindrücke, welche die politischen Uebel, unter denen Milet leidet, auf ihn machen, durch seine gelehrten Nachforschungen zu verscheuchen sucht: und sich glücklich fühlt, unter den unglücklichen Zeitumständen, in sich selbst Trost und Beruhigung zu finden! Wie oft würde ein anderer, als er, schon ausgerufen haben: ich habe zu lange gelebt!

Pythagoras. Mache mich mit der Person deines berühmten Mitbürgers etwas näher bekannt?

Der Milesier. Männer wie Thales liefern dem Biographen wenig Stoff; ihr ganzes Daseyn ist in den Unterricht, den sie ertheilt, oder in die Schriften, die sie hinterlassen haben, übergegangen. Die Familie des Thales ist Phönicischen Ursprungs, und hat sich seit drey oder vier Jahrhunderten in Milet niedergelassen. Wenn Thales nicht der erste seines Geschlechts ist; so ist er es unstreitig im Fache der Naturwissenschaft. Was er ist, ist er durch sich selbst; er hat seinem Vaterlande wichtige Dienste geleistet. Dieser große Mann war immer ein guter Bürger, ausgenommen in einem einzigen Puncte: unser Weise hat nämlich niemals in eheliche Verbindung treten wollen: Sah er vielleicht unser Schicksal voraus? Als freygebohrner Mann, fürchtete er vielleicht den Vorwurf, den uns jetzt unsere Kinder machen können. „Um als Sclaven zu leben, lohnte es sich's wohl der Mühe, geboren zu werden? ehe man sein Geschlecht fortpflanzt, sollte man vorher die Rechte derjenigen sichern, die man ins Leben ruft.“

Junger Fremdling, gehe ihm mit Zutrauen entgegen, frage ihn ohne Furcht: er gleicht einer lebendigen und reinen Quelle, die unaufhörlich für die Bedürfnisse eines jeden, der sich ihr nähert, fließt.

Durch diese vorläufige Nachricht beherzt gemacht, gieng ich in die Stadt hinein, und wollte weiter nichts, als den Thales sehen. Ich nahm meinen Weg gerade nach seinem Hause. Ein Abgesandter des Thrasybuls, der ganz kürzlich zum König von Milet ausgerufen worden war, wartete auf Antwort.

Thales. Sag deinem Herrn, daß er der meinige nicht ist, und nie seyn wird. Ich bleibe hier, ich gehe nicht aus meinem Hause: hier will ich sterben, nie wird man den Thales eine Wohnung in dem Pallaste eines Tyrannen annehmen sehen.

Hierauf wandte er sich gegen mich: Was begehrst du von mir, Fremdling? sagte er.

Pythagoras. Dich zu sehen und zu hören, ist mein einziger Wunsch. Bias sendet mich zu dir; und Mandraites hat mich den halben Weg begleitet, und mich von dir unterhalten.

Thales. Er ist ein wenig Schwärmer; ein Baum voll überflüßiger Säfte. Sey mir willkommen! Vor allen Dingen aber, mußt du die Ursache meines Unwillens erfahren. Vor wenigen Jahren entfernte ich mich aus meinem Vaterlande, und ließ den Thrasybulus, meinen Zögling, voll löblicher Gesinnungen in demselben zurück. Ich reise nach Aegypten, der König Amasis ruft mich an seinen Hof, ich gehe hin. Er läßt sich einige tyrannische Handlungen zu Schulden kommen; ich mache ihn darauf aufmerksam: er wird empfindlich. Ich ziehe mich zurück, und nehme den Weg wieder nach meinem Vaterlande, in der Hoffnung, den Thrasybulus unter den ersten Freunden der Freyheit zu finden. Kaum bin ich vor einem Monate angekommen, so erfahre ich, indem ich mein Geburtsland wieder begrüße, daß es unter dem Drucke eines Tyrannen seufzt, und daß dieser Tyrann, Thrasybulus ist. Ich eile sogleich in meine Wohnung; und der Unverschämte scheut sich nicht mir vorzuschlagen, meinen Heerd zu verlassen, und bey ihm, in der Nähe eines usurpirten Throns meine Wohnung aufzuschlagen. Du hast meine letzte Antwort gehört. Laß uns jetzt auf dich zurückkommen, laß uns, wo möglich, die Bösewichter vergessen. Ach soll ich denn mein Leben mit dem schmerzlichen Gefühle endigen, die Tyranney ihr trauriges Dunkel über den ganzen Erdboden verbreiten zu sehen! In Korinth ein Tyrann; in Samos ein Tyrann; in Memphis ein Tyrann; in Milet ein Tyrann. Meine Familie war blos deswegen hierher gekommen, um einen Phönizischen Tyrannen zu fliehen. Giebt es denn aller Orten nichts als Despoten! wenn man mir, ehe ich meine Augen schließe, wenigstens nur ein einziges freyes Volk anführen könnte, so wollte ich zufrieden sterben! Aber noch einmal, laß uns unsere Augen von dem so jammervollen Anblick eines, wahrscheinlich, unheilbaren, Uebels wegwenden. Guter Jüngling! du wirst die Anzahl elender Hofschranzen nicht vergrößern, da du hierher zu einem Greise kommst, der keine Gnadenbezeugungen auszutheilen hat.

Pythagoras. Ein Zögling des Pherecydes. —

Thales. Dein erster Lehrer ist glücklicher als ich, er befindet sich nicht in der Nähe eines politischen Vulcans. In Frieden weiht er sich der ältesten der Musen, die der Natur geheiligt ist. Man hat seine Meinungen, so wie die meinigen, schon sehr entstellt, und man wird es ohne Zweifel nicht dabey bewenden lassen; diese Art von Ueberlieferung verändert ihre Gestalt von Hand zu Hand. Da du, gleich der fleißigen und arbeitsamen Biene, dich dem Aufsuchen der wenigen Wahrheiten zu widmen scheinst, die sich unter der großen Menge von Systemen, welche täglich ans Licht treten, befinden, so kann ich dir das Resultat meines, seit einem halben Jahrhunderte ununterbrochenen Forschens, anvertrauen. Was ich für wahr halte, ist es nicht immer. Beklage die Gebrechlichkeit des menschlichen Geistes. Indem ich dir meine Gedanken mittheile, und sie gegen dich für nichts weiter ausgebe, als was sie wirklich sind, habe ich mich schon im Voraus gerechtfertiget. Ich halte mich nicht für das Orakel der Wahrheit; wie könnte die Wahrheit auch ein Orakel haben? sie hat ja noch nicht einmal einen Tempel.

Es bedarf keiner großen Eitelkeit, um zu sagen, daß man ein wenig mehr als die Priester wisse; die von Memphis ertheilten mir anfänglich einigen Unterricht, so wie ihn ihre Bücher, die nicht von ihnen herrühren, und die sie öfters selbst nicht verstehen, während sie solche andern erklären wollen, in Abschrift enthalten. Ich lehrte sie hingegen zuerst ihre Pyramiden mit einiger Genauigkeit messen, seit so vielen Jahren haben sie sie vor Augen, ohne ein Mittel ersunden zu haben, ihre Höhe zu bestimmen; dieß kommt daher, weil man nicht zweyerley Geschäffte zugleich treiben kann. Die Kunst, die unwissende Leichtgläubigkeit zu hintergehen, ist von derjenigen, die Länge einer Fläche nach perspectivischen Gesetzen zu messen, sehr verschieden. Um die Höhe dieser Pyramiden zu finden, brauchte ich nur die Länge ihres Schattens zu Mittage zu wissen, und ihn mit dem Schatten eines andern Körpers, um die nämliche Stunde zu vergleichen. Dieses ganz natürliche Verfahren schien Leuten, die immer beym Alten geblieben waren, sehr sinnreich.

Ich habe den Sterblichen einen weit größern Dienst geleistet; ich habe sie von der Furcht geheilt. Das plötzliche Ereigniß einer Sonnenfinsterniß setzte eine ganze Stadt in Angst; da ich diese Erscheinung vorhersagte, so war man darauf vorbereitet; aber das Volk, fiel sogleich in einen andern Irthum; sein Entsetzen verschwand, aber nun hält man mich für einen Wahrsager: Immer wird man Mühe haben, den großen Haufen dahin zu bringen, die Dinge so zu sehen, wie sie sind, und ihnen keinen größern Werth beyzulegen, als sie wirklich haben.

Dieß bestimmte mich zu den beyden Gegengerichten, deren ich mich beym Volksunterrichte bediente. Als man mich auf dem öffentlichen Platze fragte: Kann der Mensch den Augen der Götter einige seiner Handlungen entziehen? Antwortete ich ohne Anstand: Nicht einmal einen seiner Gedanken.

So lange der große Hause nicht aufgeklärter ist, und er hat noch nicht das Ansehen dazu, so wird man die Wirkung schädlicher Irrthümer, nicht anders, als mit Hülfe von unschädlichen, zerstören können. Die Volksmasse kann nicht ungestraft ihrer eignen Richtung überlassen werden.

Deswegen habe ich gesagt, das Weltall sey voller Götter: durch diesen Satz suche ich dem Arme der menschlichen Gerechtigkeit zu Hülfe zu kommen. Es ist gut, es ist nützlich, daß der Bösewicht, der Strafbare oder derjenige, der in Begriff ist es zu werden, keinen Zufluchtsort finde, um seine Verbrechen zu verbergen, oder sie in Sicherheit zu begehen. Wenn er überall Gehülfen aufsucht, so müsse er auch überall auf Zeugen höherer Art stoßen.

Pythagoras. Unglücklicher Weise setzt sich der große Verbrecher, wenn er Kopf hat, über diese religiösen Vorurtheile hinweg, wodurch sich nur der gemeine Pöbel hintergehen läßt.

Thales. Gegen einen solchen bedarf es der unmittelbaren Aufsicht des Gesetzes, oder, in deren Ermangelung, des Arms des Hercules. Die Erfahrung, die ich gemacht hatte, daß die allgegenwärtigen Götter auch die Eigenschaft haben, das Böse zu hindern, ward für mich Veranlassung diesen, von ohnmächtigen Gesetzgebern erfundenen, Glauben selbst unterstützen zu helfen.

Ich sorgte jedoch dafür, bey der ersten Gelegenheit, die sich mir darbot, ein Verbesserungsmittel dagegen anzubringen. Man legte mir eines Tages die Frage vor: Welches ist die höchste Schönheit? Ich antwortete: Die Welt; und fügte hinzu: Denn die Ordnung ist das Band, die Seele aller ihre Theile. Ein Priester würde geschwind geantwortet haben: „Die höchste Schönheit des Weltalls, ist der Gott, dessen Diener ich bin.“ Wenn wird man doch der Ordnung einen Altar errichten? Diese erhabene und schöne Göttinn sollte die Gottheit der ganzen Welt seyn; ihr erbaue man einen Tempel, und ich will mein ganzes Leben darinnen zubringen.

Man hat die ganze Wichtigkeit und Fruchtbarkeit dieses vielumfassenden Grundsatzes nicht genug eingesehen. Er ist es, der mich nach der wiederholten Beobachtung, daß das Wasser das erste oder vielmehr einzige auflößende Mittel in der Natur ist, auf mein System, von dem alle Dinge, ohne Beyhülfe einer äußern, übernatürlichen, göttlichen Ursache hervorbringenden Wasser, geleitet hat.

Und warum sollte das Wasser, das die höchste Eigenschaft besitzt, alles aufzulösen und in sich aufzunehmen, nicht auch die höchste, alles erzeugende Kraft besitzen? Man sage nicht, das Wasser sey nur das allgemeine Leitungsmittel der andern Körper, es existire noch außer dem Wasser Materie. Alles ist Wasser. Je nachdem es sich mehr oder weniger zusammenzieht, wird das Wasser zur wachsenden Pflanze, zum athmenden Thiere, oder zum unbeweglichen, unzerstörbaren Diamante im Schooße der Erden.

Dadurch, daß man mich fragt, wenn und wie das Wasser, als der Urstoff aller Dinge, seinen Zustand verändert habe, um alles das zu werden, was wir sehen, durch welches Mittel, durch welche Kraft es sich selbst so unähnlich geworden sey? wie es zugehe, daß ich, Thales zum Beyspiele, der die Fähigkeit besitzt, dieß Lehrgebäude des Wassers aufzuführen, selbst nichts weiter, als ein Tropfen dieses Oceans sey, durch diese Fragen, sage ich, wird mein System nicht gestürzt? Ich weiß sie zwar nicht zu beantworten; aber Geschichte und Naturkunde, alles beweist, daß dem also sey. Alles entsteht aus Wasser, alles kehrt zurück ins Wasser. Ehe man meine Theorie umwirft, muß man erst diese Thatsache läugnen, denn jene stützt sich auf diese.

Pythagoras. Was hindert uns aber, ein gleiches von dem Feuer, der Luft, und besonders von der Erde zu sagen? Man findet in allen diesen dreyen Modificationen der Materie, Wasser; man findet auch Feuer, Luft und Erde im Wasser.

Thales. Allerdings, in demjenigen Zeitpuncte nämlich, wo der Urstoff, das Wasser, aufhört Wasser zu seyn, oder vielmehr anfängt, sich zu modificiren. Aber ist der Begriff denkbar, daß alles, was da ist, blos Luft oder Feuer werden könne. Selbst die Erde, auf welche jener Begriff noch am ersten anwendbar seyn könnte, verschwindet sie nicht vor unsern Augen, sobald sie sich den sie einsaugenden Wassertheilchen nähert?

Pythagoras. Man würde geneigter seyn dir zu glauben, und weniger Mühe haben, dich zu verstehen, wenn du der Zeugungskraft des Wassers die Mitwirkung dieser oder jener Gottheiten beyfügtest.

Thales. Weit entfernt, die Schwierigkeiten aufzulösen, heißt dieß vielmehr, den Knoten noch fester knüpfen. Wo sollte ich diese Götter hernehmen? außer der Natur? da giebt es nichts; in der Natur? So hätten sich also die Götter, wie die Seidenwürmer, in ihr eignes Werk eingeschlossen. Eine herrliche Logik! Aber die Raupe existirt vor dem Gespinnste, worein es sich hüllt? Die Dichter in ihrer Begeisterung denken richtiger, wenn sie uns Venus und Amor, als die personificirte vergötterte Zeugung darstellen, wie sie aus dem Meere steigen, und Göttern und Menschen das Daseyn geben.

Aus meiner Meinung folgt, daß es, eigentlich zu reden, keine Körper giebt; das, was uns so scheint, ist blos eine Anhäufung von mehr oder weniger verdickten Dünsten; es fehlt uns nur ein schärferes Gesicht, um uns auch von dieser Thatsache durch unsere Sinne zu überzeugen.

Hieraus folgt ferner, daß der Strom des Schicksals, oder jene ausdehnende Kraft des Wassers, Menschen und Thiere, Metalle und Pflanzen in eine Folge von Verhältnissen mit sich fortzieht, die jedem Wesen angemessen ist, und die keines derselben zu verrücken vermag. Alles was sich demnach ereignet, muß sich nothwendiger Weise ereignen. Dieß darf man aber dem Volke noch nicht sagen; es gleicht einem Blinden, der entweder ohne Unterschied mit seinem Stocke um sich herum schlagen, oder sich eher würde ertreten lassen, als einen Schritt vorwärts zu thun.

Es ist ein dumpfes Gerücht zu meinen Ohren gekommen, als wenn mein System von dem Wasser, dem einzigen Ursprunge aller Dinge, nicht von mir herrühre; als wenn ich einige Verse Hesiods oder Homers, nebst einigen Seiten aus den gelehrten Büchern des alten Aegyptens auf einem Mantel gesetzt hätte. Wenn dieß auch wäre, verdient der in meiner Nachbarschaft vorbeyfließende Mäander weniger unsere Dankbarkeit, weil er, bevor er die Mauern von Milet benetzt, verschiedene kleine Bäche in seinem Laufe aufgenommen hat. Der Mensch ist nicht zum Schöpfer gebohren. Man macht sich um seine Nebenmenschen verdient, wenn man ihnen wichtige Resultate, oder nützliche Folgerungen mittheilt, die man mit vieler Mühe aus einem Chaos von Muthmaßungen und einigen darunter zerstreut befindlichen Grundwahrheiten hervorgezogen hat. Ich rathe dir, handle eben so, ohne dich sehr vor einem ähnlichen Vorwurfe zu fürchten. Du hast den Pherecydes und den Bias gehört: wenn du mich verläßt, so gehe zu Anaximandern. Vollende unsere Entwürfe; vervollkommne unsere Systeme. Wenn nur die Wahrheit dabey gewinnt! was ist an dem vorübergehenden Glanze einiger Namen gelegen?

Eben stattete ich dem Thales meinen Dank ab, als Thrasybulus ganz allein hereintrat, er hatte seine Wache vor der Thüre gelassen. Durch ein gebieterisches Zeichen, befahl er mir abzutreten. Thales nahm mit Lebhaftigkeit das Wort; Tyrann von Milet, sagte er, habe Achtung für einen Fremden. Hierauf wandte er sich gegen mich: Junger Mensch, sagte er, dieser zweyte Unterricht ist zuverläßig so viel werth als der vorhergehende. Was verlangst du von mir Thrasybulus?

Thrasybulus. Ich komme, um mich gegen dich zu erklären. Sollte jemand vielleicht eine Scheidewand zwischen uns gezogen haben? Warum bestehst du, seit deiner Zurückkunft in Milet, darauf, von mir getrennt zu leben? ich habe in meinem Pallaste die nöthigen Einrichtungen zu deinem Empfange getroffen.

Thales. Thales nimmt die Gastfreundschaft eines Tyrannen nicht an.

Thrasybulus. Thales hat jedoch dem Gastmahle des Perianders, des Tyrannen von Korinth, beygewohnt. Thales hat es dem Könige Amasis nicht abgeschlagen, sein Gast zu seyn.

Thales. Ich hielte sie damals nicht für das, was sie waren, und was sie geworden sind.

Thrasybulus. Man hat mir die Verbrechen des Perianders nicht vorzuwerfen.

Thales. Nein, noch nicht.

Thrasybulus. Ich höre die Ergießungen deines ungerechten Vorurtheils gegen mich mit mehr Ge-

lassen-

lassenheit an, als Amasis. Weiser Thales, kein Opfer ist zu groß, dem ich mich nicht unterwerfen sollte, um deine Achtung wieder zu erlangen. Rede, befiehl: ich werde gehorchen.

Thales. Tyrann von Milet, steig vom Throne herab; tritt in die Classe der Bürger zurück; werde wieder Thrasybulus, sey deinen andern Mitbürgern gleich.

Thrasybulus. Wenn alle meine Unterthanen Thalesse wären, so würde ich deine Erinnerung nicht erwartet, oder den Thron gar nicht bestiegen haben. Aber das Volk bedarf eines Herrn; — — ja, eines Herrn; es ist der Freyheit noch nicht würdig.

Thales. Dieß ist die Sprache deines Gleichen; sie würdigen den Menschen herab, um einen Vorwand zu haben, ihn zu unterjochen. Tyrann von Milet, steig vom Throne.

Thrasybulus. Weiser von Milet, steig' du vielmehr hinauf, und theile ihn mit mir, du hast mich gelehrt mich selbst zu regieren, du sollst mich jetzt in der Kunst, andere zu beherrschen, unterrichten.

Thales. Ich eröffne keine Schule des Despotismus.

Thrasybulus. Blicke rings um dich; in Lydien, in Persien, in Aegypten, in Korinth, in

P

Rom und in Athen, überall sind Könige; in Sparta sind ihrer gar zwey.

Thales. Sage, zwey Magistratspersonen.

Thrasybulus. Fast aller Orten fühlt das Volk sein Unvermögen. So lange, bis die Nationen zu zahlreichen Gesellschaften von Weisen geworden sind, werden sie Gesetze und Könige bedürfen; sie können ihrer nicht entbehren.

Thales Nenne mir ein einziges, unter einem Oberherrn glückliches Volk.

Thrasybulus. Ich willige ein, meine Gewalt niederzulegen, wenn du mir, deiner Seits, ein Volk zeigst, das, bey der Ausübung seiner eigenen Rechte, glücklich ist.

Thales. Hat dir das Volk von Milet die seinigen übertragen?

Thrasybulus. Ja, da es sich's gefallen läßt, daß ich sie behalte. Man ist nicht mehr Usurpator, wenn man regiert. Du willst also nicht mit mir in meinen Pallast kommen?

Thales. Nein!

Thrasybulus. Wohl denn! so werde ich in Milet öffentlich bekannt machen, daß der weise Thales mir seinen Rath versagt; daß er blos für sich leben will, und sich nicht mehr mit dem Wohle seines Vaterlandes beschäfftiget.

Thales. Und ich werde an allen Ecken der Straßen ausrufen: Milesier, zerbrecht eure Fesseln, nöthigt den Thrasybulus in die Classe des gewöhnlichen Bürgers zurückzutreten.

Thrasybulus. Die Einwohner von Milet ehren in mir den Zögling des weisen Thales.

Thales. Ich werde dich nicht mehr für meinen Schüler erkennen.

Thrasybulus. Sie werden sich auf den Thales, vor seiner Reise zu den Amasis, berufen; und in dir nichts als einen verdrüßlichen Alten sehen, der sich an dem Könige von Milet, wegen der am Hofe des Königs von Aegypten erfahrenen Unannehmlichkeiten, rächt. Komm doch lieber und läutere den meinigen, durch deine Gegenwart. Solon und Pisistrates haben nicht aufgehört Freunde zu seyn. Laß uns unserm Vaterlande nicht das Aergerniß geben, die Weisheit und das Königthum mit einander entzweyt zu sehen.

Thales. Es würde ein noch viel größeres Aergerniß seyn, einen alten Freund der Freyheit, sein Leben unter einem Dache mit einem Despoten beschließen zu sehen. Tyrann steig vom Throne.

Thrasybulus. Das Volk läßt mir mehr Gerechtigkeit wiederfahren; sein täglicher Wunsch ist, daß ich das Scepter behalten möge, welches ich mit seiner Bewilligung ergriffen habe.

Thales. Das Volk ist feig.

Thrasybulus. Nein! sondern wahrscheinlich befindet es sich wohl dabey, die Besorgung der öffentlichen Angelegenheiten, die in den Händen Mehrerer so schlecht verwaltet wurden, einem Einzigen zu überlassen. Denn, wenn die Natur den Menschen zugerufen hat, so hat sie ihnen auch zugerufen: Seyd glücklich; und der Reiz des Glücks ist mächtiger, als der Reiz der Unabhängigkeit.

Thales. Du lästerst die Menschheit.

Thrasybulus. Wenn du die Grundsätze für dich hast, so habe ich die Erfahrung für mich. Was ist die gelehrteste Theorie gegen eine Thatsache? Doch, was sage ich, ich habe Theorie und Erfahrung für mich. Hast du uns nicht in deiner Schule gelehrt, daß der Strom des Verhängnisses, die nothwendige Verkettung der Dinge alles mit sich fortreißt? Da Thrasybulus König von Milet ist, so wollte es das Verhängniß, daß er es würde; keine Macht der Erde konnte dieß verhindern. Mein ehrwürdiger Lehrer, ich bediene mich gegen dich derjenigen Waffen, die du mir selbst geliehen hast.

Thales. Auch das ist in den unveränderlichen Rathschlüssen des Verhängnisses bestimmt, daß alle Tyranney, früh oder spät, ihren Lohn erhält. Mit ehernen Buchstaben ist es in das Buch des Schicksals eingegraben, daß die Tyrannen gewöhnlich ein trauriges Ende nehmen, und ihre Tage nicht hoch bringen.

Thrasybulus. Der Tyrann Periander, dein ehemaliger Wirth, ist kürzlich in seinem achtzigsten Jahre, auf seinem Bette gestorben.

Thales. Romulus war nicht so alt, als er im versammelten Rathe zu Stücken gehauen wurde.

Thrasybulus. Die Tyranney des Pisistrates dauert schon beynahe dreyßig Jahre.

Thales. Nicht zu vergessen, daß er sechzehen davon als Verbannter, an verschiedenen Orten zugebracht hat. — — Entferne dich von hier. — — Geh, erfülle deine Bestimmung auf dem Throne, vielleicht werde ich so lange leben, um meinen Fluch über dich und über alle, die dir gleichen, in Erfüllung gehen zu sehen.

Thrasybulus. Es ist ein Gott, der die Könige schützt.

Thales. Und eine strafende Gerechtigkeit für die Schuldigen.

Thrasybulus gieng.

Thales. Junger Fremdling! du siehst, wie es in Milet um uns steht. Und so ist es auf der ganzen Erde. Es ist am besten, für sich allein zu leben. Je weiter du reisest, je mehr wirst du diese Wahrheit, die ich dir noch zu sagen hatte, bestätigt finden. Leb wohl! laß dich zu Anaximandern führen. Ich wünsche, daß er noch nicht, in einem ziemlich wichtigen Geschäffte, welches er vor hat, verreist seyn möge.

Thales gab mir ein altes Weib, das ihn bediente, und in der Stadt wegen der freymüthigen Bemerkungen, die es sich gegen seinen Herrn erlaubte, bekannt war, zur Führerin mit.

§. XXIV.

Anaximander, Phocylides.

Ich verließ den erhabenen Greis, nachdem ich ihn in meine Arme geschlossen hatte; ohne ein Wort zu sagen; und verfügte mich, in Nachdenken versunken, an das andere Ende von Milet, wo Anaximander, der berühmteste seiner Schüler, und der nach ihm der Jonischen Schule vorstehen sollte, seine Wohnung hatte.

Ich traf ihn nicht. Einer seiner Zöglinge (denn er fieng schon an, zur Erleichterung seines Lehrers, Unterricht zu ertheilen) unterhielt mich viel von ihm, um mich gleichsam für seine Abwesenheit zu entschädigen.

Verschiedene Bürger, sagte er zu mir, kamen vor einigen Tagen mit folgendem Antrage zu Anaximandern: „Sohn des Praxiades, sagten sie, die Tyranney des Thrasybulus, und die Willigkeit, mit welcher Milet dieß Joch trägt, empören uns. Wir wollen nicht länger in einer Stadt bleiben, die mehr an ihren Reichthümern, als an ihren Freyheiten hängt. Wir wollen nicht, daß man auswärts sagen könne: „In ganz Milet haben sich nicht zwey Familien gefunden, die Muth genug gehabt hätten, außer ihrem Vaterlande die Freyheit zu suchen, die es verloren hat." Anaximander, wir haben den Entschluß gefaßt, eine Colonie zu gründen, und, in Ermangelung des Thales, dem wir die Ehre ihr vorzustehen angetragen haben würden, wenn sein hohes Alter ihm erlaubt hätte sie anzunehmen, erwählen wir dich zu unserm Anführer.

Führe uns, wohin du willst: wir werden uns überall wohl, wenigstens besser, als im traurigen Schatten eines Throns befinden. Wir schlagen dir vor, diese Niederlassung die Colonie Apolls zu nennen; es ist eine, dem Vater des Tags, dem Gott der Wärme, deren Mechanismus du uns so gut erklärt hast, dargebrachte Huldigung. Der Ruhm, eine Colonie zu stiften, und zu begründen, kommt, mehr als jedem andern, dir zu, dir, dem glücklichen Erfinder jener geographischen Tafeln, auf welchem der Reisende den Weg, den er zu nehmen gedenkt, im voraus entwerfen kann. Anaximander, stelle deine gelehrten Untersuchungen auf einige Zeit ein, der Weise ist sich allen schuldig. Wenn du uns in einem andern Theile des festen Landes untergebracht haben wirst, dann wollen wir dir es freystellen, in deine Heimath zurückzukehren; du wirst dem großen Manne, der zuerst seine Zeitgenossen nach einer gewissen Ordnung unterrichtet hat, die Augen schließen, und das Scepter der Jonischen Schule übernehmen. Fern von unserm ursprünglichen Vaterlande, werden wir dem Andenken des Thales eine Thräne, und seinem Nachfolger unsere Wünsche weihen. Alles ist bereit, für alles gesorgt; Thrasybulus hat sich unserm Vorhaben nicht widersetzen können, wir haben uns für eine Gesellschaft von Kaufleuten ausgegeben, und auf den Gewinn aufmerksam gemacht, den die Hauptstadt davon ziehen wird. Zahlreiche Colonien haben ihren Namen schon weit und breit bekannt gemacht; die unsrige soll ihr nicht die wenigste Ehre bringen: und wir haben dem Tyrannen keine Unwahrheit gesagt, da wir unter dem Schutze Minervens und Apolls unter Segel gehen.

Anaximander konnte sich dieser so ehrenvollen Einladung nicht entziehen; er ist noch vor Tags abgereist: allein er hat mir einige seiner Schriften anvertraut, damit ich seine Zurückkunft mit desto wenigerer Ungeduld erwarten möchte: wir können sie miteinander durchlesen; denn er ist nicht so gesinnt, wie gewisse Denker, die, ich weiß nicht aus welchem Grunde, nichts Schriftliches haben zurücklassen wollen, und sich blos darauf eingeschränkt haben, ihre Meinungen mündlich vorzutragen. Ist es Stolz? Ist es Mißtrauen in sich selbst, das sie hierzu veranlaßt hat?

Anaximander, als ein noch größerer Freund der Wahrheit, als des Thales, hat nicht für gut befunden, blindlings und zuversichtlich alle Puncte des Lehrgebäudes seines Meisters anzunehmen. Die Freunde der Wahrheit, sind auch Freunde der Unabhängigkeit. Der Weise ist frey in seinen Meinungen, wie in allen übrigen. Thales nimmt das Wasser als den Urstoff aller Dinge an; auf den ersten Anblick sollte man in die Versuchung gerathen, zu glauben, daß der berühmteste seiner Schüler, aus jenem Geiste des Widerspruchs, den man mit Unrecht dem Menschen für angebohren hält, behauptet habe, daß das Feuer dieser Urstoff sey, da er uns lehrt, daß die Erde, die im Mittelpunct des Weltalls schwebe, und sich um sich selbst bewege, von einer Feuersphäre umgeben sey, innerhalb deren sich die Luft befinde. Allein, dieß ist nur ein Stück seines Lehrgebäudes, das einen weit größern Umfang hat, da es das Unendliche umfaßt. Da Thales keine bestimmte Kenntniß von einer unbestimmten Urkraft haben kann, so geräth er auf die Schwierigkeit, den allgemeinen Ursprung der Elemente, selbst innerhalb der Gränzen eines derselben einzuschränken. Anaximander sah den Mißgriff seines Lehrers ein, der, indem er das Wasser zum Urstoffe erhob, es von sich selbst ausschloß. Er findet es widersprechend, einen einzelnen Körper als den Urstoff der übrigen anzunehmen. Er ließ sich die Furchtsamkeit seines Vorgängers zur Warnung dienen und sein Geist nahm den erhabensten Schwung; er ließ jede, nur einzelne Theile umfassende, Theorie weit unter sich, wetteiferte mit der Natur, und wagte es zuerst, den Sterblichen die Allgemeinheit (L'universalité) der Keime und die Unendlichkeit der Wesen bekannt zu machen, indem er uns besonders einschärfte, nicht etwa das Unendliche für den Urstoff aller Dinge anzunehmen; das Unendliche ist nichts als ein Wort, folglich hieß dieß, einen physischen Irthum mit einem grammatikalischen verwechseln. Die Allgemeinheit der Keime, macht nur einen einzigen aus, das heißt, einen allgemeinen Keim; aus dieser unerschöpflichen Quelle strömt die Unendlichkeit der Wesen, die sich unaufhörlich in dieselbe zurückergießen, um wieder von neuem herauszufließen, und so jene ewige und unterbrochene Kette von Dingen, entweder in zersetzten oder aufs neue zusammengesetzten Gestalten hervorbringen. Die unbestimmten Wesen, aus denen das Weltall besteht, dienen sich gegenseitig zu Urstoffen, und sind gegenseitig Ursache und Wirkung von einander. Eigentlich zu reden, giebt es weder eine erste, noch eine einzige Urkraft. Man erhebt sich zu dieser Idee blos durch eine allgemeine Ansicht, indem man alle Theile der Materie nur in Masse betrachtet, sich im Geiste außerhalb der Natur stellt, um sie in ihrem Ganzen zu überblicken, wie sie sich selbst zur wirkenden Kraft dient, ohne einer äußern bewegenden Ursache, zu dem Stoße, den nichts zurückhalten, noch aufheben kann, zu bedürfen. Dieß große All ist immer das gewesen was es ist, und wird es immer seyn, alles verändert sich in ihm; nur dieß All selbst bleibt immer dasselbe. Ich überlasse, sagte mir noch kürzlich Anaximander, die Theorie der Wesen insbesondere, den verschiedenen Meinungen, ich bestreite keine: ich selbst habe deren aufgestellt. Diese untergeordneten Systeme schaden den großen Ganzen, dem Allgemeinen nicht, das man vorher zugeben und anerkennen muß. Fern sey von uns die Idee jener beschränkten und schwerfälligen Köpfe, die in der Natur nichts, als eine träge und leidende Masse sehen. Die Materie, wovon der Mensch ein Theil ist, sollte ohne Vernunft, ohne Willen, ohne Macht seyn! Unüberlegte Schwätzer, wollt ihr dem Ganzen die Kräfte absprechen, die die Theile besitzen? braucht es denn eines so durchdringenden Geistes, um einzusehen, daß jedes Wesen diejenigen Eigenschaften hat, die seinen äußern und innern Verhältnissen angemessen sind! Ein beschränktes Wesen hat, und kann keine andern, als beschränkte Eigenschaften haben; ein unbeschränktes Wesen, hat keine Gränzen in den seinigen. Daher ist also die Natur in unendlichem Grade, mächtig, weise, wirksam; sie ist vollkommen, weil aus ihrem Schooße die verschiedenen Grade von Vollkommenheit hervorgehen, die die Gattungen und Arten bezeichnen. Und warum wollte man der Materie das versagen, was man, ich weiß nicht welcher unbekannten, wirkenden Ursache zugestehet, von welcher man sie abhängig macht? Wenn man die Natur in einem solchem Grade zu verkennen wagt, so wage ich es auch, jene Ursache zu verkennen; ich habe das gleiche Recht, und mehr Gründe dazu. Es mag sich zeigen, es mag sich mit der Natur messen! Aber es bleibt stumm, es verbirgt sich, es entgeht meinen Sinnen; es scheint die Vergleichung mit jener allgegenwärtigen Natur vermeiden zu wollen, die sich meinen Augen und Ohren aufdringt, die zu allen meinen Organen spricht und keine Nebenbuhler fürchtet.

Vielleicht hat Anaximander in seinen übrigen Meinungen nicht immer den nämlichen Scharfblick gezeigt. Er scheint alle Stärke seines Geistes, auf seine glänzende und erhabene Theorie des Unendlichen, verwendet zu haben. Er giebt der Erde bald eine sphärische Gestalt, bald die Gestalt eines Cylinders, dessen Höhe dem dritten Theile seiner Breite gleich ist. Die Luft hüllt sie, ihm zufolge, wie ein Gewand ein; so bedeckt die Rinde den Baum.

Diese Sphäre, ein Gewebe, das aus einem Gemische von Wärme und Kälte besteht, ist durchbrochen, um die Einflüsse und Strahlen der Feuerbälle der Sonne und der übrigen Sterne durchzulassen.

Die Sonne ist acht und zwanzigmal größer, als die Erde, und gleicht einem Wagenrade. In dem Innern ihres Umkreises befindet sich Feuer, das seinen Ausgang nur durch eine, auf der Oberfläche befindliche Oeffnung hat. Durch diese Oeffnung, deren Durchmesser dem Erdballe gleicht, stürzt sich täglich ein Flammenstrom mit einer um so gewaltigern Heftigkeit heraus, da nach Verhältniß seines ungeheuren Umfangs, dieser Ausgang sehr eng ist.

Wahrscheinlich wird man diese ersten astronomischen Versuche vervollkommnern. In den practischen Erfindungen, ist Anaximander glücklicher gewesen, als in seinen andern Entdeckungen. Sparta hat ihm seine, auf den Gnomon angebrachte Sonnenuhr, und Milet die Ehre zu danken, zuerst in dem Besitze jener bewunderungswürdigen Maschine gewesen zu seyn, vermittelst welcher wir die Bewegungen des Himmels um unsern Planeten beobachten können.

Ich bedurfte, nachdem ich den Schüler des Anaximanders gehört hatte, einiger Erholung; und überdieß konnte ich mir das Vergnügen nicht versagen, bevor ich diese Gegenden verließ, einige Krümmungen des Mäanders auf der lachenden Ebene, die er mit seinen Wellen erfrischt, zu durchlaufen. Hier begegnete mir eine junge Milesierin, deren Jahre die Anzahl der Arbeiten des Herkules nicht übertraf. Sie war sehr ernstlich beschäfftigt, auf dem feinen und glänzenden Sande, den der Mäander ansetzt, einen, von graden, queerdurchlaufenden Linien durchschnittenen Kreis zu zeichnen.

Bist du, sagte ich zu ihr, die jüngste der Musen oder der Grazien?

Ich bin nichts weiter, als die unerfahrenste der Zöglinge des Anaximanders, und wiederhole hier den letzten Unterricht meines abwesenden Lehrers.

Pythagoras. Ich komme eben von einem seiner Schüler, um die reine und stille Luft dieser schönen Gegend einzuathmen. Dieser Fluß ist also der Mäander, von welchem man mir in Samos in meiner frühesten Jugend, so viel erzählt hat?

Die junge Milesierin. Dieß ist, nach Thales und Anaximandern, die vorzüglichste Merkwürdigkeit unseres Landes: ein Fremdling wie du, scheint es ihm bey uns zu gefallen, und er nur ungern uns zu verlassen, um in Priene seinen gekrümmten Lauf zu beschließen. Er kömmt ziemlich weit her. Er ist Phrygischer Abkunft, und nimmt seinen Ursprung in den Cälenischen Gebirgen. Anfangs dient er dem Lande der Lydier und Karien, dann den Kariern und den Einwohnern von Jonien zur Gränze. Man sagt, daß in andere Gegenden sein Name einen jeden kleinen Bach bezeichnet, der sich sanft zwischen Wiesen hinschlängelt. Außerdem haben wir noch den kleinen Fluß Lethe.

Pythagoras. Junge Milesierin, es scheint, daß du von dem Wasser dieses kleinen Flusses, keinen Gebrauch machst.

Die junge Milesierin. Ich bade mich zuweilen darinnen, es ist nicht derjenige, der die Erinnerung raubt: nach diesem dürstet mich nicht. Es giebt Stellen, wo der Mäander, wenn er seine völlige Größe erreicht hat, ein halbes Stadium breit ist; und nicht überall fließt er so ruhig wie hier. Er hat viele Revolutionen gesehen, ohne seinen Lauf zu verändern; und hierinnen gleichen ihm die Bürger von Milet, und von den andern Karischen Städten nicht.

Pythagoras. Hat doch kaum die Muse der Geschichte mehr Kenntnisse als du.

Die junge Milesierin. Man muß doch wohl die Jahrbücher seines Landes ein wenig kennen; das unsrige ist schon seit vielen Jahrhunderten bewohnt, wie dieß die Stadt Alabanda beweißt, zu welcher ein Mensch, dieses Namens, der sich für den Enkel des Mäanders ausgab, den Grund legte; ich kann diese Genealogie nicht recht begreifen. Man versetzte diesen Fürsten unter die Götter, weil er gut war, dieß kann ich mir eher denken. In der Folge landeten Griechen, die sich vermuthlich in ihrem Vaterlande nicht wohl befanden, unter der Anführung eines Sohns des Theseus, an diesen Ufern, in der Hoffnung, hier besser zu finden; es dauerte nicht lange, so wollten sie sich die Herrschaft über uns anmaßen. Andere Griechen, an deren Spitze sich ein Sohn des Kodrus befand, fielen aufs neue, gleich einer Kuppel hungriger Jagdhunde, über uns her. Sie stiegen auf dem Gebiete von Milet und Priene, das unter friedliche Dorfschaften vertheilt war, ans Land, und wollten hier mit aller Gewalt eine Colonie gründen, das man ihnen endlich gestatten mußte. Hierbey ließen es diese Fremdlinge noch nicht bewenden: eines Tages ermordeten sie meuchlings alle Männer, um ihre Weiber zu heirathen. Eine andere Colonie Dorischer Soldaten, bemächtigte sich Halikarnaß. Die Karier verloren indessen, unter diesem Schwarme von Feinden, den Muth nicht. Sie brachten ein kleines Heer zusammen, um Priene wieder zu erobern: es gelang ihnen nicht. Da sie sahen, daß sie immer den Kürzern zogen, so nahmen sie die List, die Verrätherey, ja sogar die Grausamkeit zu Hülfe, lauter schlechte Mittel, schlimmer als die Uebel, die sie zu erdulden hatten. Um sich nämlich mit einem Mahle ihrer zu zahlreichen und zu furchtbar gewordenen Gäste zu entledigen, luden die Karier sie zu einem öffentlichen Gastmahle ein, in der Absicht, sie insgesammt an der Tafel zu ermorden. Eine Karierin, die in einen Insulaner von Melos verliebt war, entdeckte ihm die Verschwörung, dieser benachrichtigte seine Landsleute davon, welche nur die brüderliche Einladung unter der Bedingung annahmen, ihre Weiber mitbringen zu dürfen, welches man ihnen auch ohne Argwohn zugestand. Die Weiber versteckten nun, eine jede von ihnen, ein Schwerdt unter ihre Kleidung, und auf das erste, von den Kariern gegebene Zeichen, kamen ihnen die Griechen zuvor, und fielen über ihre Wirthe her. Warum sind doch die in Gesellschaft lebenden Menschen so böse.

Pythagoras. Weil sie dir nicht gleichen, junge und gelehrte Milesierin.

Die junge Milesierin. Der übrige Theil des Karischen Volks mißbilligte diese Handlung; und da er sahe, daß ihm jedes Unternehmen wider den Griechen mißlang, so ergriff er den weisen Entschluß, sich auf den Gipfel der Gebirge zurückzuziehen; hier verschanzten sich die Karier, sie fanden zwar hier die Annehmlichkeiten nicht, wie in der Ebene, an den bezaubernden Ufern des Mäanders: allein sie lebten unabhängig. Die Freyheit ersetzt alles. Warum waren sie doch nicht immer damit zufrieden? Mit erneuten Kräften verließen sie ihre Berge, um die Meere zu durchkreuzen, und sich nun ihrer Seits furchtbar zu machen? Sie begaben sich in den Sold des ersten besten Fürsten, der sie bezahlen konnte. Sie verkauften ihr Blut und Leben, und kämpften für fremden Vortheil. Zugleich richteten sie ihr Genie auf die Zerstörung verbreitenden, und dem niedrigen und grausamen Handwerke, welches sie trieben, angemessenen Erfindungen. Sie wurden noch viel kühner, als sie in den Händen ihres Anführers die Axt des Hercules erblickten, die er dem Könige von Lydien geraubt hatte Der große Alcides hatte sie der Königin der Amazonen abgenommen, um der schönen Omphale damit zu huldigen. Die Bildsäule des Jupiter Labrandeus ist das Denkmal dieses ausgezeichneten Siegs. Man gab dem Gott diese berühmte Axt in die Hand.

Fremdling, du kannst diesen Tempel in dem Flecken Labranda sehen; er ist auf einem hohen Berge, mitten in einem Walde von prächtigen Platanen erbaut. Nahe dabey ist

ist ein, mit abgerichteten Fischen angefüllter Teich befindlich, die man mit goldenen Halsbändern und Spangen zieren muß, wenn man der Gottheit des Orts willkommen zu seyn wünscht. Reisende versichern, es wären Aale; bist du etwa neugierig, einen so merkwürdigen Umstand zu untersuchen?

Der Ruf der Karier verbreitete sich bis nach Aegypten; man legte ihnen die Beynamen: Männer von Kupfer und Seeräuber bey. Eine eben nicht sehr ehrenvolle Benennung, die sie sich aber durch die Verkäuflichkeit ihrer Waffen und durch ihre Seeräubereyen zugezogen hatten. Sie machten sich an den Ufern des Nils furchtbar genug, um unabhängige und fruchtbare Ländereyen zu erpressen.

Fremdling, du wußtest vielleicht alles dieses eben so gut, oder noch besser als ich; aber du schienst mich anhören zu wollen, um dir einen Begriff von der Milesischen Erziehung machen zu können; und es muß meinem Vaterlande, dem Vaterlande des Thales und Anaximanders daran gelegen seyn, den Ausländer zu überzeugen, daß nicht alle Kinder das Schicksal verdienen, womit sie von dem Tyrannen, der ihre Väter unterdrückt, bedroht werden.

Junge Milesierinn, rufte ich aus, sage mir deinen Namen, damit ich ihn mit einer ehrenvollen Bemerkung in meine Reisetafeln aufzeichne. Anstatt mir zu antworten, ergriff sie die Flucht, und ich hatte Mühe, ihr mit den Augen zu folgen.

Ich konnte mich nicht entschliessen, die Ufer des Mäanders so geschwind zu verlassen, und gieng ihrem sanften Abhange nach, den ganze Felder von Rosen, die eine brennende Purpurfarbe hatten, mit ihrem Dufte würzten, man findet diese Gattung Rosen nur auf dem Milesischen Gebiete. Ein noch junger Mann gieng an demselben Ufer hin. Er las ganz laut Verse, weil er sich allein glaubte.

Die Todten, sagte er, sinken nicht in die Nacht des Grabes, um darinnen zu bleiben. Die irdische Hülle des Menschen kehrt zur Erde zurück; die menschliche Seele vereinigt sich aufs neue mit der großen Weltseele. Nichts kann die Wesen vernichten. Der Tod ist nichts als eine Wiedererzeugung; die Natur gebietet den Körpern, sich in andere Körper aufzulösen. Alles ist Verwandlung. Keine Wesen können vergehen, aber sie verändern die Gestalten und nehmen andere Eigenschaften an. Die von einem belebenden, alles bewegenden Geiste beseelte Materie, ist nur damit beschäfftiget, ihren Theilen eine neue Verbindung zu geben. Die Götter selbst werden Menschen, und der Mensch wird seiner Seits, Gott! — —

Ich war stehen geblieben, um nichts von diesen Versen zu verlieren. Der Dichter schien verlegen zu seyn, als er mich gewahr wurde; er erröthete sogar. Bescheidener Phocylides! redete ich ihn an, verzeih der Neugier eines Reisenden, der ein Freund der Musen und der Vernunft ist.

Phocylides. Ey! wie bin ich denn einem Fremden bekannt, ich bin es ja kaum den Milesiern?

Pythagoras. Man hat mir deinen Namen zugleich mit den Namen des Thales und Anaximanders genennt; und das Wenige, was ich so eben gehört habe, war hinlänglich, dich mir kenntlich zu machen. Welch ein Abstand von diesen elegischen Versen zu den Milesischen Fabeln, (¹) die man in der Stadt erzählt. Man hat mir die Reinigkeit deiner Sitten und deines Styls, und die Richtigkeit deines Geistes gerühmt; man hat mir empfohlen, deine Gedichte zu lesen, die mich zwey schöne und seltene Dinge, recht zu leben und recht zu reden, lehren würden. — —

Phocylides. Reisender! Es giebt noch ein drittes, das dir noch nicht recht bekannt ist, und das ich dir sagen will: Lobe niemand ins Gesicht und bey seinen Lebzeiten. Leb wohl!

Phocylides verließ mich bey diesen Worten, und drückte mir die Hand. Ich wollte ihm folgen, allein er hielt mich durch eine Bewegung zurück, die mir nicht erlaubte, darauf zu bestehen. Ich verfolgte also meinen Weg, allein die elegischen Verse, die ich gehört hatte, drückten sich mit unauslöschlichen Zügen in mein Gedächtniß ein.

Meine geliebten Schüler, ehe wir Milet völlig verlassen, muß ich euch mit einer sonderbaren Einrichtung in

Q 2

(1) Sie wurden in der Folge von dem Aristides, einem Milesischen Dichter, in Verse gebracht.

dieser Stadt bekannt machen. Ihr Senat hat die Gewohnheit, seine Versammlungen auf einem Schiffe, vor den Augen der Bürger, zu halten, welche die Beschlüsse am Ufer erwarten.

Bey meinem Ausgange aus der Stadt, begrüßte ich das Haus, in welchem der Dichter Arktinas, ein Zögling des Homers geboren ward. Er machte sich in der dritten Olympiade vorzüglich bekannt.

§. XXV.

Sitten von Halikarnaß.

Milet hat an Halikarnaß eine mächtige Nebenbuhlerin; ich nahm meinen Weg dahin. Aetius, Sohn und Neffe zweyer Könige von Trözen, im Peloponnes, trachtete nach dem Throne, aber lange konnte er ihn nicht besteigen, ohne sich den Gefahren eines Bürgerkriegs auszusetzen; er faßte also den Entschluß, an der Spitze einer Anzahl junger müßiger Leute, zur See zu gehen und Abentheuer aufzusuchen. Sie landen an den Küsten Asiens, an den Gränzen von Jonien und Karien, und legen zuerst den Grund zu einer unbeträchtlichen Stadt, der sie den Namen des Mutterlandes beylegen. Nicht weit davon erbauete eine andere kleine Colonie, die von Argos gekommen war, Myndus, ein Flecken, dessen Stelle bald darauf eine beträchtlichere, unter dem Namen Cyndia bekannte Stadt einnahm.

Argiver und Trözenier, die in der Gegend ihres neuen Gebiets, auf Entdeckungen ausgiengen, begegnen einander bey einer Landenge, zwischen dem Meerbusen Ceramus und Issikus, der angenehmsten Gegend auf der ganzen Küste des Aegeischen Meers; sie hat ihre vorzüglichsten Reize einer köstlichen zwischen Hügeln eingeschlossenen, Quelle zu danken. In allen Jahrszeiten weht hier fast nur der Hauch der Weste.

Unsere beyden Gesellschaften von Abentheurern, entschließen sich sogleich eine Niederlassung, unter dem Namen Zephira, hier anzulegen. Man weiß nicht genau, warum, und zu welcher Zeit, der Name dieser Stadt, in Halikarnaß umgeändert wurde.

Nur die erhabenern Gegenden des Landes, waren von einer furchtsamen Menschenart bewohnt, die, wegen der öftern Einfälle nur mit Zittern an das Ufer herabkamen. Sie schränkten sich darauf ein, einige frohe Stunden, bey der Quelle zuzubringen, und flohen beym ersten Geräusch, gleich Wilden, in ihre ländlichen Hütten zurück.

Unsere Fremdlinge, denen es an Weibern fehlte, hatten bemerkt, daß es in der Gegend nicht daran mangelte, und daß sie größtentheils sehr schön waren. Aber die in Furcht gesetzten Eingebohrnen wagten sich nicht mehr aus ihren Schlupfwinkeln. Um sie an sich zu locken, fallen die neuen Ankömmlinge auf folgendes Mittel.

Sie fangen an, einen Tempel zu bauen, so prächtig als sie es in dem ersten Zeitpuncte einer Niederlassung vermögen; wozu ihnen die Natur nicht wenig

Unterstützung darbot. Nun machen sie bekannt, daß ihre Anwesenheit, in diesem Lande, die Entledigung eines, der Cypris gethanen, Gelübdes zur Veranlassung habe. Sie laden ihre Nachbarn, und besonders die Weiber zu einem Feste ein, das sie zu wiederhohltenmalen zu feyern sich vorgenommen haben, und versichern, daß ein weitläuftiges und wohlversehenes Haus zu dem Empfange aller derjenigen bereit seyn werde, die sich bey dieser großen religiösen Handlung einfinden werden.

Die Weiber, welchen es am wehsten that, der Quelle entbehren zu müssen, und überdieß von ihrer lebhaften Neugier angetrieben wurden, zogen ihre Männer mit sich fort. Die Mütter nahmen ihre Töchter, in Begleitung ihrer Verlobten mit; alle wurden mit Entzückung empfangen, und ihre Geschenke wohl aufgenommen, ob sie gleich von geringem Werthe waren, und nur aus einigen Kränzen, Früchten, und etlichen Paaren ganz weißer Tauben bestanden. Die Griechen ermangelten nicht, vor den Augen dieser einfachen Menschen alle Gegenstände zur Schau zu tragen, die im Stande waren, ihnen einen hohen Begriff von dieser entstehenden Colonie beyzubringen. Tafeln wurden errichtet und reichlich besetzt; man leerte verschiedene Schläuche Wein: und begann Tänze um den Altar und die Quelle. Die Argolier vermischten die Töne ihrer musikalischen Instrumente, mit den ländlichen Schalmeyen der Bewohner von Karien, und am Abend schied man sehr spät von einander, mit dem Versprechen, bald wieder zusammen zu kommen, und sich dann nicht so bald zu trennen. Die folgenden Tage besuchte man sich wieder; man spricht davon sich einander zu nähern, das Band der guten Nachbarschaft fester zusammenzuziehen; kurz ein einziges Volk auszumachen. Ein regelmäßiger Tauschhandel vollendete diese friedliche Revolution, unter der Bürgschaft des Mercurs, dem man einen Tempel errichtete. Die Griechen, mehr industriös als erfinderisch, legten zugleich verschiedene grüne Lauben an dem Rande der Quelle an, wohin sie die Mädchen des Gebirgs lockten, die nur schwachen Widerstand leisten konnten. Diese flüchtigen Verbindungen vermehrten sich ins Unendliche, und blieben nicht unfruchtbar.

Dieß neue Geschlecht hatte die Sitten seiner Urheber. Der Wunsch der Natur wurde überschritten. Die Weichlichkeit der Milesier, muß schon jetzt der Weichlichkeit der Bürger von Halikarnaß nachstehen. Diese kaum erbaute Stadt wird bereits zu einem Orte der öffentlichen Schande. Aus allen Gegenden Joniens kommt man hier zusammen, um, nicht der Cypris, sondern der Wollust zu opfern; Halikarnasser, denen die Fremden dieß zum Vorwurf machen, geben ihnen folgende cynische Antwort:

„Wir haben, sagen sie, diese Quelle nicht ohne Grund Salmacis genannt, und schon dieser Name sollte gleich andeuten, was man zu erwarten habe; ihr Wasser hat die Eigenschaft, zur Liebe zu reizen; man kann nicht davon trinken, ohne wollüstig und geil zu werden. Ihr habt es euch nicht versagen können, sie zu versuchen. Konnten wir euch den Zutritt zu derselben verwehren? dieß würde ja eine

Beleidigung der Pflichten und Rechte der Gastfreundschaft gewesen seyn."

Die Wahrheit ist, daß diese Quelle immer noch so frisch, so rein, kurz in dem gleichen Zustand bleibt, in welchem sie sich befand, als, vor Ankunft der Griechen, die unschuldigen Eingebohrnen dahin kamen, um ihren Durst zu löschen. Sie hat die Eigenschaften nicht, welche man ihr zuschreibt; ihr Wasser ist noch immer so gesund wie ehedem, aber ihre Ufer sind ansteckend geworden, weniger durch die Luft, die man dort athmet, als durch das Beyspiel aller Laster, das hier gegeben wird.

Ich befand mich in Halikarnaß den Abend des, auf ein großes Fest der Venus, folgenden Tages. Das Fest war zu Ende, allein die Vergnügungen, denen es zum Vorwande dient, waren es noch lange nicht. Ich gieng an die so berühmte Quelle Salmacis. Die große Menge Anwesender beyderley Geschlechts, war sehr erstaunt, mich hier allein, und ohne Begleiterin zu sehen; allein ich kam blos als Zuschauer dahin. Ich kenne keine köstlichere Gegend, als um diese lebendige und klare Quelle, aus der ich trinken wollte, ohnerachtet mir eine Stimme zurief: „Fremdling, diese Quelle ist ein langsames Gift, hüte dich, deine reinen Lippen ihr zu nähern; du würdest nicht so zurückkehren, wie du gekommen bist. Die Nymphe Salmacis, gleicht dem Insekt der Arachne, sie bereitet auf dem Grunde derselben, den Unvorsichtigen, Netze, sie würde dich ganz umwandeln. Erinnere dich an das Abentheuer des jungen Hermaphroditen, des Sohns Merkurs und der

Venus; wie er, würdest du durch einen, dieser Gegend eigenen Zauber, weder Mann noch Weib seyn."

Ich antwortete auf dem verbindlichen Rath dieser aus einem Hinterhalt kommenden Stimme:

„Ich befürchte diese Gefahr nicht, man ist ihr nur dann ausgesetzt, wenn man zu zweyt ist."

In der That sind nicht diese bezauberten Ufer gefährlich; allein, um zu ihnen zu gelangen, muß man schmalen grünen Fußsteigen folgen, längs welchen man auf beyden Seiten geheimnißvolle und dunkele Grotten angebracht hat, deren jede von einer Salmacis bewohnt ist: dieß sind junge Halikarnassierinnen, die von der Regierung unterhalten werden, um die Kunst zu genießen öffentlich auszuüben; halb liegend auf einen Rasen und Blumenteppich, nur so weit angekleidet, als es nöthig ist, um Begierden zu erwecken, ohne sie zu befriedigen, öffnen sie die Arme allen denjenigen, die dieses irdische Elysium besuchen.

Ich wagte es, diese gefährlichen Lauben zu durchirren. Ich hörte auf meinem Wege nur weichliche Gesänge und zärtliche Seufzer. Eine Rosenkette dient zum Anzeichen, und verbietet den Eintritt in diejenigen Grotten, wo der Liebe schon geopfert wird. Die Weiber aus der Stadt sind die ersten, die sich verschleyert dahin begeben. Durch ein Gesetz ist es den Männern und Verwandten verboten, sich den nächtlichen Wanderungen ihrer Gattinnen oder Verwandtinnen in die Grotten von Salmacis zu widersetzen;

aber diese obrigkeitliche Verordnung wird von niemanden weder angerufen, noch gebrochen. Die verworfenen und niederträchtigen Einwohner von Halikarnaß (denn ich weiß keine Ausdrücke zu finden, die schimpflich genug für sie wären) geben zu diesem schändlichen Handel nicht allein ihre Einwilligung; viele von ihnen halten ihre Töchter ausdrücklich dazu an, wenn diese die Gabe besitzen, ihre Reize zu hohen Preisen geltend zu machen, die Einkünfte dieses schimpflichen Handels werden auf den häuslichen Luxus, und auf eine köstlich besetzte Tafel verwandt.

Entrüstet über alles, was ich sahe und hörte, gieng ich in mein Wirthshaus zurück; plötzlich entsteht ein Lärm, ich horche auf: zwey Personen überhäuften sich mit Vorwürfen, sehr verschieden von den unzüchtigen und anlockenden Aeußerungen, die ich bis jetzt gehört hatte.

Es war ein Vater und eine Tochter, die sich erkannten. Sie waren hierher gekommen, um andere Liebkosungen, als die der väterlichen und kindlichen Zuneigung, aufzusuchen. Von gegenseitigem Abscheu durchdrungen, sagten sie einander die bittersten Wahrheiten, und waren im Begriff einander zu mißhandeln; schon schleppte der Vater seine Tochter fort; als eine obrigkeitliche Person mit weißen Haaren erschien, und sie, im Namen des Gesetzes, mit folgenden Worten von einander trennte.

„Dieser, durch den Tempel der Venus geweihte Boden, macht die Geschlechter einander gleich, und von einander unabhängig; deine Tochter gehört dir nicht mehr zu: ich befehle dir es ihr frey zu stellen, ob sie dir folgen, oder bleiben will."

Es mußte Gehorsam geleistet werden. Der Vater entfernte sich allein, und die graue Magistratsperson, welche die Aufsicht über diesen Ort hatte, fuhr in ihrem Geschäffte gravitätisch fort. Empört lief ich auf sie zu:

Greis, rief ich aus, wie kannst du, ohne zu erröthen, ein solches Amt verwalten, werden die heiligen Rechte der Natur, und die guten Sitten, in Halikarnaß auf diese Weise geschützt?"

Junger Mensch, antwortete er; sey froh, daß du ein Fremder bist, und lerne Achtung für die hergebrachten Gewohnheiten haben, sie seyen, welche sie wollen.

Pythagoras. Ich bin die Aeußerung meines Unwillens dem Laster schuldig, an welchem Orte ich es auch antreffe.

Die Magistratsperson. Junger Mensch! ich will deine Unbekanntschaft mit der Welt gern entschuldigen, und dich unterrichten. Aber du bist nicht sicher, immer an öffentliche Beamte von so gemäßigter Denkungsart zu kommen. Höre mich an! du weißt vielleicht, daß diese Stadt eine Griechische Colonie ist. Da sich unsere Vorfahren in dieser Gegend einmal niedergelassen hatten: so blieb ihnen nur die Wahl zwischen zwey Wegen übrig, um sich ihren Unterhalt zu verschaffen: die Seeräuberey, und das Räuberhandwerk in den Gebürgen, oder die Art von gesellschaftlicher Verfassung, von welcher du Zeuge bist. Wir haben uns zu dieser letzten entschlossen, sie ist zugleich eine Art von Huldigung, die wir unserm ursprünglichen Vaterlande darbringen. Die Stadt Trözen hieß anfänglich Aphrodisias.

Fast alle andere Colonien haben, bey ihrer Ankunft in einem Lande, Schrecken um sich her verbreitet; sie haben Blut vergossen, und die Erde mit Leichnamen übersäet. Unsere Vorfahren hingegen, verdoppelten die Bevölkerung in weniger als einem Jahre, und dem von ihnen eingeführtem Dienste der Venus getreu, erhalten wir uns in einer glänzenden Verfassung, ohne Neider und ohne Nebenbuhler. Ist dieß ein Verbrechen, so ist die Natur unsere Mitschuldige, denn sie giebt uns schöne Quellen, schöne Blumen und schöne Weiber. Durch diese sanften Mittel machen wir uns fast alle Provinzen Asiens zinsbar. Die Fremden kommen hierher, um den Ueberfluß ihrer Reichthümer, gegen die Vergnügungen, die wir ihnen verschaffen, zu vertauschen. Sage mir, weiser Jüngling, der du wahrscheinlich erst kürzlich die Schule des Thales und des Bias verlassen hast, kennst du eine menschlichere, eine unschuldigere Staatskunst? — —

Ich unterbrach ihn mit Heftigkeit: unschuldigere! — die ärgerlichsten Schändlichkeiten! Ist eine strafbarere Niederträchtigkeit, als die der Bürger von Halikarnaß denkbar, die auf den Ertrag der Entehrung ihrer Gattinnen, ihrer Schwestern, ihrer Töchter speculiren, und den Reisenden schändliche Netze stellen?

Die strenge Moral deiner ersten Lehrer, erwiederte der graue Alytarch (¹), ist mit solchen Sitten nicht vereinbar. Unter mehreren politischen Uebeln, haben wir das geringste gewählt. Würdest du es lieber sehen, wenn wir mit unsern, vom Blute unserer Nachbarn triefenden Armen, einander am Ende selbst aufrieben? wir halten es für besser, uns fortzupflanzen, und durch ganz natürliche Mittel zu erhalten.

Pythagoras. Der Ackerbau bot euch eine ehrenvolle und reiche Hülfsquelle dar; es würde löblich gewesen seyn, euren Besitznehmungen das Gepräge der Rechtmäßigkeit dadurch aufzudrücken, daß ihr die Erzeugnisse der unbebauten Ländereyen, deren ihr euch bemächtigt habt, verdoppeltet.

Die Magistratsperson. Junger Mensch! wie wenig kennst du doch die Menschen. Rede doch Abentheurern, die aus einer Gegend kommen, wo die Ansteckung des Luxus schon große Fortschritte gemacht hat, von Urbarmachen, von sitzenden Arbeiten vor. Unter allen Stiftern von Städten, unter allen Gesetzgebern der Völker, sind wir noch am wenigsten strafbar; alle haben die Gewalt, oder die Marktschreyerey zu Hülfe genommen. Keiner von ihnen hat daran gedacht, sich blos des Vergnügens zu bedienen, um ein Volk zu civilisiren. Das Vergnügen ist nicht blos der große Erhalter der Gesellschaften, es ist selbst ihr wahrer Urheber. Jüngling! setze deine Reise fort, geh und opfere auf der Insel Cypern: du hast es nöthig.

(1) Eine griechische Benennung, die man lateinisch so ausdrücken könnte: Publicae voluptatis arbiter, oder Tribunus voluptatum.

Ich hielt es in der That der Klugheit gemäß, diese Stadt zu verlassen, ohne eine zweyte Erinnerung abzuwarten.

§. XXVI.

Reise nach Knidus, Arados und Cypern.

Ich setzte meinen Weg längs der Halbinsel fort, um in Knidus mich einzuschiffen. Die gottesdienstliche Verehrung der Einwohner hat drey verschiedene Gegenstände: Apollo, Neptun und Venus, sind ihre vorzüglichsten Gottheiten. Bald aber wird Venus das Uebergewicht erhalten, täglich vergrößert und verschönert sich ihr Tempel.

Die Knidier sollten sich vielmehr mit der Verbesserung ihrer Staatsverfassung beschäfftigen. Sie werden von sechzig Magistratspersonen, oder Senatoren regiert, die den Namen A m n e m o n e n (Amnemones) führen, weil sie von ihrer Staatsverwaltung niemals Rechenschaft ablegen, so wenig als der A p h e s t e r, eine Art von Consul, der den Vorsitz hat, und das Wort führt. Ich glaube gern an die Tugend; aber soll man zum Verbrechen, durch den Reiz der Ungestraftheit auffordern? Das Gesetz sollte blos die Götter von der Rechenschaft über ihre Handlungen freysprechen, weil es diese nicht erreichen kann.

Die Knidier sind nicht mehr frey, und um ihr Unglück vollkommen zu machen, so verdienen sie die Knechtschaft, in der sie schmachten. Sie durften nur eine Landenge von fünf Stadien durchschneiden, um dem Cyrus eine unübersteigliche Schutzwehr entgegen zu setzen. Ich sahe noch die Spuren des ersten Versuchs dieser ehrenvollen Arbeit; die Feigen ermüdeten bald, und rechtfertigten sich durch einen Orakelspruch. Die Götter verhinderten ein Unternehmen, das die Kräfte der Menschen nicht überstieg; aber die Knidier haben sich von jeher als würdige Zöglinge der Weichlichkeit gezeigt. Das Persische Heer hatte nicht einmal die Mühe, sich mit ihnen zu schlagen, und sie zu überwinden; sie durften nur die Halbinsel betreten. Die Einwohner kamen den Ketten, die man für sie bereit hielt, selbst entgegen. Sie kennen keine andere Ehre, als den Ruf ihrer Weine zu erhalten.

Knidus hat zwey gute Ankerplätze.

Auf dieser Insel würde ein Gnomon von hundert Theilen Länge, einen Schatten von fünf und siebenzig solcher Theile werfen.

Der längste Tag dauert hier etwas über vierzehen und eine halbe Stunde.

Dieser abgesonderte Winkel der Erde, bringt noch bessere Rohre hervor, als die Aegyptischen, um auf den Papyrus zu schreiben. Papyrus und ein Rohr sind die Waffen der Vernunft.

Die Knidischen Zwiebeln reizen nicht zu Thränen.

Man erzählte mir von einer süßen Quelle, in welcher sich die Erde, innerhalb acht Tagen, versielnern soll. Ich habe die Wahrheit dieser Erscheinung nicht untersucht.

Ich schiffte mich endlich auf einen, nach Aegypten befrachteten, Kauffahrer ein, der aber unterwegs, zu Entledigung eines Gelübdes, in Paphos einlaufen sollte; dieser kleine Umweg, brachte mich in die Nähe von Sidon, einem der ersten Oerter meines Reiseplans. Schon entdeckten wir den Gipfel des Berges Olympus, als die Rede auf eine kleine, von einer Colonie Sidonier bewohnte, Insel kam. Dieser Name, der die Erinnerung an das Land meiner Geburt in mir rege machte, ließ den Wunsch in mir entstehen, die kleine Niederlassung meiner ursprünglichen Landsleute zu besuchen; und ich ließ mich ans Land setzen.

Diese Insel, Namens Arados, kann ungefähr sieben Stadien im Umkreis haben, und man zählt ihrer nur zwanzig, um über den Arm des Meeres, der sie von Cypern trennt, zu schiffen. Sie bietet den Augen nichts als einen Haufen unfruchtbarer Felsen dar, welche aber die Nothwendigkeit, die Mutter der Industrie, mit einer fruchtbaren, von den benachbarten Inselchen, auf kleinen Fahrzeugen, hergeholten Erde, zu bedecken gelehrt hat, es ist das Ausdauern erfordernde Werk verschiedener Sidonischer Familien, die sich freywillig aus ihrem, wegen seiner allzugroßen Bevölkerung verlegenen, Vaterlande verbannten: so sondert sich ein Theil des Schwarms, von einem allzuvollen Bienenstocke, und läßt sich in dem ersten Baume nieder. Das Andenken an ihre Mutterstadt lebt beständig in den Herzen dieser Insulaner, ich erzählte die Umstände meiner

meiner Geburt einem ihrer Aeltesten; „Guter Jüngling, sagte er zu mir, du bist ein Sidonier, sey willkommen! wir sehen unsere Landsleute nur selten; der Reiche vergißt den Armen geschwind: deswegen werden wir doch nicht minder an dem Lande unserer Geburt hängen. Betrachte die Lage unserer Wohnungen: sie sind so gebaut, daß, wenn wir über die Schwelle treten, der Hauptgegenstand, der uns ins Auge fällt, unsere Mutterstadt ist. Jeden Morgen begrüßen wir zugleich Sidon und die Sonne, die für uns heiter ihr empor steigt.“

Der Greis stellte mich allen Familien vor, die sich um die Wette beeiferten, mich wohl zu empfangen. Ich wollte den folgenden Tag nach Cypern überschiffen; allein es war mir nicht möglich: „Du bist uns, sagten sie, wenigstens einen dreytägigen Aufenthalt schuldig; du mußt uns, fügte der Aelteste hinzu, eine Erzählung von demjenigen machen, was um und neben uns, ohne daß wir es erfahren, vorgeht, denn, so wie wir dem übrigen Theile der Erde unbekannt sind, so sind uns auch die Ereignisse, die ihn in Bewegung setzen, unbekannt. Man geht nicht leicht von seinem Wege ab, um eine Insel zu besuchen, die kaum ihre Einwohner ernähren kann. Mein Sohn, wir sind über diese Vernachläßigung nicht empfindlich, die andere vielleicht beleidigend finden würden. Wir gehören, wie man uns gesagt hat, einem neuen Herrn an, der wahrscheinlich seine Unterthanen noch nicht alle kennt, denn er hat uns seine Rechte über uns noch nicht bekannt gemacht; und dieß hat auch keine Eile, denn auf diese Art entgehen wir der wirklichen Knechtschaft. Wir sind zu der

R

Lebensart unserer ersten Voreltern zurückgekehrt: die jüngern ziehen die ältern zu Rathe, und alles geht von sich selber. Ein jeder lebt mit den Seinigen so ruhig und glücklich, als es mit der menschlichen Natur vereinbar ist. Bleib bey uns, du wirst hier einen milden Himmel, ein kleines Feld, einen Bach um es zu befruchten, und eine Gefährtin finden, die dein Glück vollkommen machen wird. Wenn du uns verläßt, so wirst du es vielleicht einmal bedauern. Deine Gesichtszüge kündigen Gutmüthigkeit an. Am Morgen deines Lebens, weißt du schon mehr, als ich am Abend desselben; wohlan denn! deine Kenntnisse sollst du unsern Kindern mittheilen, verbreite deine Einsichten, die du auf der einen Seite geschöpft hast, über die andere. Es fehlen uns nützliche Kenntnisse von verschiedenen wichtigen Gegenständen. Wir sind hier alle eines Sinnes, du wirst keinen Undankbaren unter uns antreffen."

Pythagoras. Ihr laßt euch selbst nicht genug Gerechtigkeit wiederfahren, und habt eine zu hohe Meinung von mir. Schätzbare Insulaner! es geht euch nichts ab, weil ihr euch an die Natur haltet, und ich muß mich von euch, in der Kunst glücklich zu seyn, unterrichten lassen. Wenn ich mich von euch entferne, so geschieht es, um mich würdig zu machen, dereinst vielleicht mich euch wieder nähern zu dürfen.

Ehe ich diese kleine Phönicische Colonie völlig verließ, so durchstrich ich erst die Insel. Die Einwohner haben die gottesdienstliche Verehrung durch den Kuß, zugleich mit dahin gebracht. In der Sprache ihres Mutterlandes heißt diese Gottheit Aphaca, welches gleiche Bedeutung mit dem Namen Venus hat (1).

Ich bediente mich, zur Fortsetzung meiner Reise, eines kleinen, sehr leichten Nachens; man gab mir den geschicktesten Schiffer von Arados zum Führer. Er erhielt den Auftrag, mich im Hafen der Stadt Paphos zu erwarten; wir konnten keinen sicherern und bequemern Ankerplatz wählen, als denjenigen Ort, wo Venus selbst, als sie aus dem Meere stieg, das Ufer von Cypern, zwischen zwey schönen Bächen betrat: zwey Klippen decken den Eingang, und scheinen ihn zu vertheidigen.

Mein Steuermann erbot sich, mir zum Führer zu dienen, um die ganze Küste, die ihm genau bekannt war, zu umschiffen; ich nahm es mit Vergnügen an. Ehe ich also das Innere der Insel besuchte, umschifften wir vorher diesen berühmten Erdstrich nach seinem ganzen Umfange, der die Gestalt eines Schaffells hat (2).

§. XXVII.

Topographie von Cypern.

Wir begrüßten zuerst das Vorgebürge Zephyrium, eine lange Spitze, die gegen Abend zu läuft, und daher

R 2

(1) Nicht die Gottheit hieß Aphaca, sondern der Ort, wo sie ursprünglich verehrt wurde, und welcher in Phönicien, zwischen Byblos und Heliopolis lag. Diese Verehrung der Aphacitischen Venus, war mit sehr schändlichen Gebräuchen begleitet.

Anm. d. Ueb.

(2) Die vorzüglichsten Gewähr leistenden Schriftsteller dieses Abschnitts, und der folgenden, sind Plinius, Herodotus, Pausanias, Plutarch, Danville, Larcher u. s. w.

dem Westwinde ausgesetzt ist; weiter hin ist ein anderer spitziger und zurückgebogener Winkel befindlich, den man das Vorgebürge Drepanum nennt.

Meine geliebten Schüler, laßt uns die gute Gewohnheit beybehalten, den besuchtesten Stellen des festen Landes und des Meeres, solche Benennungen zu geben, die von ihrer Gestalt, oder von irgend einem andern merkwürdigen, und lange im Andenken bleibenden Umstand hergenommen sind; dieß ist das Mittel, uns verständlich zu machen, und unsern Nachkommen vielen Zeitverlust und beschwerliche Nachsuchungen zu ersparen.

Man stößt auf nichts Merkwürdiges bis Solä, einer kleinen, sehr vortheilhaft, am Zusammenfluß zweyer Flüsse gelegenen Stadt, die ihre Lage dem letzten Gesetzgeber der Athenienser zu verdanken hat. Solon, der von einem der neun oder zehen kleinen Oberherren, die diese Insel damals gemeinschaftlich beherrschten (denn jetzt ist sie eine Persische Provinz) dahin berufen worden war; gab dem Könige der Stadt Aepea den Rath, seine Residenz zu verändern, und den steilen und unfruchtbaren Berg, den er bewohnte, zu verlassen, um seinen Wohnsitz in der lachenden und fruchtbaren Ebene aufzuschlagen; der Fürst ließ sich den Vorschlag gefallen, und legte zur Dankbarkeit der Stadt, welche er erbauete, den Namen des Weisen von Athen bey. Man errichtete hier zugleich der Isis einen Tempel, welchen Solon selbst einweihete; und Venus brachte hier eine ganze Nacht zu, wo ihr eignes Gesetzbuch ihr zum Lager diente. Dreyßig Stadien davon ist ein Kupferbergwerk, woran die Insel einen großen Ueberfluß hat.

Im Verfolge unseres Wegs, kamen wir an den Lapethus, einen kleinen Fluß, der seinen Namen einer Stadt mittheilt. Belus wird für den Stifter derselben gehalten, und nannte sie seine Vielgeliebte. Er mochte wohl nicht der Vielgeliebte der Einwohner von Cypern seyn, deren Besitzungen er verwüstete. Weiter hin ist eine Stadt Namens Makaria befindlich. Es gab eine Zeit, wo der Zuname die Glückselige, der ganzen Insel gemein war; wenige Länder des Erdbodens haben diesen Beynamen lange mit Recht führen können.

Ganz am Ende von Cypern erhebt sich der kleine Olymp, an dessen Abhange eine Stadt erbaut ist; der Gipfel ist durch einen Tempel der Venus Urania geheiligt, zu welchem den Weibern der Zutritt versagt ist: sollte es wol deswegen geschehen, um dadurch anzudeuten, daß sie einer uneigennützigen Liebe unfähig sind?

An der äußersten Spitze der Insel, sind die beyden Inseln, Clides genannt, befindlich, nahe bey dem Vorgebürge, das den Namen Ochsenschwanz (οὐρὰ βοὸς) führt. Wegen dieser schmalen Landspitzen hat Cypern den Zunamen, die gehörnte Insel, erhalten; vielleicht auch deswegen, weil es niemals Pferde auf derselben gegeben hat, die Ochsen werden sowol zur Feldarbeit als in den Städten gebraucht.

Wir fuhren nun um die mittägliche Küste herum, und waren bald in Salamis, der zweyten Stadt in Cypern; ihr verschlossener Hafen ist sehr wohl zum Ueberwintern der Schiffe eingerichtet. Diese Stadt hat noch den schrecklichen Gebrauch, jährlich einen Menschen auf dem Altare des Jupiters zu opfern. Nachdem wir den Hafen Leukolla hinter uns gelassen hatten, so fiel uns besonders das Vorgebürge Pedalium in die Augen, über welches eine steile Anhöhe, in Gestalt eines Tisches, hervorragt, welche ebenfalls der Venus gewidmet ist.

Vor dem Vorgebürge der Stadt Throni wird die Fahrt durch die vielen Krümmungen des Ufers sehr erschwert; hier sind Salzgruben. Man geht über den Fluß Tetius, um nach Idalium, einen artigen Flecken, zu kommen, der mitten in einem bezaubernden Wäldchen liegt, in welchem Obstgärten und Bäche mit einander abwechseln. Um den höchsten Gipfel des Bergs Olympus, der die Gestalt einer weiblichen Brust hat, zu ersteigen, muß man seine Wanderungen bis zu dem Nabel von Cypern, wie man sich auszudrücken pflegt, fortsetzen.

Wir kamen nach Amathus, einer der ältesten Städte der Insel, und die nur Paphos nachstehet. Die Meinungen über ihren Ursprung sind verschieden; man giebt ihr einen Sohn des Hercules, dieses Namens zum Stifter: andere wollen, daß sie ihren Namen von den, in ihrer Nähe befindlichen, warmen Quellen erhalten habe. Der Boden der umliegendeu Gegend, ist, so zu reden, ganz metallisch; er enthält vieles Bley und Kupfer. Die Einwohner behaupten, daß sie ein Urvolk (autochtones) sind; ich liebe den Stolz, der erste seines Geschlechts und seines Namens seyn zu wollen. Venus ist in dem Tempel zu Amathus, mit den Zeugungstheilen beyder Geschlechter, und einem Barte vorgestellt: alle diese, auf den ersten Anblick seltsam scheinende Darstellungen, haben ihren zureichenden Grund; das Volk weiß ihn nicht mehr.

Cypern, das von zwey Gebürgsketten durchschnitten wird, mag zehen Städte zählen. Das Clima ist nicht so milde, als man, dem Rufe dieses Landes zu Folge, glauben sollte. Die Winde, welche von den erhabenen Gegenden des benachbarten Asiatischen festen Landes wehen, machen diese Insel zu einem sehr kalten Aufenthalte: der Berg Olympus selbst, ist während eines Drittels des Jahres, mit Schnee bedeckt. Die Sonnenhitze ist daselbst unerträglich; der Regen allzuhäufig, und das trinkbare Wasser nicht immer im Ueberfluß; eine einzige Gegend der Insel bringt einen köstlichen Wein hervor: im Allgemeinen ist das so berühmte Cypern höchst ungesund.

Der Boden besteht aus lauter Felsen. Verschiedene Berge liefern gelben Marmor; einer derselben enthält jenen Steinflachs, aus welchem eine Leinwand verfertigt wird, die man durch Feuer reinigt; der Cyprische Amiant ist von dunkelgrüner Farbe, und sehr biegsam: man sollte versuchen, unverbrennbaren Papyrus daraus zu bereiten; die der Schrift einmal anvertraute Wahrheit, würde dann unvergänglich seyn.

Cypern hat einen Ueberfluß an edeln Steinen; aber noch hat man keine Eisenmine darauf entdeckt: dieses Metall ist kostbarer, als der Diamant, weil es nützlicher ist.

Die Cypresse wächst häufig auf dieser Insel; und so ist also grade derjenige Theil der Erde, welcher ganz besonders dem Vergnügen und der Göttin der Fortpflanzungen geweiht ist, dem Wachsthume desjenigen Baums, der ein Sinnbild der Traurigkeit, und ein Freund der Gräber ist, vorzüglich günstig. Der Sonnenwende und dem Lorbeerbaume, dem Platanus und der Ceder, scheint das Clima angemessen zu seyn. Die Cyprischen Pomeranzen verdienen ihren Ruf; das Mehl von Cyprischem Getreide ist nicht weiß, aber ein sehr angenehmes Nahrungsmittel. Die Ziege ist die Ernährerin des Landes; die Schlangen und Heuschrecken seine Geißeln.

Die schöne Venus hätte, scheint es, in dem Hauptsitze ihres Reichs eine bessere Wahl treffen können; aber wenig Inseln haben eine schicklichere Lage, um den Seefahrern der drey Welttheile zum Ruhepuncte zu dienen. Die Bewohner von Phönicien landeten hier anfänglich mit ihren Göttern, ohne welche sie keinen Schritt wagten. Ihnen folgten die Griechen, die ihre Gottheiten mit den ersten vermählten. Aus dieser Vermischung entstand Venus, mit allen Auswüchsen einer, durch unregelmäßige Freyheit überspannten Einbildungskraft. Die Insulaner, die vielleicht den Halikarnassiern zum Beyspiele dienten, unterstützen aus allen Kräften eine Verehrung, die für sie eine weit ergiebigere Quelle von Reichthümern, als ihre Bergwerke, und ihr Ackerbau, werden konnte. Und welcher Fremder hätte es über sich vermögen können, nicht in Cypern vor Anker zu legen, um seine Gaben, der Mutter des Vergnügens darzubringen? das zur gottesdienstlichen Verehrung gewordene Vergnügen, m. alle andere verdunkeln.

Der politische Zustand der Insel ist kläglich. Neun oder zehn kleine Könige, tyrannisiren, unter der gnädigen Zulassung Persiens, alles ungestört. Jeder dieser Despoten versichert sich von der Anhänglichkeit eines, aus einer Hand voll Patriziern bestehenden, Senats, die, um sich in die Gunst des Hofes zu setzen, die bürgerlichen Familien verläumden, und sie unter willkührlichen Auflagen erdrücken.

Die Cyprierinnen sind die niedrigsten aller Weiber; die schönsten verlassen ihr Vaterland, um in die Dienste der Königin von Persien zu treten, die sich ihrer als eines Fußschämels bedienet, wenn sie in ihre Wagen steigt.

Die Einwohner von Cypern machen Ansprüche auf den Homer, als ihren Landsmann, sie hat einen noch frühern Dichter, als den unsterblichen Sänger des Achills und Ulysses, hervorgebracht. Denn man giebt den Cyklus für den Verfasser der allzuberühmten Cyprischen Gedichte aus.

§. XXVIII.

Ursprung und Sitten von Paphos.

Bey meiner Zurückkunft nach Paphos, gieng ich in die Stadt, die in Amphitheater gebaut ist. Man giebt ihr verschiedene Stifter, erstlich den Cyniras, König von Cypern. Man erzählt, daß die Erscheinung der Venus, aus dem Schooße des Meeres, seine Regierung verherrlichet habe. Er hatte nur einen einzigen Sohn, einen so tugendhaften als schönen Jüngling. Auf einer Jagd, begegnet er einem Landmädchen, von einer Schönheit, die der seinigen gleicht, und einer nicht weniger vollkommenen Tugend: ähnliche Gegenstände ziehen einander an: Cypris (so hieß sie) und Adonis, dieß ist der Name des Jünglings, kamen eins dem andern entgegen; eine Cypresse war Zeuge ihrer ersten Herzensergießungen. Von diesem Augenblicke an, entsagte Adonis der grausamen und gefährlichen Uebung der Jagd; er wurde Schäfer, um sich seiner Geliebten zu nähern. Sein Vater, welcher andere Absichten mit ihm hatte, wollte ihr Bündniß trennen; Adonis, welcher nicht wußte, auf welche Art er seinen Vater bewegen sollte, fiel auf folgende List; „Venus" sagte er zu Cypris, ist dem Schooße des Meeres entstiegen; schöne Cypris, laß dir es gefallen, sie auf einen Augenblick vorzustellen; welches Weib hat auf diese Ehre nähere Ansprüche?

Adonis bereitet insgeheim den triumphirenden Einzug seiner Geliebten. An einem Frühlingstage, vor Untergang der Sonne, zeigt sich dem Könige, und dem ganzen, am Hafen versammelten Volke, ein neues Schauspiel. In einer, von den sanft am Ufer spielenden Wellen getragenen Seemuschel, erscheint eine weibliche Gestalt, mit allen frischen Reizen der Blüthenjahre des Lebens geschmückt. Sie nähert sich unter Vortritt, in Begleitung, im Gefolge einer Menge vertrauter, als Meergötter verkleideter Diener des Adonis, welche Hymnen zu Ehren der Venus singen. Das Volk wiederholt mit heiliger Ehrfurcht diesen erhabenen Namen, und glaubt ohne Schwierigkeiten, daß sich Venus selbst unter ihnen niederlassen will. Cyniras ergründet das Geheimniß sehr leicht. Er verstellt sich, und schlägt, um die Feyerlichkeit zu krönen, eine Jagd in dem Idalischen Haine vor: sie beginnt, verwandelt sich aber bald in Trauer. Adonis wird von einem wüthenden Thiere tödtlich verwundet, und stirbt. Sein Vater verordnet ihm ein prächtiges Leichenbegängniß, während dessen die untröstliche Cypris verschwindet. Der König macht bekannt, daß man sie den Weg nach dem Berge Olymp habe nehmen sehen, um sich von da in den Himmel zu erheben. Zu gleicher Zeit schreitet man zu ihrer Vergötterung vor; man erbaut ihr einen prächtigen Tempel, setzt ihr zu Ehren Feste ein, welche drey Tage und drey Nächte lang dauern, und um das Andenken dieses merkwürdigen Ereignisses zu erhalten, wurde die Insel, welche vorher Aerosa hieß, von nun an Cypern genannt.

Cyniras, um die, aus Mangel an Mitgabe selten gewordene Ehen zu ersetzen, ließ durch die ihm ergebenen Priester bekannt machen, daß ein, der Liebe gebrachtes Opfer, der Venus angenehmer sey, als eine ganze Hekatombe, und so verlohr Cypern, aus Staatsgründen seine Sitten, und weihete die Trümmern des Altars des Hymens, dem Dienste der öffentlichen Schande. Alle Völker, die an diesen Ufern landeten, nahmen daran Theil; und diese, so lange Zeit tugendhafte und unbekannte Insel, wurde durch ihre Schändlichkeiten berühmt. Cyniras, dieser schlechte Vater und Sitten verderbender König, erreichte ein hohes Alter.

Seit diesem Zeitpuncte, begeben sich die Einwohner dieses Theils der Insel Cypern, während der drey Tage, die den Uebergang des Frühlings auf den Sommer ausmachen, feyerlich an das Ufer, rufen die Venus an, und sogleich erhebt sich die schönste Insulanerin, indem sie die Rolle der Geliebten des Adonis wiederholt, aus den Wellen, die den Hafen bespielen, und empfängt die Huldigung beyder Geschlechter; man führt sie in dem Idalischen Haine herum, die Männer übergeben in die Hände der Priester verschiedene Geldstücken, die diese, nachdem sie den Zehenten davon zurückbehalten haben, den jungen Mädchen, so wie sie den Hain verlassen, gewissenhaft zustellen. Am Abend des dritten Tages, feyert man erstlich das Andenken des Todes und Leichenbegängnisses des unglücklichen Adonis, und endigt damit, daß man sich Schwelgereyen aller Gattung, welche die Veranlassung und die Art des Festes mit sich bringen, überläßt.

Eine andere Sage giebt Paphos einen zweyten Stifter. Die Hauptstadt in Cypern führte noch keinen andern Namen, als den der Insel selbst. Pygmalion, ein sehr geschickter Bildhauer, abgöttischer Verehrer seiner Kunst, aber noch mehr der schönen Natur, war durch die Aufführung der Insulaner, seiner Landsleute, empört. Besonders reizten die Weiber seinen edlen Unwillen. Er wählt sich einen Marmorblock, schließt sich mit demselben in seine Werkstatt ein, entschlossen, sie nie wieder zu verlassen. Er ergreift seinen Meisel, und sagt zu sich selbst: „Junge Schönen von Cypern, da ihr dem schändlichen Dienste, der euer Geschlecht herabwürdigt, und das unsrige entbehrlich macht, nicht entsaget, so entsage ich euch, mit meiner Kunst werde ich mir selbstgenug seyn können. Ja ich will meine gefaßte Idee ausführen; mein Meisel allein kann mir eine Gefährtin nach meinem Herzen schaffen. Da ich mich nicht entschließen kann, mein Opfer in den Armen eines sittenlosen Weibes darzubringen, so will ich meine Huldigung dem Gebilde aller, aus meinem Vaterlande verbannten, Tugenden vorbehalten. Ich will lieber der Anbeter einer schönen Bildsäule, als einer lebenden, aber durch einen Dienst, den die Natur verwirft und verabscheut, befleckten Schönheit seyn. — Hand ans Werk! —

Pygmalion widmet sich ganz seiner Arbeit, unter dem, von seinem schaffenden Auge geleiteten, Meisel, nimmt der Marmor die glücklichsten Formen an, und eine weibliche Gestalt tritt an seine Stelle. Nichts als der Funke des Lebens mangelt ihr, sie besitzt alles übrige; ihre Stirn trägt das unnachahmliche Gepräge der Unschuld; wenn der Blitzstrahl des Gedankens ihre Augen erleuchtete, so würden sie die sanftesten Gefühle der Seele ausdrücken; die Umrisse des Gesichts und der übrigen Theile dieses leblosen Körpers, sind der Abdruck der höchsten Vollkommenheit der Natur. Pygmalion hat sich selbst übertroffen; er betrachtet sein Meisterstück. „Ja, dieß ist es, ruft er aus, noch nie ist ein so schönes Kunstwerk aus meinen Händen gekommen. Ich täusche mich nicht selbst, mich verblendet keine unverzeihliche Eitelkeit, Cyprische Mädchen, warum gleicht ihr nicht dieser Bildsäule! warum habt ihr nicht diese anständige Haltung, diesen unerklärbaren für euch auf immer verlohrenen, Zauber."

Schon eifersüchtig, wirft er einen Schleyer über seine Bildsäule, und verläßt seine Werkstatt, um sich an den Hafen zu begeben; es ist Nacht. In seinem Enthusiasmus ruft er aus, indem er sich nach dem Meere zu wendet: „O Venus Urania! du deren Altäre man durch schändliche Opfer entehrt! erhöre meine Bitte, gieb mir eine Gattin, die dem von meinem Meisel entworfenen Vorbilde gleicht."

Nach diesem kurzen Gebete, überläßt er sich, von Arbeiten erschöpft, dem Schlummer, in der Hoffnung, Venus werde in ihn einem wohlthätigen Traume einer Antwort würdigen.

Nach einer zweystündigen Ruhe, geht er in seine Werkstatt zurück, und hebt mit zitternder Hand, den Vorhang in die Höhe, den er vor seine Bildsäule gezogen hatte: O Wunder! er kann seinen Augen nicht glauben, er nimmt die Hand zu Hülfe; sein Meisterstück ist kein kalter Marmor mehr, er fühlt unter seinen brennenden Fingern einen weiblichen Busen schlagen.

Eine junge Cyprierin, Namens Paphos, welche noch nie einem Feste der Venus beygewohnt hatte, befand sich gerade am Ufer des Meeres, als Pygmalion seinen Wunsch laut genug, um in der Stille der Nacht gehört zu werden, ausdrückte. Sie eilte sogleich zu einem Freunde dieses Künstlers, und theilte ihm den Wunsch ihres Herzens, mit jener Offenheit mit, die nicht geheuchelt werden kann. Der Freund gab sich zur Unterstützung dieser Art von Seelenwanderung her, öffnete die Werkstatt Pygmalions, während seiner Abwesenheit, dem jungen unschuldigen Mädchen, und hob sie selbst auf das Fußgestell der marmornen Bildsäule, die bey Seite geschafft wurde.

O Venus, gute Göttin! rief Pygmalion aus, der von allem, was vorgegangen war, nichts wußte, ist's möglich? kaum wag' ich's dem Zeugnisse meiner Sinnen zu glauben. Täuschest du sie nicht, um mich auf einen Augenblick zu trösten? Wär' ich wirklich so glücklich? —

Die junge Paphos. Ja mein theurer Pygmalion, Venus Urania sendet dir die unschuldige Paphos. Laß uns vereint seyn, und möge das Beyspiel unseres Hymenäus, zu der Wiederherstellung der Sittlichkeit in der Insel Cypern beytragen!

Die ganze Stadt, von diesem wunderbaren Ereignisse unterrichtet, feyerte die Vereinigung der Paphos und des Pygmalion, als ein Fest zu Ehren der Schutzgöttin des Landes; und die Priester, um bey diesem Wunder, (denn dafür erklärten sie diese Begebenheit) ihren Namen mit ins Spiel zu bringen, machten bekannt, daß es der Wille der Venus Urania sey, man sollte der Hauptstadt Cyperns den Nanem der Gattin des Pygmalion beylegen. Von dieser Zeit an, erhielt die Stadt den Namen Paphos, und hat ihn bis jetzt beybehalten; aber das Beyspiel der jungen Eheleute, war bald für den großen Haufen verloren, der das folgende Jahr seine alten Gewohnheiten wieder erneuerte.

§. XXIX.

Litaneyen der Venus (1).

Da ich dem Feste nicht hatte beywohnen können, woran mir auch nicht viel gelegen war, so verschaffte ich mir das Buch, welches die Anrufungsformulare enthielt. Ich wählte unter denen, von meinem Vater gegrabenen Ringen, die ich, bey meiner Abreise von Samos mitgenommen hatte, einen Gegenstand, von dem ich glaubte, daß er den Priestern angenehm seyn würde, ich bot ihnen einen Amethyst an, auf dem ein Delphin vorgestellt war. Der Handel wurde richtig: sie fügten noch ein Gemälde der Venus zum Anhängen bey.

Geliebte Schüler, ihr werdet aus der Sammlung der Gebete sehen, wie inconsequent die Menschen sind. Der Geist der gottesdienstlichen Verehrung, die man der Venus erzeigt, ist höchst rein; wie geht es zu, daß die religiösen Handlungen so wenig mit den geweihten Worten übereinstimmen? Wozu überhaupt dieses ganze Ceremoniel? Wozu alle diese Umstände, um den Wunsch der Natur zu erfüllen? Verlangt sie denn, daß man ihr, wie in Paphos, hundert Altäre errichte. Man zeigte mir denjenigen darunter, auf welchen es nie regnet, und man schlug mir vor, den ersten wolkigten Tag abzuwarten, um mich von diesem Wunder zu überzeugen; aber ich hielt es fürs beste, es ihnen aufs Wort zu glauben. „Am Tage der Feyerlichkeit, sagte mir der Oberpriester, zünden

(1) In dem Wenigen, was uns von den Werken des Orpheus übrig geblieben ist, kann man sehen, was für eine Folge von erhabenen Apostrophen, eine Litaney, unter dem Namen der Cybele und Venus, enthält. —— Sobry apologie de la Messe au VI. in 8vo. S. 23.

zünden ein Mann und ein Weib, nackend, wie die aus dem Meere steigende Göttin, auf jedem dieser Altäre, zu gleicher Zeit, Weihrauch an; dieß ist ein alter Gebrauch."

Pythagoras. Wo stellt ihr denn die Gottheit hin? Ich sehe hier keine marmorne oder elfenbeinerne Bildsäule.

Der Oberpriester. Dieß ist sie.

Pythagoras. Diese weiße Pyramide? —— Dieser abgerundete Stein stellt die Venus vor?

Der Oberpriester. Dieß ist ein altes Geheimniß.

Weiter konnte ich nichts erfahren. Meine lieben Schüler, wir wollen jetzt die Anrufungsformeln mit einander durchgehen.

Anrufungen der Venus zum Gebrauch des Tempels zu Paphos.

O Venus (1), gern hörst du dich unter dieser Benennung, dem schönsten deiner Namen, anrufen; es ist dein eigentlicher Name. Kommt nicht alles von dir, geht nicht alles zu dir?

O Venus! Dein Name ist das heiligste Wort in der Dorischen Mundart; er bezeichnet das interessanteste Wesen in der ganzen Natur; ein jungfräuliches Mädchen.

(1) A veniendo. Nur möchte es dem Verfasser etwas schwer fallen, die Art und Weise zu erklären, wie die Priester in Paphos zu dieser lateinischen Benennung und ihrer etymologischen Erklärung gekommen seyen. Anm. d. Uebers.

O Venus aligena! Wir rufen dich an, Tochter des Meeres, aus dem Salze, der ersten wirkenden Ursache aller Fruchtbarkeit der Wesen, erzeugte Göttin. Du bist das Salz des Lebens, ohne dich, ohne das Salz des Vergnügens, gäb es etwas Unschmackhafteres als das Daseyn?

O Venus Anadyomene! Der Gelehrte ruft dich gern unter dieser Benennung an, sie erinnert ihn an den Ursprung der Welt, die aus dem Wasser hervorgieng. Venus, die zwischen ihren Fingern das Wasser aus ihren langen Haaren drückt, ist das Sinnbild der Erde, die sich nach und nach den sie bedeckenden Fluthen entwand.

O Idalische Venus! Mit Wohlgefallen hörst du diesen Namen; in welcher Gegend der Erde wirst du öfter und brünstiger angerufen, als in dem Idalischen Haine? Giebt es in demselben einen einzigen Baum, an dessen Fuße dir kein Opfer gebracht worden wäre?

O Griechische Venus! Wohlbekannt unter den glücklichen Söhnen und Töchtern Griechenlands. Die Griechen allein haben dir mehr Altäre errichtet, als alle übrigen Völker zusammen; ihnen verdankst du deine Gottheit, welche die übrigen Nationen kaum ahndeten!

O Venus Erzeugerin! O Venus Erhalterin! Du bist die erste Ursache aller Dinge; du bist auch jene ausdehnende Kraft, die Seele des Weltalls, das sich nur, durch die gegenseitige Einwirkung der Wesen auf einander, erhält.

O schamhafte Venus! Die Schamhaftigkeit vertritt die Stelle der Unschuld, wenn das Alter der letztern vorüber ist! Selbst du, o Venus, kannst ihrer nicht entbehren.

O Venus, gute Göttin! (bona Dea) Dürfen wir diese Benennung in unserm Gebete vergessen? Man legt sie schon der Erfinderin der nährenden Erndten bey: und du, Quelle der Welterhaltenden Freuden, gute Venus, verdienst sie unstreitig noch mit mehrerem Rechte.

O goldene Venus! Du bist unter den Gottheiten das, was das Gold unter den übrigen Metallen ist. Ist die Zeit der Liebe nicht das goldene Alter des Lebens?

O Venus Panthea! Göttin aller Vollkommenheiten: bist du nicht im eigentlichsten Sinne, die Gottheit des Schönen? Du vereinigst in dir die höchste Güte Jupiters, Juno's erhabene Eigenschaften, die Geschicklichkeit der Pallas, Minervens Weisheit, Mercurs Beredtsamkeit, den Muth des Mars, die Stärke des Hercules; und um diesen vereinigten Vollkommenheiten, die dich, o Venus, zieren, das Siegel der Vollendung aufzudrücken, so überlassen dir die Grazien ihren Gürtel, in dessen Besitze du alles Uebrige entbehren kannst.

O Venus Panaïtes! Unter diesem, dem unwissenden Haufen wenig bekannten Namen, rufen wir dich noch, als die Ursache aller Wirkungen, und die Vermittlerin aller Wesen an. O Venus! du bist es, die die

S 2

Welt aus dem Chaos gezogen hat, und sie verhindert, in das Nichts zurückzusinken.

O Venus Arenta! Die Liebenden, deren ersehnte Vereinigung man verzögert, rufen zu dir in ihrer gerechten Ungeduld. Du lehrst sie durch unschuldige Liebkosungen, worüber Hymen, dem Amor keine Rechenschaft abfordern wird, den Stunden ihrer Sehnsucht Reiz zu geben.

O fruchtbringende Venus! Die Früchte der Erde sind dein Werk, denn du erwärmst sie zur Liebe, und machst sie geneigt, den Saamen aller Gewächse in ihren Schooß aufzunehmen, und zu vervielfältigen. Ohne die sanfte Wärme der Venus, wär keine Erndt.

O honigsüße Venus! (melinaïa) Kennten wir etwas Süßeres, Balsamischeres, als den Honig, wir würden dich in unserm Gebete damit vergleichen.

O sanftmüthige (placida) Venus, du Vermittlerin! Du bist es, die den Hausfrieden wieder herstellt. Du bist die Gottheit des guten Einverständnisses. Es würde keinen Krieg mehr unter den Sterblichen geben, wenn sie dich zur Schiedsrichterin wählten. Du stillst die menschenmörderische Wuth des Helden. Sobald man dich anruft, so entfällt die tödtliche Wehre den Händen; und man schickt sich zu weit süßeren Kämpfen an.

O bärtige Venus! Wir rufen dich unter dem Attribute der Männlichkeit an; weil du die Gottheit beyder Geschlechter bist. Was kann eines ohne das andere ausrichten?

O schwarze Venus! Göttin der Nacht: Die jungen Eheleute versprechen an deinen Altären, dir nie vor Einbruche der Nacht zu opfern. Du willst, wir sollen, selbst im Schooße der Wollust, schamhaft seyn.

O Venus Epithymbia. Zu Delphi ruft man in deinem Tempel die Manen an: weil die Auflösung der Wesen, zu ihrer erneuten Organisirung nöthig ist. Wem der Tod entsteht, so entsteht das Leben auch aus dem Tode: diese Nachbarschaft des Lebens und der Vernichtung, giebt wenigstens den Menschen zu erkennen, daß der Mißbrauch des einen, die Annäherung des andern beschleunigt.

O Venus Libitina! Das junge Rom hat für gut befunden, Delphi nachzuahmen, indem es dir einen Altar, unter dem Beynamen der Göttin, welche den Leichenbegängnissen vorstehet, geweiht hat. Hier schafft man sich alles an, was zur Trauer gehört; und der Ueberschuß dieses Handels fließt in eine Casse, die dem Unterhalte deines Dienstes gewidmet ist. O Venus! der Tod bezahlt die Kosten des Lebens.

O Venus libentina! Du bist es, die die jungen Mädchen von der älterlichen Gewalt losspricht; du blickst mit Wohlgefallen auf den Tribut einer Puppe, die sie auf deinen Altären niederlegen, wenn sie endlich mannbar geworden sind.

O bräutliche Venus! (Sponsa) Wenn die Weiber dich, in allen Zeitpuncten ihres Lebens, anrufen sollen, so muß dieß besonders in den schönen Augenblicken geschehen, wo sie aus dem Stande der Jungfrauen, in den Stand der Gattinnen übergehen.

O gesellige Venus! Du bist das erste Band der, in Gesellschaft vereinigten Sterblichen. Aus der ersten ehelichen Verbindung entstand die Civilisation. Der Erbauer einer Stadt ruft dich vor allen andern Gottheiten an.

O Venus Vulgivaga! laß uns einige Nachsicht mit den menschlichen Schwächen haben; laß uns einige Unordnungen heiligen, um größern vorzubeugen.

O Venus Morpho! Du hast den Lacedämoniern deine Gunst nicht entzogen, wenn sie gleich deiner Bildsäule von Cedernholz die Stellung eines sitzenden Weibes, mit einem Schleyer auf dem Haupte, und zusammengeschnürten Füßen, gegeben haben. Sie enthält eine weise Lehre, und zeigt an, daß die Schönheit einer Frau sie nicht von den Pflichten der Hauswirthschaft befreyt, noch das Recht giebt, gleich der Helena, in der Welt herumzuziehen. Die ihrer Heimath und ihrem Manne getreue Gattin, ruft dich o Venus Morpho nicht vergebens an! Du erhältst, du sicherst ihr die Gabe zu gefallen. Ein vernünftiger Gatte findet sie immer schön.

O Venus Epistrophia! Megara und sein Gebiet war dir ein Denkmal seiner Dankbarkeit schuldig. Du brachtest die Männer von jener schändlichen Liebe zurück, die die Natur verwirft, und der Geschmack verdammt.

O Venus Prospiciens (für die Zukunft sorgende Göttin) deine Weisheit besteht nicht in der Vorsorge für den folgenden Tag, sondern in der guten Anwendung des heutigen. — —

Ich machte mir's zur Pflicht, der Göttin, vor meiner Abreise zu opfern: aber ich wendete mich nicht zu den Altären, wo man Böcke und andere männliche Thiere schlachtet. Ich begnügte mich, ein Geschenk von Weihrauch und Blumen zurückzulassen.

Man würde in dem Tempel der Venus ungern gesehen seyn, wenn man mit leeren Händen dahin kommen wollte. Die jungen Mädchen bringen ihr Spielzeug dar: die Liebenden, die Lampe, welche ihnen zu ihren Freuden leuchtete; die Buhlerinnen, andere kleine sinnbildliche Gegenstände ihres Gewerbes. Ich sahe hier Frauenschleyer von so feinem Gewebe, wie die Arbeit des Insects der Arachne, Spiegel, künstlich zubereitete Haare, reiche Binden, um den Busen zusammen zu halten, ja sogar geschmackvolle Fußbekleidungen. Alle diese Geschenke haben ihre Veranlassung, worüber die Tugend nicht immer Ursache hat, sich zu freuen. Besonders fiel mir das Geschenk einer Fremden auf, es war eine kleine Bildsäule der Venus von Parischem Marmor. Am Fuß derselben stand folgende Inschrift: „Ich erbitte mir von der Göttheit dieses Tempels nur die Gnade, mit meinem Gatten in steter Eintracht zu leben." Andere fromme Geber zeichnen sich nicht sowol durch den Reichthum oder die Seltenheit des Stoffs ihres Geschenks, als durch die Form desselben aus; sie glauben der Göttin der Bevölkerung nichts Angenehmeres darbringen zu können, als die aus dem feinsten Mehle geformte, männliche Vorstellung der zeugenden Natur.

Ich bemerkte einen, von allen Verehrern der Venus gewissenhaft beobachteten, Gebrauch. Nachdem sie ihre Gabe auf den Stufen des Altars niedergelegt haben, so treten sie drey Schritte hinter sich zurück; und führen hier stehend die rechte Hand an ihren Mund, halten den Daumen und den Zeigefinger zusammen, und drücken diese beyden Finger leicht gegen ihre halb offenen Lippen, hierauf heben sie sie in die Höhe, als wollten sie zur Göttin sagen: „Wir weihen uns dir ganz und gar mit Seel und Leib." Die Küsse, welche zwey Liebende einander zuwerfen, haben viel Aehnlichkeit mit dieser Art von Verehrung der Venus.

Man unterhält in ihrem Tempel zu Paphos eine Menge Turteltauben, von der seltensten Art.

Diese, nur zu berühmte, Stadt, ist den Erderschütterungen sehr ausgesetzt.

Die umliegende Gegend, so wie der Boden der ganzen Insel, bringt schöne Oliven, sehr süße Mandeln und Feigen hervor. (1)

(1) Man kann hierüber nachlesen: Comment. Pasial in monum. Marcell. in 4to 1638. Mem. sur Venus de L'aucher. Selden. de diis Syr. Apulejus. Lucretius etc.

§. XXX.

Reise nach Sidon. Die Atomen des Moschus.

Mein Schiffer von Arados führte mich auf seine Insel zurück, und wollte mich auch nach Sidon bringen, ich übernahm die Vorstellung der Beschwerden, welche die Aradonier bey ihrer Hauptstadt anzubringen hatten, und mein Schiffer brachte ihnen eine günstige Antwort zurück.

Ich konnte ihn durchaus nicht bewegen, eine andere Belohnung anzunehmen. Er setzte mich, fünfhundert Schritte von der Schlangenquelle, am Ufer ab.

Ich zeichnete in meine Schreibtafel eine merkwürdige Beobachtung auf: das Seewasser, welches die Küsten von Arados benetzt, ist süß.

Ich war in meiner Geburtsstadt völlig unbekannt. Sidon macht Tyrus den Vorzug des Alters streitig. Jede giebt sich für die Mutterstadt der andern aus, und setzt ihre Entstehung weit über die Belagerung von Troja hinauf. Sidon hat eine Vermuthung mehr für sich, Homer gedenkt ihrer, erwähnt aber niemals Tyrus.

Um sie zu vereinigen, muß man auf ihren beyderseitigen Ursprung zurückgehen. Es waren anfangs nur Fischerhütten; und Sidon hat dieß, mit allen, am Meere gelegenen, Städten gemein. Wenn man sich ein wenig vom Ufer entfernt, so findet man eine lachende Ebene, die ein, mit zahlreichen Heerden von Ziegen bedecktes, Gebürge begränzt. Diese ganze schöne

Küste war lange Zeit schlecht bevölkert. Die Bewohner theilten sich in zwey sehr bestimmte Classen, die in der niedern Gegend, lebten von gebratenen Fischen, und hatten ganz andere Sitten, als ihre Nachbarn, in dem höher gelegenen Theile. Diese letztern nährten sich von Halbreisen und gerösteten Weitzenähren; und die Milch ihrer Heerden diente ihnen zum Getränke.

Schon in den ersten Zeiten, erregte der Wurm (1), welcher noch kostbarere Fäden, als der Flachs hervorbringt, die Aufmerksamkeit dieser Bergbewohner Verschiedene unter Ihnen, erbauten für ihn, zum Zeitvertreibe, kleine Hütten aus Baumreisern, um dieß Insect dahin zu ziehen, dem es darinnen zu gefallen schien, es vermehrte und verwandelte sich in denselben.

Es ist zu bewundern, daß man die Faden, in welche sich dieses kleine Thier hüllt, noch nicht besser benutzt hat. Man könnte eine, von dem Gewebe unserer Spinnen, mit dem man es sehr anpassend vergleicht, sehr verschiedene Arbeit daraus verfertigen. Die Insel Kos hat kürzlich mit diesen Häuschen, welche anderwärts bloß den kleinen Mädchen zum Spielwerke dienen, sehr glückliche Versuche gemacht. Die Anhöhen von Sidon sind von Maulbeerbäumen beschattet.

Umsonst breitete die Natur ihre schönsten Erzeugnisse vor den Augen der trägen Einwohner aus; sie blieben dabey, nichts mehr als Hirten oder Fischer seyn zu wollen. Fremde mußten erst diese letztern auf

(1) Die Seide.

die Vortheile aufmerksam machen, die ihnen eine so glückliche Lage zu versprechen schien: es wurde ein Hafen angelegt, bequemere Wohnungen traten an die Stelle der beräucherten Hütten. Als unsere, bisher zerstreut gewesenen, Syrier einmal anfiengen, in Gesellschaft zu leben, so entdeckten sie in sich mehr Anlagen als sie sich selbst zugetraut hatten. Endlich lud eine kleine Handelsstadt von allen Seiten Schiffe ein, und Sidon fieng an seinen Platz unter den Völkern zu behaupten. Die Schiffahrt macht industriöser, als jede andere Beschäfftigung. Man braucht Seegel und Taue. Die Bergbewohner verließen ihre webenden Insecten, um selbst Weber zu werden. Man lernte den Flachs kennen; groben Tüchern folgten feinere: man eröffnete Werkstätte. Die Bäume wurden dem Boden entrissen, und geschickt bearbeitet; jährlich vergrößerte sich die Sadt, jetzt hat sie fünftausend Schritte in der Länge. Sidon liegt auf einem sanften Abhange, der sich gegen Mitternacht, bis an das Meer erstreckt, und ist gegen Morgen und Mittag von Gebirgen begränzt. Man dachte nun darauf, der Stadt eine Verfassung zu geben, und man entschied sich für eine monarchische, durch eine zweyte, zwischen dem Regenten und dem Volke befindliche Autorität, gemäßigte Regierungsform: Diese Idee ist anfangs fast allen Völkern in den Sinn gekommen.

Nichts verbindet die Menschen mehr mit einander, als die Handlung; aber nichts verdirbt sie auch schneller. Außer den nothwendigen Bedürfnissen des Lebens, war man auch beflissen, dieser wachsenden und schon reichen Stadt, eine Menge anderer Dinge, deren sie entbehren konnte, und unter andern auch, verschiedene Gottheiten zuzuführen. Das allem Aberglauben geöffnete, Sidon, nahm jede Art desselben auf, so wie viele Moden und Gebräuche, vor denen es sich hätte hüten sollen. Es besitzt ein Orakel, vier Tempel und eine verhältnißmäßige Anzahl Priester.

Jedes Haus in der Stadt hat einen Garten außerhalb den Mauern, in einem Umkreise von dreyßig Stadien. Hier findet man alle Sorten Früchte; die Granate und Pomeranze, die Aprikose und Feige, die Pflaume und die Maulbeere; man trocknet einen Theil derselben, der in den Handel kommt. Der Oelbaum gedeiht sehr wohl; die Ceder ist gemein, und einer der vorzüglichsten Reichthümer des Bodens. Unter allen Quellen, die Sidon mit Wasser versorgen, wird diejenige am meisten geschätzt, welche den Namen der Stadt selbst führt. Der Brunnen von Sidon ist nicht der einzige, dessen sich die Einwohner bedienen; andere, weit entferntere Quellen, liefern auch ihren Beytrag, mittelst einer Wasserleitung, die auch dazu dient, einige Lustgärten zu versorgen, in denen das Wasser artige Fälle und Springbrunnen bildet, die sich zu einer beträchtlichen Höhe erheben.

Noch zwey Gegenstände blieben mir zu sehen und kennen zu lernen übrig: der Hof des Königs von Sidon, und die Grotte des Hierophanten. Schon war ich auf dem Wege, um mich im Pallaste vorstellen zu lassen, als ich stehen blieb, und zu mir selbst sagte: „Das Leben ist kurz, und ich habe viel zu lernen, wenn die Wahrheit an einem dieser beyden Orte zu finden ist, so wird es eher in dem Innern der Grotte eines Dolmetschers der

Natur, als am Hofe eines Königs seyn." Ich gieng zur Stadt hinaus und gerades Wegs nach der Höhle Maara, die ihren Namen von dem ersten Priester führt, der sie bewohnte. — — Der Eingang ist den ersten Strahlen der Sonne ausgesetzt. Zwey Bäumchen, ein Myrthen- und ein Lorbeerbaum, bilden, durch ihre vereinigten Zweige, eine Art von Wölbung, nahe dabey ist eine lebendige Quelle befindlich. Ich gehe zwey Schritte vorwärts; beym dritten kommt ein beynahe kahler, mit einem weißen leinenen Rocke bekleideter Greis, mir entgegen und fragt: „Was verlangst du?"

Pythagoras. In die ehrwürdigen Geheimnisse eingeweiht zu werden.

Der Hierophant. In die Geheimnisse der Astarte. Brich einen Zweig von diesem Myrthenbäume ab, und behalte ihn zwischen deinen Fingern.

Pythagoras. Nein.

Der Hierophant. In die Geheimnisse des Mithra. Brich ein Blatt von jenem Lorbeerbaume ab, und nimm es in den Mund.

Pythagoras. Nein, ich komme, um in die Geheimnisse der Wahrheit eingeweiht zu werden.

Der Hierophant. Tritt herein! wasche dir aber zuvor das Gesicht und die Hände aus dieser Quelle.

Der Hierophant führte mich an einen sehr dunkeln Ort, und hielt mich an, um mich noch einmal zu fragen: „Verlangst du die reine Wahrheit?"

Pythagoras. Ja! die Wahrheit, so wie sie ist.

Der Hierophant. Nun, so komm näher.

Wir giengen hundert Schritte, und befanden uns in einem Thale, in welchem man nur den grünen Boden und den Himmel sah. Der Hierophant, nachdem er mich sehr aufmerksam betrachtet hatte, fragte mich: „Wo bist du gebohren?"

Pythagoras. In Sidon.

Der Hierophant. Wo bist du erzogen worden?

Pythagoras. In Samos.

Der Hierophant. Wo kommst du her?

Pythagoras. Von Cypern.

Der Hierophant. Und vorher?

Pythagoras. Von Milet.

Der Hierophant. Und vorher?

Pythagoras. Von Priene.

Der Hierophant. Wen hast du in diesen beyden letzteren Städten gesehen?

Pythagoras. Thales und Bias.

Der Hierophant. Jüngling! ich werde dir zwar nicht die ganze Wahrheit, aber doch so viel sagen, als ich davon weiß!

Ich fragte ihn nun meiner Seits: Bist du der Hierophant, der Abkömmling des großen Moschus, der vor dem Trojanischen Kriege lebte, und von einem noch größern, in Aegypten gebohrnen Manne abstammte, der in einem, aus Rohr geflochtenen Kästchen, auf den Wellen des Nils schwimmend gefunden wurde?

Der Hierophant. So geht wenigstens die Sage. Vernimm, bevor ich dir ohne Schleyer die Lehre des Moschus, des Dolmetschers der Natur, erkläre, wer jener noch größere Mann, als der, von welchem man dir schon gesagt hat, gewesen ist. Ich vermuthe, daß du noch nicht alles weißt.

Dieser berühmte, aus den Wellen des Nils, bey seiner Geburt gerettete, Mann, stammte aus einem benachbarten Lande, das eine kleine, bey allem Stolze eines freyen Volks, zur Knechtschaft gebohrne, Nation bewohnt. Nachdem er es von dem Aegyptischen Joche befreyt hatte, gab er ihm eine religiöse Verfassung und Gesetze.

Er ist der Erste, welcher, um sich bey den Menschen Gehör zu verschaffen, mit ihnen im Namen der Götter sprach. „Kurzsichtige Schwachköpfe, rief er ihnen zu, vernehmt den Willen des Allerhöchsten, in Bezug auf euch, die ältesten seiner Kinder, und den Gegenstand seiner besondern Gnade. Habt keinen andern König als euern Gott, und keine andere Obrigkeit, als seine Priester. Vertilgt sogleich alle diejenigen von euern Brüdern, die nicht, so wie ihr, denken, und überzieht alle eure Nachbarn mit Krieg, denn ihr seyd das einzige Volk, daß der Allerhöchste auf Erden dulten will. Hier sind eure Gesetztafeln, die Gottes Finger geschrieben hat: folgt ihnen blindlings, oder fürchtet den Zorn des Himmels."

Ein Gesetzgeber, welcher so spricht, kennt gewiß das Volk, das ihnen angehört: er giebt seinen Reden, durch glänzende Versprechungen, die das Ansehn von Prophezeihungen haben, Gewicht, und verschafft seinen Prophezeihungen, durch einige Wunder, Eingang, die vor den Augen einer Nation, für welche alles wunderbar ist, leicht hervor zu bringen sind.

Man glaubte, man gehorchte ihm: er wurde gefürchtet, verehrt, beynahe vergöttert. Und nun, die großen Entdeckungen, welche er offenbarte: Ein höchster Gott, einig, allmächtig, allweise, allgütig, außerhalb der Natur oder der Materie, die er, wie ein Töpfer seinen Thon, bearbeitet, schafft den Tag und die Sonne, die Nacht und den Mond, die Erde und das Wasser, die Thiere und den Menschen, und einige Jahrhunderte nachher vernichtet er alles durch eine allgemeine Ueberschwemmung. Zum zweytenmale schwimmt die Welt oben; aber die Geschöpfe, die sie bewohnen sollen, werden weder tugendhafter noch glücklicher seyn. Das Volk, das den andern zum Vorbilde dienen sollte, entspricht seiner so hohen Bestimmung schlecht, in einem beständigen Krieg mit

seinen

seinen Nachbarn und sich selbst verwickelt, ohne Muth und ohne Sitten, wird es sich noch allzuglücklich schätzen, mit den Völkern, die es verachten, und denen es dienstbar ist, sich vermischen zu können; und seine Bücher werden die Masse der menschlichen Inconsequenzen vermehren, nichts destoweniger aber berühmt seyn; vielleicht gar der Nachwelt zu einem heiligen Gesetzbuche dienen, und ihr Verfasser wird ein Gegenstand der Verehrung werden; während der weise Moschus, mit einem besser zusammenhängenden, und der Natur der Dinge weit angemessenern Systeme, kaum bekannt, und nicht einmal der Stifter einer Schule seyn wird (1).

Moschus wurde in Sidon gebohren, und schöpfte aus denselben Quellen, wie sein Vorfahre, benutzte sie aber anders. Er besaß vielleicht nicht weniger Genie, aber mehr gesunde Vernunft und Menschlichkeit. Er glaubte wohl, daß es unglücklicher Weise nur zu nothwendig sey, die, Kindern gleichen Völker zu hintergehen, um ihnen Geschmack an der Wahrheit, dieser ohne fremde Zuthat, für sie zu schweren Kost,

(1) Man vergesse nicht, daß ein Neufranke einen Aegyptischen Priester redend einführt, und dann wird man dem Uebersetzer nicht zumuthen, dieses oberflächliche Geschwätz, das so ganz in dem absprechenden Tone der heutigen neufränkischen Philosophie ist, ernstlich zu widerlegen; nur dieß erlaube man ihm noch zu erinnern, daß es der größte Beweis der Inconsequenz des menschlichen Geistes, worüber unser Hierophant so jammert, ist, wenn man die verworrenen, mit sich selbst und dem gesunden Menschenverstande in Widerspruch stehenden Geogonien der Aegyptier, Phönicier und Griechen, der weit einfachern und dem kindischen Alter des Menschengeschlechts angemessenern Erzählung des Moses vorziehen will.

Anm. d. Uebers.

beyzubringen, allein er hielt es für unerlaubt, sich anderer, als unschuldiger Täuschungen zu bedienen. Es ist schön, eine Nation zur Abhängigkeit zu führen; aber dieser ausgezeichnete Dienst, rechtfertigt die fanatischen und blutdürstigen Gesetze nicht, die man ihr giebt. Es ist löblich, ein Volk in seinen eigenen Augen zu erheben, und ihm einen hohen Begriff von sich selbst beyzubringen; aber es ist häßlich, ihnen den übrigen Theil des Menschengeschlechts, als niedrige Viehheerden zu schildern.

Moschus war anderer Meinung; indem er die Würde des Hierophanten annahm, nährte er die geheime Hoffnung, das Marktschreyerische dieses Standes selbst, zum Vortheil der Wahrheit anzuwenden. Er zog sich, dem zu Folge, in diese nähmliche Höhle Maara zurück, wo er jedermann den Zutritt und Gehör verstattete; aber, als Kenner des menschlichen Herzens und des menschlichen Geistes, redete er denen, welche des Eindruck erregenden Gepränges eines religiösen Schauspiels bedurften, um in Furcht gesetzt, und in Schranken gehalten zu werden, viel von Einweihungen, Mysterien, Prüfungen u. s. w. vor, und dem großen Haufen rief er zu: „Betet die Götter an, aber liebt die Menschen. Mithra liest in euern Seelen. Uebervortheilt nicht in Handel und Wandel; ihr könnt es wohl thun, ohne daß es die Menschen, die ihr hintergeht, bemerken, aber die Götter könnt ihr nicht hintergehen. Das Gesetz bestraft die Verbrechen, die zu seiner Kenntniß kommen, und Mithra diejenigen, die es nicht erfährt. Wenn man auch dem Arm der menschlichen Gerechtigkeit entgeht, so kann man doch dem Flammenschwerdte der Unsterblichen nicht entrinnen. Liebt die Menschen und fürchtet die Götter."

Moschus, dessen Methode zu befolgen ich mir zur Pflicht mache, führte gegen die kleine Anzahl junger Freunde, die sich bey ihm Raths erholten, eine andere Sprache. Nach einigen, zu seiner Sicherheit nothwendigen, Prüfungen, öffnete er seinen Mantel: Ich will mich euch ganz eröffnen, sagte er zu ihnen. Ich bin nicht mehr der Hierophant des Mithra. Sehet in mir den Dolmetscher, oder vielmehr den Beobachter der Natur, und den Diener der Vernunft. Laßt uns die erste mit der Fackel der letzten studieren. Ich glaube nicht an Mithra, weil man nicht nöthig hat an ihn zu glauben, um weise und glücklich zu werden, die zwey einzigen Zwecke des Menschen. Mich empört der Gedanke an eine Belohnung, um meine Pflicht gethan zu haben: ich würde mich ihrer nicht für entledigt halten, wenn ich sie aus einer so eigennützigen Absicht erfüllt hätte. Nur der ist ein wahrhaftig redlicher Mann, der in sich selbst hinlängliche Bewegungsgründe findet, es zu seyn. Streckt die Natur, von der wir insgesammt Ausflüsse sind, ihre Hände außerhalb ihres Wirkungskreises aus, um die Belohnung ihrer Weisheit, ihrer Gerechtigkeit und der Ordnung, die in allem, was sie hervorbringt, herrscht, zu empfangen? die Natur belohnt sich selbst, oder vielmehr, sie kann gar nicht anders handeln. Der wirklich rechtschaffene Mann kann nicht anders seyn, als er ist. Er ist nichts weiter, als was er seyn soll. Bezahlt man denn einen Lorbeerbaum dafür, daß er immer grünt? So der Weise, der seiner redlichen Denkungs-

T 2

art immer treu bleibt; er handelt nach seinen Grundsätzen. Es hängt nicht von ihm ab, andere zu haben; und wenn er sich loben hört, weil er die Wahrheit gesagt, oder eine gute Handlung verrichtet hat, so befremdet ihn dieß eben so sehr, als wenn man zu ihm sagte: Ich preise dich glücklich, daß du die Sonne siehst. Aber, würde er hierauf antworten, ich bedurfte ja hierzu nur des Vermögens, die Augen zu öffnen. Jedermann thut ja das Gleiche, oder kann es wenigstens thun. Die Tugend, die Weisheit, sind eben nicht verwickelter, ihre Ausübung erfordert eben so wenig außerordentliche Kräfte. Nie wird man aus dem Menschen etwas Gutes machen können, als bis man sie auf diesen Punct gebracht hat. Dieß kann aber nicht auf einmal geschehen. So lange das Gute ihnen solche Anstrengung kostet, die eine Belohnung verdienen, so lange sie ein übernatürliches Wesen neben sich haben müssen, um die Aufsicht über ihre Handlungen zu führen, um ihnen mit Strafe zu drohen, oder zur Ausübung guter Handlungen ihren Eigennutz in Bewegung zu setzen; so lange wird die Erde ein Aufenthalt der Finsterniß und des Unglücks seyn.

Fort mit allen diesen armseligen Behelfen. Habe ich nöthig, daß man mir eine Belohnung verspreche, um mich zu veranlassen, Nahrung zu mir zu nehmen. Dieß ist der gleiche Fall mit der Tugend. Bedarf ich eines guten Schutzgeistes neben mir, um den Fuß zurückzuziehen, wenn ein Feuerfunke darauf gefallen ist? dazu ist der Schmerz schon hinlänglich. Dieß sollte auch der Fall bey dem Verbrechen seyn. Die Anfangsgründe der Weisheit sind vielleicht noch einfacher, als die Elemente der Natur: oder vielmehr, es sind dieselben.

Junger Landsmann, Sidon ist weit von diesen Grundsätzen entfernt. Es ist eine Seestadt, die allen Vorurtheilen derjenigen Nationen, die ihren Hafen besuchen, offen steht, und allen Verführungen des Lasters, im glänzenden Gewande des Ueberflusses und des Luxus, ausgesetzt ist. Die Moral des Moschus wird hier für eben so abstract gehalten, als seine Theorie des Weltalls. Der Weise gleicht dem Feuer des Mithra, man läßt es ruhig im Innern des Heiligthums leuchten: niemand nähert sich ihm; es brennt ohne zu erwärmen.

Pythagoras. Weiser Hierophant! — —

Der Abkömmling des Moschus unterbrach mich: diese beyden Benennungen schicken sich nicht gut zusammen, sagte er; und überdieß erröthe ich vor den einem, und bin des andern noch nicht würdig. — — Du bist ungeduldig, das von meinem Vorfahren erfundene System der Welt kennen zu lernen. Verdoppele also deine Aufmerksamkeit.

Du bist noch sehr jung: aber dieß Weltall ist noch jünger, als du. Vielleicht hat es erst den zweyten Tag nach seiner Geburt erreicht; und wolltest du hieran zweifeln, so betrachte nur die Menschen im gesellschaftlichen Verhältnisse. Betragen sie sich nicht wie Kinder in ihrem frühesten Alter, sind sie nicht in allen Dingen, selbst in denjenigen, die ihnen am nächsten liegen, noch Lehrlinge. Alles setzt sie, gleich neuen Ankömmlingen, in Erstaunen. Sie verstehen einander nicht. Jede Völkerschaft hat seine Mundart, und doch erleuchtet die Fackel desselben Gestirns alle ohne Unterschied in den Finsternissen der Nacht.

Ihre gesellschaftlichen Verträge sind nur bloße Entwürfe. Das Buch der Geschichte enthält erst wenige Zeilen, die man in wenige Worte zusammen ziehen könnte. Selbst die Erde scheint ihren Schwerpunct noch nicht gefunden zu haben. Die Natur erzeugt Mißgeburten, und leidet Ausnahmen von ihren Gesetzen, dieß zeigt an, daß sie noch nicht die gehörige Festigkeit haben. Die Vulcane, die Erderschütterungen, die Ueberschwemmungen zeigen von einem unermeßlichen, aber ganz kürzlich in Bewegung gesetzten Räderwerke, dessen ungleiche Reibungen eines längern Ganges bedürfen, um keine heftigen Erschütterungen mehr hervorzubringen. Alles ist neu unter der Sonne.

Wenn wir sagen, alles ist neu, so verstehen wir darunter nicht eine neue Schöpfung, wie der Gesetzgeber, dessen Abkömmling Moschus ist, sich gedacht hatte. Den Zeitpunct, in welchem sich die Theile des Weltalls, so wie sie jetzt sind, zusammen gestellt haben, kann man vielleicht erst von gestern an rechnen; das Weltall selbst kennt weder Vergangenheit noch Zukunft. Die Zeit ist für dasselbe nicht vorhanden. Diese ist nur eine Operation des Geistes, die dazu dient, dem schwachen Gedächtnisse des Menschen zu Hülfe zu kommen. Das Weltall ist, weil es gewesen ist, und wird seyn, weil es ist. Es hat in sich selbst den zureichenden Grund seines Daseyns. Immer, ist der einzige schickliche Ausdruck, um den Anfang, die Dauer und das Ende des Weltalls anzuzeigen: oder noch besser, in dem Worte: Universum sind zugleich, die Benennung, die Definition und die Erklärung dieses All's enthalten, das nämlich Eins und allein ist; Herr von sich, macht es aus sich, das was es, nach den Gesetzen seiner eignen Natur, machen muß. Das Weltall hat in sich alles, was es bedarf; das große All ist aus unendlich kleinen, unzähligen und gleichartigen Theilchen zusammen gesetzt. Diese Elemente, deren bloße Aggregate ohne festen Zusammenhang die für uns sichtbaren Körper sind, sind untheilbar, unzerstörbar und von einer Beweglichkeit, die nichts im Stande ist, zu unterbrechen, oder zu verringern. Diese unaufhörliche Bewegung ist die Ursache, daß kein Wesen sich selbst von einem Augenblicke zu dem andern, völlig gleich bleibt. Diese Urstoffe aller Dinge, oder diese Elementartheile des großen All's, bilden und behalten, während eines gewissen Zeitraums, gewisse Gestalten, die sie, in Gemäßheit dieser oder jener Anordnung, einer Wirkung ihres verschiedenen Zusammentreffens, angenommen haben. Vor kurzem vereinigte sich eine bestimmte Anzahl dieser Theile, dergestalt, daß die Entstehung der Welt, auf welcher wir leben, und die nichts als ein bloßer Punct, in der unermeßlichen Anzahl der Welten ist, aus denen das Weltall besteht, die Folge davon war. Woraus sich ergiebt, daß das Weltall sich beständig verändert, und doch immer dasselbe bleibt. Es vergrößert sich nie, und verliert nie etwas. Stets behält es eine gleiche Anzahl Grundtheilchen, aber die Ordnung unter ihnen verändert sich so häufig, daß man sie zuweilen mit dem Zufalle verwechselt, der nur ein leeres Wort ist. Denn es giebt keinen Zufall, und es kann keinen geben. Der Zufall ist die Gottheit der Trägen und Unwissenden, welche die beständigen, unveränderlichen Gesetze, die sie sich nicht die Mühe geben zu studieren, blinde Launen nennen. Und so, wie das große All aus verschiedenen Welten besteht, so besteht auch jede dieser Welten vom zweyten

Range, ihrer Seits wieder aus Unterabtheilungen von noch unbeträchtlichern Welten, und diese aus noch kleinern, wie der Mensch ein Insect oder eine Pflanze. Alle diese Wesen sind von gleicher Natur, weil ihnen die gleiche Materie zum Grunde liegt. Ja! die Strahlen der Sonne und die Prismen des Eises, der nährende Weizen und die tödtliche Wolfswurzel, der Gerechte und der Bösewicht, der Weise und der Thor, bestehen aus ähnlichen, nur auf verschiedene Art zusammengesetzten Elementen. Die Zusammenstellung der Theile bestimmt die Eigenschaft der Pflanzen, den Charakter der Menschen u. s. w. und die schnelle und beständige Veränderung ihrer Lagen, dient zur Auflösung des Räthselhaften jener Menschen, die an dem gleichen Tage, in dem Zeitraume von einem Augenblicke, der erhabensten Tugenden und der unerhörtesten Verbrechen fähig sind.

Pythagoras. Nun denn, wird der Bösewicht ohne Schaam und ohne Gewissensvorwürfe sagen; so wie es Giftpflanzen giebt, so giebt es auch giftige Menschen, wiegt Themis in ihrer Schale die Verbrechen der Wolfswurzel?

Der Hierophant. Ja, werden wir dem Bösewichte antworten: Man rottet das Kraut, welches Schaden thun kann, aus, und verbrennt es. Man hat das Recht, dem Bösewicht eine Strafe aufzulegen, da er den Eigenschaften der Elemente zu Folge, aus denen sein Wesen besteht, auf sich selbst, wie die Materie in Masse, auf ihre Masse wirken, und es der Fackel der Vernunft unterordnen, es durch sie läutern und berichtigen kann.

Pythagoras. Aber, könnte man den Moschus fragen, wenn man auch den Elementartheilen diese höchste Beweglichkeit, die zu der Organisation der Welt, wie sie jetzt ist, erfordert wird, zugestehen wollte, welches ist denn die Ursache, die ihnen den ersten Anstoß giebt?

Der Hierophant. Moschus würde antworten: Warum wollen wir die Wesen ohne Noth vervielfältigen. Wenn wir die unendlichen Elemente einer wirkenden Ursache unterwerfen wollten, so könnte diese immer nichts anders, als selbst ein Element seyn; und wollte ich dieses neue Element annehmen, so habe ich eben so gegründete Ursache ihm die Eigenschaft abzusprechen, die man den meinigen abspricht. Die Schwierigkeit, wenn eine hierbey Statt findet, wird dadurch nicht gehoben; im Gegentheil, man macht sie dadurch noch unauflöslicher; indem man mir vorschlägt, einem einzigen Grundwesen alle die Kräfte beyzulegen, die ich meinen vereinigten Grundwesen beylege, um sie gemeinschaftlich auszuüben.

Wenn ich, würde Moschus hinzufügen, auf unsern Bergen, einen jungen Hirten, einige Getraidekörner, zu seiner Mahlzeit rösten sehe, und diese Körner hinreichend sind, um alle seine Kräfte zu erhalten, so kann ich in der That den Elementartheilen der Welt, welche weit feiner als Weizenkörner sind, die nöthigen Fähigkeiten nicht versagen, Aggregata von Materie zu bilden, die in den Fibern der Pflanzen vegetiren und in dem menschlichen Gehirnnerven mit der Denkkraft begabt sind.

Moschus wurde eines Tags, durch den Anblick eines Staubwirbels, der sich in den Strahlen der Sonne herumtrieb, auf den Gedanken gebracht, eine wirkende Urkraft, ein bewegendes Element anzunehmen. Alle diese kleinen Körper, sagte er, stellen mein System sehr deutlich dar; aber sie würden sich nicht bewegen, wenn sie nicht durch die Strahlen des großen Gestirns aufgeregt würden; ich muß also auch irgend eine Substanz annehmen. die, wenigstens fürs erstemal, meine unendlichen Körperchen in Bewegung setzt. Indeß, bey weiterm Nachdenken, sehe ich ein, daß die Sonne selbst einen Theil des großen Ganzen ausmacht; und wenn sie schwächere Körper, als sie ist, in Bewegung setzte, so wird sie ihrer Seits, von stärkern bewegt. Wir wollen also bey unserm System der Gleichheit bleiben. Wir wollen die gegenseitige Einwirkung der Körper auf einander annehmen, und ihnen das Vermögen zugestehen, aus einwohnender Kraft sich zu allen Gestalten vereinigen zu können. Es muß unendlich viele Arten des Seyns geben, da es eine unendliche Anzahl Wesen giebt. Zwar sind die Elementartheile an sich nicht in die Sinne fallend, aber sie werden es, als Aggregate, und dieß sind sie beständig, gleichsam um ihr Daseyn darzuthun, das man ihnen streitig machen könnte, wenn sie isolirt blieben. Dieß können sie auch nicht seyn, denn Ruhe ist nicht in ihrer Natur. Es gehört nothwendig zum großen Ganzen, daß seine Theile alle auf einmal arbeiten. Ein Strohhälmchen hat seinen angewiesenen Platz in der Unermeßlichkeit des Weltalls; es hat seinen zureichenden Grund, gerade so zu existiren, wie es existirt.

Man hat sich nur zu oft rechte Mühe gegeben, den Menschen herabzuwürdigen, er hat das Recht sich zu sagen: Ich bin der Natur nothwendig. Sie kann meiner so wenig entbehren, als ich ihrer. Alles, was mich umgiebt, trägt zu meinem Daseyn, zu meiner Erhaltung, zu meinem Vergnügen, und ich dagegen trage zur Fortdauer, zur Ewigkeit der Welt bey. Ich bin ein unentbehrlicher Ring in der unzerstörbaren Kette aller Wesen. Ich bin Mensch seit einigen Jahren, in einigen Jahren werde ich es nicht mehr seyn. Aber ich war vorher etwas, und werde auch nachher noch etwas seyn. Ich habe Myriaden von Gestalten zu bekleiden. Ich bin unsterblich, weil das große All, zu welchem ich gehöre, ewig ist. Ich stehe mit allem, alles steht mit mir in Verbindung. Das Leben ist für mich nicht auf die engen Gränzen zwischen Gruft und Wiege eingeschränkt. Da ich aus Elementen bestehe, so bin ich, wie diese, unvergänglich.

Diese Idee ist wohl so viel werth, als diejenige, die uns von Mithra abhängig macht; oder die den Menschen aus ein wenig, von fremder Hand, durcharbeiteten, Schlamme entstehen läßt; und ihn zu einem gebrechlichen Gefäße, zum Werk einer Künstlerlaune macht. Der Mensch der Natur ist nach erhabenen Verhältnissen gebildet. Er erkennt so wenig im Himmel als auf Erden einen Herrn an. Man sieht ihn nie kniend, und mit gebeugtem Haupte, gleich einem Sclaven, zwischen der Furcht zu mißfallen, und der Hoffnung Gnade zu finden, herumgetrieben werden. Der Mensch der Natur, ist sein eigner Beherrscher, er kennt weder etwas Höheres noch etwas Niedriges. Er steht mit der Sonne auf der gleichen Staffel, und lebt nur unter seines gleichen. (*)

Dieß wirst du, mein junger Landsmann, in der Schöpfungsgeschichte unsres Sanchoniatons freylich nicht gefunden haben: dieser knechtische Abschreiber der Aegyptier hat keinen eignen Gedanken gewagt: seine Phönizischen Jahrbücher verdienen eher Glauben. Moschus war ihm, in seinem hingeworfenen Gemälde der Sitten und ursprünglichen Gewohnheiten unseres Landes, zuvorgekommen, und hatte ihn übertroffen: es ist zu beklagen, daß er nicht die letzte Hand an dieses große Werk hat legen können, das nur ein bloßer Entwurf geblieben ist.

Pythagoras. Besitzest du nicht wenigstens diesen ersten Entwurf?

(*) Sollte man nicht glauben, in dieser ganzen Tirade, einen unserer neusten, durch sein, ob verdientes oder unverdientes Schicksal, wage ich nicht zu entscheiden, berühmten Philosophen sprechen zu hören? Was ist seine ewige moralische Weltordnung anders, als die organisirte, bis zur höchsten Intelligenz verfeinerte, in und durch sich selbst bestehende und wirkende Materie des Moschus, Anarimanders, Thales, Pherecydes u. s. w.? So wahr ists, was Salomo sagt: Es geschieht nichts Neues unter der Sonne. Was aber aus der menschlichen Gesellschaft werden würde, wenn diese Philosophie allgemein werden sollte, und ob der kathegorische Imperativ wohl mächtig genug seyn möchte, den philosophischen Pöbel im Zaume zu halten, dieß hat die neuere Geschichte des Vaterlands unseres Verfassers, der diese Systeme mit so großem Wohlgefallen vorzutragen scheint, unter der Herrschaft des Weltbürgers Anacharsis Cloots und Consorten, zur Gnüge bewiesen. Zum Glücke, daß die innere Stimme des, durch metaphysische Sophistereyen noch nicht verschraubten Menschenverstandes, und der moralische Beweis für das Daseyn eines, außerhalb der Materie existirenden, und über die Materie unendlich erhabenen Urwesens, lauter und überzeugender sprechen, als alle Afterphilosophen älterer und neuerer Zeiten.

Anm. d. Ueb.

Der Hierophant. „Morgen werde ich dir ihn zeigen können.“

Ich zog mich schweigend zurück; und wendete den Rest des Tages und die ganze Nacht dazu an, die Meinungen des Moschus, neben den Ideen des Pherecydes, Thales, Anaximanders und verschiedener anderer großer Männer, in meinem Gedächtnisse zu ordnen: es waren eben so viele Schätze, die ich begierig sammelte, um, im Nothfall, meine Zuflucht zu ihnen nehmen zu können.

§. XXXI.

Urgeschichte der Phönicier.

Des folgenden Tages war ich, so früh als die Sonne, in der Grotte Maara. Der gefällige Hierophant erwartete mich schon, er kam mit verschiedenen Rollen voll halbverlöschter Schriftzüge auf mich zu. Ich gleiche den Sibyllen ein wenig, sagte der Oberpriester lächelnd zu mir, indem er diese leichten Papyrusblätter in der Hand hielt. Aber, erschrick nicht, junger Freund der Wahrheit; diese fliegenden Blätter enthalten keine lügenhaften Orakelsprüche, sondern bloße Thatsachen. Wir wollen miteinander lesen:

„Phönicier, meine Landsleute, man sagt, unser Ahnherr sey, wenn auch nicht von tadelhaften Sitten, doch wenigstens von tadelhafter Geburt gewesen (¹). Glaubt

(1) Vermuthlich zielt hier der Verfasser auf 1. B. M. 9, 25. wo Noah seinen Enkel Canaan wegen seiner schamlosen Neugier verflucht, dessen Sohn nach Cap. 10, 15. 19. Sidon oder Sidonius, für den Stifter von Sidon gehalten wird. Ios. Antiq. I. Cap. VII.

Anm. d. Ueb.

es nicht. Zum Glück erzählt man, er habe eine Länge von fünf und zwanzig Fuß gehabt; und dieß beweißt sein Grab, das man in einer Höhle des Bergs der Leoparden sehen kann. Auch behauptet man, daß sich unsere Nation bald darauf in sieben Völkerschaften zertheilt habe, die alle grausame Jäger und unter sich selbst uneins gewesen wären.

Wir wollen lieber das glauben, was uns wahrscheinlicher ist: daß nämlich unsere Vorfahren friedliche Hirten, schuldlos wie ihre Heerden, und in Besitz eines trefflichen Landes waren, dessen Clima sich nicht mit der Sittlichkeit seiner Einwohner verändert hat. Die Natur bleibt sich lange Zeit gleich. Dieß ist ein Beyspiel, das wir besser hätten befolgen sollen.

Schon in diesen ersten Zeiten spricht man von Städten; dieß ist falsch. Der Boden wurde nicht gleich anfangs mit diesen verderblichen Massen beladen, man müßte denn darauf bestehen, den Namen von Städten einer vereinten Anzahl Zelte beylegen zu wollen.

Eben so falsch ist es, daß unsere Voraltern Kaufleute gewesen seyn sollten. Den Pflichten der guten Nachbarschaft gemäß, vertauschten sie, was sie überflüssiges hatten, blos nach ihren Bedürfnissen, gegen einander, ohne die Absicht, sich zu übervortheilen: die Kunst sich zu bereichern, indem sie ihre Brüder arm machten, war ihnen unbekannt.

Ein benachbarter König, dem ihre über Hand nehmende Bevölkerung beunruhigte, verbot ihnen zu pflanzen und zu säen. Diese, mit Drohungen begleitete, Tyranney, brachte Spaltungen unter diese einfachen Menschen. Statt sich gegen den gemeinschaftlichen Feind zu vereinigen, gehorchten einige; andere flüchteten sich in entferntere Gebirge: die erstern wurden abhängig und Soldaten, die letztern blieben freye Hirten. Jene wurden bald reich; diese blieben glücklich. Unter diesen letztern zeichneten sich besonders die Perizzier aus. Nun wurden die Ebenen und das Ufer des Meeres mit dauerhafteren Wohnungen bedeckt: die Künste und der Handel, die gleichen Schritt mit einander halten, lockten Fremde herbey. Die Nationen vermischten sich mit einander, reisten zu einander, und vertauschten ihre Laster gegen einander; denn Tugenden hatten sie bald nicht mehr zu vertauschen. In ihren Handelsverhältnissen redlich, glaubten sie von allen übrigen Pflichten befreyt zu seyn, und erlaubten sich die widernatürlichsten Ausschweifungen. Unsere Vorfahren in den Gebirgen nahmen nicht daran Theil. Der Gottesdienst, den sie einführten, war so rein, wie ihre Gesinnungen. Ihre Tempel waren kleine Lustwäldchen, und ihre Opfer Blumen. Man störte sie verschiedenemale in frommen Religionsübungen; öfters fanden sie, beym Erwachen, ihre Rasenaltäre von gottlosen Händen umgestürzt. Die Nachbarschaft der Unschuld war dem Verbrechen unerträglich. Bald hatten sie ihre heiligen Gebäude wieder aufgeführt, oder zogen sich noch höher in die Gebirge zurück; weil sie sich in ihrer ehrwürdigen Einfalt einbildeten, daß sie sich der Sonne näherten, und daß dieses schützende

Gestirn, eher im Stande seyn würde, sie zu vertheidigen.

Die patriarchalische Lebensart, die sich in diesen erhabenen Gegenden lange Zeit erhielt, hatte in dem niedern Theile des Landes, der monarchischen Regierungsform Platz gemacht; aber wir wollen unsern Voraltern Gerechtigkeit wiederfahren lassen, lange Zeit wußten sie sich vor dem Despotismus zu schützen. Sie erkannten zwar Könige an, allein diese Könige konnten nichts ohne Einwilligung des versammelten Volks thun. Man warf sich nicht vor ihnen nieder, man umfaßte ihre Knie nicht. Nur der vereinigten Bürgerschaft zollte man seine Ehrfurchtsbezeugungen.

Sobald die Menschen in Gesellschaft leben, so bekriegen sie einander; und doch ist dieß nicht der ursprüngliche Geist der bürgerlichen Einrichtungen. Die Phönicier der Ebene, jener habsüchtigen Unruhe zu Folge, die gewöhnlich die Küstenbewohner umhertreibt, überfielen öfters ihre Verwandten, die Bergbewohner, die sie anfangs, als grobe Leute, ohne Kunstfleiß verachteten, und zwangen sie endlich, einen Tribut zu bezahlen. Um Frieden zu haben, gestand man ihnen alles zu, was sie verlangten. Die Arbeiten des Ackerbaus wurden hierdurch unterbrochen, und die minder ergiebigen Erzeugnisse des Bodens standen mit der Bevölkerung in keinem Verhältnisse mehr. Man mußte sich in ferne Gegenden zerstreuen, denn das Land war beynahe ganz erschöpft. Zahlreiche und mächtige Schwärme Ausgewanderter, drangen bis nach Aegypten vor, und wurden Veranlassung zu verschiedenen blutigen

Auf-

Auftritten. Man überzog die civilisirten Phönicier mit Krieg, die ihn vorher außerhalb ihrem Gebiete angefangen hatten; mörderische Repressalien verwüsteten diese schöne Gegenden, die von der Natur bestimmt waren, ihre Bewohner zu beglücken. Die auf alle Art beleidigte Natur selbst, schien auf einen Augenblick sich rächen zu wollen. Eine schreckliche Naturbegebenheit verwandelte das köstliche Thal Siddim in einen, mit Erdpech geschwängerten See. Eine schrecklichere Geißel, als das Feuer des Himmels und die Erschütterungen der Erde, traf unsere Hirten auf den Bergen und in den Thälern: sie hatten ein undankbares, übrigens der kleinen Völkerschaft, die ihren Wohnsitz darinnen aufgeschlagen hatte, würdiges Land zur Gränze. Diese Räuber kamen durch das Thal der Kundschafter (so nennten sie die Gegend, wodurch sie ihren Weg nahmen) fielen plötzlich über unsere unglücklichen Vorfahren her, und bedrohten sie mit der Knechtschaft, wenn sie sich nicht ihren Religionsgebräuchen unterwerfen würden. Die Unsrigen waren noch einmal gezwungen, sich unter diesem neuen Sturm zu beugen, sie ließen sich beschneiden. Noch waren sie von dieser sonderbaren und gefährlichen Operation nicht hergestellt, als sie sich aufs neue verrätherischer Weise überfallen sahen, und beynahe alle, im Angesicht ihrer Weiber, Kinder und Heerden, über die Klinge springen mußten. Die meuchelmörderischen Sieger führten alle Beute mit sich fort, und sangen dem Gott der Heerschaaren ein Loblied. Diese schrecklichen Einfälle wurden öfters wiederholt. Die Völker in der Ebene und an den Küsten, setzten diesem kleinen verheerenden Strome einen Damm entgegen. Besonders zeichneten sich die Sidonier in diesem Vertheidigungskriege aus. Man erzählt von eisernen Wagen, die sie erfunden

U

haben sollen, um die Reihen des feindlichen Heers zu durchbrechen.

Endlich erhielt unser Vaterland eine bestimmte Gestalt. Wir fiengen an, in unserm eignen Lande Herr zu werden; und der übrige Theil der Erde gewöhnte sich daran, den Namen: Phönicier mit Achtung zu nennen. Sidon, du bist die erste unserer bekannten und besuchten Städte. Du hast diesen Ruhm deiner vortheilhaften Lage, und deinen beyden Häfen für den Sommer und für den Winter, zu danken. Und du Sidons älteste Tochter, reiches und prächtiges Tyrus, zwey hundert Stadien von deiner Mutter entfernt, bist du mitten in den Wellen, die deine starken Mauern mit ihrem weißen Schaume bespielen, auf einen unerschütterlichen Felsen gegründet, sey stolz, aber nicht undankbar, sey stolz auf deine beyden schönen Hafen, auf deinen zwey und zwanzig Stadien weiten Umfang, auf deine hohen Gebäude, mit denen du gleichsam den Erdbeben zu trotzen scheinst.

Und du Arados, dessen Scharfsinn, das reinste Wasser, mitten unter den gesalzenen Fluthen, sich zu verschaffen gewußt hat, deine reichen Einwohner würden es sehr ungern sehen, wenn man sie mit den armen, aber tugendhaften Aradoniern verwechseln wollte.

Berytus und Byblos, euch darf man nicht von einander trennen, die ihr beyde einerley Ansprüche macht. Ihr unterlaßt nicht, die Schiffer, die an eurer Rhede vor Anker lagen, zu benachrichtigen, daß ihr die beyden ältesten Städte an der Phönicischen Küste seyd.

Was dich, Schwester des Phönicischen Küstenlandes, inneres Phönicien betrifft, so setzest du den vorerwähnten Städten Paläbyblus, Gabala, und verschiedene andere entgegen, auf welche Syrien Ansprüche macht. Hat man denn nicht ein hinlänglich ausgedehntes Gebiet, wenn es so angenehm, so fruchtbar als das deinige ist, wenn man innerhalb seiner Gränzen den Berg Libanon und den Fluß Adonis besitzt?

Ihr, vielleicht zu berühmten Städte, habt jede einen König; jede von euch hat ihre Götter. Hier wird Mithra angebetet; dort ist es der Mond, weiterhin Hercules. Sagt mir, in welcher unter euch wird der Vernunft Weihrauch gebrannt? Man würde euch rechtfertigen können, wenn alle eure gottesdienstliche Verehrungen so natürlich wären, als die, welche ihr der Sonne weiht. Wenigstens ist diese Gottheit euern Augen gegenwärtig, und es ist ein weiser Gedanke von euch, daß sie keiner bildlichen Vorstellung bedarf. Welche Bildsäule der Sonne hätte die Sonne selbst ersetzen können? Ihr habt ihr eben so wenig einen Tempel erbaut; sondern ihr den Höchsten euerer Berge zum Altare, und das Gewölbe des Himmels zum Heiligthume gegeben: auch habt ihr den glücklichen Gedanken gehabt, keine bestimmten Tage zur Feyer des Festes festzusetzen. Das Fest beginnt, wenn dieser Gott sich zeigt; und die Sonne begünstigt euch täglich mit ihrer Gegenwart.

Die göttliche Ehre, die ihr der Göttin Astarte erzeugt, ist blos eine Handlung der Dankbarkeit, wenn ihr unter diesem Namen die Natur anbetet, die euere

Heerden befruchtet; und jede Handlung der Dankbarkeit ist eine Religionshandlung.

Ihr seyd, wenn auch vielleicht keine Tempel, aber doch wenigstens einen Kranz, und ein unauslöschliches Andenken, dem großen Manne schuldig, der unter dem Namen Hercules, bekannt ist, der die Schiffahrt und die Handlung ausdehnte, der zuerst an den Cassiteriden landete; der euch den Gebrauch jenes Seethieres lehrte, dessen Blut er an dem Zahne eines Hundes entdeckte! —

Phönicier, meine lieben Landsleute! die Geschichte unseres Gottesdienstes ist nicht der glänzendste Theil euerer Jahrbücher. Wie! in einer einzigen Stadt habt ihr fünf hundert Diener für eine einzige Gottheit. Welche Bedeutung haben ihre gekreuzten Arme, wenn sie die Sonne anbeten? Wozu diese gezwungenen Gebehrden, diese wilden Tänze um ihren Altar? Ihr antwortet mir: man zeigt dadurch an, daß die Sonne alles in Bewegung setzt. Ey! ist es denn nöthig, das, was wir so deutlich und täglich sehen, was wir immer von neuem bewundern, so schlecht und mit so weniger Würde vorzustellen?

Völker, die ihr einst unsere Nachfolger auf Erden seyn werdet, legt den Phöniciern die Lügen ihrer Dichter und die Schändlichkeiten ihrer Priester nicht zur Last. Adonis war kein junger und schöner, anfangs von der Venus, und nachdem er von einem wilden Schwein getödtet worden war, von Proserpinen geliebter Jäger. Dieses, den zügellosen Liebhabern so günstige Abentheuer, ist nichts weiter, als ein ziemlich grobes Sinnbild des jährlichen Umlaufs der Sonne. Wenn sie die untern Zeichen des Thierkreises durchläuft; so ist sie Adonis, der sich bey Proserpinen befindet, und, wenn sie die obern Zeichen erleuchtet, so ist sie bey der Venus. Um die Geschichte der Erzeugnisse der Erde, mit der Erzählung der Begebenheiten am Himmel zu verbinden, so stellen wir den Winter, unter dem wilden Schweine vor, und unter Adonis, die Jahrszeit der Blumen und Früchte. Wenn der Saamen der Erde anvertraut wird, zu Anfang der düstern und traurigen Monate, befindet sich Adonis in Proserpinens Armen. Zur Zeit der Keime, kommt Adonis wieder zur Venus zurück, die ihn ebenfalls umarmt; und deswegen säen die Weiber, die die Trauer der Venus, während der Abwesenheit ihres Geliebten gefeyert hatten, Getraide, und legen kleine Gärten an, um nun auch seine Zurückkunft festlich zu begehen.

Alle diese, mehr witzigen als richtigen, und überdieß unserm Himmelsstriche wenig angemessenen sinnbildlichen Vorstellungen, sind nicht so viel werth, als die edle Einfalt unserer Voraltern, und haben traurige Folgen gehabt, die man hätte voraussehen können. Man gewinnt nie dabey, wenn man sich von der Wahrheit entfernt, oder sie zu verschönern sucht.

Diese leeren Ceremonien wenden die Menschen von nützlichern Gegenständen ab. Wie viele Zeit rauben sie der Vervollkommnerung der Entdeckungen, die dem Genie der Phönicier zur Ehre gereichen! Strenge Nachwelt, verzeihe unsere Schwachheiten, in Rücksicht auf unsere Erfindungen! Du hast uns das Glas von Sidon, den Purpur von Tyrus, die Rechenkunst und Sternkunde, die Bearbeitung der Steine und die Kunst, die Metalle dehnbar zu machen, die Baukunst und die Verbesserung des Feldbaues zu danken. Unsere Colonien breiten sich aus, und vermehren sich, in Gegenden, wo sich noch keine andere Nation hingewagt hat. Unsere muthige Kühnheit gleicht unserm fruchtbaren Kunstfleiße. Wir sind die Ernährer und Lehrmeister des noch halb rohen Griechenlands. Aegypten allein hält mit uns, in Rücksicht auf die Künste, gleichen Schritt, muß uns aber in den Handlungsfähigkeiten nachstehen. Die Säulen des Hercules bezeugen unsere Ansprüche auf die Dankbarkeit der Welt.

Phönicier, meine Landsleute, soll man es in eure Jahrbücher aufzeichnen, daß ihr die unumschränkte Herrschaft der Meere behaupten wollt, und daß ihr euch, zu Unterstützung euerer Ansprüche, solcher Mittel bedient, die der Redlichkeit des Handels zuwider laufen? Ihr seyd auf die Vortheile Anderer eifersüchtig, und vermehrt nur zu oft die Anzahl Seeräuber; schon habe ich zu meinem Mißvergnügen euch kaufmännische Wölfe müssen nennen hören. Tyrier, seyd mißtrauisch gegen euch selbst: ihr seyd stolz, in den Gewässern, die euere Mauern benetzen, jenes bewundernswürdige Seethier zu besitzen, welches den Purpur hergiebt, habt ein wachsames Auge auf die Gesellschaft euerer Färber; wenn sie an Reichthum und Anzahl zugenommen haben, werden sie den übrigen Theil der Bürger beherrschen wollen. —

Phönicier, meine Landsleute, gewiß seyd ihr eines der ältesten Völker der Erde. Ihr legt euerm Staate ein Alterthum von tausend Jahren bey; ich will es ihm nicht streitig machen; aber sagt mir, was habt ihr in diesem langen Zeitraume gethan? gebt mir Thatsachen an, womit ich die Nachwelt unterhalten kann, für welche die Erzählung, von der Regierung des Aegyptiers Agenor, den man für den Stifter eueres Staats ausgiebt, nicht viel Anziehendes haben kann. Wenn ihr die älteste der Nationen seyd, so müßt ihr auch die weiseste seyn, und den Griechen, die schon die Schriftzüge der Phönicischen Sprache angenommen haben, mit lauter guten Beyspielen vorgehen.

§. XXXII.

Bemerkungen über Sidon, Berytus, Byblos. Fest des Adonis.

Nach vollendeter schneller Durchsicht der historischen Bruchstücke des Moschus, sagte ich zu dem Hierophanten: „Von nun an ist Sidon mein Vaterland geworden: aber über wie viele Gegenstände werde ich dich noch um Aufklärung bitten müssen! in meinem Alter wünscht man sich zu unterrichten.“

Der Hierophant. Und in dem meinigen, theilt man gerne mit, was man weiß. Rede ohne Scheu, mein junger und lieber Landsmann.

Pythagoras. Sage mir etwas von den Göttern des Landes.

Der Hierophant. Unter allen unsern Gottheiten ist eine der ältesten und unsers Weihrauchs würdigsten, Chrysor, oder der Künstlergott. Es war ein Mann von Kopf, der zuerst die Metalle zu Werkzeugen des Ackerbaus benutzte.

Seitdem hat man sie zu nutzlosen Künsteleyen angewandt. Unsere Goldarbeiter sind berühmt. Die feinen Arbeiten, die aus ihren Händen kommen, sind bewundernswürdig.

Pythagoras. Und eure Regierungsform, von welcher Art ist sie?

Der Hierophant. Ach! seit Cyrus Zeiten, hat Sidon seine Autonomie (1) verloren: sie bedarf sogar der Erlaubniß Persiens, um sich einen König zu wählen.

Ich hatte dem weisen Hierophanten noch viele Fragen vorzulegen; allein eine Gesellschaft Sidonier beyderley Geschlechts übertrugen ihm eine Amtsverrichtung. Ich verließ ihn mit einem Händedrucke, dieß war alles, was wir einander, in Gegenwart dieser ungeweihten Zeugen, sagen konnten.

Ich besuchte einige Künstler, die Bekannte von meinem Vater waren. Alle boten mir ein gastfreundschaftliches Mahl an. Diese Familienschmäuse endigen sich in Phönizien mit Gesängen, die ein Linus vorträgt; dieß ist der Name, welchen die Phönicier ihren singenden Dichtern beylegen.

Das Brod, welches man mir vorsetzte, verdient seinen Ruf; es ist zugleich nahrhaft und leicht.

(1) Das Recht, sich nach seinen eigenen Gesetzen zu regieren.

Ich machte eine ziemlich wichtige Bemerkung. Vielleicht haben die Kinder in Sidon, ihre Gesundheit, den häufigen Salzbädern, die man ihnen nehmen läßt, zu danken.

Bevor ich über die Gränzen des Gebiets meiner Geburtsstadt gieng, nahm ich den Damm in Augenschein, dieß ist eine dem Meere abgewonnene Eroberung, dessen der Hafen von Sidon nicht entbehren konnte, um die ihn besuchenden Schiffe vor Gefahr zu sichern.

Meine Landsleute durchschifften die Meere schon lange vor dem Zuge der Argonauten.

Die Sidonier giengen auch zur Belagerung von Troja unter Seegel; da aber Phala, einer von ihnen, seinen Gefährten unterwegs die Immoralität eines solchen Kriegs vorstellte, so kostete es ihm keine Mühe, sie zu bereden, die Seegel zu wenden, und wieder umzukehren. Die Parthey eines Räubers zu ergreifen, war eines Volks, das Achtung für sich selbst hat, unwürdig.

Ich fand hier einen unbeschäfftigten Bürger, welcher, ohne daß ich ihn fragte, in der Voraussetzung, daß ich ein, nach den Erzählungen von dem Ursprunge großer Städte neugieriger Fremdling sey, mich sehr angelegentlich benachrichtigte, daß diese Stadt ihren Namen und ihr Daseyn, der Sida, der Tochter des Belus zu danken habe. Er sagte mir ferner, nach Homers Angabe, daß Alexander Paris mit der schönen Helena in Sidon ans Land stieg; daß diese ehebrecherische Königin, mit Vergnügen die Sidonischen Mädchen, reiche Stoffe verfertigen sah; und daß der schöne Paris, um seiner neuen Eroberung gefällig zu seyn, den geschickten Arbeiterinnen von Sidon vorschlug, sich mit ihm einzuschiffen, um sich in Troja niederzulassen. Sie schlugen es alle ab, weil sie ihr Vaterland dem Sitten verderblichen Pallaste der Könige vorzogen.

Berytus, fügte er hinzu, das du ebenfalls sehen mußt, weil du dich einmal auf dieser schönen Küste befindest, ist noch älter als Sidon, es giebt den Kronus oder Saturn für seinen Stifter aus; der, um die Geißel eines schrecklichen Kriegs abzuwenden, seinen eigenen Sohn, den einzigen Thronerben, auf einem Altare opferte.

Ich entfernte mich von diesem Zudringlichen, und schlug, ohne ihm zu antworten, die Straße ein, die am Ufer weg geht, und nach Berytus führt. Dieser Weg ist mit Phönicischen Begräbnissen bedeckt, die, in lebendigem Felsen gehauen mit den Bildnissen der Verstorbenen, und mit einer Inschrift versehen sind.

Ich bemerkte in dieser Gegend schöne Weinberge; die Einwohner verstehen die Kunst, die Trauben aufzubewahren und sie transportfähig zu machen. Bachus ist an diesen Küsten feurig, man muß ihm mit den Nymphen der Quellen vereinigen.

Ich schlummerte einige Stunden in dem geheiligten Haine Aesculaps.

Berytus, eine Phönicische Stadt vom zweyten Range, ist die Haupstadt des Königreichs, und der Sitz des Monarchen. Das erste Denkmal, das mir aufstieß, war ein, dem Kronus geweihter, Altar. Alle Stifter von Städten haben nach ihrem Tode einen erhalten. Die Gesetzgeber sind nicht alle so glücklich gewesen. Sparta baut gegenwärtig dem Lykurg einen Tempel, aber in Rom denkt man noch an keinen für Numa, und ich vermuthe wohl, daß Solon nicht einmal einen Dreyfuß erhalten wird. Vier Städte Griechenlands machen auf die Ehre Anspruch, der Geburtsort Homers gewesen zu seyn. Zwey Städte Griechenlands, huldigen auf gleiche Weise, dem Andenken Sanchoniatons; Berytus macht ihm Tyrus streitig. Dieser Schriftsteller widmete seine Geschichte zweyen Fürsten zugleich. Es gefällt mir nicht, daß man es sich so angelegen seyn läßt, seine Werke unter den Schutz der Großen zu bringen. Glaubt man vielleicht hierdurch der Nachwelt einen hohen Begriff davon beyzubringen? Wenn sie dem Werke sein Urtheil sprechen wird, ist der König, dessen Namen es trägt, nicht mehr. Keine Rücksicht wird auf ihren Ausspruch Einfluß haben können.

Die Wahl der Lage von Berytus ist sehr glücklich; nahe beym Meere, in einer angenehmen Gegend, auf einem fruchtbaren Boden, hoch genug gelegen, um bey stürmischer See nicht von den Wellen erreicht zu werden, hat es verschiedene Berge in der Nähe, die ihm in Menge frisches, süßes und gesundes Wasser liefern.

Ich hielte mich nur einen Augenblick in dieser Stadt auf, weil ich dem Feste des Adonis, das man nächstens in der Stadt Byblos feyern sollte, beyzuwohnen wünschte.

Indem ich meinen Weg auf der Landstraße fortsetzte, bückte ich mich, um verschiedene Sachen, die ein Reisender, ohne es zu bemerken, hatte fallen lassen, aufzuheben, was machst du, rief man mir heftig zu. Du bist in den Augen des Gesetzes des Diebstahls schuldig. Meine Eigenschaft als Fremder rettete mich.

Kronus war auch Stifter von Byblos, das auf einer Anhöhe liegt. Er hatte seinen Wohnsitz in einem Pallaste, der mit einer Mauer umgeben war, die aus Ziegeln bestand, welche an der Sonne getrocknet waren. Hier war es, sagt Sanchoniaton, wo dieser argwöhnische und von Hermes übel berathene Fürst, seinen Bruder Atlas in einen tiefen Graben warf, und in demselben einscharrte. Geschieht es wegen dieser Mordthat, daß man ihm göttliche Ehre erzeigt?

Man bereitete sich schon auf die große Feyerlichkeit vor: Die Landstraße war mit Menschen angefüllt. Ein Mann aus dem Volke, (nichts übertrifft an Treuherzigkeit den Charakter dieser Classe von Bürgern), erzählte mir alles, was er von dem Feste des Adonis wußte. Dieß war, sagte er, ein junger Prinz, aus dem Innern von Arabien; als Flüchtling, gleich seiner Mutter, kam er an den Hof des Königs von Byblos, wo er wegen seiner großen Schönheit, sehr wohl aufgenommen wurde. Selbst die Göttin Venus verließ Paphos und den Mars, und kam eigens hierher, um den liebenswürdigen Fremdling zu sehen. Die Krieger sind eifersüchtig und stets zur Rache bereit. Eines Tages, als unsere beyden Liebenden in den Wäldern des Libanons dem Vergnügen der Jagd nachhiengen, verwundete ein vom Mars gesandtes wildes Schwein den jungen und schönen Adonis tödlich an der Hüfte. Nahe an diesen Mauern fließt ein schöner Bach, der ehemals der Fluß Byblos genannt wurde; jetzt aber führt er den Namen des Freundes der Venus, dessen Wunden sie an demselben auswusch. Seitdem wird jährlich an demselben Tage das Wasser dieses Flusses blutroth. Dieß kann nur von der Macht der Venus herrühren, die ihren Schmerz verewigen und uns auffordern wollte, ihn zum Gegenstand eines Festes zu machen. Deswegen wirst du auch morgen die ganze Stadt in Trauer sehen.

In der That trugen alle Bürgerinnen die Farbe der Traurigkeit, man hätte sagen sollen, daß in der Stadt nichts als Wittwen und Waisen wären. Dieser Dienst wird blos von Weibern versehen, und die Priesterinnen, deren eine große Anzahl ist, sind verbunden, durch die Straßen zu laufen, und sich, zum Zeichen des höchsten Schmerzes, den Busen blutig zu schlagen. Auch müssen sie mit ihrem ganzen Haare ein Opfer bringen; und über diesen geheiligten Gebrauch wird hier so streng gehalten, daß es ihnen zur Pflicht gemacht ist, sich das Haupt zu scheren. Indessen kann man sich von dieser Verbindlichkeit loskaufen, die für ein Weib sehr hart seyn muß, da der Kopf keine schönere Zierde als lange Haare hat. Diejenigen, welche sich zu diesem Verluste nicht entschließen können, müssen sich dazu verstehen, einen ganzen Tag, in besondern zu diesem Endzwecke erbauten, Lauben, zuzubringen; hier erwarten sie, daß ein vorübergehender Liebhaber, ihnen in die Arme sinke; sie sind darzu verdammt, diese Huldigung ehrfurchtsvoll anzunehmen, und den Preis, welchen man für Gunstbezeugungen, die so wenig Seufzer gekostet haben, zu entrichten für gut findet, zum Unterhalt des Tempels einzuliefern. Vom frühen Morgen an, sahe ich verschiedene dieser Schlachtopfer in Bereitschaft, sich dem Schicksale zu unterwerfen, dem sie sich freywillig ausgesetzt hatten. Ich näherte mich einem dieser Mädchen, bey meinem Anblicke rollte eine Thräne verstohlen unter ihren Augenwimpern hervor.

Pythagoras. Liebenswürdiges Mädchen, warum weinst du?

„Ach, antwortete sie, bist du großmüthig genug, um von dem Rechte, das dir die Umstände geben, keinen Gebrauch zu machen?"

Pythagoras. Rede getrost.

Das junge Mädchen. Ich werde von dem schönsten Jüngling in Byblos geliebt; und die fliegenden Locken dieses blonden Haars sind die Bande, die ihn auf den ersten Anblick an mich gefesselt haben. Nie habe ich mich dazu entschließen können, diese Kette zu zerreißen, und mein Haar aufzuopfern, um mich den, mit dem Dienste des Adonis verbundenen Verrichtungen, wozu ich berufen bin, zu unterziehen.

„Aber, erwiederte ich dieser offenherzigen Schöne, „kann dein Geliebter in der Wahl zwischen deiner Treue, „oder deinen Haaren, noch unschlüssig seyn?“

Das junge Mädchen. Fremdling, du weißt noch nicht alles. Er und ich sind gestern dahin mit einander überein gekommen, daß er der Erste seyn, der die Laube besuchte, und jedem andern, dem ich, vermöge des Gesetzes nichts abschlagen darf, zuvorkommen sollte. Ach ich weiß nicht, was ihn hat abhalten können, und wenn er jetzt kommt, und du nicht großmüthig genug bist. — —

Pythagoras. Sey ruhig.

Das junge Mädchen. Andere, weit schönere werden dich entschädigen, wenn du nicht zu lange zauderst.

Pythagoras. Wie so?

Das junge Mädchen. Ich bin nicht die Einzige, die sich in der Verlegenheit befindet, in welcher du mich antriffst.

Pythagoras. Also wissen die Weiber von Byblos ein zu viel forderndes Gesetz zu umgehen, und finden Mittel, ihr Haar zu retten, und ihr Versprechen zu halten.

Das junge Mädchen. Meine Gefährtinnen werden vielleicht nicht so glücklich seyn, als ich.

Pythagoras. Aber die Nebenbuhler noch glücklicher, als die Fremden. — —

Das junge Mädchen. Nein! Es ist Herkommens, daß derjenige, der sich zuerst in Besitz gesetzt hat, nicht daraus vertrieben werden kann; und unsere Freunde verfehlen selten ihren Geliebten auf dem Fuße zu folgen. Es muß dem meinigen etwas Widriges begegnet seyn.

Noch sprach sie von ihm, als er ganz außer Athem ankam, bey meinem Anblicke war er bestürzt. „Umarme vor allen Dingen, sagte sie zu ihm, diesen großmüthigen Fremdling; er ist dir zuvorgekommen, aber noch kommst du nicht zu spät: weit entfernt, seinen Vortheil zu benutzen, hat er das Bündniß zweyer treuen Liebenden geehrt."

Ich entzog mich ihrem lebhaften Danke, indem ich zu mir selber sagte: so weiß der Mensch, wenn die Unvernunft der Gesetze und Gewohnheiten zu empörend wird, sich ihnen zu entziehen, und kommt, trotz der Religion und der Staatskunst, zur Natur zurück.

Ich wollte keinen Umstand von der Ceremonie verlieren. Der Aufzug ist majestätisch und prächtig. Die angesehenste Bürgerin von Byblos eröffnet ihn, vor ihr her wird die Bildsäule des schönen Adonis getragen. Verschiedene andere Weiber ihres Standes begleiten sie, und tragen in der Hand einen Korb mit pyramidenförmig aufgethürmgethürmten Küchen, oder Fruchtkörbchen, die mit Blumen bestreut, und mit dicht belaubten Baumzweigen bedeckt sind, oder brennende Rauchpfannen. Der Zug wird von andern Bürgerinnen beschlossen, die ein, mit schönen Teppichen und zweyen reich mit Gold und Silber gestickten Lagerstätten, bedecktes Prachtbette tragen. Dieß ist das Lager der Venus und des Adonis. Man erblickt auf demselben die Bildsäule des Königsohns blaß, wie im Augenblicke seines Todes; diese Blässe giebt der Schönheit des unglücklichen Jünglings einen erhöhten Reiz. Dieser Trauerzug geht längs dem Ufer des Meeres hin. Schöne Stimmen singen Hymnen, und feyern in klagenden und zärtlichen Tönen das Leichenbegängniß des Adonis. Hierauf schreitet man zu den Opfern vor, während welcher ich die Umstehenden beyderley Geschlechts sich mit frommen, mit Ruthen oder Riemen bewaffneten Händen, geißeln sah.

Eine andere Ceremonie wird bis auf die Nacht verspart. Die Weiber tragen mit feyerlichen Schritten die Bildsäule des Adonis in den Tempel, und legen sie eigenhändig in ein prächtiges Grab; hierauf löscht man die Lichter aus, und verweilt drey Stunden lang, blos mit Klagen beschäfftigt, in der Finsterniß, bis der Hierophant, unter vorgetragenen Fackeln, ganz außer Athem herbeyeilt, um die Lippen eines jeden Anwesenden zu salben, und ihm ins Ohr zu sagen: „Er ist auferstanden." Bey diesen Worten verwandelt sich die Traurigkeit plötzlich in Freude; man eilt, die Bildsäule des Adonis aus seinem Todtenlager hervorzuziehen, und bereitet sich auf ein froheres Fest.

Was mich am meisten gewundert hat, ist, daß man die Buhldirnen ohne Unterschied mit den ehrlichen Frauen an dieser Feyerlichkeit hat Theil nehmen lassen. Die Priester erheben den Geist der Gleichheit, der in ihren Tempeln den Vorsitz führt; aber muß man deswegen die Tugend mit dem Laster vermischen?

Ich bemerkte ein musikalisches Instrument von Phönicischer Erfindung. Es ist eine Art Flöte, von der Länge einer Palme, es giebt einen traurigen Ton von sich, der etwas Aehnliches von dem Geschrey der Enten hat.

§. XXXIII.

Reise nach Tyrus.

Ich kam zu Wasser nach Sidon zurück, wo ich drey Tage verweilte; ich empfahl mich dem weisen Hierophanten, bey meiner Abreise nach Tyrus. Diese Stadt bietet in der Entfernung den erhabensten Anblick dar. Sie ist auf einen, ins Meer hervorragenden Felsen gebaut, und gleicht einem großen und prächtigen, mitten in den Wellen unbeweglichen Schiffe, oder einem Adler in seinem Horste. Dieser königliche Vogel ist das Sinnbild der Stadt.

Meine Reise fiel in einen glänzenden Zeitpunct dieser Stadt; sie genoß von außem einer ehrenvollen Ruhe, die sie ihrem Muthe, ihrer Ausdauer und ihren geschickten Maßregeln verdankte; sie hatte fünf Jahre lang eine merkwürdige Belagerung ausgehalten, von welcher man lange reden würde, wenn sich in Phönicien ein Homer gefunden hätte. Die ganze Macht des Assyrischen Reichs war an dem Felsen von Tyrus gescheitert, und der Belagerung war ein vollkommener Sieg vorhergegangen. Zehen Tyrische Schiffe hatten eine feindliche Flotte von sechzig Segeln zerstreut.

Das Innere entsprach dem blühenden Zustande von außen nicht. Bey meinem Eintritte in die Stadt, schien der Ausbruch eines Bürgerkriegs vor der Thür zu seyn. Die Classe der Purpurfärber, stolz auf den Reichthum, den sie dem Vaterlande verschafft, behauptete einen Vorrang über diejenigen, die es mit Gefahr ihres Lebens vertheidigen. Unser Blut, sagten diese, ist noch kostbarer, als die Purpurfärberey, wovon sie das Geheimniß besitzen. Die Könige und die Magistratspersonen können einen Purpurmantel entbehren, aber was würde aus ihnen, so wie aus allen übrigen Bürgern, und dem Purpurfärber werden, wenn es keine Soldaten gäbe um die Stadt zu vertheidigen, und die Assyrischen Flotten zurückzuschlagen? Wir verlangen die ersten in der Stadt zu seyn, weil wir die ersten auf den Wällen sind.

Es war nicht das erstemal, daß die Zunft der Purpurfärber ihre Ansprüche laut werden ließ. Es hatte schon der Dazwischenkunft der Obrigkeit, ja selbst des Fürsten bedurft. Man entschied, daß, da vor dem Gesetze, und in den Augen des Vaterlands, alle Classen von Bürgern gleich wären, sie auch alle gleichen Rang haben sollten.

Gewisse Kriegsleute in Tyrus tragen verschiedene Ringe an den Fingern: ich erfuhr, daß es eine Belohnung ihrer Tapferkeit sey. Sie tragen so viele Ringe, als sie Züge ihres Muths anführen können.

Tyrus unterhält eine Gesellschaft von Tauchern zum Dienste der Flotten und zur Purpurfischerey.

Ich besuchte die Fabriken und die Werkstätte, die Manufakturanstalten und die Niederlagen, die Schiffswerfte und die Zeughäuser; vor allen Dingen aber die Fischer des kostbaren Schalthieres, das seinen Namen den Feyerkleidern der Könige giebt. Es giebt zweyerley Arten dieser Thiere, und man findet sie auch anderwärts an dem Phönicischen Gestade, die Libyschen Küsten und die Ufer einiger Inseln des Mittelländischen Meeres besitzen ebenfalls diesen Reichthum. Die Purpurschnecken versammeln sich in Haufen und streichen im Frühjahre. Es ist zweckdienlich, sie lebendig zu fangen, denn die Farbe, welche sie dann geben, ist lebhafter. Die Tyrier reißen die größten aus ihren Schalen, um ihnen das Blut abzuzapfen, und die kleineren werden unter einem Mühlsteine zermalmt. Wenn man sie in süßes Flußwasser thut, so sterben sie: die Feuchtigkeit, welche sie von sich geben, ist übelriechend, und von schmutzig weißer Farbe; wenn sie der Luft ausgesetzt ist, so wird sie grün, und endlich blau, wie die Farbe des Meeres. Die Pelasgischen, oder sogenannten Purpurschnecken der hohen See, sind, nach denen von Tyrus, am meisten geschätzt.

Wenn von zwey Staatsmännern, die zum Volke reden, der eine mit einem Purpur bekleidet ist, so wird er eher Gehör finden, als der andere, dem diese Auszeichnung fehlt. Hätte denn der Mensch Aehnlichkeit mit jenen Thieren, die man reizt oder beruhigt je nach der Farbe des Tuchs, das man vor ihren Augen ausbreitet?

Der Hausvater hat, um sich die Liebe und Ehrfurcht seiner Familie zu erwerben, keines langen, mit Tyrischen Purpur gesäumten Gewandes nöthig. Sollte man wohl so ehrsüchtig seyn, wenn man weiß, daß die Stadt Tyrus ihren Ruf, weniger ihrem einsichtsvollen Kunstfleiße und ihren politischen Talenten, weniger ihrer unermüdeten Betriebsamkeit und dem Dienste, den sie der Handlung leistet, als einem kleinen Seethiere zu danken hat, dessen Benutzung sie der Zufall lehrte.

Tyrus hat wenig Oberfläche, und da die Häuser keinen großen Umfang haben können, so ersetzt ihn ihre Höhe. Nie sahe ich Häuser mit so vielen Geschossen. Sie sind einander alle ähnlich; das Dach dient zur Terrasse, wo das Abendessen eingenommen wird. Die Mauern der Stadt, die hundert und funfzig Griechische Fuß hoch, und aus großem, mit weißem Mörtel verbundenen Steinen aufgeführt sind, nehmen einen Umfang von zwanzig Stadien ein. Der Felsen, auf welchem die Tyrier die Hauptstadt ihrer Niederlassungen erbaut haben, ist von runder Gestalt. Die darauf befindlichen Gärten, haben gutes Erdreich, das man von dem festen Lande holt, um die Nacktheit dieses großen, in eine prächtige Stadt verwandelten Felsens zu bedecken. Nie haben die Götter, man sage was man will, solche große Wunder wie die Menschen hervorgebracht. Aber die Natur, welche den stolzen Sterblichen gern an ihre Macht, die er so leicht verkennt, erinnert, setzt von Zeit zu Zeit die reichen Bewohner Tyriens in Schrecken, indem sie den Grund, auf welchen sie ihre prächtigen Gebäude aufgeführt haben, erschüttert.

Die Mauern von Tyrus sind durch hohe Thürme befestigt, auf welchen ich kleine Bildsäulen, von derselben Art bemerkte, wie dieses Handelsvolk auf das Hintertheil, und selbst auf das Vordertheil seiner Schiffe setzt. Diese kleinen Figuren sind bekleidet, und mit Bogen und Pfeilen bewaffnet. Man sollte sie für Wachen auf den Vorposten ansehen. Man sagte mir, daß es die schützenden Gottheiten des Orts wären, welche Tag und Nacht für seine Erhaltung wachten.

Aus eben dieser religiösen Sorgfalt, haben es die Einwohner nicht für überflüßig gehalten, noch außerdem prächtige Tempel zu bauen, deren Zinne über die andern Gebäude hervorragt.

Noch größer als das Bedürfnis der Tempel, ist für Tyrus das Bedürfniß des trinkbaren Wassers, um es sich im Ueberfluß zu verschaffen, hat man Cisternen gegraben, deren Grund man nicht erreichen kann: dieß ist wenigstens die allgemeine Meinung. Vielleicht ist der Strom des unterirdischen Flusses zu reißend, um das Bley den Boden erreichen zu lassen, es wird vielleicht mit dem Strome fortgezogen. Drey dieser Cisternen sind sehenswürdig; die dem Meere am nächsten gelegene, ist ein und ein halbes Stadium davon entfernt.

Die Tyrierinnen, die bey dem Anblicke einer Schlange in Furcht gerathen, tragen ihr Bild auf dem Busen. Ihre Halsbänder gleichen, an Mannichfaltigkeit der Farben und an Gestalt, diesem Thiere, und den Flecken seiner Haut nicht übel.

Der Sabin der Phönicierinnen kommt mit dem Sindon der Weiber am Nil überein: es ist ein langes Unterkleid (tunique), das bis auf die Fersen hinab geht.

In Tyrus giebt es so viele Sclaven zu den häuslichen Verrichtungen, daß sie sich wohl einmal Meister von der Stadt machen könnten.

In dieser Handelsstadt liebt man die langen Schmausereyen. Der Gast, welcher bey Tafel einen philosophischen Gegenstand auf die Bahn bringen wollte, würde sich Spöttereyen aussetzen. Bey ihren häufigen Gastmahlen ist blos davon die Rede, erfrischende Getränke zu sich zu nehmen, und mit mehr oder weniger Witz zu scherzen und zu lachen, derjenige, welcher einen mit Wein von Byblos, der in dem Schnee des Hermon (Libanon) abgekühlt worden, gefüllten Becher ausschlagen wollte, würde nicht gern gesehen seyn.

In Phönicien sind die Opferpriester zugleich Köche. Diese beyden Beschäfftigungen schicken sich nicht übel zusammen, und unter diesen Classen von Menschen herrscht Unternehmungsgeist: Kadmus war Küchenvorsteher bey einem Könige von Sidon. Der erste Tyrann von Sycion, Orthagoras, war Koch.

Ehe wir auf die Könige kommen, muß ich noch ein Wort von den Göttern des Landes sagen. Der älteste von allen ist, in den Augen der Tyrier, Hercules. Er unterrichtete sie in der Wissenschaft des Land- und Seehandels, er lehrte sie zu rechter Zeit und am rechten Orte Colonien anlegen, und machte sie mit den Handgriffen bekannt, die Wolle in Purpur zu färben. Blos dieses Geheimnisses wegen verdiente er einen Tempel.

Die Tyrier waren nicht undankbar. Sie erzeigten ihm göttliche Ehre. Ueberdieß wäre es auch gar nicht schicklich gewesen, wenn der Stifter einer Stadt wie Tyrus, ein bloßer Mensch hätte bleiben sollen; aufs wenigste mußte man einen Halbgott aus ihm machen.

Ich gieng in einen seiner Tempel: er ist immer voll, und bald wird er nicht mehr groß genug seyn, um die reichen und zahllosen Geschenke zu fassen, die täglich seinem Altare zuströmen. Ich wollte ihm auch mein Opfer zollen. Mein Vater hatte diesen Helden, wie er sich selbst, zwey Ehrensäulen errichtet, sehr fleißig auf einen Edelstein gegraben.

Ich bot diesen Ring dem Priester an, der mein Geschenk nicht verschmähete: Frommer Jüngling! sagte er zu mir, du verdienst es, die Herrlichkeiten dieses Tempels in Augenschein zu nehmen. Betrachte erstlich hier die richtige und getreue Vorstellungen der zwölf Arbeiten des Hercules; es ist eine genaue Nachahmung des prächtigen, halberhabenen Kunstwerks, das in Gades, einer unserer Niederlassungen, befindlich ist. Bewundere ferner diese zwey Säulen, zum Andenken an diejenigen, die unser erhabener Gott selbst gesetzt hat, um das Ziel seiner Thaten und seiner Reisen zu bezeichnen. Eine dieser beyden Säulen ist von gediegnem Golde; die andere besteht aus einem einzigen Smaragde, und besitzt die Eigenschaft, alle Nächte im Innern des Heiligthums einen sanften Schimmer zu verbreiten, der demjenigen ähnlich ist, der die glücklichen Wohnungen Elysiums erhellt.

Ich wollte erst meine Bedenklichkeit über die ungeheure Größe des Smaragds äußern, und dem Priester beweißen, daß hier wenigstens Uebertreibung Statt fände. Aber die Priester nehmen keine Beweiße an. Ich erinnerte mich also an den klugen Rath Alkmäons, und ließ es weislich dabey bewenden, mich nach dem Alter dieses Tempels des Hercules zu erkundigen. „Er ist über zweytausend Jahre alt, antwortete der Priester, mit der Miene der Ueberzeugung, er hat mit der Stadt gleiches Alter.“

Ich konnte mein Erstaunen nicht ganz verbergen: er bemerkte es, und nahm sehr geschickt eine erwiesene Thatsache zu Hülfe, um den Priesterbetrug dahinter zu verstecken. Ich will dir, sagte er, zwey Beweiße für dieses hohe Alterthum anführen: Erstens sind unsere Phönicischen Schriftzüge, die du ohne Zweifel kennst, zu vollkommen, um nicht eine zwey bis dreytausendjährige politische Existenz vorauszusetzen. Nichts bildet sich auf der Erde so langsam, als die Sprachen: die Sprache wird leicht verdorben, nimmt aber nur in einer langen Reihe von Jahren eine gewisse Regelmäßigkeit an. Ferner siehe dich im ganzen Tempel um, junger Mensch. Findest du eine einzige

Bildsäule des Hercules? Nun mußt du wissen, daß man anfänglich die Götter nicht vorzustellen wagte; ihre Bildnisse zu mahlen oder auszuhauen, wäre ein, der Strafe des Himmels würdiges, Verbrechen gewesen. Der Ort des Heiligthums war leer, ohne deswegen minder heilig gehalten zu seyn. Das Volk, welches sich daran gewöhnte, das Bild seiner Götter auf den Altären zu sehen, glaubte am Ende, daß sie blos die Tempel bewohnten, und daß man außer denselben sich nicht in ihrer Gegenwart befände, folglich die Straflosigkeit derjenigen Vergehungen, die blos dem Verbrecher bekannt wären, sich versprechen dürfe. Wir haben diese ursprüngliche Einfachheit beybehalten. Wir nehmen die dargebrachten Gaben an, aber wir stellen kein Bild des Gottes auf, den man hier verehrt.

Pythagoras. Dieß System kommt der Verlegenheit der Künstler zu Hülfe, denn, um einen Gott vorzustellen, haben sie kein anderes Mittel, als ihm die Gestalt eines Menschen zu geben; und nach der reinen Logick sowohl, als nach der wahren Theogonie, darf nichts einem Menschen weniger gleichen, als ein Gott: den einzigen Fall ausgenommen; wenn der Gott zuerst ein Mensch gewesen wäre.

Der Oberpriester. Junger Mensch, du gehst rasch, und zu weit; wir wollen bey deiner ersten Frage, über das Alter dieses heiligen Gebäudes stehen bleiben. Du scheinst über sein Alterthum erstaunt zu seyn: was würdest du sagen, wenn du die Aegyptischen Priester reden hörtest? sie geben ihrem Thebanischen

Hercules ein Alter von nicht weniger als sechs und dreyßig tausend Jahren.

Alles dieß, erwiederte ich, läßt sich vereinigen, wenn wir verschiedene Herculesse annehmen; legt sich Griechenland nicht auch einen bey? wahrscheinlich ist jedoch der von Tyrus der wahre?

Der Oberpriester. Ohne allen Zweifel!

Ich entfernte mich lächelnd über die Zuversichtlichkeit, mit welcher die Sterblichen die gewagtesten Meinungen aufstellen. Der Oberpriester, welcher es bemerkte, rief mich zurück und sagte zu mir: „Wenigstens wirst du zugeben müssen, daß dieser Gott nirgends auf eine so reine Art verehrt wird, als in diesen Mauern, wir bereiten uns zu seinem Dienste vor, indem wir uns alles Umgangs mit dem weiblichen Geschlechte enthalten; und verschiedene Tage vor seinem Feste ist unsere Aufführung so mackellos, als unser weißes, von feinem Leinen gewobenes Gewand. Wir gehen in unserer Gewissenhaftigkeit so weit, uns den Kopf abzuscheren. Unser ganzer Schmuck besteht in purpurnen Opferbinden. Wir legen unsere Fußbekleidung ab, wenn wir uns dem Altare nähern, auf welchem das heilige, nie verlöschende, Feuer brennt. Weihrauch vertritt bey uns die Stelle des Opfers: Hercules verabscheuete die Menschenopfer: er vergoß Blut, aber nur das Blut der Bösewichter. Wir tragen Sorge, die Schweine und die Weiber von seinem Tempel zu entfernen."

Pythagoras. Warum denn die Weiber? Sie sind nirgens überflüßig; und der große Alcides flohe sie gar nicht.

Ich gieng ohne die Antwort abzuwarten.

Eine Sonderbarkeit fiel mir in dem Tempel auf; von den Säulen, auf welchen das Gewölbe ruht, stehen immer je drey beysammen. Man sagte mir, dieß beziehe sich auf die drey Jahrszeiten, und die drey Dekans (¹) eines jeden Monats.

§. XXXIV.

Jahrbücher von Tyrus.

Ich besuchte den Ort, wo die öffentlichen Jahrbücher aufbewahret werden. Man hatte mir schon vorhergesagt, daß Tyrus, stolz auf seinen Ruhm, große Sorgfalt für sein Archiv, trage; aber die geschriebenen Jahrbücher dieser Stadt, die sich ein Alter von zwey tausend Jahren beylegt, gehen nur auf vier oder fünf Jahrhunderte zurück; man erlaubte sie durchzusehen. Ich fand darinnen einige ungewisse und falschgeordnete Zeitpuncte angegeben, und Namen wenig bekannter Könige, unter andern Malkander, Osiris Zeitgenossen.

In jenen Zeiten forderten sich die Könige auf Zweykämpfe der Einbildungskraft, auf Spiele des Witzes

(¹) Oder Dekaden, Zeitraum von zehen Tagen.

heraus; sie legten einander räthselhafte Fragen vor. Wer sie nicht auflösen konnte, war zu einer starken Geldstrafe verdammt, welche das Volk gern entrichtete, in der Hoffnung, daß die Reihe zu gewinnen bald auch an seinen Monarchen kommen werde. Warum hat man noch eine andere Art von Krieg kennen gelernt?

In diesen unschuldigen Kampfspielen erschienen die Könige so wenig in Person, als in unsern jetzigen Schlachten. Chiramus, der Nachfolger des Beimal, hatte an seinem Hofe einen Tyrier, Namens Abdemonus, der die Schwierigkeiten an seiner Statt auflöste. Die Jahrbücher rühmen die Frömmigkeit dieses Königs, und die Weisheit eines andern gleichzeitigen Monarchens sehr. Der letztere übersandte eines Tags folgende Aufgabe, zur Enträthselung, bey Strafe von zwanzig tausend Maß Oehls: „Soll der Thron und der Altar vereinigt, und im Falle des Gegentheils, welcher soll über den andern erhaben seyn?“

Die Frage war kützlich, besonders für einen religiösen Monarchen. Nachdem der König von Tyrus drey Tage und drey Nächte darüber nachgedacht hatte, rufte er den gelehrten Abdemonus zu Hülfe.

„Mein Fürst, sagte dieser zu ihm, ehe man sich auf die Auflösung einläßt, könnte man zuvor fragen, ob denn die Throne und die Altäre zum Glücke der Menschheit so unentbehrlich sind? Es war eine Zeit, wo das Menschengeschlecht sie nicht kannte, und sich deswegen nicht schlimmer befand; dieser Zeitpunct ist das goldene Alter. Erinnere den, dich auffordernden,

Monarchen daran, daß unsere Voraltern, die Perizzier, die von seinen Vorfahren so verfolgt worden sind, und auf deren unglückliche Ueberreste, er selbst, mit solcher Wuth, in den Gebirgen Jagd gemacht hat, daß die Perizzier, sage ich, in ihren ruhigen Thälern, lange Zeit ohne Altäre und Priester lebten.

Ihre, auf Tafeln von Cedernholz geschriebenen, Gesetze, hiengen an einer Säule, mitten in ihren Dorfschaften. Diese ihre Gesetztafeln sind bey ihrem letzten Unglücke mit verbrannt; allein in Tyrus wird eine Abschrift davon aufbewahrt. Wir können bey dieser Antwort stehen bleiben, mein Fürst, fuhr Abdemonus fort; unsere Aufgabe ist gelöst."

Die Jahrbücher von Tyrus sagen weiter nichts von dem Erfolge dieser merkwürdigen Aeußerung; aber ich zeichnete mir den Namen der Perizzier, dieser wenig bekannten Phönicischen Völkerschaft, in mein Gedenkbuch auf; es ist die Sache des Beobachters, das Stillschweigen des furchtsamen oder höfischen Geschichtschreibers zu ergänzen. Es hat mir geschienen, daß die Verfasser der Jahrbücher von Tyrus Priester gewesen sind; sie sind in dem Lobe des Chiramus unerschöpflich, weil er die Tempel wieder herstellte, neue erbaute, und dem Jupiter eine goldene Säule errichtete.

Der sechste König nach Chiramus; machte den Versuch, das von Abdemonus erklärte Räthsel, durch die That aufzulösen. Der Hierophant Ithobal hatte bis zur Königswürde nur noch einen Schritt zu thun. Der Altar berührte den Thron, er that diesen Schritt, und beherrschte ein zwiefaches Reich; denn Sidon mein Vaterland, stand damals mit Tyrus unter einer Herrschaft.

Derjenige von Ithobals Nachfolgern, von welchem die Geschichte am meisten redet, war Pygmalion, der jüngere Bruder der Stifterin von Carthago, einer der glänzendsten Niederlassungen von Tyrus. Man hat die Geschichte dieses Königs sehr verunstaltet, die Jahrbücher von Tyrus berichtigten hierinnen meine Meinung: die Regierung dieses Fürsten ist eine grose Lehre für die Völker, die sich nur zu oft von dem Scheine hintergehen lassen. Sein Vater hatte den Thron seiner Schwester bestimmt, die älter als er war. Als dieser starb, mußte ihn die Nation zwingen, das Scepter anzunehmen, vor welchem er, wie es schien, einen Widerwillen hatte. Eine so grose Mäßigung kündigte eine gute Regierung an. Der erste Gebrauch, den er von seiner Gewalt machte, bestand darinnen, seinen Oheim den Hierophanten des Hercules, nach dessen grosen Reichthümern ihm gelüstete, umbringen zu lassen.

Er richtete die Unterthanen, unter der Last der Auflagen, zu Grunde; aber er befahl den Aufsehern über die Erhebung der willkührlichen Taxen, von welchen niemand ausgenommen war, sich mit Freundlichkeit zu benehmen. „Seyd menschlich, sagte er ihnen, wenn ihr meine Besteuerten zu Grunde richtet: beklagt ihr Schicksal, indem ihr sie ausplündert, bedauert mich, daß ich mich in der Nothwendigkeit befinde, zu solchen Mitteln meine Zuflucht zu nehmen, um den Bedürfnissen dieser schweren Zeiten abzuhelfen. Aber wir sind ja in keinen Krieg verwickelt, wird man euch sagen; antwortet darauf: es ist der Klugheit eines guten Königs gemäß, nicht erst den Augenblick der dringenden Nothwendigkeit abzuwarten, um sich Hülfsmittel zu verschaffen. Sagt den verständigsten, den Tyriern aus dem Mittelstande: Seht ihr die Innung der Purpurfärber. Dieß sind die reichsten der Stadt; sind es auch die besten Bürger? der Luxus hat sie selbstsüchtig, übermüthig, kraftlos gemacht; ist es denn also eine ungerechte und schädliche Maßregel, ihr Vermögen auf jenen Zustand von weiser Mittelmäßigkeit herabzusetzen, deren Grundsätze mehr gerühmt als befolgt werden?

Auf diese Weise häufte Pygmalion unermeßliche Schätze auf. Um das Volk zu verhindern, sich daran zu vergreifen, übergab er sie dem Schutze der Götter, indem er von allem, was er, nach seiner Angabe besaß, den Zehenten an die Tempel entrichtete. Er gab sogar noch darüber, um seinen Geiz hinter der Larve frommer Großmuth zu verbergen. Er machte dem Tempel des Hercules auf der Insel Gades, ein Geschenk mit einem großen Oelbaume, von bewunderungswürdiger Arbeit, dessen Früchte aus Smaragden bestehen, und den noch grünen Oliven vollkommen ähnlich sind.

Pygmalion verlor sein Reich nur mit seinem Leben. Die Natur allein übernahm es, Tyrus von ihm zu befreyen: die Einwohner schätzen sich noch glücklich, von ihrem Despoten nur ihres Vermögens beraubt zu werden. Sie ließen es sich sogar nicht ein einzigesmal beygehen, über die Verwendung der Auflagen, die er von ihnen, mit dem kalten Blute und der Höflichkeit eines Gläubigers, der sich an seine zahlungsfähigen Schuldner wendet, erhob,

erhob, Rechnung abzufordern. Diese Leichtigkeit, sich die schreyendsten Erpressungen zu erlauben, kann nur diejenigen in Verwunderung setzen, die nicht wissen, was ein starker Handelsplatz ist: man läßt sich jedes Opfer gefallen, so lange man nur der Ruhe genießt, und jede, in das Vermögen gemachte Lücke sogleich wieder ausfüllen kann.

Beym Tode des Tyrannen machte die Furcht, unter eine noch schlimmere Oberherrschaft zu kommen, es nothwendig, sich an das Beyspiel der frühern Zeiten zu halten (diese öffentlichen Jahrbücher von Tyrus sind das Werk des Dius, des ältesten Phönicischen Geschichtschreibers nach Moschus). Ein Purpurfischer, eifersüchtig vielleicht insgeheim über die Pracht der Färber, und ihren Uebermuth selbst gegen diejenigen, die sie nicht entbehren konnten, stellte sich an den Weg, wo der Leichenzug Pygmalions vorüber gieng. „Tyrier, rief er aus, indem er den Körper von dem Wagen herunterriß, keine Könige mehr! Dieß sey unser letzter gewesen! Er ist tod, und so mögen ihm seine Plünderungen, und der Mord seines Oheims, des Hierophanten des Hercules, vergeben seyn; aber laßt uns so viele, in Feigheit und Knechtschaft verlorne Jahre, heute wieder einbringen. Tyrus, dieses Muster der Städte, hat lange genug das Beyspiel der Straflosigkeit der Verbrechen gegeben. Wir haben den glücklichen Fortgang unseres Handels, der Freyheit, die wir ihm gestatten, zu verdanken, und wir sollten ihn den Hindernissen, die ihm ein gekrönter Verschwender in den Weg legt, fernerhin aussetzen. Die unersättliche Habsucht eines Königs zu befriedigen, durchirren wir alle Meere, um die Schätze der bekannten Welt

Y

zusammen zu schleppen. Umsonst hofft der Hausvater, bey der Zurückkunft von seinen langen und gefährlichen Reisen, daß seine Kinder die Früchte seiner Bemühungen einerndten werden, ein Agent des königlichen Fiscus erscheint, und nimmt ihm zwey Drittel seines so rechtmäßig erworbenen Gewinnstes weg. Ein handelndes Volk muß eine republicanische Verfassung haben, und sich nur von seiner Industrie willkührliche Gesetze vorschreiben lassen. Wir haben schon einen Magistrat, dessen Mitglieder während der ganzen Regierung Pygmalions verstummt sind, weil sie sich von der so mächtigen Masse der Bürger nicht hinlänglich unterstützt fühlten. Laßt uns unserer Obrigkeit die Sprache wiedergeben, und einer kleinen Anzahl von Magistratspersonen die höchste Gewalt, aber nur auf eine gewisse Zeit, und unter dem Vorbehalte übertragen, von dem Gebrauche derselben Rechnung abzulegen. Das gemeine Wesen geht alle an."

Man erwartete nichts weniger, als einen solchen Vorfall. Die Revolution fand gerade deswegen Statt, weil man nicht darauf vorbereitet war. Das Volk unterstützte den Purpurfischer. Die Gegenwart der sich hierbey ruhig verhaltenden Senatoren hielt diejenigen zurück, denen dieser Vorschlag nicht behagte. Der Reiz der Neuheit riß den großen Haufen hin; und die Erinnerung an die königlichen Schinderey en, bestimmten ihn vollends zum Vortheile der neuen Staatsverfassung; und so wurde Tyrus, welches den Abend zuvor von einem Könige beherrscht worden war, den folgenden Tag von drey Richtern regiert.

Die Erzählung dieses wichtigen Ereignisses beschließt die Jahrbücher von Tyrus; aber ich vergaß hierüber die Perizzier nicht, und das Wenige, was sie von ihnen enthielten, verdoppelte meine ungeduldige Neugier. Das Gesetzbuch eines Hirtenvolks, das mitten unter so vielen unterjochten und abergläubigen Völkern, ohne Priester und ohne Könige lebte, schien mir ein, der Beobachtung würdiges Denkmal darzubieten. Es kostete mich viele Mühe, den Aufseher des Tyrischen Archivs zu bewegen, mir diesen Theil seines, ihm anvertrauten Schatzes, mitzutheilen; denn Tyrus war nach einigen Jahren gleichsam durch einen unmerklichen und reichen Nationen natürlichen Hang, wieder zur Monarchie zurückgekehrt. Bey dieser neuen Lage der Dinge, nahm die Regierung alle zweckdienlichen Maßregeln, um den Eindruck dieses kurzen Zeitraums von Freyheit, die man geschmeckt hatte, zu verlöschen.

Diejenigen, welche diese Gesetze mittheilten, erzählten, daß man ihnen in dem Lande, wo sie bekannt gemacht wurden, den Verfasser mit solchen Zügen schilderte, die nur auf den Moschus passen können. In der That hielt er sich einige Monate in diesen friedlichen Thälern auf. Hier ward er Gesetzgeber, noch ehe er Hierophant wurde. Meine geliebten Zöglinge, erinnert euch, daß das Völkchen, welches diesen kleinen Codex annahm, sich über die Priester und die Könige zu beklagen hatte. Moschus hatte nicht viel Mühe, ihnen die Mittel, ihrer zu entbehren, einleuchtend zu machen.

Die neun Gebote der Vernunft.

Von Moschus, dem Gesetzgeber der Perizzier ([1]) eines Hirtenvolks des Antilibanon, in Oberphönicien.

I. Der Aelteste unter den Aeltesten jedes Dorfs, wird, unter dem Beystande der übrigen Oberhäupter der Familien, das Amt des Priesters und des Königs ausüben.

II. Die älteste Ceder des Dorfs, wird dem Aeltesten zum Heiligthum und zum Throne dienen.

III. Der Aelteste wird die Verlobten zusammen geben, die Geburt der Kinder bescheinigen, die Betrübten und Kranken aufrichten und die Leichenbegängnisse anführen.

IV. Unter beständigem Beysitze der Hausväter, wird der Aelteste die Schuldigen zum Geständnisse bringen, und den, dem Beleidigten schuldigen Ersatz bestimmen.

V. Täglich wird, bey Sonnenaufgang, der Aelteste, mit einer Hand auf den Patriarchenstab gestützt, die andere über die Kinder der Familien ausstrecken, und ihnen im Namen der Natur den Segen ertheilen.

VI. Jährlich wird, am Ende des Winters, und zu Anfang des Frühlings, der Aelteste, in Begleitung der Väter, und im Gefolge der Kinder um das Feld

(1) Oder Pherezeer. Mem. de l'Acad. des Inf. XXXIV. in 4to.

einer jeden Familie gehen, und den guten Genius des Orts anrufen.

VII. Eben so wird jährlich, am Ende des Herbstes und zu Anfang des Winters, der Aelteste, an der Spitze aller Familien, sich in das Thal der Gräber begeben, und der tugendhaften Sterblichen, die im Lauf des Jahres aus dem Leben gegangen sind, ehrenvoll gedenken.

VIII. Die Jünglinge, welche das zwanzigste Jahr erreicht haben, werden vor dem Aeltesten ein Knie beugen, der ihnen die Hand auflegen, und zu ihnen sagen wird: Stehet auf, und nehmt Platz unter uns. Ihr seyd nun Männer! Wir gewähren euch alle Rechte derselben, erfüllet alle ihre Pflichten.

IX. Und um ihr politisches und religiöses Gesetzbuch in ein einziges Gebot zusammen zu fassen, so erklären die Perizzier, daß sie keine andere Verehrung, als die kindliche, und keine andere Regierung, als die väterliche anerkennen.

§. XXXV.

Reise nach Aegypten, Bemerkung der Küsten.

Ich begab mich nach demjenigen der beyden Häfen von Tyrus, welcher gegen Aegypten zu gelegen ist, und schiffte mich sogleich ein, indem ich die größte Ungeduld zu erkennen gab, diese geweihte Erde zu betreten. Mein Führer sagte deswegen zu mir: diejenigen, welche ehedem nach Ophir segelten, hatten ja kaum größere Eile.

Pythagoras. Sie mußten ihrer auch weniger haben, denn sie suchten ja nur Gold.

Der Steuermann. Als wir dieses reiche Land beynahe erschöpft hatten, machten wir aus seiner Lage kein Geheimniß mehr. Aber von dieser Zeit an, war die Begierde auch eben nicht mehr groß, ein Land zu besuchen, wo wir vorher gewesen waren.

Unsere Vorfahren haben in Sophira ein dauerhaftes Gebäude aufgeführt, das den Nachkommen unsere Anwesenheit in diesem entfernten Lande bezeugen wird. Die Eingebohrnen kannten die Schätze nicht, von denen sie Besitzer waren; und lebten in Frieden, mitten unter diesen kostbaren Metallen, die anderwärts so viele Kriege veranlassen, von einem Oberhaupte regiert, das sich nicht besser als sie dünkt, und auch keine bessere Wohnung hat, leben sie noch immer in hölzernen und lehmernen Hütten.

Pythagoras. Worüber ich erstaune, ist, daß die ersten Metalladern, nicht mit Blut gefärbt worden sind.

Der Steuermann. Die Unwissenheit war dießmal der Menschheit nützlich. Die Bewohner von Sophira betrachteten unsere Arbeit mit erstauntem Blicke, und begriffen nicht, wie wir so weit herkommen, und uns so viele Mühe geben konnten, um diese rohe Masse, so wie wir sie aus den Schachte zogen, auf unsere Schiffe zu schaffen; und — was würde auch übrigens aus dieser rohen und kostbaren Materie unter ihren Händen geworden seyn, die kaum ihr Feld bestellen konnten?

Pythagoras. Demohngeachtet war es doch ein Glück, daß sie von der Bestimmung alles dieses ihren Gebirgen entrissenen, Goldes, nicht unterrichtet waren. Ohnmöglich hätten sie sonst bey dem Gedanken daß sie dadurch, freylich sehr unschuldiger Weise, die schändlichen Vergnügungen eines sittenlosen Hofs unterstützten, kalt bleiben können.

Der Steuermann. Was würde aus dem Handel und der Schiffahrt werden, wenn man die Bedenklichkeit so weit treiben wollte? Aber wir nähern uns jetzt diesem, im wahren Sinne, weisen Volke. Ich wünschte nur, daß es etwas gastfreundschaftlicher und etwas weniger mißtrauisch wäre. Es würde uns eines großen Umwegs überheben. Denn es nöthigt uns, bis nach Rhakotis, an der Küste hinzuseegeln, und erlaubt uns nicht, in irgend einem andern Hafen vor Anker zu legen. Fremdling, betrachte hier, im Vorüberfahren, Gaze, eine alte, nicht zu Aegypten gehörige, Stadt, die fast so reich ist, als das Land Ophir: Phönicien rechnet sie noch zu sich, so wie Anthedon, Jenyssus und Rhinocorura, oder die Stadt der abgeschnittenen Nasen.

Im Hintergrunde dieses kleinen Meerbusens, den du siehst, verbannt man die Verbrecher beyderley Geschlechts, welche die Todesstrafe nicht verdient haben, auf einen sandigen Boden. Man verstümmelt sie, um sie kenntlich zu machen, falls einer von ihnen aus diesem Verbannungsorte entfliehen wollte.

Pythagoras Wär' es nicht hinreichend, ein wachsames Auge auf sie zu haben, hat denn der Mensch das Recht, das Meisterstück der Natur auf diese Art herabzuwürdigen?

Der Steuermann. Bedenke doch, junger Fremdling, daß ein Verbrecher kein Meisterstück der Natur mehr ist.

Pythagoras. Wenigstens sollte man die schönen Formen, die er erhalten hat, verschonen. Der Mensch sollte vor sich selbst, in seinem Nebenmenschen, Achtung haben.

Der Steuermann. Der Tugendhafte muß aufhören, in der Person eines Missethäters seines gleichen zu erkennen.

Pythagoras. Der Bösewicht ist blos ein Rasender, bey dem man es damit bewandt seyn lassen muß, ihn an Ketten zu legen; schneidet man denn einem Narren die Nase ab? Wie betragen sich denn diese verstümmelten Verbannten, in der Stadt, wohin man sie verwiesen hat?

Der Steuermann. Ziemlich gut. Verschiedene unter ihnen sind nie so zufrieden gewesen. Nicht ohne Mühe verschaffen sie sich die nothwendigen Bedürfnisse des Lebens. Diejenigen, welche ehedem faul waren, und aus Müßiggang zu Verbrechern wurden, zeichnen sich hier, durch ihre Liebe zur Arbeit aus. Sie nähren sich von Wachteln, die sie in Schilfnetzen fangen, welche öfters einige Stadien lang sind, und die sie am Ufer aufstellen.

Pythagoras. Du siehst, wie unpolitisch, ungerecht und unmenschlich es ist, sie so schändlich verstümmelt zu haben. Bey einer guten Verfassung der Gesetze, muß die Strafe keine längere Spuren, als das Verbrechen zurück lassen. Um sich einen Augenblick vergessen zu haben, sind diese Menschen nun zu einer Strafe verdammt, die so lange als ihr Daseyn dauert.

Der Steuermann. Siehst du den See Sirbonis, in welchem ein reißender Strom fällt, der, unter dem Namen des Aegyptischen Stroms, bekannt ist, und die natürlichen Gränzen dieses Landes bestimmt. Einige Geschichtschreiber geben vor, daß mitten in diesem, durch religiöse Sagen, deren Erzählung ich dir erspare, berühmten See, eine kleine, aus einem Aschenhaufen bestehende, Insel befindlich sey: bey dem Einfalle des Sabacon, aus Aethiopien, in Aegypten, fand hier ein König vom Nil einen sichern Zufluchtsort. Beträchtliche Truppenabtheilungen giengen hier, durch das bewegliche Ufer der Insel irre geleitet, zu Grunde.

Pythagoras. Dieser kleine Wasserbehälter, nimmt weit mehr Platz in der Geschichte, als auf der Erde ein.

Der Steuermann. Laß uns, im Vorbeyfahren, die Stadt Pelusium begrüßen, die mitten auf den Morästen des Nils erbaut ist. Ihr Umfang beträgt zwanzig Stadien, und ihre Mauern laufen eine eben so große Strecke am Ufer des Meeres hin. Es wäre den Aegyptiern anzurathen, diesen wichtigen Platz zu befestigen, und nicht erst einen feindlichen Einfall abzuwarten, um sich in Vertheidigungsstand zu setzen. Wenn Pelusium mit einer guten Cidatelle versehen ist, so wird es die sicherste Vormauer für ganz Aegypten werden. Auf diesem ganzen Striche Landes herrscht eine sehr ungesunde Luft; man schützt sich vor der Ansteckung, durch den Gebrauch der Meerzwiebel, einer wohlthätigen Pflanze, die man in den Tempeln göttlich verehrt.

Pythagoras. Und warum auch nicht? Die Dankbarkeit ist kein Aberglaube.

Der Steuermann. Warum brennt man nicht auch den schwarzen Myrthen, die auf dieser Küste wachsen, Weihrauch. Sechs Schönen (Schöni, Aegyptische Meilen) von diesem wichtigen Platze, findest du die Stadt des Hercules, die Hauptstadt einer Statthalterschaft, sie liegt zwischen dem Pelusischen und Tanitischen Canale. Denn sechs Schönen weiter hin ist die Residenz Tanis gelegen. In den Morästen, die sie von dem Meere trennen, liegt Tennesus, deren Einwohner kaum so viel Boden besitzen, um ihr Haupt niederzulegen. Sie leben blos von der Handlung. Wenige Städte sind so industriös.

Pythagoras. Das Bedürfniß ist der geschickteste Lehrmeister.

Der Steuermann. Weiter ins Land hinein, ist die Stadt Mendes gelegen, wo ein Bock angebetet wird.

Pythagoras. Wir dürfen den Glauben eines Volks nicht immer nach ihren religiösen Gebräuchen beurtheilen.

Der Steuermann. Deine Bemerkung ist in diesem Falle um so richtiger, da der Name dieser Stadt in der Landessprache einen Bock bedeutet: wenn also die Einwohner diesem Thiere zu opfern scheinen; so thun sie nur das, was aller Orten geschieht; sie rufen den guten Genius des Orts an.

Endlich können wir den Ausfluß des Nils entdecken, der die Phatnitische (1) Mündung genannt wird, vielleicht von dem kleinem Orte Tamiathis, der seiner vortrefflichen Lage nicht entspricht.

Dieser ganze, zwischen den beyden großen Armen des Nils, vor seinem Ausflusse ins Meer, eingeschlossene Theil Aegyptens, ist mit Morästen bedeckt; hinter denselben sind verschiedene, mehr oder weniger beträchtliche, aber sämmtlich bekannte Städte gelegen: Onu-

(1) Der Verfasser nennt sie Psalmetique, welches aber offenbar falsch, vielleicht auch nur ein Druckfehler ist. Wie aber diese Mündung von der Stadt Tamiathis. ihren Namen führen soll, ist mir nicht einleuchtend.

Anm. d. Uebers.

phis, die Hauptstadt einer Statthalterschaft dieses Namens; Cynobolis, die Stadt des Hundes; der Flecken Isis, von seinem Tempel also benennt; Busiris, wegen eines Tempels der nähmlichen Gottheit berühmt; Xois, das auf einer Insel des großen Aegyptischen Flusses liegt, theilt seinen Namen einer der königlichen Dynastien des Landes mit.

Hier ist noch eine Mündung des Nils, bekannt unter dem Namen der Bolbitinischen. Tiefer im Delta findet man Metelis, eine Niederlassung der Milesier, die sie mit einer Mauer und einem Thurme befestigten; Sais, die Hauptstadt dieses niedern Theils von Aegypten, und zwey Schönen vom Nil entfernt. Naukratis am rechten Ufer dieses Flusses, eine andere Colonie der Milesier, die die Erlaubniß sich hier niederzulassen, unter der Bedingung erhalten hat, dem Hofe alle griechischen Weine, die er, troz dem Verbote der Priester verlangt, zu liefern.

Dieß hier ist das kleinere Hermopolis, oder die Stadt Mercurs, sie liegt an einem der Canäle des Nils, nahe bey der Wüste von Nitrien.

Therenutis, der Ort woher das Natrum (¹) kommt, um auf den Nil eingeschifft zu werden.

Die Stadt des Typhon, Papremis, weiht ihrer schwarzen Gottheit Bäre; sie unterhält eine Anzahl derselben mit religiöser Sorgfalt, und gesteht ihnen die Ehre des Begräbnisses zu.

(1) Eine Art alkalischen Erdsalzes.

Anm. d. Red.

Laßt uns dem Neptun danken, denn wir befinden uns jetzt in dem Kanopischen Arme des Nils, nachdem wir nahe an zweyhundert Griechischen Stadien (so viel beträgt die Länge des Aegyptischen Küstenufers) zurückgelegt haben.

Wir legten in dem einzigen, den Fremden offen stehenden Hafen, vor Anker; man nennt ihn die Rhede der glücklichen Zurückkunft; sie befindet sich der Insel Pharus gegenüber, welche die Könige von Aegypten, nach dem Plane der Natur, befestigt haben, um den Eingang in ihr Reich zu schützen und zu vertheidigen. Nahe daben liegt der Flecken Rhakotes, den ein Corps bewaffneter Hirten bewohnt, die dazu bestimmt sind, jede feindliche Landung abzuwehren.

§. XXXVI.

Pythagoras in Kanopus.

Meine Geburt und meine Tracht waren nicht dazu geeignet, mir das Zutrauen des Aegyptischen Volks zu erwerben, das wider die, blos am Hofe wohl gelittene Griechische Nation, eingenommen ist. Da ich einen Brief an den König Amasis abzugeben hatte, so wurde mir ohne Schwierigkeiten, mittelst Vorzeigung desselben bey der Wache des Hafens Rhakotes, der Eintritt in das Land erlaubt. Aber ich konnte dieses Sendschreiben nicht immer in der Hand tragen, um mir überall eine gute Aufnahme zu verschaffen. Ich entschloß mich also, mich Aegyptisch zu kleiden, allein mir die

Haare abzuschneiden, dazu konnte ich mich nicht entschliessen, und ich trug sie daher auf dieselbe Weise, wie die Schweinshirten. Diese müssen ihre Haare in ihrer natürlichen Länge tragen, damit man sie unterscheiden, und ihnen den Eintritt in die Tempel verwehren könne; was mir sehr unangenehm seyn würde: allein die Achtung, die ich für die Landessitten durch meinen übrigen Anzug zu erkennen gab, gewann mir den großen Haufen. Ich legte das lange leinene Kleid mit weiten Ermeln und dem Gürtel an, ohne etwas Wollenes an mir zu tragen, und wand um meinen Kopf ein kleines Tuch von weißer Leinwand, das ich mit der, an den Schläfen anliegenden Mütze von rothem Tuche bedeckte.

Nach einem, die Fremden betreffenden Landesgesetze, mußte ich mich, gleich nach meiner Ankunft auf Aegyptischem Boden, vor allen Dingen in Kanopus melden. Meine Nationalkleidung befreyte mich nicht von der Untersuchung der Vorgesetzten der Wachen an den Mündungen des Nils. Bist du ein Grieche? fragte man mich.

Pythagoras. Ich bin ein Sidonier.

Der Vorgesetzte. Bist du Kaufmann?

Pythagoras. Nein.

Der Vorgesetzte. Schwöre, daß du weder Grieche noch Kaufmann bist.

Pythagoras. Ich bin Mensch.

Nach diesem ungastfreundschaftlichen Empfange; stand mir frey, mich überall, wohin ich wollte, zu begeben, ohne weiter Rechenschaft darüber ablegen zu dürfen. Kanopus, hatte man mir gesagt, ist kein sehr alter Ort. Sein vorzüglichstes Denkmal, das man dir am Ufer des Meeres zeigen wird, ist das Grab des Kanopus, des Steuermanns des Menelaus, der die schöne Helena in seine Heimath zurückführte, und durch einen Windstoß an die Aegyptischen Küsten geworfen wurde.

Helena hätte es gerne gesehen, daß dieses Denkmal ihren Namen trüge; allein der König, ihr Gemahl, bestrafte sie mit diesen Worten, für ihren unbescheidenen Wunsch: Tochter der Leda, sagte er zu ihr! hat man nicht schon genug von dir gesprochen? Dein größter Ruhm in Zukunft muß der seyn, wenn man dich vergißt.

Leere Volkssage! bemerkte hierbey ein Priester des Serapis. Der Name dieser Stadt hat seinen Ursprung von einem, am südlichen Ende des Sternbilds des Schiffs befindlichen Sterne: und dieser Ursprung, der den Schiffern zum Führer dienen kann, ist wohl so viel werth, als die von den Griechen erdachte Fabel.

Ein Oberpriester, der beym Altardienste des Gottes Kanopus angestellt war, theilte mir eine andere Erklärung mit: In unserer heiligen Sprache, sagte er, bedeutet Kanopus so viel, als Goldland. Es ist ein Beweis von Achtung, den die Fremden durch diese Benennung unserm Aegypten gegeben haben, welches zwar keine kostbaren Metalladern hat; dagegen das Wasser des Nils und die Erfahrung vergangener Zeiten, zwey unermeßliche Schätze besitzt.

Die Weisheit dieser Bemerkung fiel mir, bey einem Priester des Gottes Kanopus, auf: Ich ziehe, sagte ich, deine Meinung den übrigen, die man mir angegeben hat, vor; ich halte es immer mit denjenigen, die dem Menschengeschlechte die meiste Ehre machen, und ich gestehe dir, daß ich, seit meinem Eintritte unter ein, durch seine religiöse Denkungsart berühmtes Volk, dieß nicht mehr erwartete.

Der Priester. Abergläubige Denkungsart wolltest du sagen.

Pythagoras. Vielleicht wäre ich, nach dem, was man von der Gottheit, welcher du dienst, erzählt, hierzu berechtigt.

Der Priester. Wozu diese Zurückhaltung? lege alle Furcht ab; wir tragen die Maske nur von denjenigen, die den Anblick der Wahrheit ohne Schleyer nicht ertragen können. Ich will dich mit dem Gott Kanopus aussöhnen. Du kennst doch den großen Haufen. Schon vor einiger Zeit begaben sich Chaldäische Priester, von dem bösen Geiste religiöser Eroberungen getrieben, auf Reisen, und nahmen das heilige Feuer mit. Du weißt, daß ihre Gottheit in Kohlen besteht, die an den Strahlen der Sonne angezündet worden sind. Nun durchziehen sie alle, in ihrer Nachbarschaft gelegenen, Länder, gehen von Stadt zu Stadt, und erheben ihre Götter laut über alle übrigen. In der

Thal

That hatten sie bis jetzt überall einen leichten und entscheidenden Sieg davon getragen. Sie stellten ihren ehernen Dreyfuß vor die Hallen der Tempel; zündeten ein großes Feuer an, und riefen aus: Unser Gott verdient allein diesen Namen und ist der mächtigste unter allen. Man bringe alle Gottheiten des Landes herbey, diejenige, welche die Nähe der unsrigen nicht aushalten kann, muß sich für überwunden bekennen, und ihre Verehrung unserer Gottheit abtreten. Die Priester des Orts, durch diese Aufforderung bey der Ehre angegriffen, hohlten aus ihren Heiligthümern, ihre goldenen, silbernen, hölzernen, elfenbeinernen, marmornen Götter eilig herbey, und legten sie auf den Altar des Chaldäischen Gottes. Die Diener dieses letzteren, trugen Sorge, ein großes Feuer unter ihren Dreyfuß zu machen, und begannen ihre Anrufungen. Sie hatten ihr Gebet noch nicht vollendet; als das Feuer schon anfieng die, so unbesonnener Weise, der Hitze ausgesetzten Bilder von verschiedenem Stoffe, zu beschädigen. Ihr seht es Völker, riefen sie nun, mit triumphirender Miene aus! die Götter euerer Priester können unserer großen Gottheit nicht widerstehen. Gebt Acht, wie alle diese heiligen Bilder schwarz werden, zerschmelzen, sich verzehren, und bald nichts weiter als ein wenig Asche seyn werden, die der Wind verweht. Der Gott Feuer hat sie alle vernichtet oder entstellt. Ehre sey dem Gott Feuer! Völker! gebt den Priestern des Feuergottes Zeugniß: Es ist nur ein Gott, im Himmel und auf Erden; es ist der unsrige, es ist der Gott der Chaldäer!

Die Diener der übrigen Gottheiten stammelten eine Antwort, aber vergebens. Die Menge hielt sich an das, was sie sah; sie sah ihre Götter geschmolzen und in Staub verwandelt, und verlohr alles Vertrauen auf Gottheiten, die sich so schlecht vertheidigten, und sich ohne Widerstand zerstören ließen. Das Volk, aufgebracht, so lange Zeit hintergangen worden zu seyn, mißhandelte seine Priester, riß ihre Altäre nieder, und plünderte ihre Tempel: und die Obrigkeit wußte kaum ein Mittel, den Sturm zu besänftigen.

Stolz auf diesen Erfolg kamen die Chaldäer nach Kanopus, um dieselbe Scene auch hier zu wiederhohlen. Unser Oberpriester, der von allem, was sich anderwärts zugetragen hatte, unterrichtet war, fiel auf folgenden frommen Betrug.

In unsern Tempeln sind beym Eingang große Wasserbehälter befindlich, um sich, ehe man weiter hinein geht, darinnen waschen zu können, das helle und klare Wasser dieser Behälter, läuft aus einem, über demselben angebrachten Gefäße, das eine Menge kleiner Oeffnungen hat, welche die Unreinigkeiten des, aus dem Nil geschöpften Wassers zurückhalten, und es von allen fremdartigen Theilen befreyt durchlaufen lassen. Unser Oberpriester verstopfte die Oeffnungen dieses irdenen Gefäßes mit Wachs, das ein leichter gefärbter Ueberzug verbarg; nun suchte er den Kopf einer alten zerbrochenen Bildsäule, befestigte ihn an den Hals des Gefäßes, und meldete sich voll Zuversicht zu der von dem Chaldäischen Priester vorgeschlagenen Probe. Diese, welche keinen Betrug ahndeten, zündeten das Feuer unter ihrem Dreyfuß an. Dieß erwärmte das Gefäß, das Wachs zerschmilzt von allen Seiten, das Wasser dringt überall durch, und löscht ohne Mühe die Flamme des Gottes Feuer aus; dießmal werden diese brennenden Kohlen schwarz, und kälter als die Gottheit, welche verzehrt werden sollte. Die Einwohner von Kanopus ruften nunmehro ihrer Seits Mirakel, und erhoben ihren Gott und seine Priester. Die überlisteten und beschämten Chaldäer, ziehen mit ihrem Dreyfuße ab, und verschwinden. Man hörte nichts weiter von ihnen, und Kanopus ward keiner ähnlichen Gefahr wieder ausgesetzt. Dieses große Ereigniß wurde durch eine Vorstellung des siegreichen, der Stadt vorstehenden, Gottes verewigt. Seit diesem Zeitpuncte sieht man auf unsern Altären eine Figur, deren Gestalt zu gleicher Zeit etwas Aehnliches von einem Wasserkruge und von einem Gotte, hat, oder vielmehr einem menschlichen Körper gleichet, der mit einem Wassergefäße bekleidet ist, und wovon man nur den Kopf an der Stelle des Flaschenhalses sieht, zwey fest an einander anliegende Füße dienen ihm zum Gestell: die Henkel sind die Arme, und der Bauch des Gefäßes macht den Körper der Figur aus. Diese unförmliche Vorstellung giebt keinen hohen Begriff von dem Kunstgeschicke des Aegyptischen Volks: aber es ist ein Denkmahl der Gegenwart des Geistes der Priester, und erhält das Andenken an eine Begebenheit, welche unangenehme Folgen hätte haben können. Mögen alle, unter der Sonne erzeugte Irrthümer, auf gleiche Weise einer den andern, ohne Galle und Blutvergießen bekämpfen! Ist dieß nicht auch dein Wunsch?

Pythagoras. Mein Wunsch erstreckt sich weiter. Was kann dem Menschen ein zweytes Vorurtheil statt des ersten helfen. Was für ihn von Wichtigkeit seyn muß, ist, die Masse der Irrthümer täglich zu vermindern; es ist nicht genug, daß sie einander bekämpfen, vernichtet müssen sie werden.

Der Priester. Dieß ist die Sache der Zeit.

Pythagoras. Aegypten, in welchem das älteste Volk des Erdbodens lebt, sollte, dünkt mich, größere Fortschritte auf dem Wege der Vernunft, als die übrigen Länder gemacht haben.

Der Priester. Dieß hat es auch: aber unter dem Volke wirst du sie nicht bemerken.

Pythagoras. Warum nicht?

Der Priester. Das Volk mag noch so alt werden, so bleibet es doch immer in der Kindheit.

Pythagoras. Man bedient sich in Aegypten der rechten Mittel nicht, um es schnell aufzuklären; die Aufnahme, welche den Fremden in euern Häfen wiederfährt, kann sie eben nicht aufmuntern, ihre Kenntnisse gegen die eurigen zu vertauschen.

Der Priester. Das, was sich täglich unter unsern Augen in Kanopus zuträgt, beweißt die Nothwendigkeit dieser Vorsichtsmaßregeln. Aegypten kann des übrigen Theils der Erde entbehren. Es begehrt nichts von seinen Nachbarn. Warum hat Sesostris nicht Zeit oder Macht genug gehabt, das ganze Reich mit einer Mauer, wie diejenige, welche uns von der

Stadt der Sonne bis an Pelusium einschließt, zu umgeben! die Ueberschwemmung der fremden Sitten, die nicht so nutzbar ist, als die Ueberschwemmung unseres fruchtbaren Flusses, würde uns nie erreicht haben, wir haben dieses Geschenk der kleinen Anzahl von Kaufleuten zu danken, denen der Hof den Eintritt in unser Land durch diesen Hafen, nur bis nach Naukratis erlaubt. Wozu bedurften wir Griechischer Weine? Man kommt zu uns, um unsere Einrichtungen zu verderben, und außerhalb unseres Landes verunstaltet man sie; man ist nicht damit zufrieden, unsere Sitten zu verschlimmern, man verlästert sie auch noch: und bald werden wir denen ähnlich seyn, die sich anfangs nach uns bilden wollten.

Pythagoras. Es giebt indessen Reisende, die auch ein gutes Zeugniß geben. Es giebt ihrer, die sich der schönen Erfindungen freuen, welche ihr ihnen mitgetheilt habt. Ich habe bey Anaximandern geographische Tafeln gesehen, von denen er euch allein die Ehre der Erfindung zuschrieb. Ich habe nicht die gleichen Ansprüche auf das Zutrauen der Aegyptischen Priester; aber ich bedarf ihres Unterrichts nöthiger als er. Priester des Kanopus, ich kann in diesem, mir unbekannten, Lande, nicht einen einzigen Schritt mit Nutzen thun, wenn du mir die topographischen Tafeln desselben versagest; und der Gebrauch, welchen ich von diesem vorbereitenden Studium zu machen gedenke, giebt mir den Muth, dich um deine Beyhülfe zu bitten.

Der Priester. Da du einmal auf unsern Boden zugelassen bist, so haben wir dir nichts mehr zu verweigern. Komm in den Tempel, an einer der Säulen hängt eine Tafel, auf welcher die vorzüglichsten Oerter Aegyptens angezeigt sind. Du kannst sie zu Rathe ziehen, wir fürchten uns nicht davor, daß man uns kennen lerne; aber wir haben selbst Laster und Irrthümer genug, ohne noch von andern Völkern welche zu borgen. (¹)

§. XXXVII.

Topographie von Aegypten.

Der Priester des Kanopus. Unsern Grundsätzen zu Folge, und blos mit unsern Angelegenheiten beschäfftigt, wirst du auf dieser Tafel nichts weiter, als den Lauf des Nils, die doppelte Kette unserer Gebirge, die Richtung unserer Canäle, die Lage unserer Städte, ein wenig von Aethiopien, und einen kleinen Strich bis zu dem Tempel des Jupiter Ammon finden; dieß ist alles, was wir von der Erde zu wissen verlangen. Man sagt uns täglich viel von dem übrigen Theile Africa's, von welchem wir nur einen schmalen Strich bewohnen. Man rühmt uns Griechenland, die Inseln des Archipelagus, Phönicien und andere Gegenden. Wenn wir für unser Vaterland alles gethan haben, was es von uns zu fordern berechtiget ist, dann wird es uns erlaubt seyn, uns mit fremden Gegenständen zu beschäfftigen. Du siehst also hier weiter nichts, als Aegypten. Reise zuerst mit den Augen; das Auge leitet den Fuß.

(1) Die Gewähr leistenden Schriftsteller dieses und der folgenden Paragraphen sind: Strabo. Lucan Phars. Mem. de Var. des Insc. Danville Egypte ancienne, Wendelini Admiranda Nili. Diod. von Sicil. u. a. m.

Pythagoras. Man hat mir von einer geographischen Beschreibung der kriegerischen Unternehmungen des Sesostris gesagt. — —

Der Priester. Wir haben nur Abschriften davon, bloße Gegenstände der Neugierde. Um die Urschrift zu Rathe zu ziehen, müßtest du in die Stadt Aea in Scythien gehen, welche der Eroberer Indiens bey dem Zusammenflusse des Phasis und Hippus, dreyhundert Stadien vom Meere erbaut hat. In dieser Stadt war es, wo der, von den Geten endlich überwundene Sieger, einen Theil seines Heers zurückließ, um seinen Rückzug zu sichern.

Die Gestalt unseres Aegyptens ist leicht zu entwerfen. Das Ganze bildet weiter nichts, als ein Thal, in dessen Mitte ein großer Strom fließt. Wir haben die anliegenden, zum Anbau wenig geschickten Ländereyen, den herumziehenden Hirten überlassen. Alles, was wir behalten haben, macht uns, durch seine außerordentliche Fruchtbarkeit, Ehre. Das Wasser des Nils und unsere Hände haben die Natur auf eine bewunderungswürdige Weise unterstützt. Wir haben uns trefflich mit ihr verstanden. Ohne gereist zu haben, können wir versichern, daß es kein Land unter der Sonne giebt, deren Einwohner es mit so vieler Sorgfalt angebaut haben, als wir das unsrige, von Theben an bis an Pelusium und Kanopus. Der Nil, von den Katarakten von Syene an, bis zu seinem Ausflusse in das Meer, hat, um mich eines Gleichnisses zu bedienen, das mir geläufig seyn muß, sehr viele Aehnlichkeit mit einem, an einer Kette hängenden Rauchfasse. Sein Eintritt in Aegypten, gerade unter dem Puncte der größten Schiefe der Sonnebahn, ist besonders bemerkungswerth.

Aegypten nimmt an dem Ufer des Meeres einen Raum von sechzig Schönen, oder dreyhundert und sechzig Stadien, ein. Du mußt wissen, daß dieses durch den Namen Schönus bezeichnete Maß die ganze Länge einer Strecke Wegs ist, nach deren Beendigung, die Schiffzieher auf dem Nile, von dieser beschwerlichen Arbeit ausruhen.

Noch laß dir sagen, daß nur diejenigen Ländereyen, über welche sich die Ueberschwemmung des Nils erstreckt, bewohnbar sind. Alle, über die Wasserfläche dieser Ueberschwemmungen erhabenen Gegenden, sind gänzlich unfruchtbar und wüste. Unter Aegypten verstehen wir blos den, von dem großen Flusse benetzten Boden. Der Libysche Sand bedeckt eine weit größere Oberfläche, als das Wasser des Nils; aber die Menge muß dem Werthe der Dinge nachstehen.

Man giebt unserm Lande, auf eine allzufreygebige Weise, zwanzigtausend Städte. Wir können ihrer gegen zweytausend zählen, und sind auf diese Anzahl stolz. Eine größere würde uns weniger Ehre machen. Jede überflüßige Stadt ist ein an dem Ackerbau begangner Raub.

Wir theilen unser Nilotisches Land, um mich eines Ausdrucks des Orakels zu bedienen, in das obere und niedere ein. Eine gerade, den Nil durchschneidende Linie, welche Babylon auf der einen, und Memphis auf der andern Seite liegen ließe, würde Oberägypten von

Niederägypten scheiden. Das Ganze ist, nach der von Sesostris gemachten Verordnung, in sechs und dreyßig Nomos oder Unterabtheilungen getheilt.

Wenn man den östlichen Arm des Nils hinaufgeht, so ist der wichtigste Ort, auf welchen man trifft, Leontopolis, welches auf den Löwenhügel liegt, man verehrt hier diesen mächtigen König der Thiere, von dessen Besitzungen wir uns Meister gemacht haben.

Das Bild einer Katze, aus welcher die Griechen ihre Diana gemacht haben, wird in Bubastis verehrt; dieser wichtigen Stadt unmittelbar gegenüber, liegt Pharcusa, der Hauptort dieses Nomus. In diesem ganzen Theile von Aegypten ist nichts besonders merkwürdig, als das Aegyptische Babylon, welches eine vortheilhafte Lage hat. Es beherrscht den Nil ein wenig über dem Delta, gerade da, wo das Gebirge, welches an der östlichen Seite des Flusses hinläuft, das Thal, welches sich bis an die Kataракten erstreckt, zu verengen anfängt.

Die Gründung dieser Stadt geht bis auf die Semiramis zurück. Verschiedene Assyrische Babylonier, die den Despotismus dieses Weibes flohen, suchten bey uns einen Zufluchtsort und Schutz. Sie haben hier innerhalb einer Festung, die Fackelfeste genannt, einen Leichtthurm erbaut. Man giebt auch diesem ganzen Denkmal den Namen: Tempel des Rauchs.

Zwölf Stunden oberhalb Babylon, kommt man nach Nepthys oder Venusstadt, die ihr in euerer Sprache Aphroditopolis nennt. Sie liegt auf dem östlichen Ufer des Nils. Eine weiße geheiligte Kuh bewohnt den Tempel, und wird auf gemeine Kosten unterhalten.

Diesen Ort hier nennen die Griechen: Sonnenstadt, es ist der Hauptort der Statthalterschaft. Seine Lage ist von einem Brunnen bestimmt worden; die Quellen sind sehr selten in Aegypten; es scheint, als habe der Nil, eifersüchtig auf den Vorzug, Aegypten allein mit Wasser zu versorgen, alle übrige Quellen an sich gezogen. Wir haben diese hier den Brunnen On genannt, welches Aegyptische Wort das Gestirn des Tages, und den ersten unserer Wohlthäter bedeutet, da der Nil der zweyte ist.

Man kommt an eine Insel, die vergoldete Venus oder das Goldfeld genannt, ehe man Memphis erreicht. Diese große und prächtige Stadt, war nicht ausschließlich der Sitz unserer Könige; Heliopolis und Sais machen ihr diesen Vorzug streitig.

Dreyhundert und zwanzig Stadien aufwärts von Memphis, findet man Akanthus, eine abgesondert gelegene Stadt, die ihren Namen von einem dornichten, immer grünenden, und in Thebais einheimischen Strauche führt. Man sieht hier einen ganzen Wald davon; wir pflücken die Blüthe desselben, welche uns bey unsern Festen und in der Medicin dient. Diese Gegend ist von einer Libyschen Colonie bevölkert worden, die sich auf einem Berge niedergelassen hat. Hier giebt es gute Ammen, die sehr viele Milch haben, weil die hiesigen Weiber von der Bärenklau (Acanthus) häufig Gebrauch machen.

Stromaufwärts trifft man auf einer Insel, die dem Dienste des Anubis geweihte Stadt (*) an. Ein Hund, der diesen Gott vorstellt, wird hier auf Kosten der Einwohner unterhalten. Der Nil beschreibt hier einen halben Bogen, um nach Ibeum zu kommen, einem Flecken, der den Reisenden zum Ruheplatz dient. Er hat seinen Namen von dem Ibis, dem Gegenstande seiner Verehrung. Dieß hier ist die große Stadt Mercurs, und dieß Tanis, berühmt durch einen, der Sonne geweihten Tempel.

Das gegenseitige Ufer des Nils, das weit weniger bevölkert ist, weil das Arabische Gebirge sich bis ganz nahe an den Fluß ausdehnt, zählt nur zwey Nomos. Nahe bey Memphis sind die tiefen trojanischen Höhlen befindlich, die durch das Ausbrechen der schönen Steine entstanden sind, welche man von hier zum Bau der Pyramiden holte. Diese Höhlen dienten zum Zufluchtsort einiger Gefangenen, welche Menelaus von Troja mit wegführte, um in Sparta auf dem Grabe Achills erwürgt zu werden, ein Schicksal, welches verschiedene unglückliche Schlachtopfer gehabt haben; denn alle diese Helden dürsten nach Blute bey ihrem Leben, und nach ihrem Tode: Blut ist die Losung bey ihnen.

In demselben Nomos findet man Hipponon, welches unsere Nachbarn die Araber, wegen einer Trifft am Ausflusse eines jener reissenden Ströme, die aus der Wüste kommen, und sich nach Aegypten stürzen, Establ nennen. Weiter hinauf ist der enge Paß, zwischen dem von ihm benannten Gebirge, und dem Vogelberge. Der letztere läuft, gleich einer Mauer, an dem Ufer des Nils

*) Cynopolis.

hin, und dient unserm Lande, dessen Gränze er ausmacht, zu einer natürlichen Vormauer.

Etwas weiter hin kommt man in das Thebaische Gebiet, bey dem Orte Speos artemidos genannt; dieß ist eine sehr weitläuftige und tiefe Höhle. Man hat hier in dem lebendigen Felsen einen Tempel und Grüfte gehauen. Diese sonderbaren Gebäude sind mit grob gearbeiteten Figuren verziert, die jedoch ihre Wirkung thun. Hierauf findet man Besa, eine, ehedem unter dem Namen Besantinoe bekannte Stadt. Dieß ist vielleicht nicht die letzte Veränderung, welche mit ihrem Namen vorgeht. Möge sie nie Ursache haben, sich seiner zu schämen (1)!

In einer großen Entfernung vom Nil, und weit im Innern des Landes hat man Alabastronpolis halb auf den Abhang der Alabasterberge gebaut: eines Gebirgs, das die rechte Seite einer Schlucht ausmacht, durch welche man in die von den Arabern sogenannte Ebene der Wagen gelangt, die gegen Morgen von dem, neben dem harten Berge gelegenen Berge des Vielgeliebten eingeschlossen wird. Alle diese Bewegungen haben ihren Grund, und eben weil man nicht darauf Rücksicht genommen hat, wissen wir jetzt so wenig von der Geschichte der frühsten Zeiten.

Eine halbe Stunde von den Ufern des Nils, kommt man zu der Stadt der Wölfe; sie ist nahe an einem Berge gelegen, an dessen Fuße eine Vertiefung

(1) Dieser Wunsch ist nicht in Erfüllung gegangen; sie hat lange nach dem Pythagoras den Namen Antinon, oder Antinopolis, (Stadt des Antinous) erhalten.

befindlich ist, die häufig von den Arabern besucht wird, welche sie ebenfalls mit dem Namen Establ belegen: diese Höhle ist weit genug, um tausend Reiter aufnehmen zu können.

In diesem Bezirke liegt Koptos, eine Stadt, deren, wegen der benachbarten Felsen, öfters gedacht wird, in denen man schöne Smaragden von einem lebhaften Grün findet.

Eine große Anzahl Städte, liegen längs dem währenden Flusse in größerer oder kleinerer Entfernung vom Ufer. Die vorzüglichsten unter ihnen sind, die kleine Stadt Apolls (¹) des ältern Bruders des Osiris; Adribé, deren fromme Einwohner ein Champses oder Krokodill am Ufer eines Teichs unterhalten, der sein Wasser durch zwey, nie vertrocknende Canäle erhält. Die Einwohner der Stadt Ombos im obern Theile von Thebais, haben noch mehr für diese Gottheit gethan. Die hier befindlichen geheiligten Behälter, sind von Menschenhänden gegraben.

Hierauf findest du Thinites, eine alte Stadt, der Sitz der Könige der Dynastie dieses Namens. Abydus, eine andere weit berühmtere Stadt, welche nur Memphis den Vorrang läßt, war der gewöhnliche Aufenthalt Memnons, man sieht noch daselbst seinen Pallast, und einen schönen, aus dem Nil abgeleiteten Canal; denn diese Stadt liegt weit im Innern gegen Libyen. Auf der Höhe von Abydus, ist Oasis, ein

(1) Apollonos.

Ort von großem Umfange befindlich, der von libyschen Sand, wie eine Insel vom Meere, umgeben ist. Nach einer dreytägigen Reise durch die Wüste nach Abend zu, findet man Ramlis, einen Sandberg, der zum Wegweiser nach diesem Verbannungsorte dient. Das Innere desselben ist eine, mit Dattelbäumen bedeckte Ebene; die Verbannten, welche sie bewohnen, bauen hier, mit Hülfe der Quellen, deren befruchtendes Wasser, sie auf ihre Felder leiten, vortreffliches Getreide; dieß hat den Griechen Veranlassung gegeben, die kleine und große Oasis, die Insel der Seligen zu benennen; vielleicht vermuthen sie nicht, es so richtig getroffen zu haben. Da die Verbannten in Oasis von der Gesellschaft, die sie mit mehr oder wenigerm Rechte ausstößt, der Natur wieder gegeben worden sind; so betrachten sie endlich den übrigen Theil der Erde als einen Verbannungsort.

Die kleine Oasis befindet sich nahe bey dem See Moeris. Die große ist von Theben sieben Tagereisen entfernet. Die Samler haben hier eine Factorey.

Jetzt wollen wir wieder an den Nil zurückkehren. Auf der rechten oder östlichen Seite liegt die Stadt des Antäus (Antaeopolis) die sich nicht wenig auf ihren schönen Tempel einbildet, der diesem berühmten Manne, welchen Sesostris zum Statthalter von Libyen und Aethiopien ernannte, geweihet ist.

Die Sperberstadt verehrt drey große Gottheiten zu gleicher Zeit, den Jupiter, den Hercules und die Siegesgöttin.

Die kleine Stadt Muthis ist stolz darauf, einen der Zunamen der Göttin Isis, nähmlich: Isis Mutter, zu führen.

Als Osiris seinen Kriegszug antrat, nahm er den Pan mit sich, der im Lande im großen Ansehen stande. Seitdem haben unsere Vorfahren seine Bildsäule in allen Tempeln aufgestellt, und ihm eine Stadt in der Provinz Thebais erbaut, welche Chemnis heißt. Sie enthält viele Denkmahle, und nimmt es, in Rücksicht auf seinen Ursprung, mit Theben auf. Wenn man einer alten Sage Glauben beymessen darf, so führte ehedem ganz Aegypten seinen Namen von dieser Stadt, welche besonders wegen eines Tempels merkwürdig ist, der der älteste unter allen, und von einer viereckigten Gestalt ist, er wird von einer Reihe schöner Palmen beschattet. Der Gott oder der Held dieses heiligen Ortes, ist mit einer Fußbekleidung versehen, seine Sandalen sind zwey Cubitus (Condees) lang.

Diese Stadt ist, wie auch ihr Name anzeigt, der göttlichen Zahl achte geweiht. Chemnis heißen wie die Zahl 8.

Junger Fremdling, nimm dich in Acht, ihren Namen mit dem Namen des Königs von Chemnis zu verwechseln, der die höchste der drey großen Pyramiden erbauete.

Hier ist die Stadt der Rhalenthiere, weil man ihrer an diesem Orte in großer Anzahl fängt.

Chenoboscion führt seinen Namen von den Gänsen, die hier in Menge aufgezogen werden.

In Tentyris, welches du hier siehst, einer beträchtlichen Stadt, welche die beyden vorhergehenden verdunkelt, fürchtet und haßt man die Krokodille, statt sie anzubeten, und hat sie auf eine kleine Insel verbannt.

Wenn man die kleine Apollinaria, oder, den Flecken Apolls erreicht hat, so hat man nur noch vier Stunden Wegs, um das große Theben zu erreichen, das allein berühmter ist, als alle auswärtigen Städte, die seinen Namen angenommen haben. Dieß Wort bedeutet einen Hügel, ein erhabenes Stück Landes, und unser Theben liegt doch in einem Thale, oder dem Zwischenraume zweyer Gebirgsketten, die den Nil umgeben. Seine im höchsten Theile Aegyptens befindliche Lage, rechtfertigt den Ausdruck eines erhabenen Ortes. Unsere Wortforscher, welche, in Rücksicht auf die Schicklichkeit der Ausdrücke, strenger sind, finden in den Wurzelwörtern unserer Sprache, daß Theben auch eine Stadt bedeutet, und welcher bewohnte Ort verdient mehr als dieser, den Namen Stadt im eigentlichen Sinne.

Busiris ihr Stifter, gab ihr einen Umfang von drey Tagereisen zu Fuß. Du wirst die vierzig Grotten, oder königlichen Begräbnisse besuchen, die unter dem Namen der Thore der Könige bekannt, und mit vieler Kunst in den lebendigen Felsen der Bergseite gehauen sind. Wenn du durch Thebais reisen wirst, so rathe ich dir, dich einige Augenblicke in einer zweyten Stadt Koptos zu verweilen, welche am Ufer des großen Flusses gelegen

ist.

ist. Die Schwalben unterrichten hier die Menschen in der Kunst, Dämme aufzuführen; sie bauen ihre Nester dergestalt, daß sie nichts von den Ueberschwemmungen des Nils zu befürchten haben.

Hermontis, oberhalb Theben, ist die Hauptstadt des letzten Nomos am Ufer des Nils, gegen Libyen. Diese Stadt hat zwey Tempel; der Stier, der Sperber und der Löwe, sind die drey heiligen hieroglyphischen Thiere, bey dem, der Sonne von ihr geweihten Dienste. Das Sehenswürdigste ist hier ein Nilmesser, in Gestalt einer Säule, der in einem, mit Steinen ausgesetzten Wasserbehälter befindlich ist. Der Nil steigt hier bey seinem Wachsthume zu einer Höhe von dreyßig Cubitus. Du kannst ihn mit dem Nilmesser vergleichen, den eine unserer Königinnen, in der Stadt Asna, oberhalb Hermonthis, errichtete, die Abtheilungen an demselben sind kürzer.

Latopolis ist einerley mit Asna, von dem wir so eben geredet haben. Ein Fisch, der in unserm Flusse größer ist, als in den andern bekannten Flüssen, und in dem Hafen dieser Stadt häufig gefangen wird, hat ihr diesen Zunamen gegeben. Auch ihm dampft Weihrauch, ohne Zweifel aus Erkenntlichkeit.

Pythagoras. Ich will glauben, daß dieses Gefühl die einzige Veranlassung zu allen diesen gottesdienstlichen Verehrungen ist.

Der Priester. Würde deine Bemerkung auch auf die Verehrung der Lucina, in der Stadt Elethyia anwendbar seyn?

Aa

Der erste Ort nach Theben, auswärts am östlichen Ufer des Nils, ist Tuphium, welches, wegen eines Tempels, einigermaßen bekannt ist; doch ist dieser Tempel nicht mit Menschenblut gefärbt.

Ich unterbrach meinen gefälligen Führer noch einmal: Priester des Kanopus, sagte ich, was sprichst du da von Menschenblut?

Du mußt wissen, antwortete er, daß unsere Thebaische Lucina in ihren Forderungen nicht minder streng, als die Scythische Diane ist. Laß uns geschwind vorübergehen, um die sogenannte Pforte zu erreichen, ein Ort, der auf einem Berge liegt, von welchem man die Straße und den Fluß übersehen kann. Etwas weiter oben, ist der Nil, zwischen zwey einander gegenüberstehende Berge, eingeengt, die ihm kaum den Durchgang verstatten. Man erzählt in der Gegend, daß sie ehedem, durch eine, auf beyden Seiten an einen Felsen befestigte Kette miteinander verbunden gewesen wären; weswegen man diese Stelle auch den Kettenberg nennt.

Man hatte einmal die Kühnheit, über diesen Abgrund, eine, aus eisernen Ringen bestehende Brücke zu schlagen. Die Sage hat dieses schöne, von der Zeit zerstörte Werk, verunstaltet.

Pythagoras. Es freut mich, wenn ich den Menschen, der Natur die Hand bieten, und sich mit ihr vereinigen sehe, um große Schwierigkeiten zu überwinden. Es war ein schöner Versuch, sich von einem Berge zum andern, über einen großen Fluß zu wagen.

Der Priester. Endlich kommen wir nach Syene, und ein halbes Stadium weiter, an die Insel Elephantine, die man die blühende nennen könnte. Man stellt sie sich größer vor, als sie ist, weil sie ihren Namen einer besondern Dynastie von Königen gegeben hat; gleich als ob diese die Eigenschaft hätten, alles was sie berührten, zu vergrößern. Diese berühmte Insel, so wie Philä, eine andere Insel, dienen Aegypten und Aethiopien zur gemeinschaftlichen Gränze. In Elephantine mißt man das Steigen des Nils auf eine andere Weise, als in den übrigen Orten. Ein Brunnen nimmt das Wasser des Flusses auf, und gewisse, an den Seiten angebrachte Striche, zeigen die gradweise Erhöhung desselben an.

Der kleine Nilfall, sieben Stadien von Elephantine, stürzt über einen, mitten im Bette des Flusses stehenden Felsen. Dieser Fall ist nicht so steil, daß kleine, aus Riemen sehr eng zusammengeflochtene Fahrzeuge dem Strome, ohne Gefahr zu verunglücken, nicht sollten überlassen werden können (*).

Der große Fall in Nubien wird durch einen Berg, oder vielmehr durch einen ungeheuern großen Felsen, der keine Oeffnung hat, veranlaßt. Das Geräusch des Wassers dieses großen Flusses, beraubt die, in der Nähe wohnenden Aegyptier des Gehörs.

Der Nil durchläuft, von seinem Ursprunge im Innern Aethiopiens, bis zum Meere, eine Strecke von zwölftausend Griechischen Stadien: in seinem gewöhnlichen

Aa 2

(*) Strabo XVII.

Zustande, außer der Zeit der Ueberschwemmung, ist sein Lauf fast überall sehr langsam.

Hundert Stadien von Elephantine ist eine andere, etwas größere Insel, Philä genannt: es sind auf ihr, wie auf der erstern, verschiedene Tempel befindlich, deren einer der Göttin Isis, und ein anderer dem Sperber geweiht sind.

Weiter hinauf kommt man, nach einer, wegen des gekrümmten Laufs des Nils, sehr beschwerlichen Fahrt, nach Tachompso, einer unbedeutenden Insel, zwölf Schönen von Elephantine, die aber, als das Ziel der Reisenden, oder die Herculessäulen Aegyptens, angeführt wird.

Gegen Morgen, zehn Stadien von Syene, ist ein Berg, der uns den schwarzen und harten Stein liefert, welchen wir Baram nennen, und aus dem wir Gefäße und andere Wirthschaftsgeräthe verfertigen. Auf der Straße von Syene nach Philä, sieht man Blöcke davon, die wie Hermen aufgerichtet sind. Wir haben oben auf dem Berge eine Wache, um die Arbeiter in den Steinbrüchen vor Ueberfall zu schützen.

Junger Fremdling, dieß ist unser ganzes Aegypten, das du, entweder von der Kanopischen Mündung, bis an die Insel Elephantine, oder auf unserm Oceane, von dem Nilfalle bey Syene, bis nach Pelusium, in zwanzig Tagen durchreisen kannst.

§. XXXVIII.

Aegyptische Urgeschichte. Osiris.

Pythagoras. Priester des Kanopus, du hast mich diesen, durch sein Alter geheiligten Boden kennen gelehrt, auf welchem ich jetzt die ersten Schritte, mit jenem religiösen Gefühle wage, das man bey dem Eintritte in einen geweihten Ort empfindet; aber wer wird mich von der Geschichte seiner Bewohner unterrichten? Sind sie das immer gewesen, was sie jetzt sind? Wer wird mich mit dem Betragen und dem Charakter der mit der höchsten Gewalt bekleideten, mit dem Vertrauen des Aegyptischen Volks beehrten Könige und Priester bekannt machen? Ich muß davon unterrichtet seyn, ehe ich am Hofe des Regenten, und in den Versammlungen euerer Weisen erscheinen kann.

Der Priester. Deine gerechten Wünsche sollen befriedigt werden. Die Regierung hat in jedem Tempel Aegyptens eine, in die gemeine Landessprache übersetzte Abschrift der Jahrbücher des Reichs niedergelegt; du wirst dich mit der Sprache bald bekannt machen; die Mundart Griechenlands, zu welchem du zu gehören scheinst, ist von ihr abgeleitet.

Pythagoras. Priester, ich bin ein Phönicier; aber ich habe meine Erziehung weisen Lehrern aus Griechenland zu danken.

Der Priester. Wenn Phönicien dein Vaterland ist, so muß es dir um so leichter seyn, unsere Nationalwerke zu lesen. Ich überlasse es dir jetzt, dich mit Hülfe dieses Wörterbuchs vorzubereiten, du kannst es, so oft du willst, zu Rathe ziehen.

Ich widmete mich diesem, etwas trockenen Studium, mit einem Eifer, der blos meiner Begierde, mich zu unterrichten, gleich kam; indessen bedauerte ich, mich keiner minder verdächtigen Quellen bedienen zu können, als diejenigen waren, aus welchen man mir zu schöpfen erlaubte.

Ich beklagte ein grosses Volk, daß keine andern Urkunden besitzt, als diejenigen, welche den Beyfall seines Oberherrns haben, und der Censur seiner Priester unterworfen gewesen sind. Die Wahrheiten der Geschichte können diese doppelte Prüfung nicht aushalten, ohne dabey zu verliehren; troz dem Aegyptischen Gesetze, dem zu Folge einem Schreiber, welcher überführt ist, die Geschichte verfälscht zu haben, beyde Hände abgehauen werden. Indessen verließ ich mich ein wenig auf meinen guten Genius. Ich will, sagte ich zu mir selbst, für jetzt diese Blätter lesen, die man dem großen Haufen, gleichsam wie einem Hunde, den man besänftigen will, vorwirft. Vielleicht finde ich einst eine Berichtigung, oder eine Ergänzung derselben, in den mündlichen Familiennachrichten. Die Tradition ist die Amme der Geschichte. Man mag eine Thatsache verstellen und verfälschen wie man will; das Kriterium der Vernunft bringt es doch so weit, sie wieder in ihrer wahren Gestalt darzustellen, oder sie von den politischen Lügen, worein man sie zu hüllen versucht hat, zu befreyen. Ein geübter Bildhauer zeigt, unter dem Gewande, das Nackte an.

Vorzüglich sind die ersten Zeitpuncte einer alten Nation schwankend und ungewiß. Es fehlt ihnen an Daten. Unsere ersten Vorfahren lebten, so zu reden, ohne Nachdenken. Die Zukunft beunruhigte sie eben so wenig, als sie die Vergangenheit bedauerten. Sie wiegten sich im Schooße der gütigen Natur, und beschäfftigten sich blos mit der Gegenwart. Und übrigens bestanden ihre Denkmahle in dem Andenken und dem Herzen ihrer Kinder. Unsere Voraltern verließen sich auf ihre Nachkommen. „Gedenke meiner, sagte ein, in den Armen seines ältesten Sohnes sterbender, Hausvater zu ihm. Gedenke meiner. Füge meinen Namen dem deinigen bey, und empfang meinen Segen."

Dieß sind die Grundlinien der historischen Wissenschaften. Allein die Geschichte bedarf, wie die neuerlich erfundene Kunst des Trauerspiels, heftiger Bewegungen, schrecklicher Katastrophen, um etwas Neues sagen zu können. Die Jahrhunderte der Unschuld haben keine Geschichtsschreiber gehabt, weil, bey Ausübung der häuslichen Pflichten, nichts Aufsehn Erregendes, nichts Außerordentliches, Statt findet. Die Herrschaft der guten Sitten ist sanft und einförmig. Allein schon die zweyte Seite der Jahrbücher eines berühmt gewordenen Volks ist fast immer mit seinem Blute geschrieben gewesen.

Meine geliebten Schüler! Es bedarf zahlreicher Heere, um die Gestalt der Staaten umzuändern. Die Fibern einer Pflanze sind hinlänglich gewesen, um in dem menschlichen Geiste eine Revolution hervorzubringen; Ich rede von dem Papyrus, wovon der Gebrauch endlich bis zu uns gekommen ist. Vor der Erfindung seiner Zubereitung, blieben die sämmtlichen, auf die Säulen des Mercurius Trismegistus eingegrabenen, Wissenschaften der Aegyptier, in den Staub eines, für das Studium der Reisenden verschlossenen Tempels, gleichsam vergraben. Seit Sesostris, der Epoche jener glücklichen Erfindung, sind die, auf steinerne Tafeln ein einzigesmal gegrabene, hieroglyphischen Bücher des Hermes, mit Hülfe der Papyrusblätter, vervielfältigt worden, deren Rollen mir von dem Priester des Kanopus eröffnet wurden.

In den frühern Zeiten war man genöthigt, sich der Palmblätter und der Baumrinde zu bedienen. Die Staatsverhandlungen wurden bleyernen Tafeln anvertrauet: zuweilen mahlte der Pinsel die Gedanken auf Stückchen Elfenbein. Andere stickten ihre Sendschreiben auf leinene oder baumwollene, noch andere auf wollene Tücher. Die religiösen Grundsätze, zu denen sich die Aegyptier bekennen, haben ihnen nie erlaubt, auf getrocknete Thierhäute zu schreiben.

Der Papyrus, welchen die Aegyptier Berd nennen, wächst in den Morästen des Nils; sein dreyeckigter Stiel trägt einen Bündel Haare, oder einen Busch von der Gestalt eines Thyrsus. Seine krumme Wurzel dient, theils zu Brennholz, theils zur Verfertigung verschiedener häuslicher Geräthschaften.

Aus dem Gewebe dieser Pflanze baut man ein Fahrzeug zur Schiffahrt; aus der Rinde verfertigt man Segel und Tauwerk, Kleider und Tücher, um sich während des Schlafs zu bedecken, und endlich Teppiche und Sandalen. Die beyden Enden des Papyrus, der Kopf, und ein Theil der Wurzel, dienen dem armen Bürger zu einer gesunden Nahrung. Dieß war die Nahrung der ersten Bewohner Aegyptens. Die Eichel von Chaonien. Aber der größte Schatz, den diese Pflanze enthält, befindet sich in dem Stängel selbst; wenn man diesen mit einer Nadel in dünne Streifen theilt, so erhält man jene kostbaren Blätter, denen man seine geheimsten Gedanken, mittelst eines gespaltenen Rohres, oder einer gespitzten, und in eine farbige Flüssigkeit getauchten, Vogelfeder, anvertrauen kann. Der Papyrus von Sais, der aus bloßen Ausschußblättern besteht, wird nach dem Gewichte verkauft, und dient blos, die andern hineinzuwickeln.

Diese Striemen oder Streifen werden, mittelst des Nilwassers, das sie durch seinen zähen Schleim aneinander leimt, verbunden. Hierauf legt man sie in die Sonne. Die schönsten und weißesten sind dreyzehen Finger breit. Die von Sais, welche kaum den Hammer aushalten können, nur sieben.

Das zarte Häutchen der Linden leistet, in dieser Rücksicht, den Griechen weit weniger Dienste, als der Papyrus den Aegyptiern.

Man versichert, daß das geheime Glaubensbekenntniß des Numa, das sich in seinem Grabe zu Rom befindet, auf Papyrus geschrieben sey.

Sobald ich im Stande war, die Schriftzüge der gemeinen Landessprache, die vielleicht nichts anders sind, als sehr vereinfachte Hieroglyphen, zu lesen und zu verstehen, rollte mir der Priester des Kanopus, mit einiger Zurückhaltung, das große, den Oberpriestern anvertraute Buch der Aegyptischen Annalen auf. Es sollte, däucht mich, viel stärker seyn, sagte ich zu ihm, wenn es die Begebenheiten eines Zeitraums von sechs und dreyßigtausend Jahren enthält. Welches Alterthum! Die Ansprüche Aegyptens in dieser Hinsicht übertreffen noch diejenigen, welche Griechenland macht. Aber habt ihr auch bessere Beweise für diese Behauptung, als jene? Oder muß man die Meinung gewisser alter Geschichtschreiber annehmen, welche vermuthen, daß die Nationen in ihrer Kindheit, um sich nicht in allzuweitläuftige Rechnungen zu verwickeln, jedes ihrer Jahre nur aus einem einzigen Tage bestehen ließen?

Der Priester. Vor allen Dingen mußt du wissen, daß Aegypten beständig den Ruhm, die Mutter der Wissenschaften zu seyn, dem Titel einer Königin und Unterjocherin der Völker, vorgezogen hat. Die Mahlerey ist den Griechen kaum bekannt; seit sechstausend Jahren treibt man diese schöne Kunst an den Ufern des Nils. Wir haben den Lauf der Gestirne, für einen Zeitraum von tausend Jahrhunderten berechnet.

Junger achtungswürdiger Fremdling! wisse, daß unsere jetzigen Gebräuche sich aus einem so entfernten Alterthume, als unsere ältesten Denkmahle herschreiben. Die Aegyptische Nation hat noch jetzt dieselben Neigungen, die sie vor Myriaden von Jahren gehabt hat, und enthält sich jeder Neuerung.

Wisse, daß alle Wissenschaften aus Aegypten stammen, bis auf die Art, die Wörter auszusprechen, und sie zur Unterstützung des Gedächtnisses zu mahlen. Kaum sind es tausend Jahre, daß die Griechen das erste Schiff an ihren Ufern landen sahen, und dieses Schiff kam aus Aegypten.

Konopus rechnete es sich zur Ehre, die Wiege desjenigen gewesen zu seyn, der zuerst eine Theorie der Heilkunde entwarf, und sie unter gewisse Regeln brachte. Alle diese Vermuthungen — —

Pythagoras. Sind noch keine Beweise.

Der Priester. Ich könnte mich damit begnügen, dir in der Hieroglyphen-Sprache zu antworten. Junger Mensch! urtheile nicht von einem Baume, dessen Rinde du erst berührst. Aber ich will dich, ohne weitere Vorbereitung als deinen Wahrheitssinn, nicht in die Wissenschaften, sondern in die Weisheit Aegyptens einweihen. Wenn eine Nation auf den ersten Blättern ihrer Geschichte sagt, daß sie sechs und dreyßigtausend Jahre alt ist; daß sie eine verhältnißmäßige Anzahl Könige gehabt hat; daß die meisten dieser Könige Götter gewesen sind, wenn sie ihren ersten Königsstamm aus dem Osiris, Vulcan, Agathodämon, Saturn, Hercules u. s. w. bestehen läßt, kann sie etwas anders damit haben sagen wollen, als daß der Ursprung der Völker sich in dem Ursprunge der Welt verliert; daß es Menschen und eine

Gesellschaft, von dem Augenblicke an gegeben hat, da es eine Sonne, um sie zu erleuchten, Feuer, um die Metalle zu schmelzen u. s. w. gab. Die Urgeschichte hat einen doppelten Sinn, einen bildlichen, und einen eigentlichen. Das Auge sah, ehe die Zunge durch articulirte Töne die Wirkungen der Seele und des Körpers ausdrücken konnte. Als müßige und ruhige Beobachter der Erscheinungen in der Welt, versuchten wir es bald, die Geschichte desjenigen, was sich am Gewölbe des Himmels und auf der Oberfläche der Erde zutrug, zu zeichnen oder zu mahlen. Zugleich gewöhnten wir uns daran, den Raum über unserm Haupte, so wie den unter unsern Füßen, als uns zugehörig anzusehen. Nach unserer Meinung mußte alles, was um und neben uns geschah, auch unsertwegen geschehen, da ja das Weltall uns gemeinschaftlich zugehörte. Ehe wir also unsere politischen Veränderungen erzählten, versuchten wir vorher, die unserer Bemerkung weit würdigern Veränderungen in der Planetenwelt kennen zu lernen, und unsern Nachkommen mitzutheilen, und viele Jahre, vielleicht viele Jahrhunderte hindurch, waren wir blos mit diesen erhabenen und glänzenden Gegenständen beschäfftigt. Damals waren wir ohne Zweifel nicht in so großer Anzahl als jetzt. Wir hatten mehr Muse und weniger Leidenschaften, wenig Bedürfnisse und weniger Arbeiten, da wir unter dem Namen der Auriten kaum bekannt waren.

Wir stellten Vergleichungen an, und da alle Wesen an einer gemeinschaftlichen Kette zusammenhängen, so dienten uns die Gewohnheiten der Thiere dazu, den Lauf der Gestirne und den Geist unserer ersten Gesetzgeber zu bezeichnen. Diese Versuche führten die Nachkommen auf so seltsame Resultate, daß es diesen jetzt beynahe ohnmöglich wird, alle diese Abentheuer, von Saturn und Rhea, Isis und Horus, Typhon und Nephté zu lesen, die weder das Interesse noch den Reiz der, seitdem mit mehrerer Kunst erdachten, und von Homer, dem Schreiber, dem Sohne des Menemachus, mit Einsicht angebrachten Fabeln haben. Unterdessen zeigt eine Nation immer einen großen Charakter, die ihre Jahrbücher mit diesen Worten anfängt: Die Sonne war die erste unserer Gottheiten, und der erste unserer Könige. Ihre unmittelbare Regierung über uns dauerte dreyßigtausend (¹) Jahre.

Durch dieses Chaos, das jedoch, weit entfernt die Kindheit der Welt anzuzeigen, vielmehr ein Beweis ihres hohen Alters ist, scheint bey dem Namen Osiris ein Lichtstrahl zu schimmern; denn Aegypten hat zweyerley Arten von Oberherren, nämlich anfangs Götter, und in der Folge Menschen zu Königen gehabt.

Pythagoras. Aber sind nicht alle Könige Götter für das Volk? Wehe dem Fürsten, wenn der große Haufen bemerkt, daß sie nichts weiter als Menschen sind.

Der Priester. Bey diesem Osiris fängt sich die irdische Geschichte der Aegyptischen Nation an.

Wir hatten ein Volk zum Nachbar, das schon weitere Fortschritte, als wir gemacht hatte. Die Einwohner Aethiopiens waren bereits zu einer so zahlreichen Nation angewachsen, daß sie sich entschlossen, eine Colonie, unter

(1) Syncell Chronogr.

der Anführung des Osiris, aus dem Lande zu schicken. Eine Jungfrau zog voraus, und rief: „Er kommt, er kommt, der grosse Osiris, auch für euch ist er gebohren."

Der grosse Mann, der gelehrte Aethiopier, erscheint in der That, mit der gefleckten Haut eines jungen Hirsches bedeckt; und die erste Einladung, die er an unsere Väter wagt, besteht darinnen, der Verehrung, die er der Sonne erzeigt, beyzutreten. Freunde, sagt er zu ihnen, bewundert mit mir diesen Feuerball, der die wilden Früchte, mit denen ihr euch bis jetzt begnügt habt, zur Reife bringt. Beobachtet ihn, lernt seinen Lauf kennen. Die Sonne und der Nil, dieß sind eure beyden Gottheiten.

Man hört ihn mit Verwunderung an, man folgt ihm mit Theilnahme. Er giebt den Grundriß zu Theben an. Seine Laufbahn ist hier noch nicht vollendet; unter Vortritt eines beredten Herolds, in Begleitung eines Dichters, im Gefolge eines Schäfers und Ackermanns, setzt er seinen Weg, an der Spitze eines unwissenden aber lehrbegierigen Haufens fort. Neun Aethioperinnen machen die Reise mit; die Griechen haben ihre Musen daraus gemacht. Man folgt den Ufern des Nils, man untersucht die Verschiedenheit des Bodens. Hier säet man nützliche Getraidearten, weiterhin bezeichnet man die fetten Weideplätze.

Nach diesem ersten Erfolge entfernt sich Osiris aus Aegypten, und läßt, zu Ausführung seiner Entwürfe, während seiner Abwesenheit, Thaut, den weisesten seiner Gefährten, vorzugsweise der Erfinder genannt, zurück-

Um diejenigen, die er in die Geheimnisse des gesellschaftlichen Lebens eingeweiht hat, über seine Abwesenheit noch mehr zu beruhigen, vertraut er ihnen Isis, seine Vielgeliebte an, diese stiftet Feste, und flößt ihnen einen gerechten Abscheu gegen die Menschenopfer ein. Es werden Lustrationen vorgenommen. Nichts fesselt halb wilde Völker mehr, als der Anblick einer religiösen Ceremonie. Der Bewohner des Nilufers fühlt sich von Ehrfurcht und Freude durchdrungen.

Hercules und Prometheus unterstützen die junge Königin, und legen den Grund zu einer guten Regierungsform; oder, mit andern Worten, die Stärke und das Genie vollenden dasjenige, was die Beredtsamkeit und der Zauber der Sinnlichkeit angefangen hatte.

Ehe Osiris nach Aegypten zurückkam, civilisirte er vorher noch andere Völker, bis an dem äußerstem Ende Indiens. Hier gründete er Nysa. In dieser Stadt wurde der erste Becher Wein geleert, und dieser Wohlthat wegen, vergötterten jene Völker, und die Einwohner Griechenlands unsern Osiris, unter dem Namen Bacchus. Aller Orten segnete man seine Ankunft, und beweinte seine Abreise.

Zwey und siebenzig Verschworene erwarteten seine Zurückkunft, um ihn umzubringen. Typhon sein Bruder, befand sich ins Geheim an ihrer Spitze. Allein der Nil, welcher plötzlich zu einem ungeheuern Wasserberg angeschwollen war, kam ihnen zuvor, und verschlang das ganze Menschengeschlecht.

Du siehst, die Geschichte der ersten Zeiten ist ein verworrenes Gemisch, von natürlichen, politischen und religiösen Katastrophen.

Pythagoras. Wie man mir gesagt hat, so ist in Aegypten Lebensstrafe darauf gesetzt, wenn irgend jemand öffentlich behauptet, Osiris und Isis gehören zu dem Menschengeschlechte.

Der Priester. Die Nilbewohner vermuthen es; aber sie suchen sich selbst zu hintergehen, und würden auf die Fremden, die mit ihnen von ihren Göttern mit völliger historischer Wahrheit reden wollten, sehr übel zu sprechen seyn. Laß uns fortfahren. Soll ich dir von dem goldenen Gotte, einem Zunamen des Thamus, eines der ältesten Könige von ganz Aegypten, und Zeitgenossens Thauts erzählen, welcher die ersten Schulen für das Volk eröffnete. Der König tadelte ihn sehr, daß er die Schreibkunst allgemein gemacht habe. — — —

Pythagoras. Was sagst du? — —

Der Priester. Hier sind seine Gründe: Du wirst, sagte er zu ihm, die Halbgelehrten vervielfältigen, und die Weisen werden selten werden. Die Schrift wird die Urtheilskraft und die Beobachtung, als unnöthig verdrängen.

§. XXXIX.

§. XXXIX.

Menes, Osymandias, die Königin Nitokris, Sesostris.

Menes war der zwente Gesetzgeber der Aegyptier. Bey seiner Thronbesteigung war blos die Landschaft Thebais ausgetrocknet, und des Anbaus fähig; alle niedrigen Gegenden des Nils waren nur ein sumpfiger Morast. Er ließ einen See graben, errichtete dem Vulcan einen Tempel, und die Jahrbücher machen hierbey die Bemerkung, als eine uns von der Geschichte gegebene große Lehre, daß einer der ersten Könige Aegyptens, auch zugleich einer der ersten gewesen sey, die den Luxus in seinen Staaten eingeführt hätten.

Pythagoras. Vielleicht ist dieß nur eine Art sich auszudrücken, euerer alten Annalisten, um zu sagen, daß ein Monarch, bey einem Volke, das Gesetze hat, ein bloßer Gegenstand des Luxus ist.

So lange die Aegyptier blos kühle Grotten oder niedrige Strohhütten bewohnten, und mit der kräftigen Nahrung, die sie für sich und ihre Heerden aus dem Strausgrase (Agrostis) zogen, zufrieden waren, lebten sie ruhig, ohne die Eifersucht zu reizen. Sobald sie Städte und Tempel, Canäle und bequeme Häuser hatten, wurden sie von ihren Nachbarn beunruhigt, und vertheidigten sich schlecht. Ein Hirtenkönig griff sie in ihrem Eigenthume an, und da er beynahe gar keinen Widerstand fand, so machte er sie sich unterwürfig, und schlug seinen Sitz unter der überwundenen und entwaffneten Nation auf, die sein und seiner

Nachfolger Joch, während fünf oder sechs Jahrhunderten trug. Endlich kam die Reihe auch an die Usurpatoren, sie wurden verjagt, aber blos um Despoten Platz zu machen. Einer von ihnen verlegte den Sitz des ganzen Reichs nach Theben, und wünschte diese Stadt, durch ein großes Denkmahl, ihres Ranges würdig zu machen. Er errichtete sich eine Bildsäule, von solchen riesenmäßigen Verhältnissen, daß die Länge ihrer Füße sieben Cubitus betrug. Zwanzig Seiten der Jahrbücher sind kaum hinreichend, um die Wunder seines Pallastes zu beschreiben: aber vergebens sucht man in ihnen nach seinen Ansprüchen, auf die Ehrendenkmahle, die er sich selbst errichtete. Es ist nicht genug, daß man unter seine Bildsäule schreibe: „Ich bin Osimandias, der König der Könige. Wenn ich die Unwahrheit sage, so führe man größere Dinge aus!" Es ist nicht genug, um seinen Muth und seine Menschlichkeit zu beweisen, daß man sich auf einem Bas relief, in Begleitung eines Löwens, von Gefangenen umringt, die der Hände beraubt, und keine Menschen mehr sind, vorstellen lasse.

Er war der erste, der den Gesetzgeber Osiris unter die Götter versetzte, in der Hoffnung, daß man ihm einst die gleiche Ehre erzeigen würde.

Er sammelte zuerst die Bücher des Hermes, um eine geheiligte Bibliothek daraus zusammenzusetzen, die er: Arzney der Seele benannte.

Er war es auch, der, aus Mißtrauen in die Nachwelt, wie es schien, sich selbst ein prächtiges Grabmahl errichtete, welches ein, einen Cupitus starker und drey-hundert und fünf und sechzig in Umkreis haltender massivgoldener Reif umkränzte. Dieser berühmte astronomische Ring, zeigt alle Abtheilung der Zeit an; jeder Cubitus entspricht einem Tage im Jahre, auch bemerkt er den täglichen Auf- und Untergang der Sternbilder, so wie ihre schädlichen oder heilsamen Einflüsse, nach den Regeln der Aethiopischen, in Aegypten angenommenen, Astrologie. Doch genug von meinem Fürsten, der so viel für sich, und so wenig für das Volk that.

Ich übergehe sieben oder acht Generationen von Königen, von denen man nichts weiter, als den Namen weiß, um mich einen Augenblick beym Uchoreus zu verweilen. Dieser, auf den Ruhm des Osymandias eifersüchtig, verlegte den königlichen Sitz von Theben nach Memphis; er vergrößerte und befestigte diese Stadt, um sich ebenfalls den Ruhm eines Stifters zu erwerben. Er beschäfftigte sich sehr mit der Verschönerung seines Pallastes. Die Bürger erhielten keine bequemeren Wohnungen, und beschwerten sich auch nie über die ihrigen. Man überredete sie ohne Mühe, daß man alles für den Ruhm seines Landes, und nichts für sich selbst thun müsse. Ein Aegyptischer Landmann, der fast alle Monate seine Hütte von Rohr ausbessern mußte, sagte stolz zu sich selbst: „Mein Schilfdach kann kaum ein Jahr ausdauern; aber unsere Pyramiden werden durch alle Jahrhunderte bestehen.

Pythagoras. Dieß sind schöne Gesinnungen; nur schade, daß blos die Könige Vortheil davon ziehen: sie haben das Geheimniß gefunden, ihrer Eitelkeit, vermittelst des Nationalstolzes, Nahrung zu verschaffen.

Der Priester. Hier, so wie an vielen andern Stellen unserer Jahrbücher, finde ich nichts als leere Namensverzeichnisse, ohne Thatsachen. Junger Fremdling, ich bedauere, dir nichts weiter erzählen zu können, als daß der König Athotis anatomische Bücher verfertigte, und verschiedene menschliche Körper zergliederte.

Pythagoras. Ich sähe das anatomische Messer in jeder Hand lieber, als in der Hand eines Königs. Priester des Kanopus, sollte das, was du mir da von Athotis erzählst, nicht vielleicht eine Hieroglyphe seyn. Die Bildersprache ist ein Mantel, um nackte Häßlichkeiten zu bedecken.

Der Priester des Kanopus fand nicht für gut, mir hierauf zu antworten; er fuhr fort: Athotis gehört, so wie Sesochris, zu dem Stamme der Thinitischen Könige; dieser letztere war fünf Cubitus lang und drey breit.

Pythagoras. Priester! aber das heißt nicht Geschichte schreiben.

Der Priester. Nun denn! soll ich dir Bocharis, den Sohn des Mycerinus nennen. Dieser Monarch hatte, bey einem kleinen Körper, einen vielumfassenden Geist; er gab uns gute Gesetze.

Laß uns fortfahren: Tosorthrus, von dem Memphitischen Königsstamme, wird für den Aesculap Aegyptens gehalten. In jenen Zeiten, ließen die Regierungsgeschäfte noch Muse für die Wissenschaften übrig. Er erfand auch die Kunst, mit gehauenen Steinen zu bauen.

Pythagoras. Ein Bedürfniß mehr, das er die Menschen kennen lehrte.

Der Priester. Suphis, König von Theben, verfaßte ein theologisches Werk, das bey uns in Achtung steht, und in welchem er bereuet, gesagt zu haben, daß er die Götter gesehen hätte.

Pythagoras. Es muß einer weisen Nation daran gelegen seyn, daß aus dem Munde ihres Königs nie eine Unwahrheit gehe. Welcher Sterbliche kann aber mit Wahrheit sagen, die Götter gesehen zu haben? Sie zeigen sich niemanden. Sobald man sie gesehen hätte, würden sie aufhören Götter zu seyn.

Der Priester. Achthoes, von dem Stamme der Herakleopoliten, war ein Tyrann. Ein Krokodill rächte das Volk an ihm.

Nitokris, die Schwester des le[illegible] aus Aethiopien gekommenen Königs von Aegypten, gelüstet auch nach der Regierung, sie erregt einen Aufruhr wider ihren Bruder, der ein Opfer desselben wird; und ihre Anhänger rufen sie zur Königin aus. Dieß ist ihr aber noch nicht genug. Dieselben Werkzeuge, die ihr das Scepter verschafft haben, können es auch in ihren Händen zerbrechen. Sie ladet die vornehmsten Gehülfen ihrer Erhebung, auf ein großes Nachtmahl ein. Der Speisesaal ist unter ihrem Pallaste angebracht, um sich vor der großen Hitze schützen zu können. Mitten in der Freude überströmt der, auf eine verborgene Art dahin geleitete Nil die Gäste; welche insgesammt umkommen. Nitokris fand Mittel, sich der allgemeinen Rache zu entziehen. Man hörte nichts weiter von ihr; nur das Andenken an ihre Schönheit und an ihr Verbrechen hat sich erhalten. Man sagt noch heut zu Tage im Sprichworte: schön und böse wie die Königin Nitokris.

Zwölf Generationen nach dieser Frau machte sich Moeris, durch seinen großen See noch berühmter, als durch seinen prächtigen, an der Nordseite des Tempels des Vulcans erbauten Porticus. Die nützlichen Anstalten haben sogar vor den heiligen einen Vorzug.

Sesosiris, welchen die Griechen Sesostris nennen, war sein Nachfolger; er ist derjenige von unsern Königen, welcher das meiste Aufsehen erregt, aber Aegypten gerade nicht die meiste Ehre gemacht hat.

Pythagoras. Priester des Kanopus! befindet sich diese Anmerkung auch in den geheiligten Jahrbüchern?

Der Priester. Was kümmert dich das! dem Ruhme meines Vaterlandes müssen in meinen Augen alle andere Rücksichten nachstehen. Ich würde glauben, die Pflichten des Gastrechts zu verletzen, die ich dir, junger Fremdling, der du so weit herkömmst, um Wahrheit zu hören, schuldig bin, wenn ich gegen dich dieselbe Sprache führte, wie gegen das Volk, dem vielleicht Irthümer nothwendig sind.

Pythagoras. Dein Stand. — — Man hatte mir die Priester weit weniger zugänglich geschildert.

Der Priester. Als Priester einer untergeordneten Gottheit habe ich weniger Behutsamkeit nöthig. Laß uns weiter lesen:

Sesostris, ein Zeitgenosse der Semiramis, war gewaltig in der Schlacht, weise in Friedenszeiten, gefürchtet von allen Völkern und auf allen Meeren. Sein Vater gab ihm die, an demselben Tage im ganzen Reiche mit ihm gebohrnen, siebenzehnhundert Kinder männlichen Geschlechts, zu Waffengefährten, und erzog sie mit ihm zu Soldaten. Diese Pflanzschule ließ Helden erwarten. Sie unterjochten miteinander, im Gefolge einer starken Armee, Arabien und seine Schlangen, und den Troglodyten, der sich davon nährt, den noch nie bezwungenen Africaner, den auf das hohe Alterthum seiner Nation stolzen Aethiopier, Indien und Thracien. Wenn die Scythen und Kolchis dem Sesostris Widerstand zu leisten wagten, so entschädigte er sich dafür an den Persern, Medern und Baktrianern; an Phönicien, Cypern und den Cykladen.

Bey seiner Zurückkunft vertheilt er Ländereyen unter die Werkzeuge seiner Siege; er theilt die Monarchie in sechs und dreyßig Statthalterschaften; er läßt Canäle graben, führt eine starke Mauer dreyßig Stunden Wegs lang zwischen seinem Volke und den Räubern der Wüste auf, und befiehlt in jeder Stadt seines Reichs die Erbauung eines Tempels, dessen Steine blos von dem Schweise seiner unzählbaren Gefangenen benetzt werden. Die Könige und Völker, die ihm ihren Tribut an Gold, Elfenbein, Ebenholz darbringen müssen, bestreiten die grosen Kosten dieser öffentlichen Arbeiten. Ganz Asien und ein Theil von Europa sind mit Denkmalen seines Ruhms bedeckt. Mit Blindheit, im Schoße seiner Siege geschlagen, erwartet er nicht den letzten Streich des Todes, er setzt, nach einer neun und funfzigjährigen Regierung, seinem Leben selbst ein Ziel. Er that aber noch etwas Nützlicheres als alles dieß; er gab ein Gesetz, welches alle junge Bürger, die die Profession ihres Vaters forttreiben, von Kriegsdiensten befreyt. Dieß ist Sesostris, der Held. Seine außerordentliche und übermenschliche Größe entsprach dieser Benennung, er war vier Cubitus, drey Palmen und zwey Finger (¹) lang.

Und nun Sesostris der Mensch: er verläßt Familie und Vaterland, um die Ruhe der Völker zu stören. Ueberall geht Schrecken vor seinem Zuge her, Plünderung begleitet ihn, und zucht- und sittenlose Kriegstruppen verbreiten Verderben und Elend über die zagenden Völker, die ohne Widerstand diesen verheerenden Strom vorüberziehen lassen. Er vergrößert sein Heer durch Verbrecher, die in den Gefängnissen von Aegypten ihre Strafe erwarteten. Mit Blut gefärbt, und mit Beute beladen, kommt er im Hafen zurück.

Der Oberpriester benachrichtigt ihn, von der Verrätherey seines Bruders Armais, der seine Abwesenheit

(1) Sieben Fuß, zehen Zoll. Manethon beym Syncellus; und Freret Memoires sur les mesures des Anciens.

hatte benutzen wollen, um ihn zu stürzen; aber trunken von seinem Glücke, ist er unvorsichtig genug, selbst von demjenigen, gegen dessen Ehrgeiz er auf seiner Huth hätte seyn sollen, in Pelusium ein Gastmahl anzunehmen. Mitten unter den Vergnügungen der Tafel entsteht plötzlich eine Feuersbrunst. Um sich aus den Flammen zu retten, stößt Sesostris zwey seiner Kinder in die brennenden Trümmern, und geht mit diesen Worten über ihre Körper weg, die ihm zur Brücke dienen: „Es bleiben mir noch vier Söhne übrig, dieß ist mehr als zu viel für einen König." Ist es, nach einem solchen Zuge noch nöthig hinzuzufügen, daß er jedesmal, wenn er sich in die Tempel begab, um dort zu opfern, die vier, von seinem Wagen neben einander befindlichen Pferde abspannen ließ, um sich, an ihrer Statt, von vier gefangenen Königen ziehen zu lassen; und der Feige beschleunigt, bey dem ersten Ungemach, das ihn trifft, das Ende seiner Tage, unter den Beyfallsbezeugungen der auf den Glanz seines Throns heimlich eifersüchtigen Altardiener.

Vor Sesostris kannten zwar die Aegyptier den Krieg; aber er war weniger mörderisch: man schlug sich damals blos mit abgerundeten Stöcken (¹).

Der kriegerische Ruhm des Sesostris ist der Aegyptischen Weisheit sehr nachtheilig gewesen.

Dieser Fürst befehligte hundert Myriaden streitbarer Männer. Seit jenem merkwürdigen Zeitpuncte, hat Aegypten keine guten Soldaten mehr hervorgebracht, dieß ist vielleicht kein grosses Uebel, um so ruhiger leben wir.

(1) Phalangae. Plin. VII. 56. hist. nat.

Pythagoras. Du hast Kolchis nur im Vorbeygehen erwähnt, wo Sesostris noch einigen Widerstand fand.

Der Priester. Dem stolzen Sesostris ward die Freude nicht zu Theil, den Königen, die, nach der Entscheidung des Looses, seinen Triumphwagen ziehen mußten, Ebusopes beyzugesellen: diesem Kolchischen Fürsten gelang es, den Ueberwinder so vieler Monarchen zu überwinden, und dem Plünderer so vieler Völker seinen Raub abzunehmen.

Pythagoras. Man hat mir von einer Bildsäule des Osiris oder Serapis erzählt, welche Sesostris, der seine Abkunft von ihm herleitete, dieser Gottheit errichtet habe, und die aus Saphiren, Smaragden, Topasen, wohlriechenden Hölzern, Gold, Silber, Kupfer, Bley und Zinn bestände; sollte diese Bildsäule, das Werk des Bryaxis, nicht eine sinnbildliche Vorstellung der Verwirrung seyn, die in der Geschichte und der Götterlehre herrscht? Wo ist dieses Denkmal befindlich, und was hältst du davon?

Der Priester. (lächelnd.) Es befindet sich bey dem Phönix, der zu Sesostris Zeiten zum erstenmale nach Heliopolis kam, und von vielen andern Vögeln begleitet war, die ihn auf dieselbe Weise, wie die Menschen die Sonne, verehrten. Bedarf es noch der Erinnerung, daß niemand den Phönix Nahrung zu sich nehmen gesehen hat? —

Einer von Sesostris Söhnen wird sein Nachfolger. Da er, eben wie sein Vater, mit Blindheit heimgesucht ist, so schlägt ihm das Orakel den Urin einer treuen Frau, als ein sicheres Hülfsmittel vor. Der Urin der seinigen und vieler andern besitzt diese Tugend nicht, er läßt sie deswegen sämmtlich verbrennen, und heyrathet die Gattin eines Gärtners, durch die er sein Gesicht wieder erhält.

Pythagoras. Priester des Kanopus, ist dieß die Art, wie ein aufgeklärtes Volk seine Geschichte schreiben sollte?

§. XL.

Cetes, Sethos, Priester und König, Hekatäus, Psammetikus.

Der Priester. Mit der folgenden Regierung wirst du besser zufrieden seyn, sie ist weniger glänzend; allein, in den Augen der Freunde der Gerechtigkeit, muß der König Cetes den Vorzug vor Sesostris haben. Fremde Sclaven, die an dieser Rehde landen, begeben sich unter den Schutz des Tempels des Hercules, der hier das Recht einer Freystätte hat, und erklären, in Gegenwart der Priester und des Statthalters, daß sie an dem Verbrechen ihres Herrn, des jungen Paris, des Räupers der Helena, Gemahlin des Menelaus, keinen Theil nehmen wollen. Der in Verlegenheit gesetzte Statthalter berichtigt diesen Vorfall an den König Cetes selbst; dieser läßt die Straffälligen vor sich kommen: „Du verdienest den Tod,“ sagt er zu Paris; „aber du stehst nicht unter meiner Gerichtsbarkeit.

Entferne dich aus Aegypten. Helenen behalte ich hier um sie dem Fürsten, welchem sie gehört, wieder auszuliefern." Der jüngste der Söhne des Priamus kehrte allein nach Troja zurück. Die Griechen, denen Helenens Aufenthalt unbekannt war, begannen die Belagerung einer Stadt, in welcher sie sie eingeschlossen glaubten. Nachdem endlich Menelaus seinen Irthum eingesehen hatte, so forderte er seine Gemahlin zurück, die ihm auch sogleich übergeben wurde.

Ich las weiter.

Rampsinet ist der Nachfolger dieses gerechten Königs. Er hat sich blos durch Abentheuer bekannt gemacht, die eines Taschenspielers würdiger sind, als des Oberhauptes eines weisen Volks. Er war es, der die Unterwelt besuchte, um mit Ceres zu würfeln; die gute Göttin ließ sich die Partie abgewinnen: eine sinnbildliche Erzählung, deren versteckter Sinn den Uneingeweihten verborgen bleibt.

Ich habe den Verfasser dieser Jahrbücher, bey der Regierungsgeschichte des Cheopes, in dem Verdachte gehässiger Gesinnungen gegen diesen Fürsten. Es werden ihm schändliche Handlungen zur Last gelegt, er wird als der Henker seines Volks geschildert, vielleicht, weil er für seine Unterthanen die Folgen des Müssiggangs fürchtete, und sie daher mit Erbauung einer Pyramide beschäftigte, vielleicht auch, weil er den Priestern dadurch mißfiel, daß er das allzuhäufige Besuchen der Tempel untersagte. Man verlohr in den selben mit leeren Ceremonien ganze Tage, die er zu einer nützlichen Arbeit angewendet wissen wollte.

Cephrenes, sein Bruder, regierte nach denselben Grundsätzen, und erhielt denselben Lohn. Er wurde schon bey seinen Lebzeiten verläumdet, und wird es selbst jetzt noch; die vornehmsten Glieder des Priesterordens, werden es dem Andenken dieser beyden Könige sobald nicht verzeihen, daß sie eine große Anzahl Tempel, während eines ganzen Jahrhunderts, verschlossen gehalten haben. Indessen rächte sich der Nil, wegen dieser langen Gottesvergessenheit, nicht; jährlich erfolgten seine Ueberschwemmungen.

Mycerinus, der Sohn eines dieser beyden gekrönten Brüder, war ein blutschänderischer Fürst, und überließ sich den niedrigsten Vergnügungen. Allein, er eröffnete die geheiligten Oerter wieder, und das Volk und die Priester haben ihn beynahe vergöttert.

Ihm folgte ein Blinder, aus der Stadt Anysis. Er wurde König durch die Wahl, vielleicht wollen die Jahrbücher sagen, durchs Loos. Ein Aethiopischer Fürst benutzte die Umstände, um sein Königreich mit dem Aegyptischen zu vergrößern; ohne Mühe führte er sein Unternehmen aus. Der blinde König, weit entfernt ihm die Spitze zu bieten, hielt sich auf einer Sandinsel versteckt, wo er den Erfolg dieses Einfalls abwartete. Der Fremde Monarch zeigte in der Regierungskunst eine Geschicklichkeit, die seinem Vaterlande Ehre machte. Während der ganzen Zeit seiner Usurpation, stellte er alle Todesstrafen ein, und verdammte die Verbrecher dazu, an der Erhöhung des Bodens derjenigen Städte zu arbeiten, die durch die Canäle des Sesostris der Gefahr der Ueberschwemmung ausgesetzt waren. Hierauf kehrte er in sein Land zurück, gleich als ob er nur deswegen an die Ufer des Nils gekommen wäre, um dort in der Kunst zu regieren Unterricht zu geben.

Der Blinde verließ seinen sandigten Zufluchtsort, und stieg wieder auf den Thron; die heiligen Jahrbücher schweigen, und fällen über ihn weder im Guten noch im Bösen ein Urtheil. Er wollte indessen auch ein Denkmal hinterlassen; und führte eine Pyramide von Ziegeln auf, die aus getrocknetem Schlamm verfertigt waren.

Müde, Oberherrn aus dem bürgerlichen Stande zu gehorchen, die es so wenig verdienten aus ihrer Dunkelheit hervorzugehen, versuchten es die Aegyptier mit einem Priester des Gottes Phthas (Vulcan); und sie hatten nicht Ursache es zu bereuen. Der Anfang dieser Regierung war zwar etwas beunruhigend; Sethos, so hieß dieser Priester - König, hatte gar keine Schonung für die Kaste der Krieger. Er nahm den Anführern ihre Gerechtsame, und den Soldaten ihre Ländereyen, ohne daran zu denken, daß er ihrer Hülfe einmal benöthigt seyn könnte. Man wußte nicht, wie man ein so seltsames Verfahren erklären, wie man es rechtfertigen sollte. Aber Sethos gab einen Beweis, von seinen tiefen und richtigen Einsichten. Man erfährt bey Hofe als eine Neuigkeit, daß ein Theil des Assyrischen Heeres bis gegen Bubastis vorrückt, und Pelustum zu bedrohen scheint. Man ist in der größten Erwartung, zu was sich der Priesterkönig entschließen wird, und schon sagen die Kriegsleute mit Selbstzufriedenheit zu einander. „Wir wollen doch sehen, wie ein Priester sich benehmen wird, um einen mächtigen Feinde allein Widerstand zu leisten, Gebete und Opfer sind nicht hinlänglich genug, um einen Einfall abzuhalten.

Sethos läßt sich nicht erschrecken; er ruft eine Versammlung von Landsleuten und Künstlern zusammen und sagte zu ihnen: „Meine Freunde, ich habe diese ganze Nacht zu den Füßen des Gottes Phthas gewacht, um einen klugen Rath von ihm zu erhalten; und dieß ist die heilige Hieroglyphe, die ich am Fuße des Altars, diesen Morgen mit Anbruch des Tages, statt einer Antwort, erblickt habe: Beym schwachen Scheine des Mondes, ruft eine, in den Netzen der Jäger gefangene, Löwin, umsonst die Hülfe einiger jungen Löwen, ihrer Kinder an; die Undankbaren freuen sich über ihre Verlegenheit; aber verschiedene Ratten, die auf die ersten Seufzer der Gefangenen herbeygeeilt waren, zernagen die Maschen des Netzes, und befreyen sie.

Ehrbare Künstler, gute Landleute! hört wie ich mir diesen hieroglyphischen Orakelspruch der großen Gottheit, welcher ich diene, erkläre. Die Löwin ist das Vaterland, unser Aegypten; das Jägernetz, ist das Heer des Assyriers, dessen Absichten dahin gehen, uns zu unterjochen. In Rücksicht auf die undankbaren jungen Löwen, darf ich wohl kaum erinnern, daß dieß unsere Kriegsleute sind, die sich, bey der Nachricht von der Gefahr des Vaterlandes, nicht erheben. Die großmüthigen Ratten seyd ihr meine Freunde, an deren Spitze ich stehe: ja der Ruhm dieses Feldzuges, und das Heil des Ganzen wird unser Werk seyn; hier ist mein Plan; wir geben dem stolzen Assyrier, ohne alle andere Waffen, als Sicheln und Sensen entgegen. Der Feind wird uns verachten; ohne es der Mühe werth zu halten, sich in Bereitschaft zu setzen, wird er die Nacht, in der Erwartung unserer Ankunft, unter den Vergnügungen eines, mit allem in Ueberfluß versehenen Lagers zubringen. Es kommt also blos darauf an, in der Finsterniß denjenigen Posten zu überfallen, der die Wache bey den Waffen und Kriegsgeräthschaften hat. Wir müssen uns seiner, während des Schlafs der trunkenen Soldaten, bemächtigen; mit unsern Sensen und Sicheln zerschneiden wir die Sehnen ihrer Bogen, und die Rieme ihrer Schilder, und machen alle ihre Kriegsmaschinen unbrauchbar. Wenn diese erste Arbeit vollbracht ist, so werden wir, blos mit unsern Sensen, die wehrlosen Soldaten leicht zusammenhauen können. Der Anblick ihrer, unter ihren Händen unbrauchbar gewordenen Waffen, wird ihnen vollends allen Muth benehmen. Wir werden sie in die Flucht schlagen, und ihre ganze reiche Bagage wird uns zu Lohne werden. — Vorwärts!"

Unter lautem Freudengeschrey wird dem Sethos Gehorsam geleistet. Sein Heer von einer neuen Gattung, vollzieht den Befehl pünctlich; der Assyrier wird entwaffnet, und das ganze feindliche Heer fällt, gleich den Aehren, unter der Sichel des Schnitters.

Nach der Zurückkunft von dieser Expedition, wurde eine Bildsäule in dem Tempel des Gottes Phthas errich-

tet·

tet: sie stellt den Priesterkönig vor, der eine Ratte auf der Hand hat, und folgenden Denkspruch sagt, der ihm aus dem Munde hervorgeht: „Wer du auch seyst, der mich betrachtet, wisse, daß bey den Göttern guter Rath zu finden ist."

Einige unserer Jahrbücher behaupten, daß Sethos der dreyhundert und ein und vierzigste unserer Könige sey.

Wir wurden einige Augenblicke durch einen jungen Abderiten unterbrochen, der blos deswegen nach Aegypten gekommen war, um sich wegen einer Geschlechtsfolge bey den Priestern Raths zu erholen; er war so voller Ungeduld, daß er nicht weiter, als nach Kanopus gehen wollte, um seine Wißbegierde zu stillen. „Ich bin," sagte er im Hereintreten, „Hekatäus, der Sohn Hegesanders. Mein Vater erkennt einen Gott für seinen Ahnherrn, dessen sechzehender Abkömmling ich bin. Priester, ich komme hierher, um die Gültigkeit meiner Ansprüche ins Licht zu setzen."

Junger Mensch, antwortete ihm der Priester des Kanopus mit ernsthafter Mine; indem er ihm eine lange Reihe goldener Bildsäulen aufdeckte: Jede dieser Bildsäulen stellt einen der Priester vor, die diesem Tempel vorstanden, und wahrhaft weise Männer waren; aber keiner ist ein Gott, noch von einem Gott gezeugt gewesen; Hercules selbst war nur ein Held. Junger Mensch, sey tugendhaft.

Der junge Mensch von Abdera entfernte sich ziemlich mißvergnügt, und wir fuhren fort zu lesen. Nach dem Tode des Priesterkönigs wurde Aegypten durch Factionen getheilt. Das Volk, welches Sethos mit seinen Kräften bekannt gemacht hatte, schüttelte das Joch der Krieger ab; es kam zu bürgerlichen Uneinigkeiten. Bürgerblut floß. Das Ende aller dieser Uebel war eine andere Staatsverfassung. Um keinen Tyrannen zu haben, gab man sich zwölf Despoten. Das Königreich wurde in zwölf Herrschaften, oder föderative Staaten getheilt, deren Oberherren sich durch Bündnisse und Eide an einander anschlossen. Alljährlich sollten sich die zwölf Statthalter, oder Fürsten bey dem See Moeris in einem, aus zwölf Pallästen bestehenden Labyrinthe versammeln.

Diese neue Ordnung der Dinge dauerte nicht länger, als funfzehen Jahre. Einer der zwölfe, welcher im Besitze der schönsten, am Meere gelegenen Provinzen war, erregte die Eifersucht der andern, die ihn unterdrücken wollten. Psammetikus suchte fremde Hülfe. Er erhielt Truppen aus Jonien, Karien und Phönicien. Die eilf Fürsten wurden überwunden, und der Sieger herrschte allein und ohne Nebenbuhler. Aus Dankbarkeit gegen die Griechen, erlaubte er ihnen, sich unter gewissen Bedingungen in Aegypten niederzulassen. Vor diesem Zeitpuncte befahlen unsere Könige, und namentlich Busiris, jeden, der es wagte, das Aegyptische Ufer zu betreten, niederzumachen. Psammetikus trieb die Dankbarkeit so weit, daß er in seinen Heeren, den Fremden den Vorrang über die Eingebohrnen geben wollte. Man murrte laut. Zweymalhunderttausend Bürger ließen es nicht dabey bewenden; sie verließen ihr, allen Nationen geöffnetes Vaterland, und nahmen ihren Weg nach Aethiopien, woher sie stammten. Der König schickte ihnen nach und ließ ihnen sagen: „Könnt ihr denn euere Tempel, euer Erbtheil, euere Weiber und Kinder auf diese Weise verlassen? — Statt aller Antwort zeigten sie, im Fortgehen, auf ihre Wurfspiese, und auf die Zeichen ihrer Männlichkeit. Man drückte die Augen über diese bewaffnete und zahlreiche Auswanderung zu, da es in der That unpolitisch gewesen seyn würde, wenn man sie hätte anhalten und bestrafen wollen.

Psammetikus schloß einen schimpflichen Frieden mit den Scythen, war der Erste, der in Aegypten Wein trank, und hinterließ nach seinem Tode den Thron seinem Sohne, der, seinem Beyspiele getreu, die Leidenschaft des Kriegs und die Sucht zu bauen hatte. Hundert und zwanzigtausend Menschen verloren, über den Arbeiten an einem Canale des Nils zum rothen Meere, das Leben.

Pythagoras. Euere Jahrbücher bemerken, daß Psammetikus der Erste gewesen sey, welcher Wein in Aegypten getrunken habe. Haben sie uns nicht schon erzählt, Osiris oder Bacchus habe den ersten Becher dieses lieblichen Getränks geleert?

Der Priester. Als Osiris auf seinen fernen Zügen diese Entdeckung machte, so hatte er es nicht für rathsam gehalten, den Gebrauch desselben in seinem Vaterlande einzuführen. Im Besitz des Nilwassers (¹), bedürfen wir denn noch ausländischer Weine?

(1) Man hat seitdem diese Aeußerung dem Kaiser Pescennius zugeschrieben, der zu seinen Soldaten sagte: Nilum habetis et vinum quaeritis. S. Spart. histor. Uebrigens kann man über diesen und die folgenden Paragraphen den Herodotus, Strabo, Diodor, Clemens von Alexandrien u. a. m. nachsehen.

§. XLI.

Apries. Amasis.

Pythagoras. Apries, Nachfolger und Sohn des Psammetikus, hatte dieselben Neigungen, wie seine Vorfahren, er eroberte Tyrus und Sidon und schlug die Phönicier.

Der Priester. Diese Thatsachen haben zu deiner Kenntniß kommen müssen, junger Fremdling; folgende Umstände werden dir vielleicht unbekannt seyn. Unsere, durch so viele, nicht immer glückliche Kriege ermüdeten Soldaten, glaubten in dem Betragen des Königs die schreckliche Absicht zu entdecken, sich der Hälfte der Nation zu entledigen, um die andere Hälfte ungestraft tyrannisiren zu können: sie empörten sich. Apries hatte unter seinen Höflingen einen Vertrauten, Namens Amasis, von Phiud in dem Nomos von Sais gebürtig, welcher an das Heer abgeschickt wurde. Aber, statt sich der Angelegenheiten seines Herrn anzunehmen, sorgt Amasis blos für die seinigen; er läßt sich zum König ausrufen, und behält den Helm, mit dem man ihn, zum Zeichen der höchsten Würde bedeckt hatte, auf dem Haupte. Apries, vor Wuth außer sich, giebt einem der Vornehmsten seines Hofes den Befehl, ihm den Kronenräuber herzuführen. Amasis beantwortet, vom Pferde herab, den Befehl seines Königs, durch eine Ungezogenheit (crepitum), deren Erzählung unsere heiligen Jahrbücher besudeln würde. Apries schnitt seinem Abgesandten Nase und Ohren ab, weil er allein zurückgekommen war, ohne seinen Auftrag vollzogen zu haben. Das, durch diese letzte Handlung aufgebrachte

Volk, trat auf die Seite des Amasis, dessen komischer Witz dem großen Haufen ohnehin außerordentlich gefiel.

Noch immer war Blut die Losung. Nur mit Blut endigen sich die Streitigkeiten der Könige. Die ausländischen Truppen, die einzige Schutzwehr des Apries, wurden, nach einem hartnäckigen und mörderischen Gefechte, überwunden. Amasis, der endlich für den einzigen Besitzer des Throns erklärt wurde, wollte sich, als kluger Staatsmann, mit der Bestrafung seines Vorgängers nicht befassen; er ließ erst geraume Zeit von dem Volk in sich dringen, ihm die Person des Apries auszuliefern, welcher hierauf erdrosselt wurde.

Auf diese Weise gieng die letzte Staatsveränderung vor sich. Amasis regiert ungestört, behandelt alle Stände, besonders den unsrigen, mit Schonung; und läßt über sich reden, so viel man will, wenn nur die Worte von keinen, auf Unabhängigkeit abzielenden Handlungen begleitet sind. Er läßt jedermann vor sich; ist religiös vor dem Volke, aber im Kreise der Freunde der Wahrheit nichts weniger als leichtgläubig. Er sucht auch das gute Einverständniß mit den andern benachbarten oder entfernteren Mächten zu erhalten. Amasis steht beynahe mit allen Königen der drey Welttheile in freundschaftlichen Verhältnissen.

Da du ihm vorgestellt werden sollst, so wird es nicht unnützlich seyn, dich von verschiedenen andern, ihn betreffenden Umständen zu unterrichten. Seine äußerst niedrige Herkunft berechtigte ihn zu keinen so hohen Erwartungen; allein seine schlaue Kühnheit übersprang, mit einem einzigen Schritte, den Raum zwischen seiner Geburt und dem Throne. Man feyerte am Hofe den Geburtstag des Königs: der Fürst hielt an diesem Tage offene Tafel: Amasis, geschmackvoll gekleidet, drängt sich durch die Menge, und legt, mit einem Fuße kniend, eine Blumenkette zu den Füßen des Monarchen nieder. Apries lächelt dieser unerwarteten Huldigung Beyfall zu, und befiehlt dem Schmeichler, sich an seine Tafel zu setzen. Diese ausgezeichnete Gnade, setzte Amasis mit einemmale in die erste Reihe der Höflinge, und wir haben so eben gesehen, auf welche Weise er alle die Gunstbezeugungen seines Monarchen erwiedert hat. Er war Theilnehmer an allen seinen Festen. Sie betranken sich immer miteinander. Um dem Hofe Unterhaltung zu gewähren, erlaubte er sich die feinsten Spitzbübereyen. Da man ihn nicht vor Gericht belangen konnte, weil er sich nie auf der That ertappen ließ; so forderte man ihn auf, sich vor dem Orakel zu stellen, welches sich wohl hütete, ein Urtheil wider den Liebling des Königs zu fällen. Er war ein Feind der Arbeit, und hatte seinem Gebieter einen ähnlichen Widerwillen dagegen eingeflößt.

Als der erste Taumel bey dem Volke vorüber war, so erinnerte es sich, von welchem Standpuncte Amasis ausgegangen war, und durch welche Wege er sich so hoch geschwungen hatte; eine Erinnerung, die eben nicht dazu beytragen konnte, die Ehrfurcht gegen den neuen Monarchen zu vergrößern. Amasis bemerkte es und bediente sich einer List, um der öffentlichen Meinung, in Rücksicht seiner, eine andere Richtung zu geben.

Eine neue Bildsäule von Gold, wird, auf seinen Befehl, mitten auf dem öffentlichen Platze aufgestellt, er verfügt sich selbst dahin, und, nachdem er eine Zeit lang Zeuge von den Ehrfurchtsbezeugungen der Menge gegen die neue Gottheit, gewesen ist, so sagt er: Volk! diese schöne Bildsäule ist deiner Verehrung in der That würdig; aber wisse, daß, bevor sie für dich zu einer Gottheit wurde, sie eine Wanne war, in der ich mir öfters die Füße gewaschen habe. Bürger, auf gleiche Art verlange ich auch, daß ihr gegen mich handelt. So lange ich als ein unbedeutender Mensch unter euch lebte, ward ihr mir nichts schuldig; jetzt aber, da ich euer König und das lebendige Ebenbild euerer Götter auf Erden bin, verlange ich, daß ihr mich als euern Oberherrn verehrt.

Dieser witzige Einfall that, auf einige Zeit, seine Wirkung: allein, er behauptet so wenig Anstand und Würde bey seinen Vergnügungen, daß erst kürzlich einer seiner Höflinge für nöthig hielt, ihm darüber Vorstellungen zu machen. Amasis nahm sie nicht übel auf, antwortete ihm aber, mit dieser hieroglyphischen Sentenz: „Der Bogen kann nicht beständig gespannt seyn.“

Demungeachtet haben wenige Despoten so viel Geschicklichkeit, ihre Laster unter glänzenden Aussenseiten zu verbergen, als er. Aegypten hat unter seiner Regierung ein Ansehen von Pracht und Wohlstand, die andere Könige ihren Ländern gern zu verschaffen wünschten. Amasis sucht die Schändlichkeiten seines Privatlebens, und den kleinlichen Geschmack seiner häuslichen Neigungen, durch die Größe seiner Unternehmungen, und die Majestät der öffentlichen Denkmahle, wieder gut zu machen. Diese prächtigen Gebäude, machen, wie ich, wo ich nicht irre, dir schon gesagt habe, das Volk weder glücklicher noch besser, aber sie beseelen es mit einem Nationalstolze, der seinen Werth hat. Amasis hat jetzt an den Tempel der Minerva in Sais eine Halle anbauen lassen, vor welcher sich Sphinxe in kolossalischer Größe befinden. Noch erstaunungswürdiger ist die Transportirung eines, aus einem einzigen Granitblocke bestehenden, Sanctuariums, von den Steinbrüchen von Elephantine bis nach Sais. Die Vorderseite desselben beträgt ein und zwanzig, die Tiefe vierzehen, und die Höhe acht Cubitus. Die Reise hat drey Jahre gedauert; zwey tausend Seeleute sind dazu erforderlich gewesen. Die Absicht des Amasis war, dieses Sanctuarium in den Tempel der Minerva hineinzubringen; als man bis an den Vorhof gekommen war, so wurde einer der vorzüglichsten Arbeitsleute erdrückt. Dieses traurige Ereigniß, gab zu Aeußerungen des Mißvergnügens Veranlassung; Amasis war so klug, von seinem Vorhaben abzustehen, und erwarb sich dadurch den Ruf, eines vorzüglich menschenfreundlichen Königs. Niemanden kosten die Tugenden weniger als den Fürsten. Man bringt bey ihnen alles in Anschlag; man macht ihnen ein Verdienst aus Dingen, die man bey einem Bürger kaum bemerkt haben würde.

Um unsern Nachbarn die Lust zu jedem Einfalle zu benehmen, befahl Amasis einen Cadaster von Aegypten zu entwerfen, in welchem die Anzahl der Städte auf achtzehen bis zwanzigtausend angegeben wird, während, wie ich dir schon gesagt habe, kaum zwey tauseyd diesen Namen verdienen. Kann man glauben, daß ein Geheimniß dieser Art verschwiegen bleiben könne? Dieß ist ein sehr kleinliches, der Nation, deren Oberherr er zu seyn die Ehre hat, unwürdiges Mittel.

Unmittelbar nach der Abreise des weisen Solon, dessen Besuch er in Memphis erhielt, ließ er ein Gesetz ergehen, welches ihm mehr Ehre macht, da es doch nun einmal angenommen ist, einem Monarchen alles, was unter seiner Regierung Löbliches geschieht, zuzuschreiben. Jeder Einwohner Aegyptens ist nähmlich gehalten, jährlich einmal dem Statthalter des Nomos, in welchem er sich aufhält, die Art seines Unterhalts anzuzeigen. Todesstrafe erwartet denjenigen, der diese Angabe vernachlässigt, oder sich eine unrichtige erlaubt. Aber dieses Gesetz allein ist nicht hinlänglich, um ihn des erhabenen Beynamens, eines der Gesetzgeber Aegyptens, den ihm seine Schmeichler beygelegt haben, würdig zu machen.

Amasis ist Wittwer, aber ohne deswegen mehr Herr, bey sich zu seyn. Die erste seiner Beyschläferinnen behauptet die Herrschaft, welche die Königinnen von der Isis erhalten haben.

Wir bedürften eines zweyten Hercules, um Aegypten zu reinigen: seit siebenzehen tausend Jahren, da wir diesen großen Mann unter die Götter versetzt haben, hat es Zeit gehabt, zur Verdorbenheit herabzusinken.

Noch einen Zug von Amasis, der dir nicht gleichgültig seyn kann, muß ich anführen. Alle Fremden finden bey ihm den guten Genius der Gastfreundschaft, und die Griechen vor allen ander Nationen. Er hat tausend Talente zur Erbauung eines neuen Tempels zu Delphi gegeben, dessen Gründung du hast mit ansehen können. Die Griechen haben alle Freyheit, längs den Küsten, auf den Märkten von Naukratis, Handlung zu treiben. Er gestattet ihnen, ihren Gottheiten Altäre zu errichten. Die Samier haben der Juno einen erbauet, und jetzt übersendet er ihnen eine hölzerne vergoldete Bildsäule derselben.

Fremdling, ich habe mich meiner Schuld gegen dich entledigt; ich habe dich nicht, wie einen jener gewinnsüchtigen Kaufleute, aufgenommen, die blos deswegen nach Kanopus kommen, um sich bey den Einwohnern nach den vortheilhaften Speculationen zu erkundigen, die man in diesem Lande unternehmen kann. Du reisest blos zu uns, um zu den Quellen der Wahrheit zu gelangen, zu denen ich dir einige Canäle eröffnet habe: Memphis und Theben können dich zu tiefern Geheimnissen einweihen. Folge deiner Bestimmung, bevor du Kanopus verläßt, bist du dem Tempel des Serapis einen Besuch, und diesem ersten unserer Götter, deine Verehrung schuldig. Dir bleibt es übrigens überlassen in deinem Urtheile über die Priester gerecht zu seyn, indem du sie nicht alle in eine Classe setzest.

So hoffe ich auch, daß du den gastfreundschaftlichen Gesinnungen meiner Nationen wirst Gerechtigkeit wiederfahren lassen. Ich weiß, daß man uns noch jetzt den Namen der Wilden des Nils beylegt, weil man uns noch für die Aegyptier, unter der Regierung des Busiris hält. Du überzeugst dich jetzt vom Gegentheile: vielleicht werden wir bald auf das entgegengesetzte Extrem verfallen. Ein wildes und räuberisches Volk ermordet und plündert die an sein Ufer geworfenen Schiffbrüchigen; ein leichtsinniges und verdorbenes, ruft alle Fremden an seine Küsten, um ihre Laster und Vorurtheile gegen die seinigen einzutauschen. Eine weise Nation kommt dem gescheiterten Schiffe zu Hülfe, und verschließt seine Häfen den Schiffen, deren reiche Ladung es entbehren kann: sie duldet weder Neugierige noch Müßiggänger unter sich. Jeder mag in seinem Lande bleiben, derjenige, der sich entschließen kann, seine Hausgötter zu verlassen, und im Schooße seines Vaterlandes nicht alles findet, was er zu seinem Glücke braucht, ist, aufs Wenigste, ein verdächtiger Bürger. So dachten unsere Voraltern vor Sesostris Zeiten; sie hatten nicht jenen Eroberungsgeist, der den Spartanern eigen ist. Damals sprach man weit weniger von Aegypten, um so ruhiger war dessen Zustand. Die Götter wissen, zu was für Schicksalen sie uns, durch Veränderung unserer Grundsätze, noch bestimmt haben.

Pythagoras. Priester des Kanopus, beruhige dich hierüber. Dein, in das Tagebuch meiner Reisen aufgezeichneter Name, wird die Liste der Männer vergrößern, von denen ich nützlichen Unterricht erhalten habe. Erlaube mir noch eine Bemerkung über euere Urgeschichte.

Ich begreife, daß ein Volk Ursache haben könnte, stolz auf seinen Ursprung zu seyn, wenn es im Stande wäre, astronomische Rechnungen ohne Lücken, und eine Zeitrechnung, ohne Verwirrung aufzuweisen. Die Geschichte der Könige Aegyptens ist so unzusammenhängend, als die Geschichte seiner Götter. Was für beschwerliche Nachforschungen bereitet ihr der Nachwelt, die sich große Mühe geben wird, so viele wunderbare Ereignisse ins Licht zu setzen, welche mit einer, vielleicht wenig Glauben verdienenden Nachläßigkeit aufgezeichnet worden sind! Vergieb meine Bedenklichkeiten, ich will sie in dem Tempel des Serapis abbüßen.

§. XLII.

Gottesdienst und Sitten in Kanopus. Tempel des Serapis.

Dieses alte Denkmal, das ohne Zweifel dereinst durch ein, seiner Gottheit noch würdigeres, Gebäude ersetzt werden wird, ist außerhalb den Mauern von Kanopus gelegen, denn keine Stadt in Aegypten duldet in seinen Ringmauern Altäre, die Blut benetzt; Weihrauch und Blumen sind die einzigen Opfer, die in dem Innern der Städte gestattet werden. Dem Serapis aber, so wie dem Saturn, werden Opfer von Thieren dargebracht.

Man öffnet die Thüren und Fenster dieses Tempels, sobald die Sonne aufgegangen ist, um ihre Strahlen hineinfallen zu lassen. Beym Eingange befinden sich zwey Gefäße, eines mit Wasser, und das andere mit Feuer, deren man sich zu den Reinigungen bedient.

Serapis ist die höchste Gottheit der Aegyptier; er könnte sogar bey ihnen die Stelle aller übrigen vertreten. Man verwechselt ihn mit Osiris. Die Kranken rufen ihn, unter dem Namen Horus, des Erfinders der Heilkunde; die Schiffer, unter dem Namen Neptun an. Andere nennen ihn Jupiter, andere, die Sonne, noch andere den heiligen Gott des Nils (¹). Wenn man sich seinem Altare genähert hat, so könnte man sich der Mühe überheben, die andern Tempel zu besuchen. Sein Heiligthum, eine Art von Pantheon, ist mit Attributen aller Gattung behangen; man sieht hier die Widderhörner des Jupiter Ammon, die Strahlenkrone der Sonne, den Dreyzack oder das dreyspitzige Scepter Neptuns; den Adler, das Kennzeichen des Aegyptischen Jupiters, und den dreyköpfigen Hund oder Cerberus Pluto's, des Höllengottes und Plutus, des Gottes der Reichthümer.

Es giebt eine Secte in Aegypten, welche behauptet, daß Serapis vorzugsweise der Erhalter des menschlichen Lebens sey, weil dieser Name aus zwey Wörtern, ser und apis zusammengesetzt ist, welche eine Kornähre und einen Ochsen, die beyden kräftigsten Nahrungsmittel, bedeuten: so daß das Fest dieses Gottes das Fest des Brodes und des Fleisches ist.

Als ich mich dem Altare näherte, verließ ihn so eben ein Kranker, von einem Verwandten und einem Freunde unterstützt, mit langsamen Schritten. Sein Zustand schien mir der Auflösung nahe zu seyn, es war ein, im hohen Grade Schwindsüchtiger; doch glänzte ein Strahl von Hoffnung in seinen hohlen Augen. Serapis

(1) Man liest folgende alte Umschrift auf einer Münze des Kaisers Julian: Deo sancto Nilo.

hatte ihm, durch das Organ des obersten Priesters, Eselsfleisch zu essen, verordnet.

Ich betrachtete die Bildsäule des großen Gottes: er ist stehend vorgestellt, und trägt auf seinem Haupte einen Korb, oder ein Getreidemaß, dieses, den vorzüglichern Aegyptischen Gottheiten eigene Kennzeichen, wird besonders dem Serapis beygelegt, als dem höchsten Urheber aller Güter, die er den Sterblichen, nach ihren Bedürfnissen und Verdiensten, zumißt. Ueberdieß wird er auch für den Erfinder des Ackerbaues gehalten.

Er ist, nach Aegyptischer Sitte, mit einem langen, kunstlos gewebten und gefalteten Gewande mit weiten und kurzen Ermeln bekleidet, gleichsam um den Geschmack an einer einfachen und bequemen Tracht einzuflößen. Die Farbe seiner Kleidung ist bläulich aschfarben: auf seine Brust hat man zwey, einander durchschneidende Linien gezeichnet.

Statt des Donnerkeils oder eines Scepters, hält er eine hohe Lanze in der Hand; die eiserne Spitze derselben ist abgestumpft, um anzuzeigen, daß die Götter, und besonders dieser, zur Gnade geneigt sind; Güte ist ihr wahrer Charakter.

Er übt, sagt eine Chronik des Orts, diese nachsichtsvollen Gesinnungen besonders gegen die menschlichen Schwachheiten aus. Er erlaubt es, daß die Liebenden ihn um Beystand anrufen, sowol um sie von irgend einem geheimen körperlichen Gebrechen zu heilen, oder auch um ihnen die zur Wollust nöthigen Kräfte zu erhalten.

Deswegen machte mich der Diener, dem die Unterhaltung und Sorge für die Reinlichkeit in dem Tempel des Serapis obliegt, auf eine, unter den geheiligten Attributen befindliche Schlange, und auf einen, verschiedene Cubitus langen, Phallus, in halberhabener Arbeit (1), aufmerksam.

Ich gerieth bey dem Anblicke dieser letzteren Vorstellung, ein wenig in Erstaunen. Der Tempeldiener bemerkte es, und erklärte sich hierüber also gegen mich: Der Mensch, sagte er, fühlte die Bedürfnisse, bevor er sie ausdrücken konnte. Die Gegenstände berührten seine Sinne, ehe er ihnen Namen beygelegt hatte. Das Spiel der Hände und Gebährden war eher, als die Sprache, und die Bilderschrift eher, als die Buchstabenschrift. Man mußte dasjenige mahlen, was man verständlich machen wollte. Damals gab es noch keine grammaticalische Metaphysik. Die Bildhauer waren die ersten Theogonisten, die ersten Sittenlehrer, die ersten Gesetzgeber. Dieß ist der Ursprung des Phallus, und seiner, in Aegypten eingeführten Verehrung. Die beyden Gegenstände in der Natur, welche auf den Geist der ältesten Erdenbewohner den tiefsten Eindruck machten, mußten nothwendig die Sonne, und das, was man den Phallus nennt, seyn. Aus einem Gefühle von Bewunderung, zündete man dem Vater des Lichts und der Wärme zu Ehren den Weihrauch an; aus einem Gefühle von Dankbarkeit pflückte man Blumen, um dem Vater des Vergnügens, und den Urheber des Lebens damit zu be-

(1) Ityphallus, penis erectus, insolitae magnitudinis. Lexicon Pitisci.

kränzen; und wir haben diese beyden großen Gegenstände auf dem Altare des Serapis vereinigt.

Der Tempeldiener fügte hinzu: Der Mensch, der so sehr geneigt ist, die unschuldigsten, die heiligsten Dinge überall zu mißbrauchen, ist ohne Zweifel eher zu entschuldigen, wenn er den Phallus in seinen Tempeln aufstellt, als wenn er, wie die Scythen, ein Schwerdt vergöttert. Wenn ihm nichts, als die Wahl zwischen zwey Extremen übrig bleibt, so ist dasjenige, welches auf Vermehrung abzielt, ohnstreitig demjenigen vorzuziehen, welches entzweyt, oder zerstört. Der Anblick eines Volks, das das Zeugungsgeschäft heiligt, indem es selbst zu den Füßen der Altäre der Liebe opfert, ist ohnstreitig so viel werth, als der Anblick eines Schlachtfeldes, wo Tausende durch die Hand ihrer Mitbrüder fallen. Kann etwas reiner seyn, als der Geist der, in Theben, zu Ehren des Serapis gestifteten, Feste? Jungfrauen tragen mit Gepränge, so wie hier in Kanopus, in einem Korbe den Phallus des Osiris, des Vaters der Bevölkerung herum; eine natürliche Hieroglyphe des Ursprungs der Familien. Dieser heilige Gebrauch, der ohnehin schon durch sich selbst die Ausschweifungen begünstigt, wird, ich weiß es, außerordentlich gemißbraucht; wenn du aber in Kanopus, dem feyerlichen Zuge beywohnst, so wirst du bey dem ersten Anblicke dich überzeugen, daß diese Religionshandlung, noch nie ein ehrbares Mädchen verdorben hat: nur die Weiber, die es nicht mehr sind, geben sich zu dem unanständigen Schauspiele her, das unsern heiligen Zug begleitet.

Die

Die göttliche Verehrung des Phallus gründet sich nicht blos auf die Unschuld der Sitten; unsere älteste Geschichte scheint noch überdieß das ihrige zu ihrer Rechtfertigung beyzutragen. Als Isis durch Osiris Tod Wittwe geworden war, so ließ sie es nicht dabey bewenden, das Andenken ihres erhabenen Gemahls dadurch zu ehren, daß sie bis an das Ende ihrer Tage ehelos blieb, und ihm auf diese Art, einen Beweis ihrer unverbrüchlichen Treue gab; die gute Göttin stiftete, den edelsten Theilen des Körpers ihres Gemahls zu Ehren, Feste, welche von allen Nationen gefeyert werden. Als diese heiligen Gebräuche in andere Gegenden eingeführt wurden, so gieng der Geist ihrer Stifterin, in Kanopus und in Griechenland verlohren; und so geschahe es, daß ein ehrwürdiges Denkmal der Enthaltsamkeit und ehelichen Liebe, vielleicht eine Gelegenheit zu Verbrechen oder zu Aergernissen wird. Aber es ist hinlänglich bewiesen, daß der Ursprung des Phallus sich in dem Dunkel der Jahrhunderte verliehrt, und bis in die Zeiten der ursprünglichen Einfachheit des Menschengeschlechts zurückgeht. Glückliches Zeitalter, in welchem diese gottesdienstliche Verehrung nichts weiter, als der offene Ausdruck der Dankbarkeit, und eine unschuldige Huldigung war, welche man der Fruchtbarkeit der Natur, oder der hervorbringenden Kraft darbrachte. Deswegen rufen auch die frommen Seelen in Kanopus den Hercules vorzüglich vor allen andern Gottheiten an.

Ehe ich den Tempel verließ, hielt man mich noch einen Augenblick bey einer Bildsäule auf, welche den Nil vorstellt. Sie ist von Basalt, einem Aethiopischen

Dd

Steine, der seinen Namen von seiner Aehnlichkeit mit dem Eisen, sowohl in Rücksicht auf Farbe, als auf Härte hat; denn diese Bedeutung hat das Aegyptische Wort Basalt.

Die Sitten in Kanopus gereichen dem Dienst des Tempels nicht zur Rechtfertigung. Die ganze Stadt besteht fast nur aus Wirthshäusern, die mit allem reichlich versehen, und zur Aufnahme des großen Zuflusses von Volk eingerichtet sind, welches nicht verfehlt, aus den drey Theilen Aegyptens herbeyzuströmen, um die Phallischen Feste des Serapis zu feyern. An gewissen Tagen sind die Canäle des Nils mit eifrigen Betenden bedeckt. Unterwegs bereiten sich beyde Geschlechter zu dem Feste durch Gesänge vor, welche mit Geberden, die auf die Gottheit Bezug haben, begleitet sind. Bey der Ankunft in Kanopus nehmen diese religiösen Freyheiten einen noch bestimmteren Charakter an; sie sind zum Sprichworte geworden. Der Anblick eines Fremden, ruft niemanden zur Schamhaftigkeit zurück. Aberglaube und Ausschweifung vereinigen sich mit einander, und kennen keine Schranken mehr, einer erhitzt und heiligt die andere. Die Kranken kehren zuweilen gesund zurück; aber fast alle Gesunde verlassen Kanopus krank.

Ich konnte den Eindruck, den die Kenntniß von allen diesen Schändlichkeiten auf mich machte, nicht verbergen. Derselbe Tempeldiener, der es bemerkte, suchte sie mir aus den Gedanken zu bringen, indem er mich an einen abgelegenen Ort führte, welcher den Betrachtungen angemessen war, zu denen der Gegenstand, der sich meinen Blicken darbot, aufforderte. Es ist nemlich eine lange eherne Tafel, auf welche Serapis selbst mit seinem Finger einige Hieroglyphen geschrieben hat, deren Sinn man mir so erklärte: „Ich bin," sagt dieser Gott, „die Seele der Welt (¹), und ich habe meinen gewöhnlichen und vorzüglichen Sitz in der Sonne aufgeschlagen. Mein Haupt ist in dem Himmel. Die Tiefen des Oceans sind meine Eingeweide; meine Füße berühren die Abgründe der Erde, und die Gestirne sind meine Augen. Sterbliche erkennt in mir eure große und einige Gottheit."

Ich verließ endlich Kanopus, um mich nach Memphis zu begeben, nachdem ich die Bemerkung gemacht hatte, daß in Niederägypten, während der Sonnenwende, in der Mittagsstunde, ein sieben Theile hoher Gnomon, einen Schatten von vier solchen Theilen wirft. In Kanopus ist der längste Tag vierzehn Stunden lang.

Die ganze Küste ist mit **Tellinen** und verschiedenen andern Schalthieren bedeckt, die eine leichte und doch nahrhafte Speise abgeben.

§. XLIII.

Reise nach Naukratis.

Ich folgte den Ufern des Nils, über Schedia, wo man einen Zoll erhebt, der auf alle Waaren gelegt ist, welche in den drey Abtheilungen von Aegypten, in Ober- Nieder- und Mittelägypten ein- und ausgeführt werden.

Dd 2

(¹) Macrob. Saturnal. 20. 1.

Deswegen heißt auch die Stadt, die man auf dieser Straße, ehe man nach Naukratis kommt, antrifft, die Stadt Mercurs, des Gottes der Handlung: sie ist eine der reichsten, wenn auch nicht eine der größten, die der Nil bespielt. Dieser Fluß ist ihr Ernährer, und dient selbst den ausgesetzten Kindern zum Vater. Ich sahe verschiedene dieser kleinen Geschöpfe, die in verpichten, und mit Thon verstrichenen Körben dem Spiele der Wellen überlassen waren.

Ich hielt mich einige Tage in der Hauptstadt der Milesischen Niederlassung auf, welche die zweyte Stadt des Nomos von Sais geworden ist. Das Gemisch von Männern und Weibern von verschiedenen Farben und Neigungen war für mich ein neues Schauspiel: der Bewohner des Nilufers schickt sich ohne großen Widerwillen in die Gesellschaft des Joniers und des Arabers, und rechtfertigt nicht so ganz den Beynamen der bittern Nation, den ihm der harmonische Sänger Achills und Ulysses giebt. Allein ich sah ein, wie gegründet die Furcht des Priesters des Kanopus war. Der Aegyptier war von der Natur dazu bestimmt, für sich allein zu bleiben, wie dieß ihm auch der schöne Fluß, der ihn ernährt, anzuzeigen schien. Naukratis ist noch immer voll von dem Andenken der schönen und allzuberühmten Rhodope.

Die Neukratier zogen mich zu ihrer gemeinschaftlichen Tafel, die in den Prytanäum, von den Tischgenossen selbst mit allem überflüßig versehen wird: jeder bringt seine Portion Speise mit, aber in hinlänglichem Maße, um auch den Reisenden ein gastfreyes Mahl anbieten zu können.

Man kann diesem Gastmahle nicht eher beywohnen, als bis man ein weißes Gewand angelegt hat. Meine Kleidung überhob meine Wirthe der Mühe, mir nach ihrer Gewohnheit eines anzubieten. Man schlug mir vor, der Vesta und dem Apoll ein Opfer zu bringen. Die Weiber können, außer einer Flötenspielerin am Ende des Gastmahls, an diesen Mahlzeiten keinen Theil nehmen. Diese griechischen Sitten standen mit den Sitten des übrigen Aegyptens in einem vollkommenen Widerspruch. In Naukratis wirft man sich vor und nach der Mahlzeit auf die Knie, um dieß Götter anzurufen, und ihnen zu danken. Ich setzte hier meine Bemerkung nicht weiter fort, weil ich ungeduldig war, Memphis zu sehen.

Den Abend vor meiner Abreise, schloß sich ein junger Mensch, der sich ebenfalls vorgenommen hatte, den Nil hinauf bis nach Memphis zu reisen, an mich an. Er stammte aus der Hauptstadt von Mittelägypten, wohin ich eben zu reisen gedachte, von einem arabischen Vater, der ehedem die Erhebung einer Abgabe, von den Heerden, welche Arabien Aegypten liefert, zu besorgen gehabt hatte (¹). Sein Gehirn trug völlig das Gepräge der Ueberspannung, die sein ursprüngliches Vaterland bezeichnet. Während des ganzen Wegs, den wir miteinander, ohne uns eben sehr zu übereilen, zu Fuße zurücklegten, erzählte er mir von Aegypten, mit einem Enthusiasmus, der zuweilen an Wahnsinn gränzte. Auf unserer kleinen Reise werden sich, sagte er zu mir, wenige,

(1) Ein Amt, das man Ambarches nannte.

einer besondern Aufmerksamkeit würdige Gegenstände, unsern Blicken darbieten; erlaube mir, dir eine Abhandlung vorzulesen, an welcher ich noch arbeite, um sie meinen Verwandten in Arabien zu überschicken. Sie werden daraus zu gleicher Zeit meine wissenschaftlichen Fortschritte, in der Schule der Priester zu Memphis beurtheilen, und sich einen Begriff von den Wundern des angenommenen Vaterlandes meines Vaters machen können. Die Arabischen Völkerschaften haben eine sehr hohe Idee von Aegypten; sie nennen es vorzugsweise nur: das Land, weil es die größte Anzahl Menschen ernährt: in der That erhält der große Fluß mehr als zwanzig Millionen. Es hat sich unter meinen Voreltern eine alte Sage erhalten, welche der politischen Existenz der die Ufer des Nils bewohnenden Völker, ein Alter von nicht weniger als funfzigtausend Jahren giebt. Zehentausend Jahre lang hatten ihre ersten Könige ihren Hauptsitz in Syene. Hier warteten sie, bis das Meer sich nach Jahrhunderten langsam zurückzog, und ihnen das fruchtbare Erdreich, bis in die Gegend, wo jetzt Memphis befindlich ist, überließ. Doch ich komme auf meine, nach Angabe der Priester niedergeschriebenen Nachrichten zurück. Achtbarer Reisender, leihe meiner Erzählung dein Ohr. Vielleicht hat ihr Inhalt einiges Interesse für dich, da du diese geheiligte Erde zum erstenmale betrittst.

Ich versprach ihm meine ganze Aufmerksamkeit, wenn wir in einem Fahrzeug gereist wären, so hätte ich mich hierzu nicht anheischig machen können; denn der Nil ist nicht immer ruhig. Nur zu oft ist er mit Wellen bedeckt, die sich an einander zerschlagen, und den Fremdling, der diesen Weg macht, in Unruhe setzen, indem sie zugleich die Kräfte der Aegyptischen Charons, (so nennt man in der Landessprache die Schiffleute) erschöpfen.

Saphiphus. Mein Aufsatz beginnt in dem Style der Muttersprache folgender Gestalt.

§. XLIV.

Die Wunder Aegyptens (1).

Weit und breit ertöne der Ruhm Aegyptens, des fruchtbaren Landes der Wunder! welcher Sterbliche darf sich schmeicheln, daß sein Leben zureichen werde, sie alle zu beschreiben?

Die ersten Weisen sind in Aegypten erstanden, um in diesem Lande die Wissenschaften in die härtesten Steine zu graben. Ihnen verdankt man die so dauerhaft erbauten Pyramiden. In jenen Zeiten war Aegypten in so viele Sectionen getheilt, als Stunden zu einem Zeitraume von drey Tagen erforderlich sind, und jede derselben hatte einen Magier zum Vorsteher, und dieser Magier hatte sieben Jahre lang den Gestirnen gedient. Er hatte gleichen Rang mit dem Beherrscher von ganz Aegypten. Und an gewissen Tagen führte der Monarch die Heerden des Magier selbst zur Schwemme.

„Sohn des Saphiphus," sagte ich zu meinem jungen Reisegefährten, „was willst du damit sagen?" — —

(1) Dieser Paragraph ist zum Theil aus einer Arabischen Handschrift der ehemaligen Mazarinischen Bibliothek gezogen.

Saphiphus. Dieß ist eine morgenländische Redensart, um anzuzeigen, daß der König den Unterhalt der Magier übernahm, und selbst dafür sorgte, daß es diesen gelehrten Priestern an nichts gebrach. — Ich fahre fort:

Wenn der König einen derselben kommen sah, so erhob er sich, um ihm entgegen zu gehen, und ließ ihn zu seiner Rechten niedersitzen.

Pythagoras. Dieß war das goldene Zeitalter der Priester.

Saphiphus. Deine Bemerkung ist in jedem Sinne des Worts richtig; denn in jenen Zeiten verstanden die Priester-Magier die Kunst Gold zu machen. Seit dem Sesostris haben sie zwar nichts von ihrer Wissenschaft, und von ihrer Heiligkeit, aber viel von ihrem Ansehen verlohren. Jeder von ihnen hatte sein Gestirn zu beobachten, von dem er den Namen führte.

Das Oberhaupt der Magier befragte einen jeden über den Stand seines Planeten, und der Priester gab ihm die Höhe desselben an. Wenn der oberste Magier von dem Stande der Himmelskörper unterrichtet war, so begab er sich zu dem Könige, und sagte zu ihm: „Erstgebohrner der Aegyptier, es steht am Himmel geschrieben, daß du heute die und die Befehle auf Erden ertheilen sollst, lege das und das Kleid, deinen Wappenrock, oder deine Jagdkleidung an, oder thue deinen königlichen Mantel um, um das Volk zusammenzurufen.“

Ohne Widerrede oder Aufschub sandte der König seine Diener aus, und sagte zu dem einen: „Laß diesen Befehl in den Stein graben,“ und zu dem andern, „und du, nimm den geometrischen Plan dieses Denkmals auf.“ Und sie giengen, um alles was ihnen der König, auf den Vorschlag des Oberhaupts der Magier, befohlen hatte, zu vollziehen.

Pythagoras. Der König war also weiter nichts als der erste Minister?

Saphiphus. Allerdings. Die Weisheit muß der Macht und die Wissenschaft der Gewalt gebieten.

Bey irgend einem großen Ereignisse, lud der König die Priester, als Innhaber der Wissenschaften ein, sich außerhalb den Mauern von Theben zu versammeln. Das Volk harrte ihrer in den Hauptstraßen der Stadt; nach beendigter Berathschlagung, hielten die Magier ihren Einzug, ein jeder nach der Ordnung seines Gestirns. Die kriegerischen Instrumente verkündigten ihre Gegenwart. Wenn sie auf dem öffentlichen Platze angekommen waren, so that ein jeder von ihnen ein Wunder. Der eine zeigte auf seinem Gesichte die Blässe des Mondes, und flößte eine sanfte Schwermuth ein. Der andere war in ein langes Gewand gekleidet, das mit grünen, rothen, gelben, kurz mit Edelsteinen von allen Farben bedeckt war. Ein dritter saß auf dem Zeichen des Löwen und sein Gürtel bestand aus einer Wasserschlange. Ein vierter schien sich mitten in den Flammen zu befinden, und niemand wagte es, sich ihm zu nähern. Noch ein anderer war von einem schwarzen Adler begleitet, der mit den Flügeln um ihn schlug, als wollte er ihn in Schutz nehmen: Ein anderer endlich ließ scheußliche Gespenster vor sich hergehen. Das Oberhaupt der Magier stellte die Sonne vor, und zügelte vier Renner von ungleichen Kräften, um die Jahrszeiten dadurch anzuzeigen.

Fürchtet euch nicht, sagte er zu dem Könige und dem Volke. Alles was ihr seht, sind bloße Täuschungen, Schattenbilder, luftige Gestalten. Wisset, daß auf Erden nichts, als die Tugend Wirklichkeit hat.

Damals sprach die Priesterin Solphila dem Volke das Recht. Sie saß auf einem Feuerthron, dessen Flammen denjenigen verzehrten, welcher ein falsches Zeugniß ablegte. Diese geheiligte Prinzessin zog sich in ein, von ihr am Ufer des Meeres erbautes, Schloß zurück: in die Mauern desselben waren kleine metallne Röhren angebracht, an deren äußern Mündungen man seine Lippen anschloß, um Rath oder Gerechtigkeit zu verlangen; einen Augenblick darnach, hielt man das Ohr hinan, um die Antwort zu verlangen; Aegypten hatte einige Zeitlang keinen andern Gerichtshof.

Pythagoras. Dieß war unstreitig für Aegypten das Zeitalter Asträens?

Saphiphus. Ueber Solphila's Schloß erhob sich das Gebürge des Stiers, dessen Namen folgenden Ursprung hatte. Auf dem Gipfel desselben, drehte sich, um eine Spindel ein Mühlstein, an dessen Rande man einander gegenüber, einen metallenen Hahn und einen Stier von schwarzem Kiesel erblickte. Der Hahn, welcher beständig nach dem Meere hinsahe, schlug mit den Flügeln, und krähete, sobald er ein feindliches Fahrzeug erblickte. Bey diesem Lärmgeschrey drehte sich der Stein um; und der Stier, welcher die Stelle des Hahns einnahm, setzte der Landung der Seeräuber, oder eines Ehrgeitzigen, der einen Einfall thun wollte, seine drohende Stirne entgegen.

Solphila hatte, mitten in ihrem Schlosse, einen runden Saal von Magnet; an den Wänden waren die Bildsäulen aller, an Aegypten angränzenden Fürsten aufgestellt. Wenn einer von den Königen, welche die Originale zu diesen Bildnissen abgaben, sich zu einem Angriffe auf das schöne Land des Nils bereitete; so sahe man sein Bild sich von selbst bewegen, und mit den Armen drohende Zeichen machen; sobald die Priesterin dieß bemerkte, so waffnete sie sich mit einem Schwerdte von einer besondern Zurichtung, und schlug die drohende Bildsäule damit. Jeder Schlag fügte dem schon in Anmarsch befindlichen Könige Schaden zu. Sein Heer war schon zur Hälfte zu Grunde gerichtet, ehe es noch die Gränzen dieser geheiligten Erde betrat. Alle Mächtigen der Erde neigten sich vor Aegypten, und hüteten sich, seine Ruhe zu stören.

Solphila's Sohn war, so wie seine Mutter, zugleich Priester und König. Vor dem Thore seines Pallastes befand sich ein eiserner Baum, wovon jeder Zweig eine eherne Schlinge war, welche den strafbaren Höfling umfaßte, der dem Könige die Wahrheit verschwiegen hatte.

Das Eisen bemächtigte sich seiner im Vorbeygehen, und hielt ihn so lange, gleich der Frucht des Baums, schwebend, bis er das, was er dem betrogenen Könige ins Ohr gesagt hatte, öffentlich wiederrufte. Man nannte diese kunstreiche, und am Hofe eines großen Monarchens nützliche Maschine: den Baum aller Jahreszeiten.

Man erzählt auch noch viel von dem Magier Saruph, der seinen Sitz in dem Innern der am Meere befindlichen Pyramide aufgeschlagen hatte, welche unter dem Namen des Tempels der Gestirne bekannt ist, weil sie die Abbildungen der Sonne und des Mondes enthielt, die zu gewissen Zeiten des Monats und des Jahres, mit einander sprachen. Man hatte auch in derselben die Bücher der Wissenschaften, und zwey Bildsäulen aufbewahrt, wovon die eine, welche aus einem grünen Edelstein bestand, gleich dem Frühling beständig lächelte, und die andere, aus einem schönen Krystalle, unaufhörlich Thränen vergoß, welche sich sogleich in weiße Diamanten verwandelten.

Wenn sich auch alle Nationen vereinigen, so werden sie doch nichts erbauen können, das mit den Pyramiden des in allen seinen Erfindungen glücklichen Aegypten zu vergleichen wäre. Seine Pyramiden sind eben so viele Schämel, für die Sonne, den Mond, und die andern Gestirne. Die vorzüglichsten enthalten in ihrem Innern sieben Behältnisse, um in denselben die, unter goldenen Sinnbildern vorgestellten Planeten anzubeten.

In dem Innern dieser Denkmale kann man auch das große Buch der Geheimnisse der Natur sehen und lesen, welches von ihrer Stirne unterstützt, offen da liegt.

In eine derselben hat man auch die Asche des dreymal großen Mercurs, und die Ueberreste des göttlichen Osiris beygesetzt.

Diese Pyramiden hatten, und einige haben jetzt noch Pforten, eine auf jeder Seite, welche nach den vier Weltgegenden gerichtet sind.

Eine einzige dieser Pyramiden hat so viele Jahre Arbeit gekostet, als Luna Isis Tage zu ihrem Umlaufe braucht. Sie beschäfftigte die Arme von so vielen Tausenden von Menschen, als der Sonnengott Osiris Tage bedarf, um den glänzenden Thierkreis zu durchlaufen.

Was kann ich von den Hieroglyphen sagen, mit denen die Pyramiden bedeckt sind? — Nichts weiter, als daß sie die große Kunst enthalten, die schlechtesten Metalle in Gold zu verwandeln (¹). Allein der dreymal große Hermes hat, bis auf unsere Tage, den Schlüssel dazu allein besessen.

Die Bauart dieser Pyramiden ist folgende, ihre Höhe steht mit dem Umfange ihrer Basis in solchem Verhältnisse, daß während sechs Monaten im Jahre, das Licht der Sonne den Schatten verscheucht, und ihn zwingt, senkrecht hinab, unter den Grund derselben ins Reich der Finsterniß zu fallen. Der Verehrer des großen Gestirns verliert den Gegenstand seiner religiösen Betrachtungen nicht einen Augenblick aus dem Gesichte; er befindet sich so lange in der Gegenwart seines Gottes, als der Mechanismus des Weltalls es den scharfsinnigen Bewohnern

(1) Siehe Mutus liber, Rupellae 1677. in Fol.

des glücklichen Aegyptens erlaubt. In Aegypten hat man den ersten Begriff von den Göttern gehabt, und hier nur haben sie mit Wohlgefallen ihren Wohnsitz aufgeschlagen.

Anderwärts überall haben sie blos eigennützige Höflinge; nur an den Ufern des Nils finden sie wahre Verehrer. Mein Sohn, sagte der Vater des Osiris, verlaß dich auf die Fürsorge der Götter, ohne jedoch die Weisheit der Menschen zu vernachläßigen.

Osiris folgte dem väterlichen Rathe und ward für Aegypten der Genius des Guten, der von dem Genius des Bösen lang verfolgt wurde. Eines Tages bat eine arme Frau, an der Thüre des damals allmächtigen Typhon, um ein Allmoßen; der böse Genius schwang seine Keule um die zudringliche Bettlerin zu zerschmettern, ein mächtigerer Arm hielt den Schlag zurück: Osiris erhielt seine, auf Gerechtigkeit gegründete Macht wieder, und von diesem Zeitpuncte an, rechnet Aegypten sein goldenes Zeitalter, welches es seinen Weisen nicht weniger, als seinen Göttern zu verdanken hat.

Gyphtarim, der Sohn Bansars, war der erste, der sich in Aegypten dem Dienste der Gestirne widmete; er setzte die Vorstellungen der Planeten auf die Altäre, wurde König, gab wichtige Gesetze, und erbauete hohe Pyramiden. Dieser priesterliche Monarch zeigte sich dem Volke nur einmal im Jahre, wenn die Sonne in das Zeichen des Widders trat; aber er sprach gern zu seinen Unterthanen, ohne von ihnen gesehen zu werden, und seine Befehle hatten um so mehr Nachdruck.

Der ältere Hermes endlich, erbauete das Haus der Bildsäulen, die zu Nilmessern dienen, errichtete der Sonne einen Tempel, stiftete Schulen und Plätze zu körperlichen Uebungen, legte, am Fuße des Bergs des Osiris, eine Stadt mit einem Leuchtthurme an, welchen ein schwarzer Adler, ein weißer Stier, ein feuerfarbner Löwe und ein rother Hund bewachten. Diese Bildnisse von Thieren waren mit der Sprache begabt; sobald ein Reisender die Stadt betrat, so erhob eines der an den Thoren wachthabenden Thiere seine Stimme und rief: „Einwohner der Stadt des Hermes, ein Fremder befindet sich in euern Mauern; versichert euch seiner, um zu erfahren, wer er ist und was er will."

Der dreymal Weise war der Erste (¹), der die Wissenschaft der Gestirne entdeckte: er stiftete hundert und acht Städte, und gab ihnen Gesetze, die dem Clima einer jeder angemessen waren. Er führte auch, zu Ehren der Sonne, der Erde und der Gestirne, Feste und Opfer ein.

§. XLV.

Fortgesetzte Erzählung der Wunder Aegyptens.

Auf den Berg seiner Lieblingsstadt pflanzte Hermes einen Baum, der groß genug war, um die ganze Stadt mit seinem ausgebreiteten Schatten zu bedecken. „Dieser einzige Baum trug alle Früchte der übrigen.

(1) Siehe la forêt des philosophes fol. IV. verso, et V. recto, in 8vo. Paris 1532.

Ohne Zweifel, sagte ich zu meinem jungen Reisegesellschafter, existirt dieses Gewächs heut zu Tage nur noch in den hieroglyphischen Büchern deiner Lehrer. Sollte dieß nicht auch so ziemlich der gleiche Fall mit allen demjenigen seyn, was sie dir von dem alten Aegypten erzählt haben, und was du mit Recht so treulich behalten hast? Diese wundervollen Erzählungen schildern den Geist und die Sitten der Zeit, und können sogar nöthigenfalls zu Berichtigung der Geschichte dieses schönen und alten Landes dienen. Der Baum, welcher allein alle Arten von Früchten trägt, ist wahrscheinlicher Weise das Sinnbild eines glücklichen Volks, das bey sich selbst alles findet, und in Rücksicht auf seine Bedürfnisse von niemanden abhängt. — Fahre fort.

Mein jünger Araber von Memphis las weiter, unter der Bemerkung, daß, selbst bey meiner Voraussetzung, sein, von den Priestern erhaltener Unterricht, den Werth, den er darauf setze, rechtfertige.

Du wirst, fuhr er fort, auch das, was mir von dem, mitten in der Stadt errichteten, achtzig Cubitus hohen, Leuchtthurm, zu sagen übrig bleibt, unter die Zahl der Hieroglyphen rechnen. Diese Leuchte machte alle Nacht eine große Flamme, bald von einer, bald von der andern, bis zur siebenden Farbe; und fieng dann wieder von der ersten an.

Pythagoras. Man könnte diese Thatsache buchstäblich so erklären, daß Hermes auf seinen Reisen die Farben des Regenbogens beobachtet, und diese

Far-

Farbenreihe den bezauberten Blicken des Aegyptischen Volks dargestellt habe.

Saphiphus. Wirst du auch den Ursprung der Pyramiden, so wie man mir ihn in den geheiligten Schulen von Memphis erzählt hat, ableugnen? Drey Jahrhundete vor der großen Ueberschwemmung, träumte einstens des Nachts, dem Könige Saurid, daß der Erdboden unter den Füßen des Volks zusammen stürze, die Menschen fielen auf ihr Antlitz, und die, von dem Firmamente losgerissenen Himmelskörper sanken herab unter die Sterblichen; die Sterne stürzten in Gestalt weißer Vögel, in den geöffneten Abgrund und verloschen.

Der erschrockene Saurid erhebt sich von seinem königlichen Lager, um sich in den Tempel der Sonne zu begeben, und den Altar mit seinen Thränen zu benetzen. Die Priester-Magier von allen Abtheilungen Aegyptens werden zusammen berufen, um die Erzählung des Traums anzuhören. Sie erscheinen. Ihr Oberhaupt, der sich an dem Hofe des Königs selbst aufhielt, nimmt das Wort: „Erstgebohrner des Nils," sagte er, „mir hat auch geträumt, ich befände mich zu deiner Rechten, auf dem Gipfel des Feuerbergs. Wir bemerkten, daß der Himmel viel niedriger als gewöhnlich war, sich auf unsere Häupter herabzusenken schien, und uns, wie ein umgekehrtes Schild bedeckte. Die an ihnen befindlichen Gestirne mischten sich, nach ihren verschiedenen Zeichen unter die zagenden Sterblichen. Das Volk drang in uns beyde, uns zu berathschlagen, was bey diesem seltsamen Ereigniß zu

Ee

thun seyn möchte. Wir erhoben unsere Hände über unsere Häupter, gleichsam um damit den Himmel zu stützen, und ihn abzuhalten das Volk zu zerschmettern. Jetzt trennt er sich; die Sonne trat hervor, und sprach: Söhne der Menschen, das Firmament wird seinen gewöhnlichen Stand wieder annehmen, wenn ich meinen Lauf dreyhundertmal werde vollendet haben.

Nach diesem durch zwey, beynahe gleiche, Träume angekündigten Orakelspruch, nahmen die gelehrten Priester die Höhen der Gestirne auf, um zu untersuchen, was für Ereignisse sie vorhersagen, und erklärten, daß man eine allgemeine Ueberschwemmung oder Verzehrung durchs Feuer zu erwarten habe.

Sogleich befahl Saurid die Erbauung der Pyramiden, um innerhalb derselben den königlichen Schatz, und außen auf ihnen, die bis zu jener Zeit von den Priestern der Wissenschaften gesammelten Schätze der Weisheit ([1]) aufzubewahren.

Saurid fuhr fort, nach den guten Rathschlägen der Priester, mit vieler Weisheit zu regieren. Er wies den, beym Bau der Pyramiden krank gewordenen Arbeitern, Verpflegungsörter an. Er war der erste Monarch, welcher ein Register über Einnahme und Ausgabe hielt, und alljährlich über die, in die öffentlichen Cassen geflossenen, Gelder, Rechnung ablegte. Diese abgelegten Rechnungen wurden, zur Nachricht für die

(1) Nämlich in den darauf befindlichen Hieroglyphen.

Anm. d. Ueb.

Nachwelt, in Stein gegraben, die sie jedoch, eben nicht sehr benutzt.

Zu seinen Zeiten fiengen die Weiber von Theben und Memphis an, ihre geheiligten Mutterpflichten zu vernachlässigen; Saurid ließ mitten in der Stadt eine Bildsäule von grünem Stein errichten, die ein sitzendes junges Weib vorstellte, welches seine beyden Kinder säugte. Die Priester weiheten diese Bildsäule, und begabten sie mit Wunderkräften. Die schwangern, ihrer Niederkunft nahen, Weiber, legten ihre Hände auf die Brüste derselben, und versprachen ihr, ihre Kinder selbst zu säugen, um eine glückliche Entbindung zu haben. Diejenigen, welche ihr Wort nicht hielten, und, sobald sie Mutter geworden waren, ihre Kinder an einen fremden Busen warfen, wurden durch harte körperliche Beschwerden, die sie durch ihr ganzes Leben tragen mußten, gezüchtigt; diese Strafe legte ihnen Isis, die Göttin der guten Säugammie, auf.

Vergebens ließen die schlechten Mütter auf die grüne Bildsäule Wasser gießen, welches sie hernach tranken, in der Hoffnung; den Verheerungen, welche die Milch, die sie ihren Kindern versagt hatten, in ihrem Körper anrichtete, zu steuern, sie wurden nicht wieder hergestellt. Dieses Denkmal, so wie die steinernen Tafeln über die Einnahme und Ausgabe, wurden durch die vorhergekündigte Ueberschwemmung zerstört. In jenen Zeiten schon hatte man in Aegypten die Kunst entdeckt, das Elfenbein zu erweichen, und den gemeinsten Kiesel in Smaragd zu verwandeln.

Pythagoras. Dieß Geheimniß ist nicht so viel werth, als das von dem guten Könige Saurid entdeckte, die Ausgabe der Einnahme unterzuordnen.

Saphiphus. Ihm hat man noch viele andere, durch ihren großen Nutzen empfehlungswürdige Einrichtungen zu verdanken. Man findet in einem alten, in einer Gruft auf der Brust eines Leichnams gefundenen Buche, daß Saurid, welcher auf die Nachkommen dachte, alles was die Aegyptier zu seinen Zeiten von der Naturlehre wußten, nicht nur in Hieroglyphen auf die Pyramiden, sondern noch überdieß auf die Mauern, auf Obelisken, Säulen, und sogar auf die Dächer großer Gebäude graben ließ. Er war es, welcher mit Genauigkeit und Sorgfalt, die Figur der Sternbilder unter ihren jedesmaligen Zeichen vorstellen ließ. Man ist ihm den Auszug aus den politischen Gesetzen, so wie die Grundzüge der Feldmeßkunst, und der Heilkunde, des Ackerbaus und der andern nährenden Künste schuldig. Er erbauete zwey astronomische Palläste, einen von Gold für die Sonne, und einen andern von Silber, für den Mond; die Wache davor vertraute er zwey ungeheuern Hunden, lebendigen Sinnbildern der beyden Wendekreise an, diese hatten den Auftrag, die Sonne und den Mond zu verhindern, daß sie ihren Lauf nicht bis an die Pole fortsetzten (1).

Als der gute König Saurid alle diese Dinge ausführte, und noch viel mehrere im Kopfe hatte, so fragte er die Priester: „Wenn wird denn diese Ueberschwem-

(1) Clemens Alexand. Strom.

mung, von welcher wir bedroht sind, sich ereignen?" worauf er zur Antwort erhielt: „Wenn das Herz des Löwen, sich unter der ersten Minute des Hauptes des Krebses, Sonne und Mond im Widder, Saturn und Jupiter in den Fischen, Mars in der Wage, und Venus im fünften Grade des Löwen befinden werden."

Saurid fragte, ob irgend noch ein anderes großes Ereigniß vorauszusehen wäre. Die Priester stellten ihre Beobachtungen an, und fanden, daß, wenn das Herz des Löwen zwey Drittel seiner Bahn zurückgelegt hätte, kein Geschöpf mehr auf Erden lebendig bleiben würde, und wenn es seine Bahn ganz vollendet hätte, die Knoten der Sphäre zerreissen würden (1).

Sogleich befahl der König, die schwarzen Steine herbeyzuschaffen, und den Grund zu den Pyramiden damit zu legen. Man führte sie, durch Maschinen auf dem Nile herzu. In jeden Stein waren gewisse, von den Priestern gezeichnete Charactere gegraben, wodurch er die Eigenschaft erhielt, sich von selbst, einen Pfeilschuß weit, von einem Orte zu dem andern zu bewegen. Aus dem Mittelpuncte dieser großen, zur Grundlage dienenden Massen, gieng eine eiserne Spindel, durch die zweyte auf der ersten befindliche Steinlage hindurch. Ringsherum wurde eine, im Feuer zum Fluß gebrachte, bindende Materie gegossen. In einer Tiefe von vierzig Cubitus brachte man Thüren an, die in lange Gewölbe führten (denn

(1) Dieser astronomische Unsinn macht die Authenticität des Arabischen Manuscripts sehr verdächtig, da bekanntlich die Aegyptier und die Araber, schon in den ältesten Zeiten, zu gute Astronomen waren, um solche Abgeschmacktheiten niederzuschreiben.

Anm. d. Ueb.

was man von den Pyramiden über der Erde sieht, ist nur der dritte Theil dieser Gebäude). In diese Arten von Kellern ließ der König dreyßig Kanopen mit ihren Deckeln setzen. Jedes dieser Gefäße konnte die Ladung eines Saumthieres fassen. Man verschloß in dieselben das Kostbarste, was man damals besaß, zum Beyspiel, geschmolzene und farbige Perlen, Eisen, das so schmeidig war, als das feinste Tuch, subtile Gifte und andere tödtliche Getränke mit ihren Gegengiften darneben; wovon die in öffentlichen Aemtern stehenden Personen stets etwas bey sich führten: eherne Tafeln mit eingegrabenen, medicinischen Regeln, zu Erhaltung der Gesundheit, und Vorschriften der Weisheit, zu Erhaltung des Friedens. Andere steinerne Tafeln, die Annalen der Vorzeit und politische Maximen für die Zukunft, in Form von Prophezeihungen, enthaltend: noch andere astronomische Tafeln, über den Zustand des Himmels, nebst der Berechnung über das Stillestehen und die Bewegung der Gestirne bey gewissen, weit von einander entfernten, sogenannten großen Jahren.

In eine dieser Pyramiden wurden die irdischen Ueberreste der Priester und Könige beygesetzt. Jeder dieser Körper lag in einem großen, schwarzen und harten Steine, der nach der Länge des Leichnams ausgehauen war; neben jedem Priester lag seine Papyrus-Rolle oder seine Schreibtafeln. Man muß wissen, daß es sieben Classen von Priestern gab. Die vorzüglichste enthielt diejenigen, die während sieben Jahren einem jeden der sieben vornehmsten Gestirne gedient hatten. Um diesen höchsten Grad zu erlangen, waren alles umfassende Kenntnisse erforderlich. Alljährlich feyerte das Volk auf ihr Geheiß ein großes Fest unter dem Namen des Festes der sieben Altäre, weil sie, um die Sternkunde in Aufnahme zu bringen, diese Wissenschaft zu einer Religionsübung gemacht hatten. Man gieng, mit einer Fackel in der Hand, um diese Altäre siebenmal herum, um den Umlauf der Gestirne nachzuahmen, deren Zeichen man verehrte.

Außer diesen Gegenständen, stellte man an den innern Wänden der Pyramiden, die Bildsäulen der Urheber nützlicher Erfindungen, nach der Zeitordnung auf. Jede Bildsäule hat das erfundene Werkzeug und die Beschreibung der Handgriffe zu dem Gebrauche derselben, in den Händen.

Jede Pyramide hatte ihren Wächter; der die Gewalt besaß, dem unbescheidenen Neugierigen, der sich ihr allzusehr näherte, des Verstandes, des Muthes, und selbst des Lebens zu berauben.

Soll ich des ersten Labyrinths erwähnen, das auf der heiligen Insel Moeris erbaut war. Der König Tithoes gab vor vierzehn tausend Jahren den Plan dazu an. Dieß war ein weitläuftiger marmorner Bezirk, der zwölf Palläste und dreyhundert und sechzig andere kleinere Gebäude enthielt.

Soll ich von der von einer Götterhand erbauten heiligen Stadt (*), jenem berühmten Theben, mit den sieben himmlischen Thoren, von seinen vier großen, nach den vier Weltgegenden angelegten Straßen reden. Seine kreisförmigen Mauern geben ihr noch mehr Aehnlichkeit

*) Nonnus, Dionys. V.

mit der Erdkugel. Theben und der Erdball haben ihr Daseyn einem und demselben Plane zu danken.

Alle diese Umstände, und noch viel mehrere, sind in Armeli's Buch der Berühmten zu finden.

Hermes, oder Mercur, von welchem ich schon geredet habe, heißt auch Edrise; welches soviel sagen will, als: Einer der viele Bücher schreibt. Er war es in der That, der die Aegyptier das Schreiben lehrte, und eine große Ueberschwemmung vorhersagte: sie ereignete sich gerade zur rechten Zeit, um die Kinder der Menschen zu vereinigen, die sich schon über ihre Meinungen zankten. Vertilgt sey das Andenken desjenigen, der den ersten Religionskrieg erregte. Warum will man sich der Götter wegen bekriegen? Die Götter sind mächtig genug, um sich selbst zu vertheidigen.

Die Sterndeuter behaupten, daß die große Ueberschwemmung, in Rücksicht auf Aegypten, nicht ganz allgemein gewesen sey. Verschiedene Familien überlebten dieses, alles verheerende, Naturereigniß. Und nun legten die Väter ihren Kindern mit diesem Segenswunsche die Hände auf: „Herr der Natur, segne unsere Nachkommen! entferne Schmerz, und Schwäche, die noch schlimmer als Schmerz ist, von ihnen. Gieb unserer Nachkommenschaft Kraft, und Muth, der noch mehr werth ist, und Weisheit, welche beyde übertrifft. Laß sie nie aus dem Lande Aegypten, dessen Wasser so süße und dessen Triften so grün sind, vertrieben werden. Aegypten müsse die Mutter der Nationen seyn, so wie der Nil der Vater der Flüsse ist! Gieb auch, daß seine

Jahrbücher rühmlichere Beyspiele zur Nachahmung enthalten als die Geschichten aller übrigen Völker. Aegypten müsse wegen seiner Weisheit berühmt seyn, und auf den Sarg eines jeden seiner Kinder müsse man schreiben können: „Er hat gelebt ohne den Fanatismus und die Knechtschaft, die Krankheit, und die Schwäche des Alters gekannt zu haben." Glücklich ist, wer seine Tage in Aegypten verlebt! Wer es verläßt wird sich unaufhörlich darnach sehnen, und mit Thränen seine Rückkehr wünschen. Wer mit bösen Absichten dahin kommt, kehrt um, ohne sie ausführen zu können. Wer das Verderben Aegyptens sucht, findet das seinige darinnen. Wer darinnen wohnt, ist in Sicherheit, wer es verläßt, bereut es.

Man sagte einsmals zu einem großen Manne: Was hälst du von Aegypten? „dreymal glückliche Erde, rufte er aus, wo die stolzen Könige gedemüthigt werden, wo der Unglückliche Hände findet, die seine Thränen trocknen, fruchtbares Land, wo das Weizenkorn so groß wie ein Hühnerey ist; köstlicher Garten, wo der Reisende von Syene bis zum Meere an den beyden Ufern des Nils mit bloßem Haupte in Schatten gehen kann, ohne daß ihm die brennenden Strahlen der Sonne beschwerlich fallen; beglückte Gefilde, die zu allen Jahrszeiten mit Blumen geschmückt sind, wo man in jedem Monate pflanzen kann. Dreymal glückliches Aegyptenland, wo die reißenden Thiere, kleiner, minder zahlreich, und muthloser als in allen übrigen Ländern sind." (¹)

(1) Herod. II.

Aegypten ist das einzige Land des Erdbodens, das auf sich selbst, fest wie ein Würfel ruht, ohne den Erderschütterungen ausgesetzt zu seyn.

Verschiedene gelehrte Erdkundige, haben mit ihren Instrumenten die Menge seiner Canäle, seiner freyen Städte und seiner bevölkerten Gemeinen bestimmen wollen, aber es hat ihnen an Zeit gefehlt, diese Rechnung zu vollenden. Es sind in Aegypten dreyhundert und sechzig große Meiereyen, so viel als Tage im Jahre; und eine einzige derselben würde hinreichend seyn, alle Einwohner Aegyptens zu ernähren, deren Anzahl aus so vielen Millionen besteht, als der Mond Tage braucht, um seinen Lauf zu vollenden.

Demjenigen bleibt noch eine große Merkwürdigkeit in Aegypten zu sehen übrig, der den hieroglyphischen aus allen Arten von Metallen, Hölzern und Steinen zusammengesetzten hieroglyphischen Coloß des großen Osiris (1) seine Verehrung noch nicht bezeigt hat.

Der Tempel, in welchem sich diese Bildsäule befindet, ist kaum groß genug, um sie zu fassen; denn ihr Scheitel berührt das Gewölbe, und ihre ausgebreiteten Hände scheinen die Mauern des Gebäudes zurückzustoßen, um sich Platz zu machen.

Ein blinder Greis aus Aethiopien, rufte einesmals seinen jüngsten Sohn, und sagte zu ihm: „Kind, führe mich nach Aegypten." Als sie am Fuße der großen Pyramide angekommen waren, so rief der

(1) Alph. Costadau traité des signes II.

Greis noch einmal: „Kind, ich will die höchste Pyramide besteigen.“ — „Aber mein Vater,“ antwortete der Sohn, „du wirst deswegen nicht mehr sehen.“ — „Ich weiß es,“ erwiederte dieser, aber ich werde mit meiner Hand die gelehrten Zeichen berühren, die auf allen Seiten dieser Pyramiden eingegraben sind, und ich werde zufrieden sterben, wenn ich sagen kann, daß ich das dauerhafteste aller von Menschenhänden errichteten, Denkmale, und den erhabensten Altar, der zu Ehren der Gestirne erbaut worden ist, mit meinen Händen berührt habe. Mein Sohn, wisse, daß, wenn in jedem andern Lande, der Blinde, oder der Greis ein Todter unter den Lebendigen ist, er in Aegypten noch einer glücklichen und ehrenvollen Existenz genießt. Ein Gesetz verordnet, vor ihm aufzustehen, wenn er vorübergeht, ihm bey Tage den Arm, und bey eintretender Nacht, ein Lager zu geben. Gepriesen sey das gastfreundschaftliche Aegypten, das Land wo das schwache Alter Freunde findet.“

Mein junger Reisegefährte beschloß hier die Vorlesung aus einer Papyrusrolle, und fügte hinzu: „Ich habe nichts weiter niedergeschrieben; aber die Priester der heiligen Schulen in Memphis haben uns noch dreymal mehr dictirt. Die Sprache ist unerschöpflich, wenn sie die Wunder Aegyptens zum Gegenstand hat; und was du so eben gehört hast, ist nur eine schwache Probe von dem, was man dir am Fuße der Pyramiden wiederholen wird. Das Stillschweigen eines Volks, das dem Fremdlinge keine Schönheiten in seinem Lande zu zeigen hat, ist leicht begreiflich: Der Sohn des Nils verdient Entschuldigung, wenn er viel spricht, da er viel zu sagen hat.“

§. XLVI.

Pythagoras in Memphis. Häusliche Gewohnheiten der Aegyptier.

Als wir in Termuthis angekommen waren, so verließen wir für kurze Zeit die Landstraße, um die Fahrt auf den Nil auch ein wenig zu versuchen. Wir stiegen in eines jener kleinen Fahrzeuge, welche Aegypten der Phönizischen Industrie nachgeahmt hat, und die von Weiden und einigen Sumpfpflanzen verfertigt werden, man füttert sie inwendig mit Leder, und überzieht sie auswendig mit Theer. So schifften wir schnell bis nach Letus!, der Hauptstadt eines Nomos, und von da, nach Cercasorum, einen Ort, der, wegen seiner Lage merkwürdig ist; hier theilt sich der Nil in zwey große natürliche Canäle.

Wir ließen hierauf Heliopolis und Babylon zu unserer Linken, und stiegen bey einer kleinen Ebene, das Goldfeld genannt, ans Land; hier beginnt das Gebiet von Memphis, welches die Aegyptier Momphta, d. i. Wasser des Herrn (Stadt des Sonnenwassers) nennen. Diese große, gegen Abend vom Nile gelegene Stadt, ist über diesen Fluß, durch einen Damm erhoben, der das Werk des Königs Menes, oder vielmehr unter seiner Regierung erbaut worden ist. Er erfordert eine sorgfältige Unterhaltung; denn sollte er zerreißen, so würde ganz Memphis unter Wasser gesetzt werden.

Dieser Damm, der ihr der Ueberschwemmung wegen nöthig war, würde ihr auch zur Schutzwehr gegen den Feind dienen: sie ist daher zu einem außerordentlichen festen Platz, und zu einem angenehmern Aufenthalt für den Monarchen geworden, als Theben, sie liegt am Fuße eines Sandberges, auf dessen Gipfel man einen Pallast erbaut hat. In der Nähe ist ein Gehölz befindlich; die Bäume in denselben sind von solcher Stärke, daß drey Menschen erforderlich sind, um mit ihren Armen dieselben zu messen. Das Clima ist in dieser Gegend so mild, daß kein Gewächs, selbst der Weinstock nicht, seine Blätter verliehrt.

Ich fand in dem Innern des Bergs, an dessen Fuße Memphis liegt, Seemuschelschalen (¹).

Der große See Moeris, der Beschützer der Stadt, hat mit dem Nile durch einen vierzig Stadien langen Canal Gemeinschaft, der dreyhundert Fuß breit ist. Das Wasser des Flusses wird, vermittelst einer Schleuse, in dem Canale zurückgehalten, oder, nach den Bedürfnissen der Landleute, auf die Felder geleitet. Diese Schleuse wird durch geschickte Hände, auf Verlangen, geschlossen, oder geöffnet; doch geschieht dieß nur mit großen Kosten. Eine jedesmalige Veränderung kostet funfzig Talente.

Beym Anfange des Canals machte mich Gaphlphus auf den Nilmesser aufmerksam, einem Werkzeuge, mittelst welches man das jährliche Wachsen desjenigen Wassers mißt, das Aegypten ernährt, und welchem Memphis seinen Wohlstand zu danken hat. Dieser Nilmesser ist nach Cubitus und Daumen abgetheilt, um

(1) Herod. II.

dem Volke desto leichter verständlich zu seyn, das ihm mit so vieler Theilnahme zu Rathe zieht. Seit einer langen Reihe von Jahrhunderten bewahrt man das Resultat eines jeden Jahres auf. Eine Höhe von zwölf Cubitus ist nicht hinreichend, achtzehen sind schon zu viel: funfzehen ist die mittlere Höhe, die dem allgemeinen Wunsche entspricht.

„In meinem väterlichen Haüse," bemerkte Saphiphus, „hält die Cisterne, deren Grund aus einem groben Sande besteht, bey einer Höhe von einem halben Cubitus, Wasser."

Das Weichbild der Stadt ist mit lachenden Wohnungen übersäet. Ueber den Thüren verschiedener derselben, bemerkte ich Flügel von Sperbern (1): Dieß geschieht, sagte mir mein junger Führer, um dadurch anzuzeigen, daß die Eigenthümer oder Besitzer von alter und berühmter Abkunft sind.

Bey unserer Ankunft in Memphis, wo wir durch das Thor mit dem Zunamen, „des Thores der Wahrheit (2)" eingiengen; sagte mein junger Reisegefährte mit traurender Stimme zu mir: Ich wage es nicht dir unser Haus bis zu dem Zeitpuncte, wo du dem Könige vorgestellt werden wirst, zur Wohnung anzubieten. Es würde mir zu vielem Vergnügen gereicht haben, dich mit meinem Vater und mit meiner Familie bekannt zu machen. Wir gehören nicht zu den

(1) Stuckius Conviv. II. 30.

(2) Diod. Sicul.

Vornehmsten der Stadt, und ein, mit so wichtigen Empfehlungen versehener, Fremde, möchte es wohl unter seiner Würde halten. — — —

Pythagoras: Sohn des Saphiphus! was redest du da? Ich hatte mir wirklich vorgenommen, dich um die Gastfreundschaft zu bitten, die du mir anbietest. Sie ist mir lieber als die des Amasis. Ich wollte dich noch überdieß ersuchen, mein Führer zu seyn.

Der gute Jüngling antwortete mir, indem er mich in seine Arme schloß, und mich in sein väterliches Haus führte. Ein vor der Thüre befindlicher Sycomoruszweig kündigte uns irgend ein trauriges Ereigniß an. Sein Vater, seine Schwester und sein Bruder umringten das Schmerzenlager, auf welchem die Hausmutter nur den Augenblick zu erwarten schien, um ihren Erstgebohrnen noch einmal zu sehen, ihm das letzte Lebewohl zu sagen, und dann den Geist aufzugeben. Das Opfer welches den sechs und dreyßig Enats (1), Schutzgeistern, die den sechs und dreyßig Theilen des menschlichen Körpers vorstehen, gebracht worden war, hatte keine Erleichterung verschafft. Die Scene war kurz, aber herzzerreisend, und meine Gegenwart von einigem Nutzen. Ich nahm Theil an dem allgemeinen Schmerze. Die Thräne eines Fremden ist ein tröstender Balsam, für eine, in Verzweiflung gesetzte, Familie. Ich verließ meinen Führer keinen Augenblick. Es war Bedürfniß für ihn, die schmerz-

(1) Enat oder Sicat, Aegyptische Wörter, welche soviel als Decans oder Luftgeister bedeuten.

haften Empfindungen seines Herzens auszuschütten; glücklicher Weise waren wir von unserer letzten Wanderung ermüdet. Ich redete ihm zu, sich auf sein Lager zu werfen, und um ihn dazu zu bewegen, theilte ich es mit ihm. Ein um dasselbe gezogenes Netz (1) schützte uns vor den beschwerlichen Mücken.

Er bat mich nun seiner Seits, ihm, in diesen ersten Augenblicken der Bestürzung, bey seinen häuslichen Anstalten behülflich zu seyn. Den dritten Tag Abends, bestellte man die Einbalsamirer: ein, vor noch nicht gar langer Zeit, gegen die Enthaltsamkeit dieser Leute ergangenes, Gesetz verordnet, daß man zwischen dem Tode, und dem Begräbnisse einen Zeitraum von dreyen Tagen verstreichen lassen soll (2). Sie kamen den folgenden Morgen, und fragten, zu welchem, der drey bestimmten Preise, für ihre Arbeit, man sich entschlossen habe. Man entschied sich für den mittleren (3). Sie schritten nunmehr sogleich zur Arbeit, indem sie sich der Sonne gegenüber stellten (4): ich war Zeuge von ihrem Verfahren, denn mein junger Führer hatte mich darum gebeten, um sie durch meine Gegenwart zur gehörigen Erfüllung ihrer Pflicht anzuhalten;

(1) Conopoeum. I. Altorf de lectis. 1704.

(2) Afin que les embaumeurs ne s'accointent d'elles (der verstorbenen schönen Weiber), sagt ziemlich drollicht Claude Guichard Liv. III. des funerailles. Siehe Herod. II.

(3) Ungefähr 1500 Franken (375 Rthlr.) Diod. Sic. Herod. und Caylus Hist. acad. insc. tom. XI. in 12mo.

(4) Plutarch in seiner zweyten Abhandlung, vom Fleischessen, vom Anfang.

halten; weil sie öfters, wenn man nicht Achtung auf sie giebt, ihr Geschäfft vernachlässigen. Anfangs waren ihrer drey, aber bald darauf nur zwey, denn derjenige von ihnen, der die Verrichtung überhatte, die linke Seite des Leichnams, durch einen Einschnitt mit einem Aethiopischen Steine, zu öffnen, flieht und verschwindet, um dem Verwünschungen, die man gegen ihn auszustoßen die Gewohnheit hat, zu entgehen; die Aegyptier haben nähmlich eine schlechte Meinung von einem Menschen, der mit kaltem Blute es sich zum Berufe machen kann, den Körper seines Gleichen, wär es auch erst nach dem Tode, zu zerfleischen. Mit Hülfe verschiedener Werkzeuge, nahm man aus dem Leichname alles heraus, was sehr zur Fäulniß geneigt ist, mit Ausnahme des Herzens und der Nieren welche mit Palmenwein gewaschen wurden. An die Stelle der herausgenommenen Theile, spritzte man, vermittelst eines Rohres, Cedernharz ein; hierauf legte man den Leichnam in Natron (alkalisches fixes Salz,) worinnen er zwey Monate lang gleichsam begraben blieb; während dieser Zeit, zeigt sich die in Trauer gekleidete Familie, in verschiedenen Gegenden der Stadt, um die gewöhnlichen Beyleidsbezeugungen anzunehmen. Ich begleitete meinen jungen Führer überall hin.

Mit den Eingeweiden verfuhr man folgendermaßen (¹). Man verschloß sie in ein, zu diesem Gebrauch geweihtes Gefäß; hierauf hörte ich den Einbalsamirer, im Namen des Verstorbenen, folgendes Gebet sprechen: „O Sonne, unser Gott, der du den Sterblichen das Leben

(1) Porphyr, von der Enthaltung des Fleisches. IV. 10.

Ff

giebst, nimm mich auf. So lange ich lebte, habe ich die Erzeuger meines Körpers geehrt. Ich habe niemanden getödtet; ich habe mich an keinem anvertrauten Gute vergriffen. Wenn ich zuweilen Dinge gegessen oder getrunken habe, die durch das Gesetz verboten sind, so ist dieser Fehler demjenigen, was in diesem Gefäße verschlossen ist, zuzurechnen.“ Und während der letzten Worte dieses Gebets, wurde das Gefäß in den Nil geworfen (1).

Nach Verlauf von sechzig Tagen kamen die Einbalsamirer wieder, um das Fleisch, mittelst des Nitrums, auszutrocknen, bis von dem Leichname nichts weiter, als das, mit der bloßen Haut bedeckte Knochengebäude übrig blieb. Nun wurde der Körper vom Kopf bis zu den Füßen mit leinenen, mit Komi (einer Art Arabischem Gummi's) überzogenen Bändern umwickelt, wobey man nicht unterließ, ihm die Arme über einander zu legen, und die Hände nach dem Gesichte zuzukehren. Hierauf brachte man einen Kasten von Aegyptischem Feigenholz (eine Art Sycomorus) von menschlicher Gestalt herbey, um diese traurigen und theuern Ueberreste hineinzulegen. Die Aegyptier nennen den Sarg Dardarot, oder ewiges Haus (2), und den Tod Muth. Mein junger Begleiter mahlte selbst verschiedene hieroglyphische Vorstellungen darauf, wovon ich mir die Erklärung ausbat: "Ach! sagte er; du siehst hier einen Hahn seine Flügel über drey kleine Küchlein, deren eins kaum zur Hälfte

(1) Plinius hist. nat. nennt die Mumien servata corpora. Pompon. Mela. funera medicata.

(2) Diod. Sicul. I.

aus der Schale gekrochen ist, ausbreiten (1). Auf der Seite, in einiger Entfernung liegt ein, von Federn ganz entblößtes Huhn, auf seinem ganzen Körper ist nicht eine einzige mehr befindlich: ein wahres Bild meiner unglücklichen Familie! Meine arme Mutter ist dieß ehemals fruchtbare und wohlthätige Huhn. Jetzt sind ihre Kinder genöthigt, sich unter die Flügel ihres traurenden Vaters zu flüchten. Ich habe dieses Familiengemälde, ein ewiges Denkmal meines Schmerzes, mit gepülverter Smalte gemahlt.

Er fügte hinzu: „Wir haben nicht Willens den Körper unserer Mutter in die öffentlichen Katakomben vor der Stadt beyzusetzen. Mein Vater ist's zufrieden, daß wir ihn bey uns, unter demselben Dache, aufbewahren. (2). Wir wollen diesen Sarg in unserm besten Zimmer des Hauses an die Wand aufstellen; so werden wir nie aufhören uns unter ihren Augen zu befinden; sie wird bey allem, was hier geschieht, den Vorsitz haben, und jede unserer Mahlzeiten, wird sich mit einer Libation ihr zu Ehren beschließen."

Neidische Reisende haben die Erzählung dieses Gebrauchs schändlich entstellt. Sie behaupten, die Aegyptier, um ihre Gastmahle zu erheitern, setzten an das Ende der Tafel einen ausgetrockneten Leichnam; damit der Anblick ihrer Vernichtung sie antreiben möge, die Vergnügungen

Ff 2

(1) Diese Hieroglyphe hat die Idee zu dem Vogelneste geben können, welches auf einem Sarge unweit Rom, vorgestellt ist. Caylus. antiq. rom. tom. III. pag. 260. 261. in 4to.

(2) Cic. Quaest. tuscul. I.

des Augenblicks zu genießen, ohne sie auf den morgenden Tag zu verschieben ([1]).

Die letzten Ehrenbezeugungen der Mutter des Saphisphus beschloß ein Gastmahl. Man errichtete die Tafel, nach hergebrachter Sitte ([2]), außer dem Hause, vor der Thüre. Bey diesen Gelegenheiten macht man gern mit dem Hausgeräthe Staat, als einem Beweise des Wohlstandes und der Ordnung, die im Innern des Hauses herrschen. Die Cyathen, die Becher, die weiten Gefäße sind von Erz. Man nennt diese letztern ethanion ([3]). Ich bemerkte andere Gefäße, die mit einer Art von Farbe überzogen waren, welche das Silber vollkommen nachahmt. Zwanzig Jahrhunderte können kaum den Glanz derselben verändern. Ich sahe welche, die der Form nach, den Lagynen ([4]) von Samos glichen.

Man beschloß das Trauermahl mit folgendem, bey solchen Gelegenheiten gewöhnlichem Gebete ([5]):

„Sonne! und ihr Gestirne ([6]) ohne Zahl, aus denen das Leben ein Ausfluß ist, nehmt die Seele auf, die diesen Körper belebte.“ — —

(1) Caylus Antiq. egypt. tom VI.

(2) Pomp. Mela. Stuckius. Conviv.

(3) Athenaeus. XI.

(4) Lagena im Lateinischen; auf Deutsch Flasche. Athe. XI.

(5) Euphantes beym Porphyr. de abstin. IV. 10.

(6) Oder Götter, welches bey den Aegyptiern gleichbedeutend

Hierauf folgte, nach hergebrachter Gewohnheit, ein großer Becher voll Wermuth, welchen jeder der Gäste Reihe herum an die Lippen führte.

Eine, in diesem Hause in Diensten stehende Frauensperson, wurde durch den Tod ihrer Gebieterin so angegriffen, daß sie dieselbe nur einige Wochen überlebte. Man war im Begriff, ihr Leichenbegängniß auf eine einfachere, ihrem Stande angemessenere Weise zu feyern; allein es meldeten sich Gläubiger, welche sich demselben entgegensetzten, indem sie ein Document vorzeigten, welches ihnen ein Recht auf den Leichnam dieser Frauensperson gab (¹). Dieß Document bestand in einer Verschreibung über eine Summe, die sie von ihnen zur Unterstützung ihres alten Vaters erhalten hatte, wodurch sie ein Recht auf ihren Leichnam erhielten, um sich an demselben in den Handgriffen des Einbalsamirens zu üben. Saphiphus bezahlte den Gläubigern die von ihnen vorgeliehene Summe, und lößte auf diese Art die Ueberreste der Verstorbenen ein. Diesen schönen Zug von Großmuth erfuhr die Familie, welcher sie diente, niemals.

Man wusch den Körper inwendig mit Wasser und Salz aus, wickelte ihn in Palmblätter, hierauf ließen wir, mein junger Begleiter und ich, ihn, unter unsern Augen, auf den allgemeinen Begräbnißplatz der Einwohner von Memphis, in der großen, gegen Abend von der Stadt gelegenen Ebene Sachara bringen. Hier ist, fünf bis sechs Fuß unter dem Sande, ein großer Felsen gelegen, in welchem man eine unzählige Menge kleiner Behältnisse

(1) Lamothe Levayer; XIV. homilie.

eingebauen hat, die zu den letzten Wohnungen der Sterblichen bestimmt sind. Die Aegyptier nennen diese unterirdischen Höhlen Amenthen [1], gleichsam um anzuzeigen, daß die Erde den Urstoff des Lebens hergiebt und wieder zurücknimmt.

Die Leichname werden aufrechts hineingestellt, und sind mehrentheils in Behältnisse von Sycomorusholz (Butot in Aegyptischer Sprache genannt), eingeschlossen. Dieses Holz widersteht der Fäulniß sehr lange ([2]).

Ich besuchte diese große Sammlung von Särgen; einige hatten, wie ich bemerkte, Augen, oder vielmehr eine Art von kleinen Glasfenstern ([3]), um den einbalsamirten Leichnam sehen zu können Diese kostspielige Vorrichtung ist besonders bey den häuslichen Mumien ([4]) gewöhnlich.

§. XLVII.

Häusliche Einrichtungen in Aegypten. Lebensmittel. Künste und Handwerker.

In den Katakomben von Sachara, die aus verschiedenen unterirdischen Gallerien bestehen, von denen eine

(1) Dans et accipiens. Plutarch. If. et Of.

(2) Hesychius. Lexic. graec.

(3) Man sehe einen Brief, und die Antwort darauf, im achten Theile der gazette literaire de l'Europe, vom Anfang.

(4) Dieß Wort bedeutet einen ausgetrockneten Leichnam.

in die andere führt, sind die Leichname nach dem Alter und Geschlechte geordnet. Hier ist auch das Labyrinth der Vögel aller Gattung befindlich, die mit der größten Sorgfalt einbalsamirt sind, und die Lebhaftigkeit der Farben ihrer Federn vollkommen behalten haben. Sie sind in irdenen Urnen eingeschlossen. Ich fand darunter besonders viele Ibis. Diese Ehre des Begräbnisses wiederfährt jedoch nur den, in den Tempeln ernährten Geflügeln. Nur in Aegypten glaubt der Mensch, der Dankbarkeit gegen diejenigen Thiere, die ihm Gutes erzeigt haben, nicht überhoben zu seyn.

Bey dieser Bemerkung, die von meinem jungen Wirthe herrührte, erinnerte ich, daß er mir einen Onocrat (einen Pelican) vorgesetzt habe, und dieß ist doch, fügte ich hinzu, kein boshafter Vogel.

Der Sohn des Saphiphus erwiederte: aber er verzehrt die Fische, die uns zu gewissen Jahrszeiten zur Nahrung dienen.

Pythagoras. Hat er hierzu nicht so viel Recht, als das Aegyptische Volk? Erkläre mir jetzt einen andern Widerspruch! warum macht man sich in der Nachbarschaft der Tempel, wo der Ochse Apis wie ein Gott verpflegt wird, kein Gewissen, Kalbfleisch zu essen?

Saphiphus. Wahrscheinlich, weil eine Kalbe noch keine Kuh ist.

Pythagoras. Allerdings. Muß man denn bey religiösen Gebräuchen nach ihrer Ursache fragen?

Saphiphus. Warum nicht? der Phagrus, dessen Fleisches man sich an beyden Enden des Nils enthält, hat seine Verschonung der Blutfarbe seiner Floßfedern zu danken.

Pythagoras. In diesem Stücke bin ich der Meinung euerer Priester; man muß das Volk nicht mit dem Anblicke des Bluts vertraut machen.

Mein junger Wirth erwiederte: ein oberflächlicher Beobachter wird uns auf einem Widerspruch zu ertappen glauben, wenn er in Pelusium die Zwiebel auf unserer Tafel und auf unsern Altären sieht. Aber er wisse, daß wir die Meerzwiebel, die uns heilt, für heilig halten, und die Gartenzwiebel essen.

Wenigstens aber wirst du unserer Mäßigkeit Gerechtigkeit wiederfahren lassen; ich habe dir jenes kostbare Getränk nicht vorgesetzt, das man dir, wenn Amasis in die Hauptstadt zurückgekommen ist, stromweis einschenken wird. Wir haben dir nichts, als unsern gewöhnlichen Trank, unser Zythum anbieten können. Er besteht aus Gerstel (¹), die in einem bittern Aufguß von Wolfsbohnen gegohren hat, und ist eine Erfindung des Osiris. Die Pelusier berauschen sich in diesem Getränke, so gut wie die Griechen in dem ihrigen von der Erfindung des Bacchus. Unsere Hauptspeise besteht in gesäuertem Teige.

Pythagoras. Warum begnügt ihr euch aber nicht mit dem bloßen Wasser eures nährenden Flusses?

(1) Bier. Diod. Sicul. Columel. de re rust.

Der Arzt meiner Mutter, vor dessen Thüre wir uns gerade befinden, wird dir hierüber eine befriedigendere Antwort geben können, als ich, sagte mein junger Wirth, laß uns hineingehen.

„Die Erfahrung, sagte dieser Arzt, die man bey der Kunde des menschlichen Körpers, noch vor den Lehrern zu Rathe ziehen muß, hat uns schon seit langer Zeit belehrt, daß das Nilwasser, wenn es unvermischt und ungekocht getrunken wird, besonders in den ersten Tagen, welche auf die Ueberschwemmung folgen, die Elephantiasis (den Scharbock oder Aussatz) verursacht. In diesem Zeitpuncte ist das Wasser natürlicher Weise, durch die große Menge Insecten, und andere schädliche Theilchen, die es in Bewegung gesetzt hat, und mit sich fortführt, getrübt. Der Schlamm, der unsern Boden düngt, würde unserer Gesundheit nachtheilig seyn, wenn wir von diesem Wasser allzuhäufig Gebrauch machten. Es ist schon schlimm genug, daß der Arme für die öffentlichen Bedürfnisse mit seinen Händen unaufhörlich darinnen arbeiten muß. Denn das Aegyptische Volk ist vielleicht das unreinlichste von allen. Soll ich es sagen, daß es den Koth mit seinen Händen, und den Teig mit seinen Füßen knetet.

Pythagoras. Ich wundere mich, daß es nicht mehr Kranke in Aegypten giebt.

Der Arzt. In jedem Dekan ([1]) des Monats, nimmt das Volk Brechmittel ([2]), die es reinigen; außer

([1]) Zeitraum von zehen Tagen.

(2) Dacier. Vie de Pythagore p. 167.

seiner Mäßigkeit und der religiösen Wichtigkeit, die man auf die Wahl seiner Nahrungsmittel zu setzen gewußt hat, haben wir es zu überzeugen gesucht, daß alle Krankheiten ihren Grund einzig in der ungesunden Nahrung haben. Aber unserer Bemühungen ungeachtet, muß man immer ein wachsames Auge auf dasselbe haben. Eine menschenfreundliche Obrigkeit darf es keinen Augenblick aus dem Gesichte verliehren. Der grosse Haufen ist nur zu sehr geneigt, in sein altes schmutziges Gleis wieder einzulenken.

Die Priester unterstützen die Obrigkeit hierinnen, und ihr Beyspiel macht mehr Eindruck noch als ihre Lehren. Sie sind, im Ganzen genommen, nicht sehr beleibt; genießen aber einer vollkommenen Gesundheit, und verschiedene von ihnen enthalten sich nicht allein des Fleisches der Thiere, sondern sogar der Eyer und der Milch, nicht blos des Safts der Reben, sondern selbst des Gersten- Lotos - und Palmensafts.

Sie halten wenig auf diejenigen ihrer Zöglinge, die dick und fett sind; je fleischiger die Oliven sind, „sagen sie," je weniger geben sie Oehl.

Sie sind mit den Morgenländischen Weisen der Meinung, daß die Nahrungsmittel aus dem Pflanzenreiche das Gedächtniß stärken und erhalten.

Pythagoras. Ich habe nirgends so viele Blinde gesehen als in Aegypten. (1)

(1) Diod. Sic. I. 22.

Der Arzt. Redest du sinnbildlich?

Pythagoras. In beyderley Sinne.

Der Arzt. Wir lassen das Volk bey dem Glauben, daß die Blindheit, der sie unterworfen sind, eine Strafe ihrer Götter sey, bis wir die Ursachen und die Mittel dagegen entdeckt haben werden.

Pythagoras. Sollte diese Beschwerde nicht den Steinen zuzuschreiben seyn, die der Aegyptier unaufhörlich in der Sonnenhitze behaut und hin und her schafft?

Der Arzt. Ich habe schon daran gedacht, aber man darf es nicht sagen. Ein hellsehendes und unbeschäfftigtes Volk, ist sich selbst, und seinem Oberhaupte zu gefährlich.

Der Bewohner des Nilufers hat frühzeitig die Nothwendigkeit eingesehen, sich an gewisse diätetische Vorschriften zu halten, deren Befolgung und heilsame Wirkungen ihnen die Priester zuerst gezeigt haben. Denn diese trinken nie etwas anders als Quellwasser aus ehernen Bechern; der übrige Theil der Nation, mit Ausnahme der Reichen, löscht seinen Durst aus dem Nile, ohne das Wasser desselben zu reinigen (1): das Volk und das Schwein, haben hier, wie überall, dieselben Gewohnheiten.

(1) Cocchi, regime Pythagorique.

Die gütige Natur, die für alles sorgt, läßt unter unsern Füßen abführende Pflanzen wachsen; die Landschaft Thebais ist damit übersäet. Der Cassienbaum ist bey uns einheimisch; die Unvorsichtigkeit oder vorübergehende Abweichungen von der Ordnung können keine langdauernden und nachtheiligen Folgen haben: die Religion ist mit der Natur im Einverständnisse, um über unsere Gesundheit zu wachen. Sie verbietet den Schweinhirten den Eintritt in die Tempel, um uns in dem Widerwillen, welchen wir gegen den allzuhäufigen Gebrauch des Schweinefleisches, das unter einem heißen Himmelsstrich anerkannt schädlich ist, haben sollen, noch mehr zu bestärken.

Unsere, sowohl bürgerlichen als heiligen, Gesetze, vereinigen sich, um uns anzuhalten, von der Kuh nichts weiter als ihre Frucht und ihre Milch zu verlangen; wir sollen die Mutter verschonen, wenigstens so lange sie der Befruchtung noch fähig ist.

Es ist kein großes Opfer für die Sinnlichkeit, sich des Fleisches des großen und kleinen Falken, des Sperbers, des Adlers, des Raben, des Wiedehopfs, der Störche, der Kraniche, des Ibis, und anderer fleischfressender Vögel, die blos von Mord und Raub leben, zu enthalten. Die Pharaonsratzen, die Wiesel, die Katzen, die Hunde, haben kein so feines Fleisch, um nach ihrem Genusse lüstern zu machen.

Auch des Fleisches der Fischotter, des Pelikans, der Fuchsgans (tadorne) (1); können wir entbehren,

(1) Vulpanser. Eine Art großer wilder Enten.
Anm. d. Uebers.

und sie ungestört von dem Ueberflusse der Bevölkerung unserer Seen sich nähren lassen. Was sollten wir ferner mit dem sehnigen Fleische des Cynocephalen (Affen) machen, den wir noch überdieß bey den Aethiopiern holen mußten; es ist schon genug, daß wir von ihnen die Verehrung, die man diesem nachahmenden Thiere bey uns erzeigt, erhalten, und uns dadurch die Beschuldigung zugezogen haben, daß wir lebende Menschen vergötterten.

Einige Fremde machen sich über unsere Priester lustig, die den Aal und die Lamprete und alle Fische ohne Schuppen, verbieten; aber unsere Priester haben mehr Einsicht als sie, und könnten sie belehren, daß diese schwer zu verdauende Speise das Blut verdickt, und zum Aussatz geneigt macht. Der Bewohner des Nilufers überläßt die an der Sonne gedörrten Fische, jenen armen, an der Meeresküste wohnenden, Völkerschaften.

Mögen die Mustaraber und die Troglodyten sich vom Ertrage ihrer Fischerey nähren! sie sind durch die Beschaffenheit ihres Landes, in dem sie ein herumirrendes Leben führen, dazu verdammt. Der stillsitzende Aegyptier bedarf blos Nahrung aus dem Pflanzenreiche. Es ist genug für ihn, wenn er einmal des Jahres, am neunten Tage des Monaths Toth, Fisch kostet. Es wird noch immer Zeit seyn, sich der gesalzenen Speisen zu bedienen, wenn er sich entschließt, Handlung zu treiben.

Der Pflug macht die Pfeile und Netze für ihn unnöthig. Möge er beständig seinen Ruhm darinnen suchen, Aegypten zum schönsten Garten auf der Erden zu machen! nie wird es ihnen dann an etwas fehlen. Was braucht er weiter als Ueberfluß und Gesundheit? Mögen Aegyptens Einwohner doch stets das erste Ackerbauende Volk des Erdbodens seyn! Aller Glanz, der den Namen der Atlanten verherrlicht, ist nicht so viel werth, als eine nützliche Erfahrung, in Bezug auf Feldbau, von der Art, wie diejenige ist, welche wir alle Jahre beym Aufgange des Hundssterns wiederholen, um unsern Samen zu probieren. Es bleiben uns noch viele Eigenschaften der Pflanzen kennen zu lernen übrig. Wir werden dereinst ohne Zweifel, statt damit zufrieden zu seyn, unser Honigrohr zu zerquetschen, oder in dem Ofen zu trocknen, hinter die gehörigen Handgriffe kommen, um den Saft herauszuziehen und ihm Festigkeit zu geben (1). Was mich aber wundert, ist, daß wir noch nicht versucht haben, unsere Hühner, Enten, Gänse, und Taubeneyer durch die Ofenwärme auszubrüten. Auch die Düngung erfüllt diesen Endzweck; aber warum suchen wir nicht es hierinnen dem Strauße und dem Krocodille, unsern Lehrmeistern im Brüten, zuvorzuthun? Die Bienenbrut in den Ställen unserer heiligen Stiere sollte uns antreiben, alle diese Methoden zu verbessern.

Wir bleiben gern auf dem einmal betretenen Pfade, ein Fehler, der allen Völkern ohne Ehrgeiz gemein ist.

(1) Der Zucker der Neuern.

„Aber," sagte ich zu dem Arzte meines jungen Wirths, „wie läßt sich diese Behauptung, mit dem Genie zu Entdeckungen, welches kein Volk den Aegyptiern abspricht, vereinigen?"

Der Arzt. Dieß ist leicht begreiflich; unsere Nation ist arbeitsam und ausdauernd. Ihr langer Widerwille gegen den Seehandel, ist ein Beweis von ihren eingeschränkten Wünschen. Die Erfindungen, die man ihr zuschreibt, gehören theils einem frühern Volke, wovon sie eine Colonie ist, theils dem Priestern, welche, durch die Wissenschaften, der königlichen Gewalt das Gleichgewicht haben halten wollen, theils endlich den Höflingen zu, die dadurch ihrem Gebieter sich gefällig zu machen gesucht haben. Nicht der Landmann, noch der Einwohner der untern Classen in den Städten, treibt, zum Beyspiel, die Kunst in fast alle Arten von feinen Steinen zu graben; und doch ist diese Kunst seit länger als zwölf Jahrhunderten unter uns im Gange; wie dieß unsere Denkmahle beweisen, auf welchen man Sägen, Grabstichel und verschiedene andere Werkzeuge zum Gebrauch der Steinschneider bemerkt: diese Künstler machen eine eigene Gesellschaft aus, die in Diensten des Monarchen steht, und blos ein Werkzeug des Luxus ist. Man muß die nützlichen Entdeckungen, von den blos glänzenden Erfindungen, wohl unterscheiden. Unser Pflug ist ungefähr derselbe, der er vor tausend Jahren war, weil man an dem Hofe der Könige nicht ackert. Die Zergliederungskunst, nach dem Ackerbau die nützlichste aller Künste, hat blos in der Nähe des Throns, und an den Stufen der Altäre, Fortschritte gemacht. Das

Landvolk hält sich an einige hergebrachte, und sehr unvollkommene Begriffe davon; es würde gegen eine künstliche Operation mißtrauisch seyn, und vielleicht nicht Unrecht haben. Die Kunst einzubalsamieren, erweiterte das Feld der Heilkunde; die Todten leisteten diesen Dienst den Lebenden.

Pythagoras. Euere Gewohnheit, die Handwerker erblich machen, hat den Flug des Genies ebenfalls aufhalten müssen.

Der Arzt. Dieß ganze Vorgeben ist ungegründet. Ein Handwerk, oder eine Kunst erbt nicht, auf ausdrückliches Geheiß des Gesetzes, von Vater auf Sohn fort. Du wirst in Memphis keine Steinschneiderfamilien seit undenklichen Zeiten finden.

Der Aberglaube bringt den Künsten mehr Nachtheil als die Anhänglichkeit an den Schlendrian. Zum Beyspiel, man muß zugeben, daß er gewisse Speisen verbietet, die von der Heilkunde für sehr gesund anerkannt sind; so nöthigt er auch die Bildhauer nichts als Ungeheuer vorzustellen, wovon es gewiß kein Vorbild in der Natur giebt. Alle diese Vorstellungen, die halb Thier, halb Mensch sind, werden uns unter den Künstlervölkern gewiß keinen Rang verschaffen, und doch wird es schwer halten, uns in Rücksicht auf das Technische zu übertreffen.

Pythagoras. Es ist merkwürdig, daß sich die Aegyptier in den beyden, einander entgegengesetzten Arten von Kunstwerken auszeichnen. Wer sollte nicht erstau-

erstaunen, dasselbe Volk die Pyramiden von Memphis bauen und in feine Steine graben, ein Labyrinth anlegen und Ringe und Fassungen verfertigen zu sehen?

Der Arzt. Dieß kommt daher, weil die Handgriffe bey den Künsten aus derselben Quelle entspringen, und auf denselben Zweck abzielen. Indem man die Erde durchgrub, um Steinklumpen herauszuziehen, so entdeckte man Metalladern. Große, glatte Steine, luden die Hand gleichsam ein, Schriftzüge darauf zu zeichnen; man gieng vom Größern aufs Kleinere über. Die Metallurgie verschaffte zu gleicher Zeit Werkzeuge, um ganze Felsenmassen empor zu heben, und Geräthschaften von solcher Härte, um vermittelst derselben auf den härtesten Materien Spuren zurück lassen zu können. Unsere Edelsteine besitzen diese Eigenschaft in einem Grade, der den, der andern Länder weit übertrifft. Der wahre Smaragd von Thebais widersteht jeder Art von Stahl, dem von Memphis ausgenommen. Dieß geben die Fremden selbst zu. Unsere Steinschneider führen die erhabene Arbeit eben so glücklich aus, als die vertiefte. Ich besitze einen Aegyptischen Stein, auf welchem ein Käfer vorgestellt ist, an dem beyde Arten von Arbeiten angebracht sind." Nach einigem Stillschweigen fuhr der Arzt in einem ernsthaften Tone fort: „Junger Fremdling! laß mich bey dieser Gelegenheit dich auf eine Eigenheit aufmerksam machen, die selbst demjenigen, der am wenigsten gegen Aegypten eingenommen ist, nicht unbekannt bleiben darf: unsere geschnittenen Steine dienen nur sehr selten zu Petschaften oder Siegeln; wir finden es überflüßig, die Glaubwürdigkeit der Schriftzüge noch durch ein anderes Zeichen zu bekräftigen. Diese zweyfache

Gg

Bestätigung verräth zu vieles Mißtrauen, und ist eines redlichen Volkes unwürdig.

Wenn du bis nach Theben reisest, so wirst du einige von unsern Scheidekünstlern antreffen ([1]), die die Kunst verstehen, die Edelsteine nachzumachen, und einen Kiesel in einen Smaragd zu verwandeln. Allein sie halten ihr Verfahren geheim. Wir haben es in der Verfertigung des Glases zu einer großen Vollkommenheit gebracht, trotz des Vorzuges, den die Künstler von Tyrus und Sidon in diesem Fache sich anmaßen. Doch haben wir diesen hohen Grad von Vortrefflichkeit nicht blos allein unserm Kunstfleiße zu danken: unser Land ist das einzige, das den schicklichsten Stoff dazu hervorbringt, dessen man nicht entbehren kann, wenn man etwas Vorzügliches zu Stande bringen will. Ich rede von der Asche einer Pflanze, die nur in Aegypten wächst. Man wird dir Glaskelche zeigen, deren Reinheit mit dem Krystalle wetteifert; und andere, die so gemahlt sind, daß sie ihre Farben nach der Verschiedenheit des Gesichtspuncts, aus welchem man sie betrachtet, verändern. Wir stechen in Glas, wir schleifen es, wir verstehen es zu vergolden. Ohne Zweifel wird man uns einmal übertreffen; bis jetzt aber haben wir alle unsere Zeitgenossen hinter uns zurückgelassen.

Niemand hat vor uns jene tragbaren Metallspiegel verfertiget, wovon du einen neuen Versuch im Großen auf der Zinne des Tempels von Heliopolis bewundern wirst, wo er die Strahlen des ersten aller Gestirne zurückwirft.

(1) Recherches sur les Egypt. de Paw.

Seit Sesostris Zeiten besitzen wir die Kunst, Bildsäulen in kolossalischer Größe von smaragdfarbenem Glase zu gießen, wie du deren in dem Labyrinthe sehen wirst. Wir könnten jener reichhaltigen Smaragdgrube entbehren, die uns Aethiopien so lange Zeit streitig machte. Wir brauchen Persien nicht zu beneiden, denn wir haben es dahin gebracht, ihre schönsten Gefäße aus unserm Thebaischen Alabaster nachzumachen.

Du mußt ferner wissen, junger Fremdling, daß das von den Griechen verfertigte Porcellan von Naukratis seinen ersten Ursprung unserm feinen Thebaischen Töpfergeschirre und unserm blauen Schmelz zu danken hat.

Alle diese kleinen Denkmahle des Kunstfleißes, sind noch nicht die Resultate unserer Kenntnisse, sondern die ersten Früchte unserer Beobachtungen und Erfahrungen. Wenn wir schon so viele Dinge blos durch die einzige Kenntniß der verschiedenen Salze hervorgebracht haben, was können wir uns nicht erst noch in der Folge versprechen. Wir haben auch das Geheimniß erfunden, das Elfenbein dehnbar zu machen.

§. XLVIII.

Ueber die Weiber.

Diese merkwürdigen Nachrichten befriedigten meine Wißbegierde noch nicht genug, ich wollte mich durch meine Augen von allem dem, was man mir erzählt hatte, überzeugen; ich nahm mir besonders vor, über die wahre

Ursache der geringen Fortschritte in gewissen Künsten, Nachforschungen anzustellen. Diese politische Erscheinung mußte einen bestimmten Grund haben: ich überließ mich also meinen eigenen Beobachtungen, bis der schickliche Zeitpunct eintreten würde, mich dem Amasis vorstellen zu lassen. Ich vermuthete schon längst, daß die Weiber auf jene Ursachen großen Einfluß haben müßten: nie giebt es große Künstler, nie schöne Bildsäulen, wo es keine schönen Weiber giebt. Es bedarf vollkommener Modelle, um die majestätische Vorstellung eines Osiris, einer Isis gehörig auszuführen. Die Aegyptier haben weise gehandelt, ihre Götter und Helden in eine Mumienhülle gewickelt vorzustellen; da sie keine schönen Verhältnisse darzustellen hatten.

Die nachahmenden Künste bedürfen zu ihrer Vervollkommnerung des Anblicks der schönen Natur, sie müssen beständig von Gegenständen umgeben seyn, die den Zeichenstift oder den Meisel in Bewegung setzen. Aber zu welchem Enthusiasmus kann ein Aegyptischer Bildhauer erhoben werden! In diesem Lande sind alle Weiber schlecht gebaut; und ihre Gesichtszüge ersetzen den Mangel jener frischen Farbe, die ihnen gänzlich fehlt, ebenfalls nicht! Die Lebhaftigkeit des Blicks, der bey einem Weibe von weißer Gesichtsfarbe so viele Mängel in der Bildung übersehen läßt, wird bey einer Aegyptierin zu einem neuen Fehler, und giebt ihr einen zweydeutigen Zug, der nur dem Sittenlosen gefallen kann. Je mehr eine Bürgerin von Memphis mit Putz überladen ist, je unerträglicher wird sie; die Pracht der Kleidung kann die Abwesenheit der Grazien nicht ersetzen. Ich habe keine einzige Einwohnerin von Memphis gesehen, die auf Schönheit, oder auf jene einzelnen Annehmlichkeiten, die oft die Stelle eines schönen Ganzen vertreten, hätte Anspruch machen können: fast alle haben einen großen Mund, dicke Lippen, kleine Augen unter einer schlecht gewölbten Stirne: umsonst färben sie sich die Augenbraunen mit kleinen Pinseln, es gelingt ihnen doch nicht, die, gegen sie so stiefmütterlich gesinnte Natur zu verbessern. Ihr langer und schöner Wuchs würde noch ihr einziger Vorzug seyn; allein sie rauben sich auch diesen durch eine nachgemachte Dickleibigkeit, die jede Begierde zurückscheucht. Man sagt, daß sie mit diesen Mängeln, die nur allzu sichtbar sind, noch geheime Unvollkommenheiten verbinden. Der Schurz, den ihnen die Natur gegeben hat, ersetzt den Venusgürtel, der ihnen gänzlich fehlt, sehr schlecht; und die Beschneidung kann diesem Fehler nicht abhelfen: dagegen versichert man, daß sie mit außerordentlichen Talenten begabt sind, die für den Gott Priapus großen Werth haben. Dem sey wie ihm wolle, wenn die Aegyptier von dem Himmel die Gabe der Weisheit erhalten haben, so bezahlen sie sie theuer, indem sie dieselbe mit solchen Gefährtinnen theilen. Wahr ist's, daß sie selbst keine schönen Männer sind; es giebt viele Zwerge und Kurzsichtige unter ihnen.

Die Erfüllung der Mutterpflicht giebt den Weibern in Sidon einen neuen Reiz. Ganz anders ist es in Aegypten; die säugenden Mütter geben einen Anblick, den man zum zweytenmale sich zu verschaffen nicht versucht wird. Der Busen, der den größten Reiz der Schönheit ausmacht, bietet, an den Ufern des Nils, jene glücklichen Umrisse nicht dar, die in Samos und in Cypern bezaubern, entzücken, und auf die man nie ungestraft seine

Blicke heften darf. Hier erregt er ein entgegengesetztes Gefühl. Soll ich es sagen, die Kuh Jo ist weniger widerlich.

Ich wundere mich nicht über den geringen Einfluß, den die Aegyptierinnen auf die öffentlichen Angelegenheiten haben. Sie werden blos als Werkzeuge zur Bevölkerung angesehen; und in diesem Stücke erfüllen sie die Absicht ihrer Männer vollkommen. Es ist nicht selten, sie nach einer einzigen Schwangerschaft mit sieben Kindern niederkommen zu sehen. Das Nilwasser giebt ihnen, wie man glaubt, diese Fruchtbarkeit (1).

In Aegypten nimmt man es in Rücksicht auf Lebensgenuß nicht so genau. Man sieht auf das Nützliche; und ohne das Vergnügen zu sehr zu zergliedern, verlangt man blos lebhafte und fruchtbare Eindrücke. Hier kann man wohl sagen, daß Amor eine dicke Binde trägt.

Wenn die Weiber aus dem Mittelstande nicht mit mehreren Reizen versehen sind, so besitzen sie dagegen viele schätzbare Eigenschaften. Sie sind geschickt, arbeitsam, und scheinen zur Handlung gebohren zu seyn. Man sieht sie auf den öffentlichen Märkten Leinwand und andere Zeuge verkaufen oder gegen Lebensmittel und Früchte eintauschen, während ihre Männer zu Hause arbeiten.

Die Aegyptierinnen der beyden andern Classen, nämlich der beyden äußersten Abtheilungen des gesellschaftlichen Körpers, sind in geringerer Anzahl, vielleicht weil sie

(1) Arist. hist. anim. III.

ein unregelmäßigeres Leben führen. Sie überlassen sich ohne Zurückhaltung demjenigen, was sie ihre Bestimmung nennen. Die, aus dem niedrigsten Stande, haben in der That die verworfensten und verdorbensten Sitten. Sie sind es, die bey den öffentlichen Feyerlichkeiten des Serapis oder Osiris, den Dienst des Phallus verrichten. Die andern Aegyptierinnen, die den reichen und mächtigen Bürgern gehören, beobachten, bey ihrem zügellosen Leben, ein wenig mehr Anstand und Zurückhaltung.

Wenn alle diese Weiber weniger häßlich wären, so würden sie ohne Zweifel schamhafter, und wenn sie gewollt hätten, geachteter seyn, ob sie gleich in der That, und durch das Gesetz, Sclavinnen ihrer Männer sind. Die Staatsverfassung schließt sie vom Throne und Altare aus: sie können weder Priesterinnen noch Königinnen, höchstens nur Vormünderinnen unmündiger Könige seyn. Es ist ihnen nicht einmal der Zutritt in die beyden Tempel des Jupiter Ammons, in Libyen, und in Thebais, erlaubt; und man verstattet ihnen selbst den Anblick des Stiers Apis nur zur Zeit seiner Einführung in das Heiligthum von Memphis. Die politischen Krisen haben jedoch hierinnen einige Ausnahmen nöthig gemacht.

Unterdessen willigen die frommen Ehemänner, bey der bürgerlichen Vollziehung ihrer Vereinigung, in die Clausul, ihren Weibern unterworfen zu seyn (1). Allein diese Bedingung ist weniger eine streng zu haltende Verpflichtung, als eine religiöse Formel, zu Ehren der Göttin Isis.

(1) Diod. Sic. Bibl. 1. Cap. 27. p. 31.

Einer Sonderbarkeit zu Folge, welche jedoch diejenigen, die das menschliche Herz studiert haben, nicht Wunder nimmt, erwecken die Aegyptierinnen, welche weder Liebe noch Achtung einflößen, die Eifersucht. Die reichen Einwohner von Memphis, und wahrscheinlich auch der übrigen Städte, versagen ihren Weibern, um sie zur sitzenden Lebensart anzuhalten, und sie zu hindern, sich öffentlich zu zeigen, jede Art von Fußbekleidung, und haben zu gleicher Zeit die Sitte eingeführt, daß man es als eine Entehrung betrachtet, außer dem Hause barfuß zu erscheinen. Ein Weib würde sich dem ganzen Unwillen ihres Gatten aussetzen, wenn er entdeckte, daß es sich, ohne sein Vorwissen, Sandalen verschafft habe. Aber dieser Fall ist selten. Ein reicher Hausherr unterhält Verschnittene; um seine Gefährtinnen zu bewachen, denn man kann ihrer mehrere haben. Glaubt denn ein Memphier die Güte durch die Menge zu ersetzen? Dieß ist eine eben so unmoralische als falsche Rechnung!

Aus diesen Bemerkungen folgt, daß der Bewohner der Nilufer, der an sich schon nichts weniger als liebenswürdig ist, und durch seinen strengen Gottesdienst noch mürrischer gemacht wird, eben keine feinen Genüsse in dem Umgange mit Weibern finden kann, deren undankbare Organisation nicht zum Herzen spricht, und die Einbildungskraft unbeschäfftigt läßt. Blos das Bedürfniß, eine Frucht des warmen Himmelstrichs, verbindet die Geschlechter, und verschafft ihnen grobe sinnliche Vergnügungen. Die Liebe gleicht in Aegypten den Aethiopischen Bären, oder dem unreinen Thiere (dem Bocke) das man zu Memphis anbetet. Ich hatte, um meine Freyheit zu behalten, nicht nöthig, mir Arsyphile's Bild, noch die Ermahnungen ihres Vaters, und des weisen Hermodamas ins Gedächtniß zurückzurufen.

Der düstere und schwermüthige Charakter der Aegyptier paßt vollkommen zu der Farbe ihrer Haut, ihres Flusses, und ihres Bodens. Der Mensch bildet sich nach den Gegenständen, die ihn umgeben, und Eindruck auf ihn machen. Gewisse Sprachforscher behaupten, daß das Wort Aegypten, so viel als: das schwarze Land bedeute.

§. XLIX.

Pythagoras bey Amasis.

Endlich erhielt ich die Erlaubniß, mich dem Könige, welcher zurückgekommen war, vorstellen zu lassen.

Ich wurde in seinen Pallast eingeführt: am Ende eines weitläufigen Hofes, erhebt sich ein groses Gebäude von einem einzigen Stocke und ohne Säulen (¹). Die Aussenseite ist mit Pfeilern verzinnt, welche das Gesims unterstützen. Die Stelle der Acroterien (²) vertreten Menschenköpfe, deren Mund ein daraufgelegter Finger verschließt; ein Sinnbild der Verschwie-

(1) Mosaik von Palestrina.

(2) Zierrathen, die, sowohl in Aegypten, als bey den Griechen und Römern auf den Forst der Häuser angebracht wurden. Vitruv. II 2.

genheit und des Stillschweigens, das man am Hofe der Könige beobachten soll. Das Dach besteht aus einer Terrasse, die sich über das ganze Gebäude erstreckt. Dahinter ist noch ein weiter, in verschiedene kleinere abgetheilter, Hof befindlich. Die Mauern, welche links und rechts den ersten dieser Höfe einschließen, haben dieß Besondere, daß sie, von dem Architrav des Pallastes, bis zu den Verzierungen über dem Portale des Eingangs in abwärtslaufender Richtung gehen. Zu beyden Seiten sieht man, auf einem sehr kleinen Fußgestelle, eine große Aegyptische stehende Figur, von Basalt, mit fest an einander geschlossenen Beinen und Füßen. Der Kopf dieser Bildsäule ist mit Lotusblättern verziert. Dieses ganze Gebäude ist größtentheils von Backsteinen.

In einer kleinen Entfernung davon, ist der Betsaal des Königs befindlich (¹), dieß ist ein länglich viereckigtes Gebäude, dessen Vörderseite, wie alle heilige Oerter in diesem Lande, gegen den Nil gerichtet ist. Es hat keine Terrasse; der Fronton ist mit Spitzen oder eckigten Blättern besetzt.

Die Thür dieses königlichen Heiligthums wird von einer Sphinx und von einer vergoldeten, mit einem purpurfarbenen Schleyer zur Hälfte bedeckten, Bildsäule des Anubis bewacht.

Dieses abgesonderte Gebäude ist von einer Reihe Palmbäumen eingefaßt (²).

(1) Vitruv. IV. 5.

(2) S. Antiquités d'Herculanum volume des Peintures.

Soviel ich bemerken konnte, so war das Heiligthum durch Vorhänge von Goldstoff verschlossen (¹).

Ich gieng einstweilen in die königlichen Gärten, um hier den Augenblick zu erwarten, wo der König sich zeigen würde, hier sah ich den Aegyptischen Lorbeerbaum mit breiten Blättern, der noch einmal so groß ist, als der große Italiänische Lorbeerbaum.

Der Hof des Amasis stand mit dem Nationalcharakter in einem vollkommenen Widerspruche. Ich glaubte mich noch in dem Pallast des Polykrates in Samos, oder bey Periander in Korinth zu befinden. Seit geraumer Zeit hatte Amasis die Griechischen Sitten völlig angenommen, indem er damit angefangen hatte, eine Cyrenierin zur Gemahlin zu nehmen; eine ziemlich zahlreiche, blos aus Griechen bestehende Leibwache, stand in seinen Diensten: seine Beyschläferinnen hatte er aus den fremden, in Naukratis wohnhaften, Familien gewählt; der verschiedenen Cyprischen Schönen, die man ihm aus dieser, von ihm eroberten, Insel als einen Tribut geschickt hatte, nicht zu gedenken: seine Favoritin war eine Persierin. Sein Sohn und seine Tochter hielten sich für keine Aegyptier.

Um indessen der Nation Sand in die Augen zu streuen, und einige Züge der alten Aegyptischen strengen Sitten nachzuahmen, so unterhält Amasis in seinem Pallaste eine gewisse Anzahl junger Leute, die einer besonderen Lebensordnung unterworfen sind. Sie erhalten ihre tägliche Nahrung nicht eher, als bis sie

(1) Clemens. Alex. Paedag. III. 2.

einen Weg von hundert und achtzig Stadien zurückgelegt haben (¹).

Ich glaubte an demselben Tage, an welchem ich in den Pallast gekommen war, Audienz zu erhalten; allein dieser Tag war zufälliger Weise der dritte in der Woche (²), und an diesem Tage beschäfftigen sich die Könige von Aegypten mit keiner öffentlichen Angelegenheit; sie dürfen nicht einmal eher, als am Abend, etwas zu sich nehmen; denn an diesem Tage ist Typhon gebohren, und Osiris gestorben. Ich mußte also bis zum folgenden Morgen warten.

Gerade da ich dem Könige vorgestellt wurde, war er bey der Wegschaffung einer ganz vergoldeten Bildsäule gegenwärtig, die er zum Geschenk in den Tempel der Lindischen Minerva auf der Insel Rhodus schickte. Ich übergab ihm den Brief des Polykrates, den er lächelnd durchlas; hierauf sagte er zu mir, in einem sehr gefälligen Tone: „Pythagoras, sey willkommen an meinem Hofe.“ „Meine Freunde,“ sagte er zu den Umstehenden: „wünscht mir Glück, indem ich mich von der Weisheit trenne, die nach der Stadt Lindus abreist, schickt mir Samos einen jungen Weisen. Ich verliehre heute nichts. Ich erhalte mehr als ich gebe.“ Er reichte mir die Hand und gab mir ein Zeichen ihm zu folgen. Ich begleitete ihn in ein abgesondertes Zimmer, wo er sich mit mir einige Augenblicke unterhielt.

(1) Herodot. III.

(2) Plutarch. Is. et Os.

Amasis. Was suchst du in diesem Pallaste? was verlangst du von mir?

Pythagoras. Ich komme nicht wie Alkmäon (1) an den Hof des Krösus, um meine Taschen mit Golde anzufüllen.

Amasis. Du widmest dich frühzeitig einer Lebensart, die man gewöhnlich nicht so schnell ergreift. Es thut mir leid, daß ich mit meinem Schreiben an den König von Samos so geeilt habe; ich hätte deine Meinung darüber hören können. Mein Brief hat nicht bloße Etikette zum Grunde. Du magst selbst darüber urtheilen. Ich ertheile deinem Landesherrn einen guten Rath.

Alles geht ihm, sowohl innerhalb, als außer seinem Reiche, bis jetzt nach Wunsche. Noch nicht ein unangenehmes Ereigniß hat ihn betroffen. Das Glück ist für ihn von einer unerhörten Beständigkeit. Polykrates ist zu sehr und zu lange glücklich. Es muß ihm nothwendig ein widriger Zufall begegnen, in welchen er seine Freunde und Bundesgenossen mit verwickeln wird. Ich schlage ihm vor, dem Unglück entgegen zu gehen, und sich zu entschließen, dem Schicksale mit einem theuern und werthen, Gegenstande ein freywilliges Opfer zu bringen (2), das Beyspiel eines ununterbrochenen Glücks ist zu selten und beunruhigt mich. Was hälst du von meinem Vorschlag, dünkt er dich neu?

(1) Od. Pind.

(2) Herod. III Montaigne, Essais II. 12.

Pythagoras. Fürst! ich weiß einen der es weniger ist, aber mir sicherer scheint: er besteht darinnen, sich eine Ungerechtigkeit zu erlauben. Das Verhängniß geht keine Bedingungen dieser Art ein; alles ist in seinen Händen, Gutes und Böses; es läßt sich durch niemanden bestimmen, seine Rechte eher, als seine Linke zu öffnen.

Amasis. Pythagoras! die Priester, bey denen der König von Samos meinen Beystand für dich begehrt, werden dich nichts Besseres lehren. Mein königliches Siegel, welches ich unter den Brief des Polykrates drücken werde, wird dir alle Heiligthümer aufschließen. Vor allen Dingen melde dich vor dem Tempel von Heliopolis.

§. L.

Reise nach Heliopolis.

Ich verließ sogleich Memphis und den Pallast; ich setzte über den Nil, den ich bey Babylon zur Linken ließ, und setzte meinen Weg nach der Stadt der Sonne fort. Schon dieser Name gab mir Flügel, indem er mich schon im Geiste die hohen Dinge vorstellte, die meiner warteten. Nach einem dreystündigen Wege, befand ich mich auf den Boden des Nomos, dessen Hauptstadt Heliopolis ist, und der noch drey andere Städte enthält, von denen man mehr würde reden hören, wenn sie nicht durch die erstere verdunkelt würden. Diese Städte sind: Babylon, Helios und Heroopolis.

Nahe an meinem Wege befand sich ein Goldbergwerk (¹), welches schon unter verschiedenen Regierungen mit großen Kosten bearbeitet wird. Das kostbare Metall, das man aus demselben zu Tage fördert, ist mit vielem Schweiße, und öfters mit Blute benetzt. Die Härte und die schwarze Farbe des Bodens zeigen schon seinen Inhalt an. Man findet das Gold zwischen verschiedenen Marmorbänken, von einem blendenden Weiß, die man mit kupfernen Hebeln sprengen muß. Das Bergwerk wird blos von Verbrechern gebaut (²); und die Qualen, die sie bey dieser Art von Arbeit auszustehen haben, läßt sie öfters wünschen, daß man ihnen die Todtesstrafe nicht geschenkt haben möchte. Diejenigen, welche zu den Arbeiten des Bergbaus verurtheilt sind, werden mit ihrer ganzen Familie, Vater, Mutter, Kindern dahin geschickt, zuweilen giebt man ihnen auch, wenn ihre Anzahl für die dringenden Arbeiten nicht hinlänglich ist, Kriegsgefangene zu Gehülfen. Ich sahe diese Unglücklichen mit einer schweren Kette am Fuße, und unter Aufsicht Griechischer Soldaten, damit die Verschiedenheit der Sprache alle Unterhaltung zwischen dem Elende und dem Mitleiden unmöglich machen möge. Sie haben an ihre Spitze einen Pikenier, der seinen Namen von dem spitzigen Werkzeuge führt, dessen er sich bedient, um die Arbeiter anzutreiben. Die Stärksten zerspalten mit vieler Arbeit die durch die Sonnenhitze hartgewordene Erde, und bahnen andern Arbeitern den Weg, die sich durch die winkelichten Gänge des Bergwerks vermittelst einer, vor ihrer Stirne befindlichen Lampe leuchten. Ihre Kinder arbeiten sich mit un-

(1) Diod. Sic. III.

(2) Agatharchides de rubro mari.

tallenen Keulen durch die gesprengten Felsen hindurch. Sie holen die Erzstufen stückweis heraus, und überliefern sie andern ältern Arbeitern, die sie in den dazu bestimmten Mörsern, mit schweren eisernen Keulen in kleine Stücken, von der Größe eines Hirsenkorns, zermalmen. Die Weiber der zu dieser Arbeit Verurtheilten, und die Greise, schütten diese Art von Kies unter verschiedene Mühlsteine, unter denen er so lange gerieben wird, bis er in eine so feine Asche verwandelt ist, wie das Mehl, von dem sie täglich ein bestimmtes Maß erhalten, unter der Bedingung, eben so viel von diesem Staube zu liefern. Keiner von diesen, beynahe nackten Unglücklichen, ist hiervon befreyt. Selbst die Kranken werden nicht verschont. Einer von ihnen fiel vor meinen Füßen zur Erde, und starb vor Ermattung, mit seinem Werkzeuge in der Hand.

Mit diesem Staube verfährt man nun folgender Gestalt: man breitet ihn auf lange hölzerne Tafeln aus, und gießt eine große Menge Wasser darauf, wodurch die gröbern Theile mit fortgeschlemmt werden. Nur das Gold bleibt, vermöge seiner Schwere, zurück. Man reibt es hierauf zwischen den Händen, wäscht es noch einmal, und trocknet es mit feinen Schwämmen. So befreyt man es von allen fremdartigen Theilen. Man wiegt alsdann diesen Staub, auf den man einen so großen Werth setzt, bevor man ihn in irdene Gefäße schüttet, wo er mit Salz, Mehl, Gerste, Zinn und Bley vermischt wird. Diese, nach einer gewissen Berechnung gemachte Mischung, wird wiederum in andere Gefäße gethan, die alsdann hermetisch versiegelt und zugelöthet werden, so daß sie fünf Tage und fünf Nächte lang die Hitze eines ununterbrochen

brochen geheizten Ofens aushalten können. Wenn diese Operation vollendet ist, so läßt man sie erkalten, öffnet sie; und was auf dem Boden der Geiße zurück bleibt, ist reines, zu seiner Bestimmung brauchbares Gold.

Ich bin der Meinung, daß es weniger Reiche und weniger Arme geben würde, wenn alle diese Mitleid erregenden Umstände bekannter wären.

Ich setzte meine Reise fort, hatte aber keine Lust, das Schloß zu besuchen, welches Babylon commandirt, und das man, vermittelst verschiedener Pumpen, deren Räder hundert und funfzig Sclaven täglich drehen, mit Wasser versieht. Es macht einen allzu unangenehmen Eindruck auf mich, Menschen wie Zugpferde behandeln zu sehen. Diese Colonie liegt zwischen Memphis und der Sonnenstadt.

Den Eintritt auf das Gebiet der Letztern bezeichnet ein frisches Quellwasser, welches an Leichtigkeit das Nilwasser übertrifft (¹). Es ist sehr tief und schnell. Man behauptet, daß es aus einem, nicht weit davon entfernten, natürlichen See komme. Rings um ihn her ist nach und nach ein Flecken entstanden, gleichsam um es zu bewachen. In den Gärten, die diese Quelle benetzt, wächst eine harzige Pflanze, von welcher man durch Einschnitte einen Balsam erhält, der viele Heilkräfte besitzt. Der Sycomorus gedeiht sehr wohl in der umliegenden Gegend.

(1) Strabo XVII. geogr. Plin. hist. nat. V. 9.

Sechshundert Schritte davon, sahe ich zwey vierseitige Obelisken von granitartigem Marmor, deren jeder in einem See von geringem Umfange, auf einem Piedestal steht. Sie haben ungleiche Seiten, zwey davon sind breiter, als die beyden andern, und auf jedem dieser Obelisken sind dieselben Zeichen sehr sauber eingegraben. Sie gehören unter die Zahl derjenigen, an denen man die bevorstehende Höhe der Ueberschwemmung des Nils voraussehen kann, und sind mit einem ehernen Kapital versehen, aus welchem, durch einen geheimen Mechanismus, so viele Wassertropfen laufen, als die Ueberschwemmung Grade haben wird. Wenigstens mißt das Volk, das begierig ist, die Zukunft voraus zu wissen, der Angabe der Obelisken Glauben bey. Wenn der Erfolg ihr nicht entspricht, so beschuldigt man nicht die Obelisken, oder die geschickten und verborgenen Hände, die sie in Bewegung setzen; sondern die gläubige Menge giebt sich lieber selbst die Schuld, und überredet sich, die Tropfen nicht richtig gezählt zu haben, und die Regierung hat ihren Endzweck erreicht, nämlich die Ungeduld und die Besorgnisse des Volks, wenn der Nil seine Ueberschwemmung in etwas zu verspäten scheint, zu mäßigen. Ein mit vielen Bildsäulen verziertes Parallelogramm dient zur Einfassung.

In einer sehr kleinen Entfernung gegen Norden, bemerkte ich die kolossalische Vorstellung eines Sphinxes, der aus einem einzigen Steine gearbeitet und mit Hieroglyphen bedeckt ist. Sie dient zum Anzeichen, daß man sich in der Nähe des Tempels und der Stadt der Sonne befindet; diese letztere ist auf einen sehr großen Damm erbaut, und mit einem Canal versehen, der seinen Abfluß in zwey benachbarte Seen hat (1).

Diese Erhöhung des Erdreichs ist bereits vor funfzehenhundert Jahren gemacht worden. Ich maß diese länglich viereckigte Esplanade, und fand sie fünfhundert Schritte von Morgen gegen Abend, und tausend Schritte von Mittag gegen Mitternacht lang (2). Eine dicke Mauer, die aus großen, nach Aegyptischer Art geschlagenen, und an der Sonne getrockneten, irdenen Ziegeln besteht, umschließt sie. Ich zerbröckelte ein Stück von einem solchen Ziegel, und fand einen sehr schwarzen, mit gehacktem Kalk versetzten Thon.

Von dieser Terrasse bis zum Meere sind funfzehen Stadien (3).

Der Anblick von Heliopolis und seinen verschiedenen Eingängen, denen man den allgemeinen Namen: **Thore der Sonne** (4), beygelegt hat, rechtfertiget seinen erhabenen Namen. Ich sahe nichts als Obelisken und Säulen in der ganzen Strenge, fast möchte ich sagen, Rauheit des Aegyptischen Styls. Die Baukunst der Kinder des Nils ist nicht auf das vorübergehende Vergnügen

Hh 2

(1) Strabo. XVII. R. Vokok.

(2) Herod. II.

(3) Diod. Sicul.

(4) Jetzt: Ma-tarée, welches so viel, als **frisches Wasser**, oder, nach andern, (welches die richtigere Meinung zu seyn scheint) beth-femes, d. i. **Haus der Sonne**, bedeutet.

des oberflächlichen Blicks berechnet, sie arbeitet dahin, unauslöschliche und erhabene Denkmale zu hinterlassen.

Dieser große Charakter ist besonders in der Zusammenstellung der zwölf prächtigen Säulen sichtbar (¹), die vor dem Tempel der Sonne stehen, und ihn auf eine, seiner würdige Art, ankündigen; sie sind mit gelehrten Hieroglyphen bedeckt, welche die ewigen Gesetze enthalten, nach denen die Sonne ihren jährlichen Lauf durch die zwölf Zeichen des Thierkreises vollendet. Sie bemerken zugleich die periodischen Einflüsse der Gestirne und der Elemente auf einander.

Der Tempel von Heliopolis ist vielleicht der einzige in ganz Aegypten, vor dessen Eingang ich die Vorstellung des Harpikrates nicht bemerkt habe, wie er mit einer Hand seinen Mund verschließt, und mit dem Zeigefinger der andern (²), auf das Gesetz hindeutet, welches Todesstrafe auf die Aeußerung setzt, daß die Götter ehedem Menschen gewesen sind. Der Sonnendienst bedarf dieses Verbots nicht.

Der Tempel von Heliopolis hat, so wie fast alle Gebäude in Aegypten, kein Dach (³), und das Clima macht es ihm auch entbehrlich. Die Witterung ist hier beständig trocken.

(1) Oedip. II. 2. Kircheri.

(2) Varro angeführt von August. de civ. Dei. XVIII. 5.

(3) Ruines de la Grèce par Leroi, in fol. Tom. I.

§. LI.

Pythagoras in dem Tempel von Heliopolis.

Ich verlangte mit dem Oberpriester zu sprechen, man ließ mich warten, wahrscheinlich um mir Zeit zu lassen, von der Heiligkeit des Orts recht durchdrungen zu werden. Diese Zögerung behagte meiner lebhaften Ungeduld nicht; ich wurde dringender, und fügte hinzu, daß ich auf Veranlassung des Königs Amasis selbst hierher gekommen wäre; dieser Grund schien indessen von nicht größerm Gewichte zu seyn, um meine Vorstellung zu beschleunigen: und dieser letzte Umstand bestätigte mich in der hohen Meinung, die ich schon von dem Charakter der Heliopolitanischen Priester hatte.

Endlich wurde mir jedoch der Zutritt vor das Oberhaupt derselben gestattet. Der Oberpriester erwartete mich stehend, unter einem Haufen von Tempeldienern verschiedener Classen, die unter einer der Hallen des Tempels versammelt waren, und sämmtlich ihre Hände unter den Mänteln hatten (1). Ich wagte es nicht, den Mund zuerst zu öffnen, und übergab stillschweigend den Brief des Polykrates, der mit dem Petschaft des Amasis verschlossen, und in folgenden Ausdrücken abgefaßt war:

Polykrates, König von Samos, an den König Amasis (2).

„Mein erhabener Freund und getreuer Bundesgenosse wolle den jungen Pythagoras, dessen lebhafter Wunsch es

(1) Chaerem. ap. Porph. abstin. IV.

(2) Die Griechen nannten sich, in den Briefen, die sie schrieben, immer zuerst Fr. Vavasseur.

ist, in die Weisheit der Aegyptier eingeweiht zu werden, gütig aufnehmen."

Man gab mir zur Antwort: „Junger Pythagoras, der König hätte dich der Reise nach Heliopolis überheben können. Die Priester der Schule zu Memphis sind unsere Aeltesten (¹); an sie mußt du dich wegen der Einweihung wenden. Alle übrige Dienstleistungen, die von uns abhängen, sollen dir reichlich gewährt werden. Der Oberpriester fügte noch hinzu:

In dem öffentlichen Archiv zu Heliopolis (²) liegt ein großes Buch zu jedermanns Einsicht offen, welches die Erfindungen enthält, die man dem Priesterorden zu danken hat, und die für alle Classen von Bürgern nutzbar sind: dieses Buch kannst du zu Rathe ziehen."

Man ließ mich bey einem Tempeldiener der dritten Classe, der sich alle Mühe gab, mir den Aufenthalt an diesem Orte nützlich und angenehm zu machen. „Heliopolis oder der Brunnen der Sonne, oder auch die Stadt Mnevis" sagte Oenopheus (³) zu mir „liegt mit Memphis unter gleicher Höhe, zwischen dem mitternächtlichen Ende des rothen Meeres und dem Nile, aber näher gegen den Fluß, und war lange Zeit die Hauptstadt von ganz Unterägypten und der gewöhnliche Sitz seiner Könige. Die sogenannten Hirtenkönige schienen so viel Achtung

(1) Pythagoram urlum egerunt Heliopolitae ad Memphitas Porphyr. Schiffer. XIV.

(2) Pockock.

(3) Plutarch. de Is. et Os.

für sie zu haben, daß sie solche mit dem Joche, welches der übrige Theil des Reichs während vier Jahrhunderten unter einer fremden Oberherrschaft zu tragen hatte, verschonten.

Pythagoras. Nenne mir die Erbauer von Heliopolis.

Oenopheus. Wenn du nach Rhodus (1) gehest, so werden dir die Einwohner sagen: „Unsere Insel ist das erste feste Land, das von dem Wasser befreyet, und von den Strahlen des großen Gestirns getrocknet ward; aus dem Schlamme, der unser Vaterland bedeckte, entstanden sieben Menschen, die blos die Sonne, für ihren Vater erkannten; einer dieser ältesten Söhne der Erde gieng nach Aegypten, um Heliopolis zu erbauen."

Welch eine Kette von Unwahrheiten und abgeschmackten Mährchen, um undankbar zu seyn! und warum sich der Dankbarkeit dieses so natürlichen Gefühls schämen! Was auch die Griechen sagen mögen, so haben sie doch alles Aegypten zu danken, und nie werden sie unser Heliopolis hindern können, die Hauptstadt der Sonne zu seyn (2).

Unsere heilige Stadt ist voller Denkmahle, die dieser einzigen Gottheit geweiht sind. Der Obelisk, den du hier vor dir siehst, schreibt sich von einem der Söhne des Sesostris her. Er ließ ihn, aus Gehorsam gegen einen,

(1) Diod. Sicul. bibl.

(2) Ptolem. IV. 5.

im Traume gehörten Orakelspruch errichten. Es ist das Werk einer zwanzigjährigen, ununterbrochenen und sauern Arbeit von zwanzigtausend Menschen. Dieser blindgewesene Fürst brachte, nachdem er sein Gesicht wieder erhalten hatte, dem Gotte des Lichts diesen Zoll der Dankbarkeit dar.

Dieser zweyte Prachtkegel ist dem Vater der Sonne gewidmet Du scheinst erstaunt? Ja dem Vulcan, dem Gotte des Feuers. So sagt die darauf befindliche Bilderschrift. Vulcan wird in Aegypten für den Vater aller Götter gehalten.

Pythagoras. Die Sonne, der Sohn Vulcans! Es ist mir begreiflich (1). — —

Oenopheus. Es würde dir schwer werden zu errathen, mit was für Ausdrücken wir diese Obelisken in unsern heiligen Büchern bezeichnen. Wir nennen sie: Die Finger der Sonne. Finger ist gleichbedeutend mit Strahl; und scheint nicht die Sonne mit ihren Strahlen die Erde zu berühren?

Pythagoras. Ich liebe diese Bildersprache. Aber, wirst du mir einige Bemerkungen erlauben?

Oenopheus. Allerdings, sprich.

Pythagoras. Zwanzigtausend Menschen, zwanzigtausend Jahre lang, blos mit einem Obelisken beschäff-

(1) Manethon beym Syncellus.

tiget! Der Fürst, der eine solche Arbeit von seinem Volke verlangte, glich dem Pythagoras, das heist, er war in die Weisheit Aegyptens nicht eingeweiht (¹).

Oenophens. Junger Fremdling! wünschtest du lieber, daß diese zwanzigtausend Menschen, aus Mangel an Beschäfftigung, sich unter einander erwürgt hätten? — — — Einer der Nachfolger von dem Sohne des Sesostris, errichtete diese vier acht und vierzig Cubitus hohe Obelisken. Dieser hier ist nur vierzig Cubitus hoch. Er wurde zur Zeit der Einnahme von Troja vollendet. Der da ist neunzig Cubitus hoch und an seiner Basis vier Cubitus breit. Die darauf befindlichen hieroglyphischen Zeichen, geben den Namen, die Zeit und die Veranlassung dieses Denkmals an. Der nächste hier, so wie viele andere, hat auf seiner Spitze eine Kugel, um den Schatten auf einen Punct zu vereinigen, und ihn um desto bemerkbarer zu machen (²). Doch — warum so in Gedanken, junger Fremdling?

Pythagoras. Vergieb den Träumen meiner Einbildungskraft. Es ist allerdings ein schönes und groses Unternehmen, dem Schooße der Erde diese Marmor- und Granitmassen entrissen, und sie in einem einzigen Stücke hierhergebracht und aufgerichtet zu haben, um zum Denkmale der Geschichte dienen zu können. Dieß bringt mich auf den Gedanken, ob nicht vielleicht nach Jahrhunderten, nach verschiedenen,

(1) Regum pecuniae otiosa et stulta ostentatio. Plin. XXXVI. 8. et 12. Hist. nat.

(2) Plin. XXXVI. 10. Hist. acad. inscript. 274. t. II. in 12.

nicht vorauszusehenden, politischen Revolutionen ein Fürst; der, als Eroberer, seine Waffen bis in diese Gegenden verbreitete, eine andere Art von Ruhm darinnen suchen könnte, diese nämlichen Obelisken, wie andere Siegeszeichen, auf seine Schiffe zu bringen, um die öffentlichen Plätze der Hauptstadt seiner entfernten Staaten damit zu verschönern (¹).

Wenigstens, erwiederte der Priester der Sonne lächelnd, würde er uns die Pyramiden lassen.

Pythagoras. Am sonderbarsten wäre es, wenn einige Jahrhunderte später (²), ein Priesterkönig aus jenen entfernten Gegenden, diese Obelisken zum zweytenmale versetzte (³), um seinen Namen gleichsam der Geschichte dieser grossen Denkmale einzuverleiben. — Wo ist der größte dieser Prachtkegel hergenommen worden?

Oenopheus. Dieser, hundert und zwanzig Fuß hohe, und aus einem einzigen Blocke bestehende, ist aus den Steinbrüchen von Syene in Oberägypten gezogen worden.

Pythagoras. Welche Reise, wenn man sie dereinst von den Ufern des Nils an die Ufer der Tieber nach Italien brächte.

(1) Amm. Marcell. XVII. 4.

(2) Sixtus V.

(3) Dieß ist geschehen.

Oenopheus. Weil du doch, wie es scheint, ein Freund des Sonderbaren bist; so laß dir eine sonderbare Geschichte erzählen, die dir vielleicht noch nicht bekannt ist. Ich habe gegen dich eines blinden Königs erwähnt, ohne dir zu sagen, bey welcher Gelegenheit er es geworden ist. Die Ueberschwemmung des Nils war gerade damals außerordentlich groß. Der hierüber aufgebrachte Fürst, schleuderte einen Wurfspieß gegen das Wasser des Flusses, um es gleichsam, wegen des, durch das Uebermaß der Ueberschwemmung, verursachenden Schadens zu züchtigen; diese frevelhafte Handlung wurde auf der Stelle durch eine zehenjährige Blindheit bestraft.

Der Sonnenpriester führte mich in seinen Tempel, vor welchem ein großer Platz und vier acht und vierzig Cubitus hohe, Obelisken befindlich waren.

Das Genie des Baumeisters hat sich, wie es scheint, zu der Höhe seines Gegenstandes erheben wollen. Der Plan dazu ist mit Kühnheit und Majestät entworfen. Dieses heorische Gebäude hat im Ganzen etwas Göttliches. Man gelangt durch zwey Reihen von Säulen zu demselben, deren ganze Verzierung in ihrem, nach großen Verhältnissen berechneten, Modul besteht. Zwischen innen befinden sich kolossalische Bildsäulen, und Sphinxe. Man kömmt durch eine Halle, an deren Gewölbe eine Lampe hängt, die so viele Dochte hat, als Tage im Jahre sind. Endlich gelangt man in den Portikus des Tempels selbst, der durch zwey Flügel von cirkelförmigen Gebäuden gleichsam eingeschlossen wird. Das Sanctuarium ist eine unermeßliche Rotunde, die kein Gewölbe hat. Orpheus führte diesen Gebrauch unter den Thraciern, bey ihrem Sonnendienste, ein (1). So lange der Tag dauert, ist man beständig in der Gegenwart der Gottheit des Orts, deren Stelle keine kalte Bildsäule vertritt. Die Sonne selbst erfüllt ihren Tempel mit ihrem ganzen Glanze. Ihre, durch eherne Brennspiegel (2) vervielfältigten Strahlen, bedecken den Altar, mitten unter den Wolken des unaufhörlichen dampfenden Weihrauchs, mit Lichtströmen. Ein Spiegel, der größer als alle übrigen, und von runder Gestalt ist, nimmt den Hintergrund des Sanctuariums ein, und stellt das Auge der Welt, oder die Sonne vor.

Kurzsichtige haben die Naktheit dieses Tempels und seine rohe Einfalt getadelt, er ist, sagen sie, ohne alle Kunst, ein Haufen von beynahe ganz rohen Steinen, der blos durch seine Masse imponirt. Dieses Gebäude hat einen ganz andern Eindruck auf mich gemacht. Diejenigen, welche den Plan dazu entworfen haben, besaßen in einem sehr hohen Grade den Sinn für wahre Größe, und haben ihren Endzweck nicht verfehlt, wenn ihre Absicht war, dem Sterblichen, der sich ihm nähert, eine religiöse Bewunderung einzuflößen. Wenn man sich gegen die Mitte des Tages, an den Eingang des Sanctuariums stellt, so sollte man es für ein großes Gefäß halten, in welches sich die Sonne für einen Augenblick taucht, um desto glänzender wieder hervor-

(1) Man sehe S. 168. der Anmerk. zu dem goldenen Esel des Apulejus in der französ. Uebersetzung des Montlyard.

(2) Kircher, Oed. egypt. tom. I.

zugehen. Für ein Piedestal, dessen Bildsäule das Gestirn der Jahreszeiten ist. Ich beklage denjenigen, der hier einen Augenblick verweilen kann, ohne sich von erhabenen Ideen beseelt zu fühlen; und es bedurfte auch nicht weniger als eines solchen Schauspiels, eines solchen Gottesdiensts, für eine Nation, die blos das Phlegma des Instincts besitzt. Unterdessen gestehe ich, daß ein Volk, welches dieser Mittel entbehren könnte, nur um so größer und glücklicher seyn würde. Aber wo sind Weise in so großer Anzahl zu finden, um aus ihrer Vereinigung ein solches Volk zu bilden.

§. LII.

Aegyptischer Kalender.

Die Wohnung, welche man mir in dem Collegium der Sonnenpriester anwies, brachte mich in die Nachbarschaft meines Führers. Ich begab mich am Abend zu ihm, um ihm meine Empfindungen mitzutheilen. „Wenn die Sonne" sagte er, „die Huldigung der Sterblichen verdient, so sind ihr diese Verehrung besonders diejenigen schuldig, deren Hauptstudium die Sternkunde zum Endzweck hat. Wenn wir auch nicht die eigentlichen Erfinder des Kalenders sind; so setzen wir wenigstens unsere Ehre darein, die Erhalter desselben zu seyn, und über seine Anwendung, nach den richtigsten Beobachtungen, zu wachen. Es ist nicht genug, das Gestirn des Tages sinnlos anzustaunen. Der Mensch ist nicht blos zur Bewunderung und zum Glauben gebohren; er soll sich auch Kenntnisse erwerben, und von dem, was er weiß, Gebrauch zu machen lernen.

Wahrscheinlicher Weise, ist die Sonne nicht der erste Gegenstand einer überlegten Verehrung der Völker gewesen. Der Glanz ihres Lichts zwang anfangs selbst den Künsten ihrer ersten Beobachter, die Augen nieder zu schlagen. Der milde Schein des Gestirns der Nacht war für unsere Untersuchungen zugänglicher. Die alten Sternkundiger unter den Brachmanen von Indien, theilten den Thierkreis in sieben und zwanzig Sternbilder oder Mondesörter, ehe sie die Eintheilung in zwölf Zeichen oder Häuser der Sonne einführten. Der Mond, der den **Kreis der Gestirne** (1), während eines einzigen Umlaufs der Sonne (2), dreyzehnmal durchläuft, erleichterte vorzüglich die Kenntniß von der Bewegung der Himmelskörper. Die regelmäßige Veränderung des Mondes, die sich alle sieben Tage ereignet, veranlaßte unsere Vorfahren, die Zeit im Mondenjahre (3), und jeden Mondesumlauf in vier gleiche Theile, jeden von sieben Tagen, einzutheilen. Man fand hierbey noch einen andern Vortheil; ich meine das Verhältniß der sieben Wochentage, deren jeder den Namen eines Planeten führt, zu jenem harmonischen Concerte, welches die Himmelskörper unter einander, durch die erhabene Vereinigung ihrer täglichen Bewegung, hervorbringen, da bekanntlich die Quelle

(1) Oder Thierkreis.

(2) Mem. sur l'Inde, par Legentil, 1773.

(3) Plin. hist. nat. VII. 48.

und der Grund aller richtigen Harmonie, die edelste aller Consonanzen, der Diatessaron (die Quarte) ist.

So wie das Auge des Sterblichen mehr Erfahrungen sammelte, so wurde es auch kühner, und wagte es endlich, die Sonne selbst zu betrachten, und ihren jährlichen und täglichen Umlauf zu berechnen. Man fieng an das natürliche Jahr, welches wir auch das Sonnen- oder tropische Jahr nennen, genauer zu bestimmen, das heißt, die eigentliche Dauer der Zeit, welche das Gestirn der Jahreszeiten braucht, um die Sonnenbahn zu durchlaufen, und die sich wegen der Ungleichheit der Bewegung der Sonne, nicht immer gleich ist. Diesen Unterschied beobachten die Priester in dem Tempel des Jupiter Ammon, mittelst der Menge des Oehls, welches sie ohne Unterlaß, Tag und Nacht, vor der Bildsäule des Gottes brennen. Sie messen mit der sorgfältigsten Genauigkeit dasjenige, was in jedem Jahre verbraucht wird, und finden auf diese Art den Unterschied eines Jahres vom andern. Ein König von Theben, Assis, untersuchte die Richtigkeit dieser mechanischen Operation (¹).

In den frühsten Zeiten hatte man in Aegypten ein Sonnenjahr, von nicht mehr als dreyhundert und sechzig Tagen, das in zwölf Monate, jeder von dreyßig Tagen, eingetheilt war (²). Thaut fügte noch fünf andere hinzu, ohne die sechs Stunden in Rech-

(1) Man sehe: Sam Shukford, Verfasser einer Geschichte der Welt, in englischer Sprache.

(2) Histoire du Calendrier. acad. iner.

nung zu bringen, welche zu diesem Sonnenjahre gehören, und in vier Jahren wieder einen Tag ausmachen, woraus die Folge entstand, daß Thot oder der erste Monat keinen fixen Anfangspunct hatte. Alle vier Jahre rückte er um einen Tag, und alle hundert und zwanzig Jahre um einen Monat vor, er mußte einen Zeitraum von tausend vierhundert und sechzig Jahren durchlaufen, um auf den ersten Anfangspunct zurückzukommen.

Auf diese Art wurde denn das Jahr, welches anfangs unter dem Könige Menes (¹), der ihm seinen Namen gab, blos aus einem einzigen Mondenmonat von acht und zwanzig Tagen, oder vier Wochen, jede von sieben Tagen, bestand, dann aus drey Monaten, indem man vier Jahreszeiten annahm, hierauf aus vier Monaten, da man sich nur auf drey Jahreszeiten (²), Frühling, Sommer und Winter, jede von hundert und zwanzig Tagen einschränkte, zu einem beweglichen Sonnenjahre, das in zwölf gleiche Monate eingetheilt war, denen man in der Folge einige Ergänzungstage beyfügte, und woraus endlich das große Jahr von beynahe funfzehen Jahrhunderten entstand.

In dem bürgerlichen Jahre unterlassen wir, aus einem politischen Grunde, die Einschaltung des Vierteltags, welcher den dreyhundert und fünf und sechzig Tagen noch beygefügt werden muß, um den jährlichen Umlauf der Sonne zu ergänzen. Wir wollen nicht, daß alle

(1) Menes, Mensis, Namen der ersten Art von Jahre in Aegypten.

(2) Morestell. not. ad libr. de tripl. ann. rom. p. 2.

alle unsere Feste stehend seyn sollen, sondern finden es unsern Absichten gemäßer, bewegliche Feste zu haben.

Der auf diese Art eingerichtete Kalender dient zur allgemeinen Richtschnur, für die religiösen Gebräuche, für die Feldarbeit, und für die bürgerlichen Angelegenheiten. Er ist der Grund der öffentlichen Ordnung, und der Hauswirthschaft, und, (diese Gerechtigkeit sind wir uns selbst schuldig, wenn die Undankbarkeit sie uns versagen wollte), diese große Wohlthat ist das Werk der Priester von Heliopolis, oder, wenn man lieber will, die glückliche Folge des Sonnendienstes; dieses um so heiligern Dienstes, da er nicht auf Vorurtheile oder Betrug gegründet ist.

Mit diesen Worten, führte mich der Priester an den Eingang des Tempels zurück; hier bemerkte ich an den innern Wänden einen, mit vieler Sorgfalt gezeichneten, Kalender [1], der aus verschiedenen, in einander befindlichen, Kreisen bestand. Eine, im Mittelpunct befindliche, Sonnenscheibe, theilt jeden dieser Kreise, durch zwölf Strahlen, in eben so viel Theile; und jede Abtheilung wird durch eines der Zeichen des Thierkreises, angedeutet. Außerhalb, in den vier Ecken der steinernen Tafel, sind die hieroglyphischen Vorstellungen der Jahreszeiten befindlich, der obere Theil ist mit einer geflügelten Kugel verziert.

[1] Pocock hat Ueberreste eines solchen Kalenders, gegen Mitternacht von der Stadt Acmin, ehedem Panopolis entdeckt. tom. I.

Am untern Theile befand sich ein Rad [1], welches in beständiger Bewegung war, um die verschiedenen, auf einander folgenden Revolutionen des Weltgebäudes auszudrücken.

Pythagoras. Was für Ideen habt ihr bey Benennung der Sternbilder zum Grunde gelegt?

Oenopheus. Wir haben den Himmel zu einem großen Buche machen wollen, das die Geschichte Aegyptens enthält, zu einer Art von geographischer Karte, auf der sich dieselben Gegenstände befinden, die man an den Ufern unsers Nils antrifft: der Namen dieses Flusses. das himmlische Dreyeck, oder Delta, der Kopf des Widders, oder des Thebaischen Jupiter und des Jupiter Ammons, und die übrigen Zeichen; alles vereinigt sich zu einem einzigen geheiligten Ganzen, dessen sämtliche Theile mit einander in Verbindung stehen, und dem Volke einen erhabenen Begriff von dem Boden, den es anbaut, beyzubringen.

Pythagoras. Verzeih einem jungen Wahrheitsfreunde seine Offenherzigkeit. Diese doppelte Kalender, wovon der bewegliche als Volkskalender gebraucht wird, dahingegen der heilige Kalender unbeweglich ist, und blos zu euerm Gebrauche dient, während sich nach jenen, troz seiner Unvollkommenheiten, die ihr ihm vorsätzlich, und wahrscheinlich nicht ohne Absicht laßt, ganz Aegypten richtet, ist mir zuwider. Warum stellt ihr euerm Lande die Wahrheit nicht ganz und ohne Hülle dar? Warum

[1] Clemens Alex. stromat.

behaltet ihr sie blos für euch? Warum hängt die Feyer gewisser Feste ganz von euerer Willkühr ab? Man sollte glauben, daß ihr das Volk in der Abhängigkeit erhalten wollt, und es darauf anlegt, daß es euerer immer bedürfe.

Was würdest du dazu sagen, versetzte Oenopheus, wenn du wüßtest, was wir von unsern Königen, bey ihrer Thronbesteigung verlangen? Wir zwingen sie, uns mit dem fürchterlichsten Eide zu versprechen, keine Veränderung mit dem beweglichen Jahre vorzunehmen. Und sie haben eingesehen, daß ihre Sicherheit und unser Vortheil gleich stark dabey interessirt seye: dem Volke selbst kann kein Nachtheil daraus erwachsen. Seine vorzüglichsten Feste, wie z. B. die Neumonden, die Nachtgleichen, die beyden Sonnenwenden, sind, so wie das Austreten des Nils, und der Rückzug in sein Bette, unveränderlich, und von der Natur bestimmt. Alles, was das Volk zu wissen braucht, oder woran es erinnert werden muß, ist vor jeder Art von Willkühr gesichert. Was die minder wichtigen und besondern Feyerlichkeiten anbetrifft, so ist es einer weisen Staatskunst gemäß, daß es uns deswegen zu Rathe ziehe, und sich auf unsere Weisheit verlasse. Wir haben doch wol einiges Recht auf sein Vertrauen. Man würde an dem Aegyptischen Volke weniger zu erinnern finden, wenn es blos den Tempel von Heliopolis besuchte. Mögen Theben und Memphis ihre Pyramiden rühmen! unsere Obelisken nehmen weniger Raum ein, aber diese Denkmahle machen der Menschheit mehr Ehre. Sie sind Beweise von der ältesten, der allgemeinsten, der vernünftigsten aller Verehrungen, der Weise kann ihr ohne Erröthen beywohnen.

§. LIII.

Nähere Beschreibung des Sonnendienstes.

Pythagoras. Man erzählt, daß ehedem das Grab des Busiris in Heliopolis mit dem Blute der Fremdlinge getränkt worden sey; und daß täglich drey Menschen [1] auf demselben geopfert worden wären.

Oenopheus. Verleumdung! Die Sache verhält sich so: Um einige Könige zu demüthigen, welche die Eitelkeit hatten, sich mit der Sonne zu vergleichen, und auf die ihr gebührende Verehrung Anspruch zu machen, brachten wir verschiedenemale ihre, von Wachs geformten Bildnisse [2] in den Brennpunct eines Spiegels, der die Strahlen des großen Gestirns sammelt. Diese kleinen menschlichen Figuren schmolzen augenblicklich, ohne eine Spur zurückzulassen. Nun sagten wir zu den bey diesem Versuche gegenwärtigen Abgesandten dieser auswärtigen Fürsten: „Geht nun, und erzählt euern Herren, was ihr in dem Tempel von Heliopolis gesehen habt, und sagt ihnen in unserm Namen: Der größte König auf Erden ist nur eine ärmliche Wachspuppe vor dem Beherrscher des Himmels, dem Gatten der Natur und dem Vater der Wärme.“ Unsere Nachbarn fühlten sich durch diese Zurechtweisung beleidigt, und sprengten überall aus, daß wir unsere Gäste mißhandelten, und sie der Sonne zum

[1] Manethon, beym Porph. II. Theodoret. VII. heilige Reden.

[2] Die Aegyptier hatten es in der Kunst, allerley Vorstellungen in Wachs von verschiedenen Farben zu verfertigen, so wie auch ganze Bildsäulen aus kleinen, die natürlichen Farben nachahmenden Stückchen zusammenzusetzen, zu einer großen Vollkommenheit gebracht. Man sehe l'Athenée de Villebrune V.

Opfer darbrächten; da wir ihr doch nicht einmal Thiere opfern [1], oder Vorstellungen von denselben auf unsere Altäre setzen.

Pythagoras. Ich habe von einem noch barbarischeren Gebrauch reden hören. Alle Jahre soll man ein junges Mädchen in den Nil stürzen, um von diesem Flusse die Wohlthat der gewöhnlichen Ueberschwemmung dadurch zu erhalten.

Oenopheus. Dieses grausame Opfer war in Aegypten vor unsern Zeiten eingeführt: sobald sich aber unser Ansehen in etwas befestigt hatte, so verfielen wir auf folgendes Mittel, um diesen Dienst abzuschaffen. Einige Tage vor dem Feste, begaben wir uns in Gepränge an die Ufer des Nils, und unser Oberhaupt sprach mit vieler Zuversicht folgendes, vorher verabredetes Gebet:

„Wohlthätiger Nil; groß sind deine Gunstbezeugungen gegen uns, nie kann unsere Dankbarkeit ihnen gleichen. Löse gnädig einen Zweifel, der sich in unserer Seele erhebt. Es scheint, als ob du des gewöhnlichen Opfers von einer Jungfrau überdrüßig werdest. Du siehst, wie sehr es uns selbst empört. Sohn der Sonne, wohlthätiger Nil! wisse dann, daß viele Familien entschlossen sind, deine Ufer zu verlassen, um nicht mehr Zeugen eines Dienstes zu seyn, den man dir erzeigt, ohne deinen Willen hierüber vernommen zu haben. Das durch dein heiliges Wasser gereinigte Aegyptische Volk, fängt an zu glauben, daß es deine Wohlthaten zu theuer erkaufen

[1] Horus Apollo. Morin, Acad. inscript. Herodot.

heiße, wenn man sie mit einem Verbrechen, mit Vergießung von unschuldigem Blute bezahle."

„O Nil, du mußt befürchten, bald nur noch durch eine schreckliche Einöde zu fließen, wenn du darauf bestehest, uns fernerhin für einen so hohen Preis zu ernähren. Erkläre dich also. Dieß Jahr soll das junge, für dich bestimmte Mädchen nicht geopfert werden, wenn deine Fluthen fortfahren, sich zu der, unserm Lande nöthigen Höhe zu erheben, so soll uns dieß ein Zeichen deiner Zufriedenheit seyn."

Wir hatten den Erfolg der dießjährigen Ueberschwemmung schon vorausgesehen, sie entsprach völlig den allgemeinen Wünschen. Von diesem Zeitpuncte an entsagte man dem schrecklichen Gebrauche. Dieß ist der eigentliche Verlauf der Sache, der aber vielen unbekannt ist.

Pythagoras. Und jene Bäder von Menschenblute [1], um euere Könige zu heilen, wenn sie von der Elephantiasis befallen sind.

Oenopheus. Haben allerdings Statt gefunden; aber heut zu Tage dürfte man es nicht wagen, sie erneuern zu wollen.

Pythagoras. Am Engang eueres Tempels, unter der Halle, befindet sich ein ummauerter, und mit Bäumen besetzter Platz, in welchem, wie man mir gesagt hat, Löwen [2] eingeschlossen sind, die von euch

[1] Plin. hist. nat. XXVI. 1.

[2] Photius. codex, 242.

mit Ochsenfleisch [1] genährt werden. So daß in euerm Tempel ein Gott zum Unterhalt des andern dient.

Oenopheus. Füge noch hinzu, wenn du willst, daß wir an gewissen Festtagen, dem Volke den geheiligten Stier zeigen, dessen Kopf mit einer Strahlenkrone umgeben [2], die Stirne mit dem Delta bezeichnet, und der Körper mit einer gestickten, und mit Franzen besetzten Decke [3] bedeckt ist, wie diejenige, welche den Tragsessel des Serapis ziert.

Wisse aber auch zu gleicher Zeit, daß, für den Unterrichtetern, der Löwe in ganz Aegypten nichts weiter, als ein Zeichen des Thierkreises ist. Bey uns ist für den gemeinen Haufen alles, Gott; für den Weisen alles, Sternkunde. Aus diesem Grunde hat man in Aegypten auf alle öffentliche oder Privatdenkmale einen Löwenkopf gesetzt. Du wirst diese Hieroglyphe über den Thoren unserer Tempel, über unsern geheiligten Oertern, über unsern Keltern gefunden haben. Selbst unsere Dachrinnen haben diese Gestalt.

Pythagoras. Ohne Zweifel wirst du unter diese sinnbildlichen Verzierungen auch jene Vorstellung des Phönixes, oder eines, zwischen einem Schwane und einem Raben [4] befindlichen Adlers rechnen, den ich auf einer der Seiten des Tempels von Heliopolis gesehen habe.

[1] Aelian. XII. 7.

[2] Tristan de Saint-Amand. hist. emper. tom. II. in fol. p. 144. et 145.

[3] Sie war in kleine regelmäßige Vierecke gestickt. Caylus, tom. I. in 4to.

[4] Man sehe den Harpokrates des Cuper.

Oenopheus. Ein leicht zu errathendes Sinnbild; es ist die Sonne, die Tag und Nacht hervorbringt. Das Volk liebt solche Gegenstände, welche seine grobe Einbildungskraft beschäfftigen, ohne den Geist zu sehr anzugreifen Bey dieser Gelegenheit muß ich dir doch noch sagen, daß in Memphis die Priester des Tempels der großen Isis, sich bald schwarz, bald weiß kleiden, um dadurch die glücklichen von den unglücklichen, d. i. die gewöhnlichen, von den, einem religiösen Feste geweihten Tagen zu unterscheiden. Der heilige Schleyer, den man bey den großen Feyerlichkeiten der Isis trägt, stellt diese Gottheit auf einem dunkeln Grunde vor. Daher führen die Priester von Memphis den Namen: Melanophores, so wie sie sich in Theben die geflügelten Diener nennen, weil sie wirklich bey der Feyer gewisser Mysterien Flügel tragen.

Ich unterbrach meinen Führer, um ihn in einem, vielleicht nicht ganz natürlichen, Tone zu fragen:

„Priester der Sonne, kann man den Stier - Gott Mnevis sehen? ich wünschte ihm meine Verehrung zu bezeugen." Der Priester errieth meine Gedanken, und antwortete mir mit Würde: „Junger Fremdling! wisse, daß der Stier Mnevis blos deswegen in dem Tempel der Sonne beherbergt, ernährt, und verehrt wird, um zu einem lebendigen Sinnbilde des Ackerbaues, und des Gestirns zu dienen, das die Arbeiter desselben bestimmt, und seine Erzeugnisse reift. Die Sorge, welche wir hier für ihn tragen, sollen die Landleute auf den Werth eines so nützlichen Thieres aufmerksam machen. Diese Belehrung ist jetzt weniger nöthig, als in frühern Zeiten; allein vielleicht ist es nicht klug gehandelt, alte Einrichtungen abzuschaffen, zumal wenn sie so unschädlich als diese sind. Boccoris, einer unserer Könige, der in Sais residirte, wollte uns unsern Stier Mnevis rauben. Die Einwohner von Heliopolis erließen eine Gesandschaft an ihn, um ihm sagen zu lassen: „König von Aegypten! du überschreitest deine Gewalt. Wir lassen dich im ungestörten Besitze deines Throns, beunruhige uns nicht in unsern Tempeln. Mnevis ist ein Gott, der den Sterblichen kein Leid zufügt. Schmälert er dir die Einkünfte deiner Krone? Warum willst du ihm seinen Weihrauch rauben? Boccoris fürchte diesen Frevel theuer bezahlen zu müssen.“ Einige Jahre darnach wurde dieser Fürst, bey einem Einfalle der Könige von Aethiopien, lebendig verbrannt.

Pythagoras. Was macht ihr in einem, der Sonne geweihten, Tempel mit diesem Käfer [1]? welch ein Abstand von dem großen Gestirne, zu diesem Insecte [2]. Wodurch verdient dieses kleine Thier einen so ausgezeichneten Platz in diesem großen, einer erhabenen Verehrung geweihten, Gebäude?

Oenopheus. Dieß ist noch ein lebendiges Sinnbild [3] der Sonne und des Ackerbaues. Hast du denn noch nie bemerkt, daß, sobald ein Strahl des großen Gestirns auf diesen Käfer fällt, seine Flügel

[1] Porphyr. Von der Enthaltung des Fleisches. IV. 9.

[2] Caylus. Antiq. egypt.

[3] Horapollo. Euseb. prep. ev. IV. et XIII.

decken einen glänzenden Schimmer von sich werfen! diese geringfügige Erscheinung ist der Bemerkung des Volks nicht entgangen, es hat dieses Insect auch an dem Weihrauch wollen Theil nehmen lassen, welcher zu Ehren der Sonne brennt, deren Glanz es zurückwirft, und die seinen Namen führt. Wir nennen nämlich zuweilen das Gestirn des Tages: Den großen Käfer des Weltgebäudes. Dem großen Haufen ist noch eine andere Bemerkung aufgefallen, deren Werth ich deiner Beurtheilung überlasse. Der Käfer hat so viel Füße, als der Sonnenmonat Tage [1].

Ein triftiger Bewegungsgrund hat aber noch außerdem die dankbare Menge geleitet; sie hat es für Pflicht gehalten, dem Stiere Mnevis, dem Gotte des Ackerbaues, ein Insect an die Seite zu setzen, das unsere Gärten von den Ameisen und Gewürmen reinigt, auf die es eine unaufhörliche und immer glückliche Jagd macht.

Pythagoras. Ohne Zweifel wirst du auch nicht in Verlegenheit seyn, mir die Worte zu erklären, welche ich auf dem Fußboden des Sanctuariums gelesen habe: „Hier in dem Tempel der Sonne hat der Phönix [2] den, in ein Ey von Myrrhen einbalsamirten Körper seines Vaters beygesetzt: nach fünfhundert Jahren wird er aus Arabien zurückkommen.“ Ist dieß auch ein lebendes Sinnbild?

[1] Ruellius, Lib. II. de Stirp.

[2] Pomp. Mela III. 9.

Oenopheus. Nein. Dieß ist eine sinnbildliche Bedeutung eines astronomischen Zeitraums, eines jener großen Jahre, die uns, bey unsern Berechnungen des Umlaufs der Himmelskörper um die Sonne, zu Ruhepuncten dienen. Doch lassen wir es uns gefallen, daß man Heliopolis die Phönixstadt nennt [1].

Umringt von Aberglauben aller Art, können wir nicht wohl sparsamer mit fantastischen Vorstellungen seyn. Junger Fremdling, bemerke, daß die Sonnenpriester die einzigen in Aegypten sind, die eines zwiefachen Lehrgebäudes, einer zwiefachen Verehrung entbehren können. Wir suchen unsern Gott nicht unter dem Wasser, noch im Innern der Erde. Er kommt zu uns, noch ehe wir ihn anrufen, nur Dankopfer haben wir ihm zu bringen. Du sollst Zeuge von einer unserer religiösen Feyerlichkeiten seyn, deren Anordnung wir nach eigenem Gefallen getroffen haben. Denn, obgleich das Volk ein Sclave der Gewohnheit ist, so liebt es doch die Abwechselung. Man erhält seine Anhänglichkeit blos durch neue Zusammenstellungen. Das Fest, welches wir nächstens feyern werden, wird dir mehr sagen, als eine lange Erzählung. Laß keinen Umstand deiner Aufmerksamkeit entgehen. Die Zeit dieser Feyerlichkeit fällt auf die Frühlingsnachtgleiche.

Drey Tage zuvor, wohnte ich der Einweihung verschiedener Aegyptier, in die Geheimnisse [2] der Equinoxialsonne, unter dem Zeichen des heiligen Lam-

[1] Aelian. IX. 58.

[2] Lucian. Dea Syria.

mes bey. Sie schlachten das unschuldige Thier unter einer Halle, setzen es, aufgerichtet auf einem Altare, den Flammen aus, genießen einen Theil davon, knieen auf das, im Vorhof ausgebreitete Fell, und legen den Kopf des Thieres auf den ihrigen. Nach vollendeter Ceremonie begeben sie sich ins Bad, trinken kaltes Wasser, legen sich auf die Erde, und überlassen sich dem Schlafe.

Ich bewunderte hierbey die Treuherzigkeit dieser frommen Aegyptier: sie gleicht ihrer Unwissenheit. Nur die Priester sind im Besitz der wahren Bedeutung aller dieser Dinge; Aber sie hüten sich wohl, ihre astronomischen Einsichten dem gemeinen Haufen der Eingeweihten mitzutheilen.

Bevor sie sich der Ruhe überlassen, so singen sie eine kurze Hymne, ungefähr folgenden Inhalts: „Lamm der Nachtgleiche [¹], sey uns gegrüßt; indem du dich von den Strahlen der Sonne losreißest, kündigst du uns die Zurückkunft dieses Gottes auf der obern Halbkugel an, hier scheidet er, sobald er diese Linie überschritten hat, die Schatten von dem Lichte, und das Gute vom Bösen. Nun nimmt die Natur ihre erste Schönheit wieder an. Heiliges Lamm, du bringst uns den Frühling zurück."

Hinter dem Theil des Tempels, wo diese Ceremonie vollzogen wird, bemerkte ich eine dunkele und tiefe Höhle, die von einer Laterne erleuchtet wurde, welche

¹] Dupuis. relig. univ. tom. III. in 4to.

kaum hinreichte, den Kopf eines Kindes zu erhellen, das, mit Ausnahme eines einzigen Haares, völlig abgeschoren war [1]. Unter diesem Bilde stellen die Aegyptier die Sonne, zur Zeit der Wintersonnenwende vor.

Die vorzüglichste Zierde des Altars, auf welchem die, der Sonne geweihten Opfer dargebracht werden, besteht in einem geflügelten Kreise [2], um den schnellen Lauf der Gestirne, von denen die Sonne das erste ist, dadurch anzuzeigen.

Bey dem Anblicke der unterirdischen Höhle, fragte ich, was es für eine Bewandtniß mit dem Zusammenhang hätte, der, wie man sagt, unter der Erde, zwischen dem Tempel von Heliopolis und dem Tempel von Memphis Statt finden soll.

Man antwortete mir auf meine Frage, blos durch Stillschweigen, und überließ mir die Mühe und die Freyheit, diesen Weg selbst zu suchen. Nach langem Nachforschen, entdeckte ich endlich den Eingang desselben, im Innern eines Pfeilers. Aber die Thüre wird nur, auf ausdrücklichen Befehl des Hierophanten, und bey wichtigen Veranlassungen, wahrscheinlich bey großen Einweihungen, oder politischen Krisen, geöffnet. Mangel an Vorsicht ist überhaupt nicht der Fehler der Priester.

[1] Macrob. Saturn. I. 21.

[2] Porphyr. apud Euseb. Praep. evang. III, 11.

§. LIV.

Beschreibung des großen Sonnenfestes.

Den Tag vor dieser Feyerlichkeit, die sie Sarei, oder den Tag der Hymnen, nennen, wurde auf dem höchsten Theile des Tempels, ein weißes Tuch aufgesteckt, das, gleich einer Fahne in der Luft wehete. Oben auf der Stange, ist eine goldene Kugel befindlich, um die Strahlen der Sonne zurückzuwerfen, und die, mit ihrem wohlthätigen Feuer bedeckte Erde, vorzustellen. Man hatte auf gleiche Weise den Kopf eines weißen Adlers aufgerichtet, der gegen die Morgenseite des Himmels zugekehrt war [1]. Das Fest beginnt mit Aufgang des Gestirns, welches der Gegenstand desselben ist.

Die Priester haben die Beobachtung gemacht, daß der Instinct, bey der ersten Morgendämmerung, alle Vögel einer Gegend versammelt, um, durch ihren vereinigten Gesang, die Erscheinung des Vaters der Wärme zu begrüßen. Heliopolis folgt diesem Beyspiele [2]. Sobald man den Feuerball, von den ersten Ausflüssen der Gottheit funkeln sah, erhoben sich zehen tausend [3] Stimmen, unter Begleitung unzähliger harmonischer Instrumente rings um das Heiligthum, und sangen dem Gott des Tages, ein kurzes Loblied. Diesem ersten Ausbruche der Bewunderung, folgte ein langes Stillschweigen. Welch ein Augenblick! welch

[1] Hierogl. pieri. XIX. Panciroi. not. dig. imp. or. 141.

[2] Strabo Geogr.

[3] Ein unbestimmter numerischer Ausdruck.

ein Schauspiel! Die Vorhöfe des Tempels sind mit einer zahllosen Menge Volks angefüllt; alle Zuschauer bringen, mit Himmelan gehobenen Augen und Händen, für den auf ihr Haupt fallenden Strahl, einen Blumenkranz dar. Alle Blicke hatten in diesem Moment etwas Göttliches. Aller Antlitz belebte eine reine Freude!

Nach dieser stummen und erhabenen Scene, gab der Oberpriester das Zeichen zu dem heiligen Zuge. Sogleich vertheilte sich diese ganze Menge von Anwesenden, mit Anstand, und ohne Verwirrung, in verschiedene Gruppen, um, unter Aufsicht der Priester, den religiösen Zug zu formiren; jeder nahm seinen Platz ein, und ich stellte mich an den Weg, wo sie vorüber zogen. Einige Schritte voraus, bemerkte ich vier Aegyptische Priester, mit frisch geschorenem Haupte, und Kinne, die langsam einherzogen, und auf ihren Schultern einen angezündeten Leuchter [1] trugen, welcher auf einer Art von Altare oder länglich viereckigtem Tische stand. Vor und nach ihnen gehen zwey andere Tempeldiener, von niedrigerem Range, wovon die einen einen Palmenzweig, und die andern einen langen Stock, oder ein Scepter, auf welchem sich ein Sperber [2] vorgestellt befindet, in den Händen tragen.

Andere, als Löwen, das Sinnbild des Nils, vermummt, tragen in ihrer rechten Hand eine Straußen-

[1] Mosaik von Palestrina.

[2] Metam. d'Apul. XI. Kirch. Oedip. aegypt. V. 1. Spon. misc. erud. ant. Horus Apollo.

feder, die in ein Gestelle, welches die Gestalt eines Ochsenhorns hat, befestigt ist, das ihr zum Handgriffe dient. Die Nämlichen tragen beynahe unter der Achsel auf beyden Seiten ein Armband, welches mit einem Hahnenkopfe, dem Sinnbilde der Sonne [1], verziert ist.

Hierauf sahe ich ein junges, vorzüglich schönes Mädchen, das einen vergoldeten Halbmond auf der Stirne hatte, mit einer breiten, mit goldenen Sternen besetzten, blauen Binde umgürtet war, und den Mond vorstellte. Acht und zwanzig andere, noch jüngere, Frauenzimmer, die auf gleiche Art geziert sind, und von denen je sieben in einer Reihe gehen, stellen das Jahr, und die, aus vier Wochen bestehenden, Mondenmonate vor.

Ein anderes Aegyptisches Mädchen, von brauner Gesichtsfarbe, ist das Sinnbild des Sonnenjahres; es nimmt einen, von vier Priestern getragenen goldenen Thron ein, und steht auf einem Fußtritte, der mit funfzig Nägeln mit silbernen Kuppen [2], um die Anzahl der Wochen anzudeuten, an den Thron befestigt ist.

Ein langer Mann im blauen, mit Sternen, die man in Aegypten Augen nennt, bedeckten Gewande, nähert sich mit abgemessenen Schritten, dieß ist der personificirte Himmel.

Vier

[1] Caylus, antiq. egypt. tom. IV.

[2] Man sehe die Isistafel.

Vier Aegyptierinnen von gleicher Größe, und mit Persea Zweigen bekränzt, folgten ihm; an ihren gegenseitigen Attributen erkannte ich sie für die vier Jahrszeiten, vor ihnen her giengen vier heilige Thiere [1]), welche ebenfalls die vier Theile des Jahrs andeuteten, nämlich; der Adler oder Sperber, der Hund, der Stier und der Löwe.

Zwischen den Jahrszeiten tragen zehen Priester auf ihren Schultern den berühmten Ring des Osymandias, nach bequemeren Verhältnissen verfertigt. Hierauf folgten die zwölf [2]) Monate des kommenden Jahres, je drey neben einander. Nach ihnen sahe ich fünf Personen, auf deren Fahne das Wort: Epagomenes [3]) stand. Hinter ihnen trug ein Mann von ansehnlicher Größe, in einem langen schleppenden, mit Hieroglyphen bemahlten Kleide, in seinen Armen ein vierjähriges Kind. Diese Gruppe stellt Thaut, den Entdecker des zu Ergänzung des jährlichen Sonnenumlaufs nöthigen Vierteltags, vor. Thaut war der erste, der auf den Gedanken kam, jedem vierten Jahre einen, aus diesen Vierteln zusammengesetzten, Tag einzuschalten, um bey den astronomischen Rechnungen, die mehr Schärfe als die bürgerlichen Festrechnungen verlangen, einen Vorsprung zu verhüten, der sich mit einer, so viel Genauigkeit erfordernden, Wissenschaft, als die Kenntniß der Bewegung der Himmelskörper ist, schlecht vertragen würde. Ferner sahe ich in zwey

1) Clem. Alex. Strom.

2) Calendrier de Gebelin in 4to. p. 466.

3) Die fünf Ergänzungstage.

Kk

Reihen die dreyhundert und fünf und sechzig Ly- vorüber ziehen, sie bestanden aus vier Abtheilunge junger, vier und zwanzigjähriger Männer. In ihrer Mitte zeigte sich der Sonnenwagen, der von vier sechs- jährigen edeln arabischen Pferden gezogen wurde, jedes hatte ein junges Mädchen zur Führerin, in Bezug auf die vier Tageszeiten.

Vier und zwanzig andere, kaum mannbare Aegyptie- rinnen, (die Stunden) umringten den Sonnenwagen. Die zwölf vordern tragen weiße, und die zwölf hintern schwarze Kleider. Alle haben auf der Stirne einen silber- nen Stern. In dem, mit Goldblech überzogenen Wa- gen, ist ein Würfel vom schönsten Krystall befindlich, der einem großen Käfer zum Fußgestelle oder Altare dient, die Flügel dieses Käfers sind in ihre, von eigenem Glanze, und von den Sonnenstrahlen, die sie zurückwerfen, leuch- tenden Decken gehüllt. Endlich gieng noch vor dem Wa- gen eine Aegyptierin so lang, als man sie hatte finden können, her, welche die geheiligte Wanne [1]) der Isis ehrfurchtsvoll trug.

Hinter dem Wagen führt ein Tempeldiener von nie- drigerem Range, an einer goldenen Kette, einen großen Cynocephalen (Affen) [2]), der aufrechts auf seinen Hin- terfüßen läuft, und auf seinem Kopfe eine halb goldene und halb silberne Kugel trägt.

Der Anblick dieses Gegenstandes stört die Zuschauer in ihrer Ernsthaftigkeit nicht. Die Religion heiligt alles,

1) Lychnophor. Harpocration.

2) Pignorius, tabula Isid.

selbst die Vorstellung des dreyfachen [1]) Phallus, der an einem Stocke emporgetragen wurde, und den ich, zu meinem Erstaunen, in Heliopolis wieder fand, nachdem er mir schon in Kanopus aufgefallen war. Hierbey blieb es noch nicht. Verschiedene Anwesende hatten außerdem andere Arten von kleinen Priapen, die auf einen Lotusstängel hockten, in den Handen.

Noch muß ich euch geliebte Schüler bemerken, daß dieser Sonnenwagen die Gestalt eines Aegyptischen Fahrzeugs [2]) hat, und daß auf der Vorderseite desselben die Vorstellung eines Auges befindlich ist.

Die Priester der verschiedenen Classen, unter Vortritt des Oberpriesters, beschlossen diesen majestätischen Zug, der langsam [3]) und andächtig siebenmal um das Heiligthum gieng. Das Pflaster des Tempels ist ganz mit Blumen und grünen Zweigen bedeckt; Rauchpfannen dampfen zwischen jeder Säule. Wolken von Weihrauch dienen gleichsam zu einem Schleyer, der den Glanz und die Hitze der Sonne mildert.

Ich bemerkte in den Händen des Hierophanten eine Art von Augurnstab; es war der Stängel von einem Lotus, einer Aegyptischen Wasserpflanze, welche der Sonne geweiht ist, weil ihre Blüthe sich nicht eher, als in dem Augenblicke des Sonnenaufgangs über dem Wasser zeigt,

Kk 2

1) Phallus triplex. Caylus, antiq. égypt. tom. III. in 4to. p. 275.

2) Winckelmann, monumenti inediti. in fol.

3) Plutarch. Isid. Macrob. Som. Scip.

und sobald sie untergeht, wieder untertaucht. Alle Priester tragen auf ihren geschornem Kopfe einen Kranz davon. Ihre Sandalen sind von Papyrus.

Auf ein zweytes, von dem Oberpriester gegebenes Zeichen, ließen sich alle Instrumente hören, zuerst die Schalmeye, das älteste von allen; dann das, dem Gottesdienst geweihte Sistrum, hierauf die Flöte, die Leyer, und ein Instrument mit zwey Saiten (bichorde) [1]), eine Art von Ellipse mit langem Stiele, das mir, blos von Ansehen bekannt war, und auf einem der großen Obelisken von Heliopolis abgebildet ist.

Auch Harfen befinden sich darunter. Sie gleichen völlig dem dreyzehensaitigen, mit einem Sphinxe verzierten Instrumente, dessen Vorstellung mir, unter andern Gemählden, in den Begräbnißhöhlen, die ich jenseits Theben besuchte, auffiel. Diese Art von Harfe war schon unter der Regierung des Sesostris im Gebrauch.

Die Wirkung, welche die harmonische Vereinigung aller dieser Instrumente auf mich hervorbrachte, ließ mich einsehen, aus welchem Grunde die Aegyptier die Musik die Schwester der Religion [2]) nennen.

Nun begannen die Tänze; aber nicht jene scherzhaften Spiele, jene convulsivischen und zwecklosen Bewegungen, die in Halikarnaß und in Paphos im Gebrauch sind, noch jenes weibische Hin = und Herwiegen des weiblichen

1) Mandoline, deren Vorstellung sich in Essai sur la Musique tom. I. in 4to. p. 292. 95. und 96. befindet.

2) Hist. de la Musique par Bourdelot; Ch. III. tom. I.

Joniens: die heiligen Tänze in Heliopolis, die der Oberpriester selbst anführt, und die nach den reinen Accorden des Tetrachord's abgemessen sind, stellen den Lauf der Gestirne, ihren jährlichen oder täglichen Stand, ihre Zusammenkunft, ihre Abweichung vor. Alle ihre, einer gewissen Ordnung unterworfenen Bewegungen, welche die Beobachtung den forschenden Sterblichen kennen gelehrt hat, werden mit Genauigkeit ausgeführt. Die vier Tagszeiten treffen mit den Jahreszeiten zusammen. Die Stunden vereinigen sich zu Gruppen mit den Wochen und ihren sieben Planeten [1]). Man verzögert oder beschleunigt den Schritt, nach dem Tacte (modus), und dem Diapason [2]). Ich vergaß in diesem Augenblicke, daß ich mich auf der Erde befand. Ich glaubte, am Himmel dem feyerlichen Gange der Gestirne beyzuwohnen, und das harmonische Concert der Himmelskörper zu hören. Alle große Erscheinungen am ätherischem Gewölbe ereigneten sich, unter meinen Augen, mit mathematischer Regelmäßigkeit. Der Tempel von Heliopolis scheint dann eine große Sphäre zu seyn, um dem Auge der entzückten Sterblichen den ganzen Mechanismus der Natur, in aller seiner Erhabenheit zu versinnlichen: dieß ist die wahre Art die Sternkunde zu lehren.

Es schien, als sey die Sonne von ihrem Feuerthrone herabgestiegen, um sich mit den Sterblichen zu unterhal-

1) Lucianus, de Saltatione Plato, de leg. VII.

2) Die Octave in der Musik. Wie aber diese, welche blos ein Verhältniß der Höhe zur Tiefe anzeigt, zugleich mit dem Modus, oder Tacte, die Geschwindigkeit oder Langsamkeit der Schritte bestimmen könne, verstehe ich nicht.

Anm. d. Ueb.

ken, und sie mit den Gesetzen bekannt zu machen, die sie sich selbst vorgeschrieben hat.' Dieß ist die wahre Art von Festen, die eines großen Volkes, einer weisen Nation würdig sind: man hätte dieses die erhabene Vermählung des Himmels mit der Erde nennen können. Nach einer alten Heliopolitanischen Sage, gab Prometheus [1]) selbst die religiösen Tänze dazu an.

Ich bemerkte, daß der Eindruck, den das Erhabene dieser Feyerlichkeit machte, allgemein war. Männer und Weiber, Kinder und Greise, alle Anwesenden fühlen sich im gleichen Grade davon durchdrungen. Alle kleinliche Leidenschaften, Folgen der bürgerlichen, auf Eigennutz berechneten Verhältnisse, schweigen bey diesen gottesdienstlichen Verehrungen. Man kennt in diesem Augenblicke nur eine Empfindung, diejenige, welche der Anblick eines großen Ganzen, das Schauspiel der Ordnung, der Tochter der Harmonie, die Betrachtung der Natur in ihrer ganzen Majestät, in ihrer ganzen Pracht gewähren. Und was läßt sich auch Entzückenderes denken, als die Vereinigung aller derjenigen Gegenstände, die sich in diesem Augenblicke meiner Bewunderung darboten: die schönste Gegend Aegyptens; die Nachbarschaft des außerordentlichsten und wohlthätigsten Flusses, ein Gebäude von den edelsten Verhältnissen, die Gegenwart des ersten aller Gestirne, bey der Verehrung, die man ihm erzeigte, eine unermeßliche Anzahl vernünftiger Wesen, die ihre Gedanken bis zu dem Gott erhoben, den sie sich selbst gewählt

1) Hist. gen. de la danse, 1723. in 12o. vergl. mit: Cahusac, traité de la danse tom. 1. p. 28. 29. 38.

De Lauinay, de la Saltation théâtrale 1790, in 8vo fig.

Des ballets anciens et modernes 1682. in 12.

hatten, und von den aufgeklärtesten und am wenigsten fanatischen Priestern der Erde geleitet werden; und dieses grosse Ganze von hinreissenden Tänzen belebt, die mit Treue die ewigen Bahnen der Planeten in der freyen Natur wiederholen, die ihrem schönsten Werke zulächelt?

So erzieht man das Menschengeschlecht; so flößt man ihm Sinn für Größe und Wahrheit ein, so beseelt man es mit inniger Liebe zur Ordnung, ohne welche keine wahrhaft beglückende politische und gesetzliche Verbindung statt finden kann. Das Genie des Gesetzgebers muß die großen Triebfedern, welche die Kenntniß der astronomischen Ereignisse ihm darbietet, zu benutzen wissen. Der Himmel muß die Erde unterrichten, aber nicht der Himmel der Theogonisten, sondern der Himmel der Astronomen.

Erhabene Schauspiele, die keinen wesentlichen Nutzen für die Sterblichen haben, können ihm auch nicht genügen; und selbst der Weise kann nur das erhaben finden, was für ihn von wahrem Nutzen ist. Die grosse Wichtigkeit dieser Bemerkung scheinen die weisen Stifter der Heliopolitanischen Feste tief gefühlt zu haben. Unmittelbar nach den heiligen Tänzen begab man sich in denjenigen Theil des Tempels, welcher dem Mnevis zur Wohnung dient. Man führte das lebende Sinnbild des Ackerbaues vor den Eingang, und erzeigte ihm eine Art von Verehrung, die man allerdings dem Andenken des Erfinders des Pflugs, oder desjenigen, der zuerst auf den Gedanken kam, die Hörner des Stiers unter das Joch des Ackerbaues zu beugen, weit schicklicher hätte erzeigen können. Diese Bemerkung theilte ich dem, mir zum Führer dienenden Priester mit.

Deine Beobachtung ist unsern Vorfahren wahrscheinlich nicht entgangen, antwortete er mir: allein sie sind der Meinung gewesen, daß es minder gefährlich sey, lebendige Thiere zu vergöttern, als den Menschen, vor, und selbst nach seinem Tode, wie diß auf dem Gebiete des Anubis Sitte ist [1]). Einem Thiere göttliche Ehre zu erzeigen, kann von keinen bedenklichen Folgen seyn, und höchstens nur in den Augen des strengen Weisen lächerlich scheinen. Aber seines gleichen vergottern, heißt bey dem Ehrgeitzigen den Gedanken an eine Theokratie, der schlimmsten Art von Despotismus, rege machen.

Pythagoras. Priester der Sonne! du setzest mich in Erstaunen.

Oenopheus. Du siehst es selbst. Man räuchert dem Mnevis, man bringt ihm Blumen dar [2]), aber das ist auch alles. Der Landmann kehrt mit dem Gedanken, in seinen Meyerhof zurück: „Wir sind [3]) dem nützlichsten und gelehrigsten unserer Hausthiere unsern Dank schuldig." Bey seiner Nachhausekunft, noch voll, von den religiösen Ceremonien, denen er

1) Porphyr. Von der Enthaltung des Fleisches. IV. 9.

2) Diod. Sic. I. 55.

3) Plutarch. de Isid. Gründet den Ursprung des Thierdienstes auf die Dankbarkeit der Menschen gegen die Thiere, wie z. B. gegen den Stier.

beygewohnt hat, geht er gerades Wegs in den Stall, um den Gefährten seiner Arbeiten zu liebkosen. „Ja" sagt er zu ihm „ich will für dich dieselbe Achtung haben, welche die Priester [1]) dem Stiere Mnevis erzeigen. Ich will dich nie mißhandeln, und die täglichen Dienste, welche du mir leistest, dankbar erkennen, du sollst eine dichte Streu, reichliches Futter, ungestörte Ruhe haben, da ich an dir einen arbeitsamen und willigen Diener besitze, so sollst du in mir keinen undankbaren oder harten Herrn finden; ich werde selbst für dein Alter sorgen, und nie sollen deine Arbeiten deine Kräfte übersteigen.

Pythagoras. Priester! Aber was hältst du von dem Vorfalle, der mir selbst vor dem Eingange des Pallastes des schwarzen Stiers, begegnet ist [2]). Ich nähere mich mit der Menge, dem wiederkäuenden Thiere: Mnevis steckt seinen Kopf zwischen den Stäben seines heiligen Gefängnisses heraus, und leckt mit seiner geheiligten Zunge mein leinenes Gewand [3]). Bey diesem Anblicke rufen deine Collegen selbst, und das ganze Volk, Mirakel! und ziehen daraus die ehrenvollste Vorbedeutung für mich. Nach dieser vorzüglichen Gunstbezeugung des Gottes von Heliopolis ist es mir erlaubt, auf einen großen Ruhm in der Weisheit und den Wissenschaften dereinst Anspruch zu machen.

1) Varro de re rustic. II. 5. Plin. hist. nat. VIII. 45.

2) Plutarch. Is. Porphyr. Euseb. III. 13.

3) Diogenes von Laerte erzählt diese Anekdote von dem Astronomen Eudoxus, lib. VIII.

Oenopheus. Nun! ich sehe hier nichts Unmögliches? Wie viele große Männer haben das, was sie geworden sind, den Aufmunterungen zu verdanken gehabt, die man ihnen im Alter des jugendlichen Wetteifers wiederfahren ließ! Mache davon Gebrauch, wär es auch nicht um den Orakelspruch zu rechtfertigen, doch wenigstens zum Vortheil deiner Nebenmenschen.

Nach Beendigung dieser ersten Ceremonien, nahm der Zug seine Richtung gegen den Nil, auf einem Wege, der von Palmen- Dattel- Pomeranzen- Citronen- und andern Bäumen beschattet war, die den zwiefachen Dienst leisten, einen ununterbrochenen Schutz gegen die Sonnenstrahlen, von Heliopolis bis an die Ufer des Nils, darzubieten, und eine gesunde, erfrischende und leichte Nahrung, zu gewähren, wie man sie unter einem Himmelsstriche liebt, wo die Mäßigkeit eine von der Diätetik vorgeschriebene Pflicht ist.

Aber ehe man den Tempel verließ, schritt man zum großen Opfer. Die Mitte des Heiligthums nimmt ein Altar ein, von welchem eine reine, nie verlöschende [1]) Flamme empor steigt. Man warf Stücken wohlriechenden Holzes darauf, und goß Ströme von parfumirtem Oehle darüber. So lang die Heftigkeit dieses heiligen Feuers dauert, ist die Zahl der Priester kaum hinreichend, die Opfergaben in Empfang zu nehmen; sie bestehen in Kräutern und Wurzeln, in Myrtensträußern, Eicheln und Nüssen, Mehl und Kuchen, Obst und Hülsenfrüchten. Auch nicht ein Tropfen Blutes befleckte

1) Porphyr. abst. II. 5. et 5. Euseb. praepar. evang. I. p. 29.

diese Religionshandlung, die dazu eingesetzt ist, um das Volk an seine erste Einfalt, an die ursprüngliche Unschuld der Menschen zu erinnern.

An einem gewissen Tage ahmt Athen diese ländliche Verehrung der Sonne und der Horen auf eine völlig ähnliche Weise nach [1]).

Nun stimmte der Hierophant die erste Strophe des, zu diesem Feste verfertigten, Hymnus an die Sonne an; welcher während des Zugs, unter Begleitung der Instrumente, abgesungen wurde. Das Gefolg war in verschiedene Gruppen abgetheilt; jede hatte zwey Strophen zu singen, die eine sang das Chor von Jünglingen, die andere das Chor junger Mädchen: das Ganze wurde mit der vollkommensten Harmonie ausgeführt. Das Ohr der Aegyptier ist musikalisch.

Hier folgt, was ich davon behalten konnte.

§. LV.

Hymnus an die Sonne, zum Gebrauch des Tempels von Heliopolis.

I.

Unauslöschlicher, an Licht und Wärme unerschöpflicher Feuerball: schönste Zierde des Himmels, erster

1) Porphyr. loc. cit. 7.

Wohlthäter d'r Erde, Auge der Welt! Mahler der Natur! Baumeister des Welltalls [1]).

II.

Sonne! Dir haben die Völker ihre ersten Altäre errichtet; und vielleicht hätte der Sterbliche nur dir allein Altäre errichten sollen. Gottheit mit den zwölf Flügeln [2]), die zwölf grossen Götter [3]) sind aus der Bahn, die du durchläufst, entsprungen.

III.

Sonne! du bist nicht das All; du bist nicht Gott; du bist nicht unser unendlicher und unsichtbarer Osiris; aber der unsichtbare Osiris zeigt sich [4]) in deiner Scheibe. Du bist die glänzende Einheit, die uns allein die grosse Einheit [5]), die alles in sich schließt, begreiflich macht. Du bist der erste der all verehrten Götter [6]) (Dieux azones). Dein Dienst ist auf keinen Erdstrich eingeschränkt. Sonne! du bist das Alpha [7]) und Omega aller Dinge [8]).

1) Porphyr. Acad. insc. tom. IX. in 12mo. p. 396.

2) Clem. Alex. Strom. V.

3) Herod. de la Barre, mem. acad. ins. tom. XXVI. p. 450.

4) In sacris Osiridis canticis invocabant eum qui in solis radiis occultatur. Plutarch. de Iside.

5) Principes de la nature p. 146. tom. I. in 12mo.

6) Dii communes.

7) Pythagoras hat den Aegyptischen Ausdruck gräcisirt.

8) Chaerem. Apud Euseb. Praep. ev. III. 4. Diod. I.

IV.

Sonne! Phönicien nennt dich Beelsamon [1]) oder Adonis und zuweilen Hannibal oder den brennenden Gott; Assyrien Adad [2]), oder den Einigen; Persien Myhru oder Mythra; Griechenland, Apollo [3]), oder Bacchus oder Hercules; andere nennen dich Belenus oder Jupiter; unser Aegypten zuweilen Serapis: du bist der Saturn der Araber, und der Gott Ammon Libyens. Du bist der Belus des Euphrats; der runde Gott [4]) der Palmenstadt, und der Apis des Nils.

V.

Aber der einzige Name, der dir, und nur dir allein zukommt, ist: der sehende Gott [5]). Du allein vertrittst die Stelle aller übrigen Götter [6]). Dein Licht ist der große Versorger des Erdballs [7]) Sonne,

1) Sanchoniaton.

2) Macrob. Saturn. I. 24.

3) In einigen ihrer Tempel, beteten die Griechen den Apollo, unter dem Beynamen des Heliopolitanischen an.

4) Les fetiches du Président des Brosses p. 122.

5) Omnia qui video, per quem videt omnia mundus, mundi oculus. Ovid. Metam.

6) Deos omnes ad Solem referri. Macrob. Sat. I. p. 17.

7) Marcian. Capell. nupt. phil. II. Iulian. imp. ora v.

du bist der große Abraxas [1]) des Weltalls. Du bist unser Elios [2]) der Aelteste unserer Götter und unserer Könige.

VI.

Glänzender [3]) Phönix des Erdballs! Sonne! Du bist es, welche alle Nationen, ohne es selbst zu wissen, anbeten, sie haben jedes deiner Attribute zu einem Gott erhoben; allein dein Name schon giebt zu erkennen, daß du die einzige Gottheit [4]), das Delphos der Griechen bist. Du bist älter als alle Gegenstände der Verehrung des Sterblichen, und wirst sie alle überleben. Der Mensch hat bey dir angefangen, und wird auch bey dir aufhören. Sonne! von dir, und aus unsern Schulen, borgte Homer [5]) jene goldene Kette, welche die Erde mit dem Himmel verbindet. Und ist nicht in der That jeder deiner Strahlen diese goldene Kette [6]),

1) Erretter. Diese Benennung hat zu den Abraxas, oder Aegyptischen Amuletten Veranlassung gegeben.

2) Ein Fürst, dessen Namen die Griechen durch Elios, und die Lateiner durch Sol ausgedrückt haben, ist, nach dem Zeugnisse fast aller Schriftsteller, der erste Regent Aegyptens gewesen. Dieser Monarch wurde auch für die älteste Gottheit des Landes gehalten.

Goguet. Origine des lois. p. 217. tom. II. in 4to.

Warum nicht lieber geradezu sagen, daß die Sonne der Gott Aegyptens, so wie aller Urvölker, war?

3) Man sehe eine gelehrte Abhandlung über den Phönix: Stoica philosoph. a. I. Thomasio 1682. in 4to. p. 78 -- 155.

4) Sol, Solus, der Einzige.

5) Homer reiste in Aegypten; nach andern wurde er gar daselbst gebohren. Man sehe: Pope, Versuch über Homers Leben.

6) Die Gravitation, durch Newtons Berechnungen erläutert. Pope über Homer.

deren anziehende Kraft die Planeten nöthigt, auf der Bahn zu bleiben, die du ihnen um deine glänzende Scheibe vorgeschrieben hast?

VII.

Sonne! du lässest es zu, daß dich die Völker bald unter der sinnbildlichen Vorstellung eines Wolfs [1]), wegen seines schnellen Laufs; bald unter der Gestalt einer Katze [2]), als desjenigen Thieres, welches mit dem schärfsten Gesichte begabt ist, noch öfter aber unter dem Bilde eines Stiers und Löwen, wegen des Feuers dieser beyden gewaltigen Thiere, verehren.

VIII.

Welch einen erhabenen Begriff von der Unermeßlichkeit der Natur muß der Gedanke in uns hervorbringen, daß jeder Stern, der des Nachts am Gewölbe des Himmels funkelt, ebenfalls eine Sonne wie du, dir gleich, an Macht und Schönheit ist. Wer wird je den unendlichen Raum der Natur messen können? Nur du vermagst den großen Kreis des Lebens [3]) alljährlich zu durchlaufen.

IX.

Wenn deine Ausflüsse schon solche Wunder bewirken, und unser Erstaunen erschöpfen, was würde geschehen, wenn es uns verstattet wäre, dich in der

1) In Lykopolis, einer Stadt Aegyptens.

2) In Bubastis, einer andern Stadt Aegyptens und anderwärts.

3) Der Thierkreis. Man sehe den Ocellus Lucanus.

Nähe zu betrachten, deine Gesetze zu studieren, deine Natur zu ergründen, die himmlische Harmonie der Planeten [1]) zu hören, deren Hauptstimme du bist. Sonne! du bist die Leyer [2]) des Weltalls.

X.

Du bist der Urheber der Ordnung; der Ordnung, ohne welche weder die Natur, noch die Gesellschaft bestehen können. Könntest du einen Augenblick aufhören der Harmonie der Dinge vorzustehen, so würde das Chaos kein leerer Name mehr seyn. Das Weltall würde verschwinden, alles würde Nichts seyn. Mit Recht rufen dich die Zabier [3]), unter dem Namen des Herrn aller Güter [4]) an.

XI.

Sonne! du bist der Gesetzgeber des Ackerbaues; du ordnest seine Arbeiten an, bevor du sie befruchtest. Du machst den Tag, wenn du erscheinst; deine Abwesenheit ist die Nacht [5]). Herr der Zeit [6]), ohne dich würde sie uns entfliehen [7]), du lässest sie vor unsern Blicken

1) Phurnutus. Lexic. Pitisci. verbo. Apollo Musicus.

2) Euseb. praep. evang. II. 6.

3) Ein Indianisches Volk.

4) Manichaeismus ante Manichaeos Chr. Wolfii in 8vo.

5) Wenn keine Sonne wär, so wär' es Nacht. Heraklit.

6) Worte, welche auf die Obelisken von Heliopolis gegraben sind. Vid. Ammian. Marcellin.

7) Proclus in tim. IV.

Blicken vorübergehen; du unterwirfst sie unsern Berechnungen; die Jahrszeiten sind dir ihr Daseyn schuldig; du bist Horus, der Vater des Jahres; die Stunden sind deine Töchter [1]). Sonne, du bist der Schlüssel [2]) der die Pforten des Tages, und die Schätze der Erde eröffnet. Von dir empfängt die ganze Natur ihren Samen [3]).

XII.

Du bist der Erfinder der Religionen [4]), der Urheber jeder Art von Gottesdienst, da du in dem Menschen zuerst das Gefühl der Bewunderung und der Dankbarkeit erweckt hast. Und wie hätte auch der Mensch dir seine Huldigung versagen können [5])? Die Thiere selbst empfinden deine Gottheit, und erheben sie. Der erste Morgengesang des frühen Vogels ist zu dir gerichtet; er begrüßt dich noch mit seinen Liedern, wenn du dich am Abend in den Schleyer der Nacht hüllst.

1) Ein ziemlich unetymologisches und anachronistisches Wortspiel zwischen Horus und hora (heure).

Anm. d. Uebers.

2) Auf allen Aegyptischen Denkmahlen führt Osiris einen Schlüssel in der Hand, den die Christusverehrer fälschlich für ein Kreuz angesehen haben.

3) Macrob. Saturn. I. 17.

4) Maimonides und Selden sind der Meinung, daß der Götzendienst mit der Verehrung der Sonne angefangen habe.

5) Il n'ya rien qui doive naître plus naturellement dans l'esprit que l'adoration du Soleil. I. Bernard. nouv. repub. des lettres. Mars 1706. 278. 279.

XIII.

Sonne! unter allen Göttern, die sich die Völker gewählt haben, bist du der einzige, der ihren Blicken sichtbar [1]), und in ihren Tempeln gegenwärtig ist. Du bist aber auch der einzige, den das verwegene Auge des kühnen Sterblichen nicht lang zu betrachten vermag. Der hoffärtigste Monarch ist gezwungen, seine stolzen Augenlieder vor deinem Glanze niederzuschlagen.

Warum nennen die Könige allein sich Söhne der Sonne [2])! Alle Aegyptier sind ihre Kinder.

XIV.

Andere Götter verdanken ihren Glanz der frommen Freygebigkeit unserer Könige. Aber, wenn auch alle Könige der Erden, ihre Schätze vereinigten, und die Kräfte ihrer Völker erschöpften, um dir ein Denkmahl zu errichten, so würden sie doch nie den Gott selbst, durch die Pracht seines Tempels verdunkeln können. Du bist über alles Lob, so wie über alle Wesen erhaben. Welcher Gott, welcher Monarch trägt eine glänzendere Krone, als die deinige? Aus zwölf Strahlen besteht dein Diadem [3]). Du bist das Vor-

1) Kaimin Plutarch. Isid.

2) Anspielung auf den Obelisken des Ramessis.

3) . . . . Radiisque sacratum
Bissenis perhibent caput aurea lumina ferre,
Quod tot idem menses, tot idem quod conficis horas.
Mart. Cap. nupt. philol. II.
Cui tempora circum
Aurati bis sex radii fulgentia cingunt. Virg. Aeneid. XII. 162.

bild jener dir geweihten Lampe, mit dreyhundert und fünf und sechzig Flammen.

XV.

Man hat sich nicht gescheuet dir einige Könige zu vergleichen: läßt sich eine größere Beleidigung für dich denken? Bist du es nicht, welche dem Menschen den ersten Begriff von den Unsterblichen gegeben hat? Bey deinem Anblicke rufte er aus: Ja es ist etwas Göttliches in der Natur. Du bist der Trismegist (triplasion) Aegyptens und der Welt.

XVI.

Erster König [1]) des Orients, Monarch [2]) und Herr der Welt, du bist nicht ihr Despot. Du theilst deine Wohlthaten alle in gleichem Maße aus. Du vergoldest das Dach des Reichen, und erheiterst die Hütte des Armen. Wenn der stolze Gipfel der Gebürge deine ersten und deine letzten Strahlen empfängt, so trifft auch das niedrige Thal die Reihe von deinen lebenden Strahlen erleuchtet zu werden. Ueberall gegenwärtiger Wanderer [3]), es giebt keinen Ort auf dieser Erden, den dein Feuerball nicht durchdringe.

1) Pirh oder Pirhy; auf Aegyptisch die Sonne oder der König Oedelin hist. calend.

2) Osir in Aegyptischer Sprache.

3) Homer, man sehe auch Serv. Aeneid, I.

XVII.

Starker Gott! Hercules-Sonne [1])! du bist der Freund des Greises und das Schrecken des Bösewichts; dieser erwartet deine Abwesenheit; um ein Verbrechen zu begehen; der Greis, der schon mit einem Fuße in der Gruft steht, wünscht, als letzte Gunstbezeugung, nichts weiter, als in seinen letzten Augenblicken noch einmal deine tröstenden Strahlen betrachten zu können. Nie zu ermüdender Riese [2])! mit vier und zwanzig Schritten legst du deine Laufbahn um die Erde zurück. Sonne-Tetan [3]), du bist der Erstgebohrne des Himmels, so wie der Mensch der Erstgebohrne der Erden ist.

XVIII.

Dein Licht hat die Welt erschaffen; der Mensch ist der Vater des Menschen [4]). Du bist, o Sonne, der Vater des Menschengeschlechts; du bist die Seele des Weltalls, und das Herz der Natur: die Wärme deiner Strahlen brütet das große Ey aus. Männliches Gestirn [5])! wenn du erscheinst, so sieht man nur auf dich: du verdunkelst alles Uebrige.

1) Der Thebanische Hercules, aus Theben in Aegypten.

2) Virgil nennt ihn Titan. Aeneid.

3) Statius.

4) Sol et homo generant hominem. Man sehe den merkwürdigen Commentar dieses alten Sprüchworts, in dem Werkchen: Pythagoras Steph. Roderici Lugd. 1651. in 32. 200 Seit, S. 51. 52.

5) Plin. hist. nat. II. 100.

XIX.

Erstgebohrner [1]) aus dem Ey des Weltalls du bist der Vater des, aus einem Stein entsprossenen, Gottes [2]), den die Perser anbeten. Der Kiesel verdankt dir das Feuer, das er enthält. Du bist auch der Vater von funfzig Töchtern [3]). Du bist das Haupt des Universums, und seine vorzüglichste wirkende Kraft: du bist die allgemeine Weltseele. Himmlischer Orus [4])! Großer Hemiurgos [5])! du bist das [6]) Tetrachord [7]) der Natur und des Jahres.

XX.

Sohn Vulcans [8]), Sonne! deine Wirkung verbreitet sich über alles, regiert alles, im Himmel und

1) Diod. Sic. I. 16. 17.

2) Mithras (oder die Sonne) filium cupiens, et perosus muliebre genus, cum petra quadam concubuit: ea praegnans effecta, post statutum tempus juvenem progenuit.

Plutarch.

Es ist sehr natürlich, daß man die Sonne für die Feuermasse oder das Feuermagazin gehalten, und da man Feuer aus dem Steine springen gesehen, angenommen hat, die Sonne habe einen Sohn mit einem Steine gezeugt. Es giebt keine Allegorie, die nicht ihren Grund in der Natur haben sollte.

Caylus ant. gaul. III.

3) Die Wochen.

4) Macrob. Saturn. I. 21.

5) Chaeremon, ein Aegyptischer Priester.

6) D. i. das doppelte. Mart. Capell. hymn. in sol. die Quarte der himmlischen Harmonie.

7) Varro apud Non. II. 22.

8) Origine des Cultes, par Dupuis.

Erden, und im Grunde des Meeres; die Thiere, die Gewächse, die Mineralien, alles erhält von dir Gestalt, Farbe und Bewegung. Du leihst einem deiner schönsten Benennungen [1]), dem kostbarsten der Metalle, (Golde) [2]).

XXI.

Der Tempel von Heliopolis ist dein Werk, o Sonne! du bist es, die in das Innere des Erdballs dringt, den Stein erzeugt, ihm die Festigkeit und Größe giebt, die ihn zu dem verschiedenen Gebrauche im gesellschaftlichen Leben tauglich machen.

XXII.

Du bist es, die wir, unter dem heiligen Namen Harpokrates [3]), anrufen. Du bist jener immer siegreiche Krieger, den wir den Eingeweihten in unsere unneunbaren Geheimnisse, als Vorbild aufzustellen wagen. Dein Feuerball dient der Seele der Helden zum Aufenthalte. Hercules vollendet mit dir deine Bahn [4]) und wacht noch über die Erde, die er von Ungeheuern gereinigt hat. Sonne! du läuterst [5]) die Seelen nach ihrer Trennung von dem sterblichen Kör-

1) Orus. Journ. de Trevoux, in 8vo. 1709. S. 1703.

2) Der Uebersetzer bezieht sich hier nochmals auf seine S. 337. gemachte Erinnerung.

3) Man sehe: Harpoc. Cap. in 4to.

4) Nach der Meinung der Aegyptier ist Hercules in der Sonne befindlich. Plut. de If. et Of.

5) Cudworth.

per [1]), indem du sie deinen Sternengürtel [2]) durchwandern [3]) läßt.

XXIII.

Sonne! auf dem ganzen Erdballe dampft dir nirgends so reiner Weihrauch, als in Aegyptens Tempel zu Heliopolis [4]); aber, um eine, deiner würdige Vorstellung von dir zu erhalten, muß der Mensch den Gipfel der Berge besteigen! dort ist dein Sitz, dort zeigst du dich in deiner ganzen Herrlichkeit. Die Gebürge sind die einzigen Altäre, die deiner würdig sind.

XXIV.

Wenn auch der Tempel von Heliopolis, der schönste und größte aller bekannten Tempel, weitläuftig genug wäre, um alle Einwohner Aegyptens auf einmal zu fassen, würde es nicht ein frevelhaftes Beginnen seyn, eine Gottheit in ihn einschließen zu wollen, welche das ganze Weltall erfüllt?

XXV.

Man fragt zuweilen die Priester von Heliopolis: Wer hat die Sonne gemacht?

1) Observ. ad psychologiam pythagoricam. Jo. Jac. Otte Argent. 1773. 4to.

2) Den Thierkreis.

3) Plato.

4) Aegyptii sole magis quam reliqui homines, gaudeant.
Pier. hieroglyph. XX. 4.

Ungeweihter! antworten die Priester, ehe wir dir sagen, wer die Sonne gemacht hat, so sage uns zuvor, was in der Natur erhabener ist als die Sonne?

Weil jeder Mensch einen Vater hat, so glaubst du vielleicht die Sonne müsse auch den ihrigen haben? Die Sonne ist beyderley Geschlechts [1]).

Sonne! du bist unsterblich. Gleich der Schlange verjüngst du dich alljährlich. Du bist das glänzende Sinnbild der Ewigkeit [2]).

XXVI.

Man hat dich mit einem Rade, mit einer Achse [3]) verglichen, die eine unsichtbare, noch mächtigere Hand als du bist, in Bewegung setze.

So zeige sie sich denn endlich einmal, diese allmächtige schon allzulange Zeit unsichtbare Hand, und dann wollen wir unsere Hymnen und unsern Weihrauch zwischen ihr und dir theilen!

Du bist der glänzende Zapfen [4]) der Sphäre des Weltsystems; du hast niemanden deine Bewegung zu danken; sie ist dir eigenthümlich [5]) *).

1) Macrob. Saturn. I. 20. 21.

2) Hierogl. Hor. Apoll.

3) Anaximander, man sehe weiter oben die Reise des Pythagoras nach Milet.

4) Macrob. Saturn.

5) Diese Strophe gehörte nur für die Eingeweihten.

*) Der Uebersetzer bezieht sich bey dieser Stelle auf das, was er weiter oben, in einer Anmerkung, über diese atheistische Alterphilosophie gesagt hat.

Die Sonne umfaßt die ganze Natur mit allen ihren Kräften [1]).

XXVII.

Fremdlinge sagten einst zu den Priestern von Heliopolis:

„Hier sind wir denn in dem Tempel von Heliopolis, wir sehen wohl sein Heiligthum und seinen Altar, seine Priester und den Dampf des Weihrauchs, den sie brennen, aber wo ist denn euer Gott? zeigt uns wenigstens sein Bildniß."

XXVIII.

Unser Gott ist überall. Der Blinde selbst fühlt seine Gegenwart. Welcher Künstler darf sich schmeicheln, ein ähnliches Bild von ihm zu entwerfen. Wer hat je die Sonne malen können? und wozu Müh und Zeit verliehren, um in ungestalten Zügen, ein so vollkommenes und immer sichtbares Urbild nachzuahmen?

XXIX.

Andere fragen die Priester von Heliopolis, wie viel man Schönos von Aegypten bis zur Sonne zähle? Sterblicher, antworten die Priester, was brauchst du dieß zu wissen, da die Sonne dich der Reise überhebt, und sich zu dir herabläßt. Aegypten und der ganze Erdball würden, in einer größern Nähe, vor ihren Strahlen, gleich einer Wachskugel, zerschmelzen.

1) Diod. Sic. bibl. hist. 3.

XXX.

Andere, noch Verwegenere oder Unwissendere, sagen zu den Priestern von Heliopolis:

„Ist es wahr daß die Sonne auf ihrer Scheibe Flecken hat?"

Statt aller Antwort, schicken die Priester diese Kranken zu dem Augenarzte [1]).

Sonne! du bist das rechte Auge der Natur [2]).

XXXI.

Gott des Jahreswechsels! Seele der Welt [3])! Sonne! du bist für das Weltgebäude, was der Nil für Aegypten ist. Was würde aus unserm geliebten Vaterlande werden, wenn es nur einen einzigen Monat, einen einzigen Tag, des heilsamen und fruchtbaren Wassers seines ernährenden Flusses entbehren müßte? Deine Strahlen sind Licht- und Feuerkatarakten, die die Erde befruchten, und ihre Kinder erfreuen.

XXXII.

Die Perl, der Diamant und die Blumen sind Ereignisse eines einzigen deiner Blicke. Ein Strahl von dir ist hinlänglich, um das Gefieder der Vögel,

1) In Aegypten hatte jedes Glied, jeder Theil des Körpers seinen Arzt.

2) Mundanus oculus. Marc. Capella. Sextus Empir. adv. Mathem.

3) Macrob. Saturn. I. 18. 19. Somn. Scip. II. 12.

und die Schuppen der Fische zu mahlen. Das junge Mädchen verdankt dir das Elfenbein seiner Zähne, den Purpur seines halbverschlossenen Mundes, und das Feuer seiner Augen. Sonne! du bist der Schöpfer des Schönen.

XXXIII.

Sonne! Aegyptens Töchter, die von deiner Hitze verbrannt sind, könnten dir ihre braune Farbe vorwerfen, die ihre Reize verdunkelt: aber sind sie deshalb minder geliebt? wo ist Hymen fruchtbarer als an den beyden Ufern des Nils?

Wenn die Erde, die hervorbringende Venus ist [1], bist du die alles erwärmende, alles belebende Liebe [2].

XXXIV.

Sonne! mehr als für jedes andere Land hast du für Aegypten gethan. Durch dich ist es die Mutter der Völker [3], und das Vaterland der Wissenschaften [4]) geworden. Fahre fort über unsere Häupter und über unsern Boden deine täglichen Segnungen auszuschütten. Feyerlich versprechen wir dir, uns nichts zu erlauben, was die Reinheit deiner Strahlen trüben könnte. Die Kinder der Sonne und des Nils, müssen alle weise,

1) Oder Isis.

2) Plutarch. in Amatorio.

3) P. Crinitus, honest. discip. VIII. 2

4) Macrob. Saturn. I, 15.

gut und glücklich seyn. Sonne! sey immer unser großer Kamephis [1]).

XXXV.

Gott Sonne! starker Gott! der du die Welt gemacht hast! der du der Erde Gestalt und Leben giebst, der du vor andern Städten dir Heliopolis erwählet hast! Herr der Diademe [2])! du hast bis jetzt auf die, von Mythra [3]), Ramasses und andern Königen deines Aegyptenlandes, dir zu Ehren, in diesen heiligen Mauern, errichteten Denkmahle, mit Wohlgefallen herabgeblickt:

XXXVI.

So fahre denn fort, o Sonne! unser Gott! uns mit deinen schöpferischen Strahlen, deren Sinnbilder unsere Obelisken sind, zu beglücken. König des Feuers [4])! ewiger Vater der Jahrhunderte [5]), der du alles verzehrst und alles hervorbringst! schenke uns täglich dein Licht von Rosch [6]) bis Nepthe [7]).

1) Häther Aegyptens, in der Landessprache. Jablonski Panth. Aeg. I.

2) Dominus diadematis, qui splendidam facit solis urbem .... Plin. hist. nat. XXXVI. 8.

3) Plin. hist. nat. XXXIV. 8.

4) Nonnus, Dionys cant. XL.

5) Orphische Hymne an den Hercules.

6) Erster Tag des Aegyptischen Jahres.

7) Letzter Tag des Jahres.

Die beyden letzten Strophen sind eine beynahe wörtliche Uebersetzung der hieroglyphischen Inschriften auf den Obelisken von Heliopolis. Man sehe Amm. Marc. XVII. p. 109.

Gott, du Inbegriff aller Götter! segne uns und unsere Kindeskinder, wie du gesegnet hast die Väter unserer Väter.

§. LVI.

Fernere Nachrichten über das Sonnenfest. Verschwörung eines Weibes.

Der heilige Zug kam in Cercasorum an, einer Stadt, die in der Gegend erbaut ist, wo der Nil seine beyden Arme öffnet, um Unterägypten bis an das Meer, gleichsam in seinen Schooß aufzunehmen. Hier hatte man eine große Anzahl von Conopeen [1]) für die Weiber errichtet: dieß sind Zelte, um sich vor den, aus den Morästen des Nils erzeugten, Insecten zu schützen. Inwendig sind sie mit bequemen Sitzen versehen.

Seit sehr langer Zeit haben die Priester von Heliopolis den Gebrauch, an diesen Ort zu kommen, um hier feyerlich, in ein geweihtes Gefäß, Wasser zu schöpfen [2]) und es neben dem Käfer, auf den Sonnenwagen zu setzen. Eine Huldigung, welche die dankbare Nation seinen beyden vorzüglichsten Wohlthätern, dem Nile und der Sonne darbringt. Man wiederholte die heiligen Tänze, welche in abgemessenen Schritten, die Bewegung der Gestirne, und die harmonischen Vereinigungen der Planeten und Fixsterne

1) Horat. Od. IX. und die Anmerk. von Dacier. Unsere Kanapes kommen wahrscheinlich aus Aegypten.

2) Coelius Rhodig. lect. antiq. XXVII. 5.

vorstellen. Dieser Theil des Festes war um so glänzender, da der König Amasis den Fluß hinabgefahren war, um ihm mit seinem ganzen Hofe beyzuwohnen. Jede Gondel, welche man im Lande [1]), Baris nennt, ist ein Haus von mehreren Stocken. Die Schiffleute und Bedienten des Fürsten, die Günstlinge und Favoritinnen, alle geschmackvoll gekleidet, bemüheten sich um die Wette, durch übermäßigen Luxus, ihrem Gebieter Ehre zu machen. Ich bemerkte, daß der größte Theil der Anwesenden Amulete in Gestalt von Käfern trug, die aus gebrannter, und mit vielfarbigem Schmelze überzogener, Erde verfertigt waren [2]). Amasis hatte eines am Halse hängen, welches aus einem einzigen Edelsteine bestand. Dieß Amulet diente ihm zugleich zum königlichen Siegel. Das Schild des Insectes giebt einen, zu dieser Absicht schicklichen, Griff ab.

Eine ganz vergoldete Barke erwartet den Oberpriester und seine Gehülfen. Amasis, mit Lotos [3]) bekränzt, kam ihm entgegen, um ihm bey seinem heiligen Geschäffte Handreichung zu leisten. Der Krug wurde mit ernsthaftem Anstande, in der Mitte des Nils gefüllt, und sogleich auf dem, am Ufer des Flusses haltenden, Wagen gesetzt. Um das Ceremoniel ganz zu beobachten, opferte der Fürst einen goldenen Becher [4]), den man in seinem Namen in den Nil, an eine Stelle warf, wo das Wasser eine wirbelförmige Bewegung hat, und eine Art von Strudel bildet.

1) Propert. III. 9. Suidas. Hesych.

2) Caylus antiq. tom. II. in 4to.

3) Hist. acad. insc. tom. II. p. 284. in 12mo.

4) Solinus XXXII.

Der König hatte ein Chor Musicanten mitgebracht, die unaufhörlich die harmoniereichsten musicalischen Stücke spielten. Das ganze Ufer war mit einer ungeheuern Volksmenge besetzt. Der heilige Zug ruhete drey Stunden lang, während welcher der König ein, aus lauter Früchten bestehendes, Gastmahl gab. Das Oberhaupt der Priester weihte die Erstlinge derselben, der Sonne, in einem, aus Thon gebrannten, und mit der schönsten Glasur überzogenem, Gefäße; denn der Gebrauch der gediegenen Metalle war bey diesem Feste verboten, das deswegen angeordnet war, um die Menschen an den Stand der Natur, an die schönen Tage der alten Sitteneinfalt zu erinnern.

Man hatte eine große Anzahl langer Tafeln, so nahe an den Nil gesetzt, daß seine Wellen fast die Füße derselben berührten. Die Priester hatten ihre Tafel für sich, der König die seinigen, unter einem großen und prächtigen Zelte [1]). Ich wurde an diese letztern gezogen. Das Volk, welches sich durch nichts so leicht stören läßt, feyerte diese heilige Schmauserey mit noch mehr Fröhlichkeit als Andacht.

Mitten unter diesen lärmenden Lustbarkeiten, rührte mich ein Gebrauch, der an dem Hofe eines jeden Fürsten eingeführt zu werden verdiente. Amasis, um dieses Fest durch eine löbliche Handlung zu verherrlichen [2]), befahl, verschiedene Gerichte, von der königlichen Tafel bey Seite zu setzen, und sie in die Ge-

1) Lebeau, acad. inſ. hiſt. tom. XX. p. 133. in 12.

2) Plutarch. Agis et Cleom.

fängnisse zu einigen, mehr Mitleid als Strafe verdienenden, Unglücklichen zu tragen. Dieser Gebrauch kündigt dem Strafbaren Gnade an. Die Thüren seines Kerkers stehen ihm offen; von diesem Augenblicke an ist er frey.

Während dieser Handlung der Milde, hängte man zum Zeichen der Freude, an die Zweige der Bäume, welche die Tafeln [1]) beschatteten, Kränze von Bärenklau (acanthe) Pomeranzen, und Weinblättern. Auch dieß ist eine alte Gewohnheit.

Das Gefolge des Zugs stellte sich um die Priester herum, um auf das, von ihnen gegebene Zeichen zum Aufbruche bereit zu seyn. Der Oberpriester zögerte nicht lange damit; es bestand in der Wiederholung des Hymnus an die Sonne, nach vorhergegangener Verwünschung des Krokodills, des Sinnbilds des Typhon.

Es war nicht schicklich für die Priester, bis zu Einbruch der Nacht da zu bleiben, um Theilnehmer oder Zeugen der Exzesse zu seyn, welche bey einem großen Haufen, den Vergnügungen der Tafel sich überlassenden Volks, unvermeidlich sind. Der heilige Zug gieng also wieder nach Heliopolis zurück, aber auf einem andern Wege; so daß die ganze Reise eine Ellipse, oder einen Kreis beschrieb: diese Figur dient in Heliopolis zur Hieroglyphe, um einige scheinbare Unregelmäßigkeiten anzuzeigen, welche das Auge des Beobachters zuweilen in dem Umlaufe der Planeten um die Sonne bemerkt.

Ih

1) Hellanicus, hist. Aegypt.

Ich stattete dem Priester, welcher mir zum Führer gedient hatte, meinen aufrichtigen Dank ab, und sagte zu ihm, ehe ich ihn verließ: Alle neun Jahr feyern die Griechen auf dem Thebaischen Gebiete in Böotien dem Apoll zu Ehren, ein Fest, welches mit der Feyerlichkeit in Heliopolis viele Aehnlichkeit hat: ein Jüngling, mit einem goldenen Diademe, trägt einen Oehlbaum, auf dessen Wipfel sich eine, mit dreyhundert und fünf und sechzig Lorbeerkränzen gezierte, Kugel befindet. Ein Chor junger Mädchen umringt ihn, und singt Lieder, die Parthenien genannt werden. Oenopheus antwortete mir, indem er sich umdrehte, um sich an den heiligen Zug anzuschließen: unter allen Völkern hat der Grieche das beste Gedächtniß.

Bevor der Oberpriester den Weg nach Heliopolis wieder antrat; entledigte er sich noch eines andern alten Gebrauchs; er überließ den Fluthen des Nils ein kleines Fahrzeug von Rohr, nachdem er zuvor eine Bildsäule des Osiris [1]), eines der Sinnbilder der Sonne, hineingesetzt hatte.

Ich blieb am Ufer, weil mir Amasis einen Platz bey seinen Hofleuten, in einem der Wagen seines Gefolges, angeboten hatte, um nach Memphis zurückzukommen; und untersuchte, während der allgemeinen und heiligen Orgien, verschiedene, meiner Aufmerksamkeit würdig scheinende, Gegenstände. Ich bemerkte die Gestalt der Fahrzeuge, es sind leichte aberdoch

1) St Lemoyne, differt. theolog. ad luc. Ierem. Dordrecl 1700 in 12.

dauerhafte Boote; sie sind aus den Stämmern einer dem Lotus ähnlichen, Pflanze verfertigt. Man theilt diese Stämme in, zwey Cubitus lange, Stücken; verbindet sie unter einander, und ihre innern Fugen werden mit Schilf verstopft und überdeckt. Man verfertigt sie von verschiedener Größe. Sie tragen ganz bequem, in ihrem Mittelpuncte, ein kleines, hölzernes, gemahltes, und nach Umständen vergoldetes [1]) Gebäude; das Innere derselben ist in sehr angenehme Cellen abgetheilt. Das Licht und die frische Luft dringen durch gitterförmige Oeffnungen ein. Das sonderbarste an diesen Nilschiffen ist, daß sich das Steuerruder nicht am Vordertheile, sondern auf der Seite [2]) befindet. Diese Gondeln können bis an zweyhundert Personen fassen [3]), sind aber nur bis Elephantine brauchbar, denn von da an wird der Fluß für sie zu reißend.

Ich wohnte dem Beschlusse des Festes bey; nach Untergang des Gestirns, das die Veranlassung dazu ist, artet es völlig in ein Bacchusfest aus. Die Abwesenheit der Priester von Heliopolis hebt allen Zwang auf; das Beyspiel des Königs war nicht dazu geeignet, die Menge in den Schranken der Mäßigkeit zu halten. Er berauschte sich mit den Anführern seiner Leibwache. Sein mäßigerer Sohn war bereits nach Memphis zu seiner Schwester zurückgekehrt: die Favoritinnen be-

1) Diod. Sic. I. bib. hist.

2) Mosaik von Palestrina. Heliod. Aethiop. V.

3) Maillet, descript. de l'Egypte.

nutzten die Freyheit, die ihnen der zwiefache Umstand der Feyerlichkeit und der Trunkenheit ihres erhabenen Liebhabers gewährte, um andern ihren Wünschen angemessenern, Gehör zu geben. Altazaide, jene Perserin, die den ersten Platz in der Zuneigung, oder vielmehr in der Gewohnheit des Fürsten einnahm, hatte sich von der Tafel entfernt, um sich den Folgen der viehischen Begierden des Amasis zu entziehen. Ich traf sie ganz allein, auf einem etwas entlegenen Spaziergange, in Begleitung einer ihren Frauen, an. Bey ihrer Schönheit und ihrem Stolze, fehlte ihr nichts als das Diadem einer Königin, deren edeln Anstand, ehrfurchtgebietenden Gang und herrschsüchtigen Ansprüche sie schon besaß.

Pythagoras! sagte sie zu mir [1]), als sie mich vorbeygehen sah. Du bist also uns wiedergegeben.

Pythagoras. Prinzessin! kannst du im Circel der Vergnügungen, deren Wahl dir überlassen ist, und deren Schöpferin du bist, einen Fremdling bemerkt haben, der sich so schlecht an einen glänzenden Hof schickt.

Altazaide. Der Schützling eines Königs, und, was mehr sagen will, ein Weiser, läßt überall, wo er sich zeigt, Spuren seiner Gegenwart zurück. — — Hast du deinen Zweck bey den Priestern von Heliopolis erreicht?

1) Die Geschichte erwähnt Altazaidens Project.

Sie sind verschwiegen und zurückhaltend gewesen: troz der Empfehlung des Königs weisen sie mich an die Priester von Memphis. Ich versahe mich zu einer grössern Gefälligkeit von ihrer Seite.

Altazaide. Mich wundert ihr Verfahren nicht.

Pythagoras. Wie so?

Altazaide. Amasis weiß sich nicht genug in Ansehen zu setzen, um sich Gehorsam zu verschaffen, wie sein Rang ihn dazu berechtiget.

Altazaide hielt einen Augenblick inne, um ihrer Kammerfrau, die sie begleitete, ein Zeichen zu geben, worauf diese sich ehrfurchtsvoll entfernte.

Altazaide. Pythagoras, ich habe dich nur ein einzigesmal gesehen, und ein einziger Augenblick war für mich hinlänglich, um dich zu beurtheilen. Höre mich an, ich rechne auf deine Verschwiegenheit; oder wenigstens auf deinen eigenen Vortheil, vorsichtig zu seyn. Seit einigen Tagen gehe ich mit einem großen Unternehmen um; es ist eines Weisen würdig, und ich bedarf seiner zur Ausführung. Du bist der Mann, den ich brauche. Fühlst du dich nicht so wie ich mich, bey dem Gedanken an das traurige Loos des Menschengeschlechts, mit Unmuth erfüllt. Nur allein in Aegypten zähle ich gegen dreyßig Millionen Menschen unter dem Scepter welch eines Mannes? — — — du kannst dich selbst davon überzeugen; unter dem Scepter eines Glückspilzes, der sich in dem Schlamme wälzet, und dessen Buhlerinnen noch mehr Sittlichkeit und Zurückhaltung besitzen, als er.

Pythagoras. Prinzessin!

Altazaide. Fürchte nichts. Wir sind allein und — nun weißt du mein Geheimniß.

Pythagoras. Altazaide! — — — ich bin hier ein bloßer Fremdling.

Altazaide. Ich bin hier ebenfalls fremd. Allein ob ich gleich eine Perserin von Geburt bin, so fühle ich mich doch nichts desto weniger von Mitleiden gegen das Menschengeschlecht durchdrungen, und halte mich für verpflichtet, ihm überall, wo ich es erniedriget und unterdrückt finde, zu Hülfe zu kommen.

Pythagoras. Ich sollte glauben, daß die Aegyptier ihr Joch schon selbst abzuschütteln wissen würden, wenn es ihnen zu schwer auf dem Nacken läge.

Altazaide. Und ich bin der Meinung, daß derjenige kein Weiser ist, der es blos für sich seyn will.

Pythagoras. Altazaide will mich wahrscheinlich auf die Probe stellen. Sie, die dazu gemacht ist, den Hof eines großen Königs zu verschönern, und durch ihre Reitze zu bezaubern. Die Austheilerin seiner Gnadenbezeugungen. — — —

Altazaide. Und, wenn du willst, seine erste Beyschläferin. Aber, wisse, daß ich diese Rolle nur deswegen übernommen habe, um eine andere, einer großen Seele würdigere, zu spielen.

Pythagoras. Solche hohe Projecte schicken sich nicht für einen stillen Verehrer der Wahrheit. Ich würde nur die große Anzahl unsinniger und tollkühner Ehrgeitzigen vermehren. Du selbst Altazaide mußt befürchten, dich den Pfeilen der Verläumdung auszusetzen. Man wird sich nie überreden können, daß eine edlere, reinere, uneigennützigere Leidenschaft, als der Ehrgeiz, die einzige Triebfeder der großen Katastrophe sey, mit der du dich beschäfftigst. Ja es wird sogar Menschen geben, welche die Umstände und Verhältnisse, unter denen du dich ihnen darstellen wirst, mit ihren strengen Grundsätzen schwer werden vereinigen können. Verzeih meiner Offenherzigkeit, diese, in ihren Forderungen allzustrengen und stolzen Männer, werden diesen vielumfassenden Plan schon aus dem Grunde verwerfen, weil der Stand derjenigen, die ihn entworfen hat, aufs wenigste — — verdächtig ist.

Altazaide. Was kümmert mich das, was man von mir sagen kann. Wenn die Rede davon ist, Millionen von Menschen zur Freyheit zu führen, was komme auf den Weg, den man sie einschlagen läßt, und auf die Hand an, welche sie führt! Man wird meinen Namen dereinst in den Tempeln preisen. Pythagoras, laß uns alles wohl erwägen. Persönliche Rücksichten dürfen nicht in Anschlag kommen: wahrscheinlich hat man dir die niedrigen Mittel erzählt, deren Amasis sich bediene hat, um sich auf den Thron zu schwingen. Aegypten, stolz auf den Rang, den es unter den Nationen behauptet, erröthet vor dem Oberhaupte, das es sich gegeben hat. Es würde ihm seine niedrige Herkunft verziehen haben, wenn er Sorge getragen hätte, sie durch ein würdigeres Betragen in Vergessenheit zu bringen. Amasis ist weder geliebt noch geachtet, er hat nichts gethan, um es zu werden. Die Errichtung einer, aus Fremdlingen bestehenden Leibwache, bringt die Nationaltruppen gegen ihn auf. Dieß ganze, ohnehin von Natur unruhige, Volk [1]), murrt über den Vorzug der Griechen, und über die wenige Achtung, die der Hof für die Landessitten zeigt. Die Priester verabscheuen den Fürsten, und machen eben kein Geheimniß daraus. Du hast in Heliopolis gesehen, mit welcher Achtung sie das königliche Siegel empfangen haben. Der günstige Augenblick ist erschienen, derjenige macht sich um die Menschen verdient, der jede Gelegenheit benutzt, sie frey zu machen. Schon erwartet eine gewisse Parthey nur den ersten Anstoß, um sich öffentlich zu erklären. Und diese Parthey, dieß sey versichert, wird, falls sie Unterstützung braucht, sie bey den benachbarten Mächten finden. Der Persische Hof ist nicht abgeneigt dazu. Da er, aus verschiedenen geheimen Gründen, wider den Amasis eingenommen ist, so wird er auf die erste Nachricht von dem Ausbruche der Unruhen losbrechen.

Pythagoras. Altazaide! und welches sind deine weiteren Absichten.

1) Tertullian charakterisirt die Aegyptier so: gens rixosa ergo suo regno.

Altazaide. Man kann nicht wohl vorher. . . . Es wäre nicht das erstemal, daß Aegypten Fremde an die Spitze der öffentlichen Angelegenheiten gestellt hätte; die Nation, zu zahlreich, um an eine Republik zu denken, könnte uns beyden, da wir uns durch einen so ausgezeichneten Dienst um sie verdient gemacht hätten, vielleicht den Platz des, in seine erste Dunkelheit zurückgesunkenen, Amasis anbieten.

Pythagoras. Prinzessin! ich verehre die Kühnheit deiner Entwürfe und bin dir Dank schuldig, daß du mich werth gehalten hast, der Gefährte deines Ruhms und deines Genies zu seyn.

Ich überlasse dir, fügte ich lächelnd hinzu, meinen Theil an dem Throne. Ein Thron liegt nicht in meinen Grundsätzen, wär ich darauf gebohren, so würde ich eilen, von ihm herabzusteigen. Verfolge ohne mich die große und schlüpferige Bahn, die du zu durchlaufen strebst, und mache mich nicht von dem schmalen Pfade abwendig, den mir die Natur angewiesen hat.

Man kam, um uns die Rückreise des Königs nach Memphis anzuzeigen. Altazaide sagte zu mir im Weggehen: „ich glaubte die Weisen hätten mehr Festigkeit"

„Sey zufrieden, wenn sie verschwiegen sind," antwortete ich ihr.

Diese Unterhaltung, ohne mich eben wegen der Folgen zu beunruhigen, leitete mich auf Betrachtungen über die Ursachen der politischen Revolutionen. Ein König von Persien ist auf einen König von Aegypten eifersüchtig. Da er es nicht wagt, sich den ungewissen Ereignissen eines offenbaren Kriegs auszusetzen, so giebt er einer jungen, schönen und unternehmenden Frau den Auftrag, ihn zu rächen: Perserin! sagt er zu ihr, suche dir an dem Hofe des Amasis Zutritt zu verschaffen; berausche ihn mit dem Becher des Vergnügens. Mache ihn zugleich seinen Unterthanen verhaßt und verächtlich. Blicke dann um dich, um einen jungen Ehrgeitzigen zu finden, den du für deine Absichten gewinnen kannst. Schlage den Mißvergnügten ein Oberhaupt vor, und benachrichtige mich von dem Zeitpuncte, in welchem die Verschwörung ausbrechen soll. Ich zeige mich an der Gränze, und, während man den ersten Streich gegen die Person des Königs führt, so unterstütze ich mit meinen Waffen die Parthey der Insurgenten. Nun lasse ich der Nation die Wahl, zwischen einem Bürgerkriege, oder einem neuen Herrscherreiche. In beyden Fällen bin ich Sieger; und das Volk des Nils wird mir zinnsbar oder — vernichtet.

Dieß war, aller Wahrscheinlichkeit nach, der von dem Könige von Persien entworfene Plan, und seine Ausführung war kein bloßes Hirngespinnst. So befanden sich also zwanzig Millionen Menschen, die älteste Nation, und das schönste Land der Erde, in den Händen einer Buhlerin, und der Willkühr eines jungen Abentheurers überlassen. Das Schicksal Aegyptens hieng an dem Faden einer Weiberintrigue. Ach! alles was sein guter Genius thun konnte, war das Ziel seiner Glückseligkeit in etwas zu verlängern; nur wenige Jahre noch, und der Nil floß unter den harten Gesetzen eines fremden Despotismus.

Um diese, sich mir aufdrängenden, politischen Ideen zu zerstreuen, bestieg ich am folgenden Morgen, mit Anbruch des Tages, einen benachbarten Felsen von Memphis; hier suchte ich mir, bey Aufgange des großen Gestirns, die vorzüglichsten Strophen des, in dem Tempel von Heliopolis gesungenen, Hymnus an die Sonne ins Gedächtniß zu rufen. Von meinem Gegenstande hingerissen, überraschte ich mich mit einemmale als Nebenbuhler der heiligen Dichter Aegyptens, der ihre Gedanken mit den seinigen bereichern wollte. Wenn die Dichtkunst wundervoller Gegenstände, erhabener Vorstellungen, prächtiger Schauspiele bedarf, kann sie glänzendere, abwechselndere, majestätischere Bilder finden als in der Sternkunde? wo ist die Natur ehrwürdiger, als in ihrem Planetensystem? heißt es nicht die Musen ihrer wahren Bestimmung nähern, wenn man die Töne der Leyer, der Harmonie der Himmelskörper weiht? Bey dem Anblicke der Erscheinungen, welche uns das ätherische Gewölbe täglich darbietet, entflammt sich die Einbildungskraft, der Enthusiasmus wird erweckt, und der, zur Höhe seines Gegenstands begeisterte Dichter, wird, gleich ihm, erhaben. Wer könnte wohl beym Anbruche der Morgenröthe schläferig bleiben? wer fühlt sich nicht in Gegenwart des Gestirns, welches dem Tage vorsteht, neu belebt? und welcher Wanderer kann sich einer sanften Schwermuth erwehren, wenn er in einer schönen Sommernacht beym milden Licht des silbernen Mondes seinen Weg dahin wandelt.

Die Sternkunde gehört ganz besonders der Dichtkunst an: bey allen andern Gegenständen, die sich unserer Bewunderung, oder unserer Dankbarkeit darbieten, hat die Dichtkunst die übrigen Künste zu Nebenbuhlern. Die Mahlerey, die Bildhauerkunst, machen, gleich ihr, auf die Nachahmung der Natur Anspruch: aber wer anders als ein Dichter kann uns einen Begriff von der Bewegung der Gestirne machen? wie wollte uns der Bildhauer einen Kometen vorstellen [1]), welcher Mahler würde es unternehmen, die Gesetze und die Dauer einer Finsterniß zu bestimmen, auf ihre Ursachen zurückzugehen, und ihren Eindruck dem Auge, oder der Seele eines noch rohen, oder auch schon halbgebildeten Volks zu versinnlichen?

Und doch giebt es noch kein, eines solchen Gegenstandes würdiges Gedicht. Göttlicher Homer! warum hast du die Sonne, dem tapfern Achill und selbst dem weisen Ulysses nicht vorgezogen! doch vielleicht haben wir Ursache darüber froh zu seyn. Nur erst seit Kurzem hat die Sternkunde in Griechenland einige Riesenschritte gemacht: früher würden die Musen nur Irthümer verewigt haben. Der gute Hesiodus ist kein Sternkundiger. Hätten indessen die Dichter, welche ein musikalischeres Gehör als die übrigen Menschen haben, uns nicht die harmonischen Bewegungen des Planetenhimmels versinnlichen können? Laßt uns jedoch auch zugeben, daß die Natur der Töne, welche das Concert der

1) Wie einseitig! — wie halbwahr! — Könnte man nicht mit eben so vielem Rechte fragen, kann die Dichtkunst mit gleicher mathematischer Genauigkeit die Bahnen und Entfernungen der Himmelskörper dem Auge anschaulich machen, wie die Zeichenkunst?

Anm. d. Ueb.

Gestirne hervorbringen muß, dem menschlichen Ohre nicht angemessen seyn kann.

Einige Tage darauf erstattete ich dem Könige Bericht von der Aufnahme, die mir in Heliopolis widerfahren war, und bat um die Erlaubniß, mich noch einmal des Insiegels seiner Kronen bedienen zu dürfen, um bey dem geheiligten Collegium der Priester in Memphis Zutritt zu erhalten.

„Habe Geduld,“ antwortete mir Amasis. „Die Lehre der Priester ist ihr Eigenthum. Ich habe kein Recht darauf. Ich kann sie blos einladen, die Fremden, für die ich mich verwende, gefällig aufzunehmen. Polykrates dein Gebieter ist glücklicher. Die Priester von Samos würden das niemals wagen, was sich die Aegyptischen erlauben. Vor Sesostris Zeiten war es noch viel schlimmer. Es ist einer gesunden Politik gemäß, sie zu schonen. Sie können auf dem Haare *) des Ochsen Apis den Ausspruch des Himmels lesen, der meinen Sohn der Thronfolge beraubt. Altazaide hat dich bemerkt und von dir mit mir gesprochen. Sie ist kein gemeines Weib.“

Altazaide kam in diesem Augenblicke. Amasis ließ uns allein, um zu opfern. „Pythagoras“ sagte sie jetzt zu mir „beharrst du noch immer auf deinen Gesinnungen?

*) Plutarch. de Isid. et Os.

Pythagoras. Man verändert seine Grundsätze nicht von einem Tage zum andern.

Altazaide. Hier ist von keinem neuen Systeme die Rede. Weißt du, warum die Nationen nicht glücklicher sind? deswegen, weil die Weisen zu wenig Ehrgeiz haben.

Pythagoras. Aber dann würden sie keine Weisen mehr seyn.

Altazaide. Setze deine gelehrten Speculationen fort. Ordne die Bewegung der Planeten, und laß deine Nebenmenschen in Zerrüttung gerathen. Ich bin indeß doch immer der Meinung gewesen, daß man sich mehr mit dem Glücke der Erden, als mit dem Zustande des Himmels beschäfftigen müsse.

Pythagoras. Die Menschen sind nicht so leicht zu bessern, als die übrigen Thiere; man verliehrt seine Mühe, wenn man sie glücklicher machen will, als sie sind

Altazaide. In Persien ist ein zweyter Zoroaster aufgetreten [1]), der weniger bedenklich ist, als du.

Pythagoras. Ich beneide ihn weder um seinen Ruhm, noch um seinen Erfolg.

Altazaide. Die Geschichte wimmelt von politischen Revolutionen.

1) Anquetil, Zend Avesta, zum Anfange.

Pythagoras. Welche fast alle zum Vortheile Weniger veranstaltet worden sind. Der grose Haufen blieb, was er war.

Altazaide. Was geht uns der gemeine Haufe an! Sein Loos muß dem unsrigen untergeordnet seyn; und das höchste Ziel seiner Wünsche kann keinen andern Zweck haben, als unter Oberherren zu stehen, die ihn mit Milde behandeln.

Pythagoras. Ich bin nicht gesonnen, meine Ruhe für ein so wenig befriedigendes Resultat aufs Spiel zu setzen. Eine andere Laufbahn öffnet sich vor mir; erlaube mir, meine Kräfte zu Erreichung eines andern Ziels anzustrengen, das mir ehrenvoller scheint, und weniger gefährlich ist.

Altazaide. Pythagoras . . .

Pythagoras. Ich bin im niedern Stande gebohren, laß mich darinnen leben und sterben.

Altazaide. Leb wohl, Pythagoras.

„Vor allen Dingen" fügte Altazaide hinzu, indem sie den Zeigefinger auf ihre geschlossenen Lippen legte, „vergiß nicht, dem Harpokrates zu opfern."

Ende des Ersten Theils.

Zeitfracht Medien GmbH
Ferdinand-Jühlke-Straße 7
99095 Erfurt, Deutschland
produktsicherheit@kolibri360.de